智能制造探索与实践
——智能制造标杆企业案例汇编（一）

智能制造系统解决方案供应商联盟
中国电子技术标准化研究院　编　著

电子工业出版社
Publishing House of Electronics Industry
北京·BEIJING

内容简介

"十三五"以来,工业和信息化部坚定地将智能制造作为制造强国建设的主攻方向,联合相关部门持续推进,智能制造整体水平得到明显提升。这期间,涌现出一批引领制造业企业转型升级的标杆企业,他们凭借长期的专业技术积累和对行业的深刻理解,先行探索形成了一批较成熟、可复制、可推广的新模式、新业态。本书对这些标杆企业的特点、方案及做法进行了深入分析和系统梳理,汇总优秀标杆企业在战略规划、实施步骤和建设模式上的成功经验,总结形成智能制造的"中国方案",为各行业、企业转型升级提供样板和依据。

未经许可,不得以任何方式复制或抄袭本书之部分或全部内容。
版权所有,侵权必究。

图书在版编目(CIP)数据

智能制造探索与实践:智能制造标杆企业案例汇编. 一 / 智能制造系统解决方案供应商联盟,中国电子技术标准化研究院编著. —北京:电子工业出版社,2021.8
ISBN 978-7-121-41716-0

Ⅰ. ①智… Ⅱ. ①智… ②中… Ⅲ. ①智能制造系统—制造工业—案例—中国 Ⅳ. ①F426.4

中国版本图书馆 CIP 数据核字(2021)第 153746 号

责任编辑:秦　聪　王羽佳
印　　刷:中国电影出版社印刷厂
装　　订:中国电影出版社印刷厂
出版发行:电子工业出版社
　　　　　北京市海淀区万寿路 173 信箱　邮编 100036
开　　本:787×1 092　1/16　印张:23.75　字数:494 千字
版　　次:2021 年 8 月第 1 版
印　　次:2021 年 8 月第 1 次印刷
定　　价:198.00 元

凡所购买电子工业出版社图书有缺损问题,请向购买书店调换。若书店售缺,请与本社发行部联系,联系及邮购电话:(010)88254888,88258888。
质量投诉请发邮件至 zlts@phei.com.cn,盗版侵权举报请发邮件至 dbqq@phei.com.cn。
本书咨询联系方式:(010)88254568,qincong@phei.com.cn。

编委会

主　任：

赵新华　杨建军　王传臣

副　主　任：

程多福　刘九如

编委会成员：

张相木　朱森第　董景辰　祝宪民　郝玉成　谢兵兵

江　源　蒋白桦　鞠恩民　朱学新　徐　静

出版工作委员会

主　编： 郭　楠　韦　莎　马文哲　于秀明　张星星

成　员：

中国电子技术标准化研究院

焦国涛　崔文雅　何宏宏　张　欣　马原野
胡　琳　纪婷钰　许　威　李　佳　左　鹏
贾仕齐　程雨航　杨梦培　王程安　张　巍
孙海旺　赵　磊　叶宣辰　郎俊奇

电子工业出版社有限公司

张佳虹　许存权　管晓伟　陈韦凯　雷洪勤
宁浩洛　孙丽明　刘家彤　薛文喧　杜　强

西安交通大学

吴　锋　纪　妍　常丰娇

中国石油化工股份有限公司九江分公司

徐燕平　袁　健　温　涛

长飞光纤光缆股份有限公司

顾立新　查玉峰　胡　鹏

无锡普洛菲斯电子有限公司

徐永军　石　勇　周健旺

新凤鸣集团股份有限公司

王会成　张潮阳　严晓康

徐州重型机械有限公司

孙建忠　史先信　付思敏

安徽海螺集团有限责任公司

任　勇　何承发

鞍钢集团矿业有限公司

何方威　徐家富　鲁鹏云

中车青岛四方机车车辆股份有限公司

张志毅　贾广跃　韩　磊

巨石集团有限公司

于亚东　沈寅杰　黄海浩

无锡小天鹅电器有限公司

王　亮　储士森　邱际辉

华润三九医药股份有限公司

李士峰　秋　晖　刘智斌

青岛海尔特种制冷电器有限公司

段志国　侯庭毅　刘玉平

宁德时代新能源科技股份有限公司

米 伟　冯安民　程 云

上汽大通汽车有限公司

王 瑞　王 颖　李伟东

潍柴动力股份有限公司

孙 腾　孙希科　李红雨

博世汽车部件（苏州）有限公司

高彦云　郭 岚　孔令颖

丹佛斯（天津）有限公司

张瑞兴　原志华

广东溢达纺织有限公司

骆小来　田柱安　杨 刚

江苏隆力奇生物科技股份有限公司

徐之伟　陆小宇　刘志强

杭州西奥电梯有限公司

周俊良　冯铁英　张雪健

湖南科霸汽车动力电池有限责任公司

钟发平　张 涛　李 卓

前言

　　以智能制造为主攻方向，推动制造业数字化转型、智能升级，加快建设制造强国是党中央、国务院的重大战略决策部署。"十三五"期间，工业和信息化部通过《智能制造工程实施指南（2016—2020）》《智能制造发展规划（2016—2020年）》等政策文件的引导，推进标准体系建设与完善、帮助系统解决方案供应商发展壮大、加快试点示范工程推广应用等重点工作落地实施，实现了一批新技术、新模式、新业态在制造业场景下的融合应用和高质量发展，在帮助企业降本增效、提升智能制造基础能力、推动重点产业智能转型等方面取得了积极成效。通过5年持续不断地推进，智能制造发展"由点到线及面"逐步突破。目前，基本形成了地方、协会、行业多方协同联动，智能化制造示范引领，大中小企业分类推进的发展局面。

　　自2019年以来，为加快推动智能制造先进经验和成功模式的复制推广，工业和信息化部装备工业一司指导智能制造系统解决方案供应商联盟，组织开展了智能制造标杆企业（以下简称"标杆企业"）遴选。遴选工作以企业自愿为原则，以国家标准《智能制造能力成熟度模型》（标准号：GB/T 39116—2020）、《智能制造能力成熟度评估方法》（标准号：GB/T 39117—2020）为依据，围绕人员、技术、资源、制造4个能力要素，全面评估企业在设计、生产、物流、销售、服务等业务环节所达到的智能制造能力水平，重点考察企业实施智能制造所带来的经济效益、社会效益和生态效益。截至目前，已累计遴选出26家智能制造实施成效突出和具有较强示范效应的标杆企业，涵盖了汽车整车制造、家用电器制造、化学药品制剂制造等21个领域。

　　当前，我国经济发展仍然处于重要战略机遇期，党的十九届五中全会擘画了"十四五"乃至更长时期发展的宏伟蓝图，强调坚持把发展经济的着力点放在实体经济上，坚定不移建设制造强国、网络强国。为进一步发挥标杆企业的带动和引领作用，加快释放智能制造发展潜力，工业和信息化部组织编制了《智能制造探索与实践——智能制造标杆企业案例汇编（一）》，系统总结和梳理了标杆企业在数字化、网络化、智能化改造升级等方面的经验智慧。感谢标杆企业、有关专家和智能制造系统解决方案供应商联盟在编制工作中的大力支持。相信不久的将来，会不断涌现更多行业、更多领域和更大范围的标杆企业，为我国制造业和实体经济的发展注入新活力，推进制造强国和网络强国建设不断迈上新台阶。

智能制造系统解决方案供应商联盟

2021 年 3 月

目 录

分 析 篇

第一部分　智能制造标杆企业引领"智造"之光 …………………………… 003
第二部分　智能制造标杆企业画像 …………………………………………… 006
第三部分　智能制造标杆企业实践路径分析 ………………………………… 016
第四部分　结语 ………………………………………………………………… 024

案 例 篇

案例1　中国石油化工股份有限公司九江分公司 …………………………… 027
智能制造助力九江石化高质量发展 …………………………………………… 027

案例2　长飞光纤光缆股份有限公司 ………………………………………… 049
长飞公司预制棒和光纤智能工厂实践 ………………………………………… 049

案例3　无锡普洛菲斯电子有限公司 ………………………………………… 060
面向多品种小批量柔性制造的工业及配电产品数字化工厂 ………………… 060

案例4　新凤鸣集团股份有限公司 …………………………………………… 078
"互联网+"模式下的化纤智能工厂建设之路 ………………………………… 078

案例5　徐州重型机械有限公司 ……………………………………………… 093
基于装备智能化和全生命周期管理的高端轮式起重装备智能工厂 ………… 093

案例6　安徽海螺集团有限责任公司 ………………………………………… 106
水泥生产全流程智能工厂 ……………………………………………………… 106

案例7　鞍钢集团矿业有限公司 ……………………………………………… 121
矿业智慧生产平台建设 ………………………………………………………… 121

案例8　中车青岛四方机车车辆股份有限公司 ……………………………… 138

| 智能制造探索与实践——智能制造标杆企业案例汇编（一）

智能制造助力高速动车组关键零部件制造水平提升 ························· 138

案例 9　巨石集团有限公司 ··· 156
基于工业大数据的玻璃纤维数字化工厂建设 ································· 156

案例 10　无锡小天鹅电器有限公司 ··· 173
基于工业装备互联的家用电器智能工厂 ······································· 173

案例 11　华润三九医药股份有限公司 ··· 192
中药智能制造新模式探索 ··· 192

案例 12　青岛海尔特种制冷电器有限公司 ··································· 207
基于大规模定制模式的海尔中德冰箱互联工厂 ······························· 207

案例 13　宁德时代新能源科技股份有限公司 ································· 219
专"芯"致"智"，宁德时代智能工厂实践与创新 ··························· 219

案例 14　上汽大通汽车有限公司 ·· 236
上汽大通 C2B 模式打造智能制造标杆工厂 ··································· 236

案例 15　潍柴动力股份有限公司 ·· 254
发动机行业全业务域智能制造实践 ··· 254

案例 16　博世汽车部件（苏州）有限公司 ··································· 267
数据驱动的汽车零部件智造之路 ··· 267

案例 17　丹佛斯（天津）有限公司 ··· 280
压缩机生产制造全生命周期协同制造平台 ····································· 280

案例 18　广东溢达纺织有限公司 ·· 292
面向色织行业的智能制造 ··· 292

案例 19　江苏隆力奇生物科技股份有限公司 ································· 314
化妆品智能工厂建设 ·· 314

案例 20　杭州西奥电梯有限公司 ·· 329
面向大规模个性化定制与全生命周期管理的电梯智能制造新模式 ·········· 329

案例 21　湖南科霸汽车动力电池有限责任公司 ······························ 346
基于体系工程的智能制造系统创新 ··· 346

分析篇

第一部分　智能制造标杆企业引领"智造"之光

1.1　智能制造：制造业发展的必然趋势

  智能制造是基于新一代信息通信技术与先进制造技术深度融合，贯穿于设计、生产、管理、服务等制造活动的各个环节，具有自感知、自学习、自决策、自执行、自适应等功能的新型生产方式。①新一轮科技革命和产业变革不断深入，智能制造在全球范围内快速发展，已成为制造业的重要发展趋势，对产业发展和分工格局有着深刻影响。世界各国都在积极采取行动，美国提出"先进制造业伙伴计划"，德国在"工业4.0战略计划"的基础上出台了"国家工业战略2030"，英国提出"英国工业2050战略"，法国提出"新工业法国计划"，日本提出"超智能社会5.0战略"，都将发展智能制造作为本国构建制造业竞争优势的关键举措。

  习近平总书记指出，加快推进新一代信息技术和制造业融合发展，要顺应新一轮科技革命和产业变革趋势，以供给侧结构性改革为主线，以智能制造为主攻方向，加快工业互联网创新发展，加快制造业生产方式和企业形态根本性变革，夯实融合发展的基础支撑，健全法律法规，提升制造业数字化、网络化、智能化发展水平。②加快发展智能制造，是培育我国经济增长新动能的必由之路，也是抢占未来经济和科技发展制高点的

---

  ① 引用自《智能制造发展规划（2016—2020年）》（工信部联规〔2016〕349号）。
  ② 新华社. 习近平主持召开中央全面深化改革委员会第十四次会议强调：依靠改革应对变局开拓新局扭住关键鼓励探索突出实效 [EB/OL].(2020-06-30). http://www.gov.cn/xinwen/2020-06/30/content_5522993.htm.

战略选择，对于推动我国制造业供给侧结构性改革，打造我国制造业竞争新优势，实现制造强国具有重要战略意义。

"十三五"以来，工业和信息化部坚定地将智能制造作为制造强国建设的主攻方向，联合相关部门持续推进，智能制造整体水平得到明显提升。

（1）核心供给能力显著增强

高档机床与工业机器人、增材制造装备、智能检测与装配装备、智能物流与仓储装备五类关键技术装备取得明显突破，其中，工业机器人、增材制造、智能物流装备等新兴产业实现了30%以上的快速增长。培育壮大了5000余家系统解决方案供应商，其中，主营业务收入超过10亿元的达43家，成为智能制造供给侧的核心力量。

（2）制造业企业逐步向智能化迈进

通过智能制造试点示范和新模式应用项目，带动建成了600多个具备智能化特征（如软硬件间的系统集成、跨业务间的数据共享等）的数字化车间/智能工厂。企业生产效率平均提高44.9%，能源利用率提升19.8%，运营成本降低25.2%，产品研制周期缩短35.0%，不良品率降低35.5%。

（3）部分先进模式实现复制推广

通过几年持续实践和探索，有效推动了离散型智能制造、流程型智能制造、网络协同制造、大规模个性化定制、远程运维服务五类新模式应用，带动265家制造业企业复制推广了1300多个项目，推动了企业生产方式转变和制造服务化转型。

（4）发展基础更加完善

中国成为世界智能制造标准体系建设的先行者，已发布的285项国家标准，覆盖设计、生产、物流、销售、服务等制造全流程。核心工业软件支撑能力有效提升，各类业务管理软件有效推动各行业的智能化转型。5G、工业互联网等新型基础设施加快建设，形成了70个有较强影响力的工业互联网平台。

1.2 标杆企业：引领行业步入智能制造时代

智能制造是一个复杂而庞大的系统工程，并不是某几项技术的简单组合，而是先进信息技术与先进制造技术的深度融合，贯穿于产品设计、制造、服务等全生命周期的各个环节及相应系统的优化集成，需要新的技术、新的设备、高技术性人才作为支撑。因此，需要一批有条件、基础好的行业龙头企业和领军企业，依托自身优势，以股权投资、重组并购等手段，构建智能制造业务发展所需的市场与技术核心能力，通过不断验证技术的可行性，在摸索应用中发现问题、试错完善，成为制造业第一批"吃螃蟹"的企业。然而，我们也要清楚地认识到，智能制造作为一种新型生产方式，仍处在探索阶段，没有现成路径和经验模式可循，必然会经历一个长期的、不断演进迭代的推进过程。这期间，涌现出一批引领制造业企业转型升级的标杆企业，他们凭借长期的专业技术积累和对行业的深刻理解，先行探索形成了一批较成熟、可复制、可推广的新模式、新业态，同时也让更多的企业实实在在地看到智能转型的好处，诱发转型升级的内生动力，引领行业步入智能制造时代。

截至目前，在工业和信息化部装备工业一司的指导下，智能制造系统解决方案供应商联盟已成功遴选并发布了 26 家智能制造标杆企业，这些企业智能制造成效突出，且具有先进性、示范性和行业代表性。为进一步推动这些先进经验和成功模式的落地推广，本书将对这些智能制造标杆企业进行深入分析，系统梳理和总结标杆企业在实施路径、建设模式上的经验智慧，总结形成智能制造的"中国方案"，为各行业、企业转型升级提供样板和依据。

第二部分　智能制造标杆企业画像

2.1　概况

  智能制造标杆企业勇于探索、敢于实践,成为智能制造的"先行者"和"领军者"。从行业分布、区域分布、企业性质和类型等几个维度对26家标杆企业进行分析,形成企业画像:从行业分布看,涉及汽车、家用电器、石油化工、纺织服装、飞机制造等21个细分行业;从区域分布看,覆盖浙江、山东、江苏、广东、湖北等16个省级行政区;从企业性质和类型看,包括国有、民营、集体、外资和中外合资等类型。智能制造标杆企业概览如表1所示。

表1　智能制造标杆企业概览

行业类型	所属行业	企业名称	所在地区	企业性质	试点示范/新模式应用
流程型	水泥、石灰和石膏制造	安徽海螺集团有限责任公司	安徽省	国有	否
	铁矿采选	鞍钢集团矿业有限公司	辽宁省	国有	是
	精炼石油产品制造	中国石油化工股份有限公司九江分公司	江西省	国有	是
		中国石油天然气股份有限公司长庆石化公司	陕西省	国有	是
	玻璃纤维	巨石集团有限公司	浙江省	国有	是
	化学药品制剂制造	华润三九医药股份有限公司	广东省	国有	是
	合成纤维制造	新凤鸣集团股份有限公司	浙江省	民营	否
	机织服装制造	广东溢达纺织有限公司	广东省	外资	否
	乳制品制造	内蒙古蒙牛乳业(集团)股份有限公司	内蒙古	中外合资	是
	日用化学产品制造	江苏隆力奇生物科技股份有限公司	江苏省	中外合资	否

续表

行业类型	所属行业	企业名称	所在地区	企业性质	试点示范/新模式应用
流程型	电线、电缆、光缆及电工器材制造	长飞光纤光缆股份有限公司	湖北省	中外合资	是
离散型	汽车整车制造	上汽大通汽车有限公司	上海市	国有	否
	物料搬运设备制造	徐州重型机械有限公司	江苏省	国有	否
		杭州西奥电梯有限公司	浙江省	民营	是
	航空、航天器及设备制造	中航飞机股份有限公司	陕西省	国有	是
		成都飞机工业（集团）有限责任公司	四川省	国有	是
	汽车用发动机制造	潍柴动力股份有限公司	山东省	国有	是
	铁路运输设备制造	中车青岛四方机车车辆股份有限公司	山东省	国有	是
		中车株洲电力机车有限公司	湖南省	国有	是
	家用电力器具制造	青岛海尔特种制冷电器有限公司	山东省	集体	是
		无锡小天鹅电器有限公司	江苏省	民营	否
	电池制造	宁德时代新能源科技股份有限公司	福建省	民营	是
	制冷、空调设备制造	青岛海尔中央空调有限公司	山东省	民营	是
	汽车零部件及配件制造	博世汽车部件（苏州）有限公司	江苏省	外资	否
	泵、阀门、压缩机及类似机械制造	丹佛斯（天津）有限公司	天津市	外资	否
	通用仪器仪表制造	无锡普洛菲斯电子有限公司	江苏省	外资	否

据统计，26家标杆企业中有16家是智能制造试点示范/新模式应用企业，占标杆企业总数的61%。可以看出，这些企业基于试点示范/新模式应用的成功经验和做法，在一定程度上掌握了智能制造的发展规律，并不断从实施智能制造中获得好处。为此，他们持续加大资源投入，探索智能制造典型应用场景，创新先进制造模式，不断突破企业发展瓶颈，并创造出一定规模的经济效益和社会效益，为行业发展树立典范。

俗话说：工欲善其事，必先利其器。无论是适应"提质降本增效"带来的制造模式变革，还是应对外部环境变化带来的挑战，智能制造标杆企业总会用智能制造这把"利剑"开辟新道路，解决新问题，取得新成效。

在家电、电梯等行业，消费者日益增长的个性化需求及对需求的快速响应成为必然趋势，传统的批量制造模式没有形成设计、生产和服务协同一体化，企业难以为继。青岛海尔特种制冷电器有限公司、杭州西奥电梯有限公司通过建设面向个性化定制的智能工厂，打造了从设计到服务的产品全生命周期管理平台，在实现模块化、参数化设计的基础上，根据用户需求自动生成产品设计图纸、快速转换加工程序到设备，并根据生产单元和生产线的能力，自动调度生产任务，在满足客户个性化需求的前提下，有效缩短了交付周期。

在水泥、石化等高耗能、高污染行业，随着资源环境矛盾的日趋尖锐，转型为绿色制造的经济发展模式已是大势所趋，节能减排是制造业转型升级的必由之路。安徽海螺集团有限公司、中国石油化工股份有限公司九江分公司等标杆企业通过对生产自动控制、装备管理、工艺操作等流程的不断总结和优化，形成具有行业特色的生产知识库，实现管理精细化、故障预控化、决策智慧化，有效提高能源利用率。

高铁、工程机械等是技术含量高、知识技术密集的复杂装备，其研制和生产过程要求企业具备强大的数字化设计、制造、运营和服务能力。中车青岛四方机车车辆股份有限公司、徐州重型机械有限公司等标杆企业，从企业发展内生动力出发，全面应用数字化仿真验证和虚拟制造技术，缩短"研发-制造"周期；在生产过程中开展数字化制造，降低生产过程对人的技能依赖，生产出更高品质的产品；通过产品运维平台，利用企业丰富的数据资源，向行业客户提供专业化、个性化服务；通过企业数字化运营平台建设，不断优化企业管理流程，建立数据驱动型企业。

2.2　实践成效

标杆企业在实施智能制造的过程中，以先进的管理理念、高端的自动化装备和完善的信息化系统为载体，始终坚持目标导向和问题导向相结合，取得了良好的经济效益和社会效益。一方面，这些企业将降低运营成本、缩短产品研制周期、提高生产效率、降低不良品率、提高能源利用率等作为发展智能制造的最终目标；另一方面，受资源环境约束，不同行业企业内在发展要求各异，如绿色生产、安全生产等成为标杆企业新的发展方向。本节对智能制造标杆企业的探索实践、典型用例及整体成效进行系统梳理和总结。智能制造标杆企业实践成效如表 2 所示。

表 2 智能制造标杆企业实践成效

标杆企业	探索实践	典型用例	整体成效	
徐州重型机械有限公司	加大技术创新和产业化改造投入，拓展智能产品，基于装备智能化和全生命周期管理搭建高端轮式起重装备智能工厂，突破国际化高端市场，占据行业制高点	自主研发并应用起重机行业大型结构件焊接智能化生产线	生产效率	提升 50.7%
		建设设备互联互通和信息高度集成的柔性化智能车间		
		打造数据驱动的全球协同研发新模式	产品研制周期	缩短 40.5%
		建立智能化产品协同研发信息平台		
		打造智能化生产协同管理平台	运营成本	降低 25.6%
		大数据应用	能源利用率	提升 12.8%
		打造覆盖生产、调试全过程的整机智能化在线检测系统	不良品率	降低 23.3%
青岛海尔特种制冷电器有限公司	数字化转型以满足消费者个性化、碎片化的需求，实现大规模与个性化定制融合的商业模式	通过构建视觉云台，实现智能视觉检测	不良品率	降低 25.4%
		建设冰箱门体和箱体的模块化智能生产线	生产效率	提升 26.7%
		收集用户体验信息对产品迭代升级	产品研制周期	缩短 31.6%
		打造柔性化生产模式	库存资金占用	降低 10.0%
			单位产值能耗	降低 12.6%
		构建工业互联网平台	运营成本	降低 7.7%
宁德时代新能源科技股份有限公司	为了满足客户多样化、个性化需求的快速交样和量产，提高产品生产的一致性和可靠性，采用信息化和自动化的部署方式，实现产品的大规模批量生产和小规模定制	以集成化的方式实现了生产过程的实时监控	生产效率	提升 56.0%
		搭建产品数字化仿真模拟平台	产品研制周期	缩短 50.0%
		建设智能化运行管理平台	运营成本	降低 21.0%
		采用分级式质量管控	不良品率	降低 75.0%
		打通企业全价值产业链，全程化状态监测	资源综合利用率	提升 24.0%
		自主化关键智能装备研发	设备国产化率	实现 90.0% 以上
上汽大通汽车有限公司	针对大规模定制化展开了新模式探索。利用一体化数字主线，对从客户到供应商的"端到端"价值链实行数字化，在提高销售量的同时降低了成本	"蜘蛛智选"数字化智能平台	运营成本	降低 68.0%
		打造数字化用户运营体系		
		打造数字化研发制造体系	产品研制周期	缩短 26.4%
		搭建数据化直联平台，精准拉动和智能排产	生产效率	提升 5.8%
			能源利用率	提升 4.3%
		建设生产全流程数据追溯系统	不良品率	降低 27.0%

智能制造探索与实践——智能制造标杆企业案例汇编(一)

续表

标杆企业	探索实践	典型用例	整体成效	
安徽海螺集团有限责任公司	为实现水泥行业"降成本、补短板"和跨越式发展,该企业运用人工智能和信息网络等现代技术,构建全流程智能工厂,实现数据的大平台、大交换、大融合,实现生产工序操作全自动化	数字化矿山智能管理系统	运营成本	降低71.0%
			生产效率	提升21.0%
		引入专家优化控制系统	资源综合利用率	提升5.0%
			能源消耗	降低1.2%
		设备管理及辅助巡检系统	设备运行周期	提升37.0%
			现场巡检工作量	降低40.0%
潍柴动力股份有限公司	通过智能制造整体战略布局,构建较为全面的研发、生产、运维体系,实现发动机数据采集、状态监控、寿命及故障预测等功能,为用户提供优质的售后服务及增值服务	建设智能快速设计系统	产品研制周期	缩短25.0%
		引入产品数据管理系统		
		生产装备/生产线智能化升级	装备联网率	实现36.9%
		升级改造柔性混线生产线	生产效率	提升41.3%
		实现数据互联互通网络系统	不良品率	降低31.5%
		搭建工业大数据综合分析决策平台	运营成本	降低37.3%
鞍钢集团矿业有限公司	利用智能制造进行智能生产新模式及智能矿山建设,打造生产、设备、能源管控等协同生产制造平台,形成冶金矿山产业生态体系。提高生产效率、产品质量和企业创新能力,从而得到更高的经济效益	开创矿业智能生产新模式	生产效率	提升2.0%
			运营成本	降低2.2%
		建立面向健康管理的设备管理模式	设备利用率	实现92.4%
			装备联网率	实现74.1%
		开展供应链端到端流程平台化管理新模式	运营成本	降低2.2%
		打造大数据管控与服务体系	不良品率	降低4.3%
博世汽车部件(苏州)有限公司	倡导数字化创新,并构建数据驱动模式下的智能工厂应用场景,通过渐进式演变,逐步实现全价值链及更广范围的智能互联	全价值链的信息互通	产品研制周期	缩短80.0%
		通过数据驱动和大数据分析来精益业务流程	设备利用率	实现86.7%
		自动物料消耗追踪系统和RFID T-看板系统	运营成本	降低12.6%
		优化焊接质量检测流程	不良品率	降低7.9%
		组装工站大数据平台	生产效率	提升10.0%以上
丹佛斯(天津)有限公司	在世界经济发展大趋势下,该企业通过先进技术构建生产制造全生命周期协同制造平台,实现数字化转型与智能制造愿景,以降低成本,达到客户预期	组装灵活的自动化线	生产效率	提升15.0%
		建立数字化操作指导系统	运营成本	降低7.0%
		人工智能自动目视检查与判断	不良品率	降低15.0%
		实时数字化检测与质量管理		
		全生命周期的数字化产品研发	产品研制周期	缩短40.0%

续表

标杆企业	探索实践	典型用例	整体成效	
中车青岛四方机车车辆股份有限公司	借助信息技术与先进制造技术的融合，实现企业流程再造、智能管控、组织优化，打造复杂装备、离散制造、订单驱动模式下的智能制造新模式	智能车间数字化建模与生产仿真	生产效率	提升22.5%
		引入智能焊接喷涂生产线		
		搭建数字化研发平台	产品研制周期	缩短37.2%
		在设备层配置数控加工检测等智能设备	不良品率	降低33.0%
		建立设备数据实时采集控制系统		
		建立产品运维大数据平台	运营成本	降低23.8%
		引入能源管理系统	能源利用率	提升10.0%
中国石油化工股份有限公司九江分公司	面临市场增速下降、行业产能过剩，以及安全、环保刚性约束加剧等诸多挑战，将新一代信息技术与石化生产紧密结合，构建绿色低碳的智能工厂	生产运营集中管控	运营成本	降低22.5%
		建设计划调度优化集成系统	生产效率	提升23.3%
		建设能源管理与优化系统	能源利用率	提升2.0%
		装备生产智能协同优化	产品研制周期	缩短10.0%
			不良品率	达到0%
		构建面向各类生产运营实时数据的操作管理系统	数据自动采集率	达到95.0%以上
			装备联网率	实现100.0%
		打造敏捷安全的信息基础设施平台	软硬件国产化率	达到95.0%
新凤鸣集团股份有限公司	面对中国经济"新常态"及"三去一降一补"压力，该公司以信息化为发展的核心驱动力，一体化部署，快速支撑企业发展；通过全要素构建，整体提升智能水平；延伸服务链，构建数字新生态	建设以MES为核心的生产运营平台	生产效率	提升30.0%
		建设"5G+"工业互联网平台		
		建设以ERP为核心的经营管理平台	运营成本	降低25.0%
			能源利用率	提升15.0%
		实现研发-生产一体化	产品研制周期	缩短50.0%
		实现工业级产品外观检测、特性检测、现场巡检和统一调度指挥	不良品率	降低49.8%
		一体化智能排产模型	改批执行时间	降低20.0%
		实现生产全链条自动化、智能化，设备联网自动数采	装备联网率	实现99.0%以上
			设备利用率	实现99.0%
无锡普洛菲斯电子有限公司	随着客户需求的个性化和多样化，该公司利用数字技术和人工智能技术，构建高度灵活的个性化和网络化的制造环境，完成面向小批量多品种柔性制造的数字化工厂建设，从而实现高度定制化产品的高质量、低成本、高效率、柔性化制造	广泛应用智能装备及生产线	装备联网率	实现99.0%以上
			设备利用率	实现97.6%
		应用智能产品图像检测平台	不良品率	降低24.0%
		应用全自动产品功能测试平台	产品研制周期	缩短8.0%
		建立供应链运营管理平台	运营成本	降低17.0%
		实施MES，以集成提升智能制造成熟度	生产效率	提升36.0%
		应用降能减耗的能源管控系统	能源利用率	提升14.8%

续表

标杆企业	探索实践	典型用例	整体成效	
江苏隆力奇生物科技股份有限公司	面对上升的市场规模、较高的品质要求、上升的成本、网络消费模式、消费者个性需求等诸多需求和变化，发展大规模柔性化生产的全流程、全链路、智能化生产制造新模式，以降低成本，提高产品产量和质量，快速响应顾客个性化需求，进而提升企业综合竞争能力	数字化运营管理体系	装备联网率	实现97.6%
			运营成本	降低7.2%
		关键工序的自动化、智能化改造，构建柔性化生产线	生产效率	提升6.9%
		全要素仿真分析、测试	产品研制周期	缩短46.0%
		构建质量数据库和质量管理及统计分析系统	不良品率	降低6.0%
杭州西奥电梯有限公司	电梯具有高度个性化定制的特点，且缺少针对电梯的远程监测与预测性维护，该公司开发面向大规模个性化定制与全生命周期管理的智能制造新模式	基于三维模型的产品模块化设计与仿真	产品研制周期	缩短60.0%
		智能制造数字化车间总体设计与工艺建模	装备联网率	实现95.0%以上
		建设高柔性的数字化生产线	生产效率	提升30.0%
		建立精益生产管理系统	运营成本	降低25.0%
		构建全流程数据采集、分析、监测与诊断系统	不良品率	降低28.0%
巨石集团有限公司	玻纤行业资源配置的效率下降、缺乏创新能力等不足逐步凸显，该公司将自动控制技术与智能制造、物联网、大数据等信息技术深度融合，以降低生产成本，提高生产效率和生产质量，加快产业转型升级	提升能源计量仪表部分智能化水平，能源消耗集中管控	能源利用率	提升24.3%
		大数据应用，结合虚拟现实技术，智能分析与模拟仿真	产品研制周期	缩短48.2%
		建立与信息化系统结合的在线无损检测系统	不良品率	降低21.9%
		构建全球工厂的数据管理集成平台MES，形成20种以上核心智能制造装备的创新应用	生产效率	提升45.0%
		建成智能制造数据协同大数据中心	运营成本	降低20.4%
广东溢达纺织有限公司	面对纺织行业传统生产流程中质量波动大、工艺标准化难等问题，重视新产品、新工艺的研发和生产过程自动化、智能化、信息化、标准化的升级	研发智能中央控制与自动配料系统	生产效率	提升41.0%
		构建信息化、数字化平台实现全产业链纵向一体化	运营成本	降低4.7%
		产品与工艺智能化	产品研制周期	缩短50.0%
		视觉监控系统	能源利用率	提升21.0%
		利用红外线检测系统	不良品率	降低2.0%

续表

标杆企业	探索实践	典型用例	整体成效	
中航飞机股份有限公司	构建大型运载机协同设计平台，通过对产品和工艺数据的标准化定义，开展复杂产品的并行协同研发和生产制造一体化仿真，实现产品研发的一次性成功，提升产品的可靠性。通过对设计、生产、服务等环节信息系统全景数据的采集和集成，实现数据、信息和知识的有效传递和流通	建立全产业链协同的信息化平台和单一数据源基础	生产效率	提升33.3%
			能源利用率	提高4.2%
		打通"战略-管理-执行"各业务领域的信息化通道	运营成本	降低4.2%
		构建大型运载机协同设计平台	产品研制周期	缩短33.3%
		开展复杂产品的并行协同研发和生产制造一体化仿真		
		具备生产运营和制造过程的信息化实时监控与反馈分析能力	不良品率	降低48.4%
内蒙古蒙牛乳业（集团）股份有限公司	通过自动化技术与信息技术的融合，实现管理业务横向互联，制造业务纵向集成，打造了流程精益化、数字化、透明化的绿色工厂	打通自动化OT系统和信息化IT系统	生产效率	提升22.8%
		构建智慧供应链平台	运营成本	降低21.3%
		通过PLM平台共享产品研发知识、共享新品项目协同工作区	产品研制周期	缩短33.0%
		通过EMS能源管理平台，创建乳品企业三级能源对标体系	能源利用率	提高11.7%
		通过实验室管理系（LIMS）和生产执行系统（MES）实现互联互通，建设全产业链实现质量一键追溯系统	不良品率	降低22.6%
无锡小天鹅电器有限公司	以打造基于供应链协同的智能化运维服务与家电生态链为理念，建立数据驱动、互联互通、智能决策的智造模式，关键工艺环节应用AI、大数据等新一代技术手段，以智能零售、产品平台化模块化、智能排程、供应链协同、品质在线、智能产品为抓手，实现柔性定制(C2M)、高品质、短交期、低成本、全价值链卓越运营	"T+3"订单全流程-智能排产系统	生产效率	提升20.0%
		数字驱动的"632"智能化管理与决策平台	运营成本	降低20.1%
		洗衣机可靠性工程实验中心	产品研制周期	缩短25.0%
		能源管理系统+环保数据分析和动态管控	能源利用率	提升3.0%
		构建检测、过程控制、AI识别等系统	不良品率	降低21.4%

续表

标杆企业	探索实践	典型用例	整体成效	
长飞光纤光缆股份有限公司	以光纤预制棒及光纤制造智能工厂为基础，建立企业内部纵向集成、上下游企业横向集成和产品全生命周期"端到端"集成模式。通过工艺装备研发、信息化系统集成、工业大数据平台应用，实现工艺装备自主可控、工艺过程自适应、在线工艺趋势控制优化、柔性生产、业务决策数据驱动、质量预测等功能	建立工艺装备及流程的智能模型	生产效率	提升26.0%
		信息系统与生产配送深度融合		
		统一的系统集成平台打通数据流	运营成本	降低27.3%
		产业链资源优化配置与协同		
		大数据分析支撑智慧工艺	产品研制周期	缩短34.4%
		自主开发预制棒智能检测装备	不良品率	降低24.7%
		生产、安环、能源一体化管理	能源利用率	提升48.4%
华润三九医药股份有限公司	建设中药数字化工厂，实现原材料、生产、仓储、质量、设备等制药全产业链数字化管理，以及生产过程智能化和经营决策智慧化。通过云计算和大数据技术，开展中药配方颗粒分布式工厂协同制造新模式应用。基于数字孪生技术，建立全车间仿真模型，为制造关键环节提供决策支持，有效解决了传统医药行业产能瓶颈	基于数字孪生技术建立全车间仿真模型	生产效率	提升20.0%
		协同集团数据中心，共建基础架构云，提供稳定高效地基	运营成本	降低20.0%
		从制造各关键环节进行自动化设备升级改造	装备自动化率	实现95.0%
		建立工艺指纹图谱	首检不良品率	降低25.0%
成都飞机工业（集团）有限责任公司	聚焦复杂装备快速研制和高效批产特点，以及管控需求，全面打通协同研发、多学科仿真、工艺设计、智能制造、供应链管理、装备服役过程服务和运维支持的集成协同过程。推进新一代企业IT架构设计及系统重构，形成企业统一数据空间，建成多维度、多尺度、虚实融合、管控一体的新一代管控中心，支撑复杂装备的快速研制和高效批产	精准计划排产与资源调度	生产效率	提升20.0%
		数据驱动运营决策和智慧管控体系	库存周转率	提升22.0%
			能源利用率	提升8.0%
		应用先进自动化系统与生产线	运营成本	降低3.0%
			产品研制周期	缩短50.0%
		产品设计仿真分析和试验环境	不良品率	降低12.0%

续表

标杆企业	探索实践	典型用例	整体成效	
中国石油天然气股份有限公司长庆石化公司	该公司着重在生产受控、设备运维、安全环保、能源管理、供应链、辅助决策六大领域推进智能制造建设。构建基于数字孪生技术的三维数字化炼厂平台，实现工厂资源的动态、精细化管控。基于大数据分析技术的动态设备预测性诊断与维护平台，实现多工艺变量综合分析、数据融合处理，动态实现设备故障分析和远程诊断	基于多约束的生产一体化计划排程	生产效率	提升95.0%
		基于数字孪生的三维数字化工厂平台		
		先进生产工艺装置应用	装备自动化率	实现91.0%
		精细化能耗分析与能源调度	能源利用率	提升30.0%
		大规模数据采集与边缘计算	库存周转率	实现1830.0%
中车株洲电力机车有限公司	以建设"智慧株机"为目标，以"绿色、智能、精益"为指导思想，以智能化决策与运营、数字化研发与设计、集成化生产与管控、智能化产品与服务等为建设核心，打造行业领先的轨道交通转向架智能制造标杆工厂。针对转向架"一单一设计"的特点，建设面向复杂装备的加工、装配、检测、涂装等智能生产和物流体系，实现基于单一数据源的转向架产品全生命周期协同一体化模式	设备管理智能化	装备联网率	实现98.0%
		生产线智能化	装备自动化率	实现87.3%
		制造现场数字化	生产效率	提升30.0%
		智慧能源管理系统应用	能源利用率	提升6.5%
		基于项目管理的计划协同体系搭建	运营成本	降低21.0%
		大数据平台应用	不良品率	降低54.0%
		产品数据全流程贯通	产品研制周期	缩短51.0%
青岛海尔特种制冷电器有限公司	针对商用空调快速设计和交付、用户需求快速响应等行业特征，通过智能化容器焊接及装配技术突破、智能柔性生产设备及在线智能检测设备升级，实现生产过程数字化向智能化迈进。搭建从用户下单、智能生产到用户体验的大规模定制平台，实现产品全流程、各环节、全生命周期实践应用	搭建磁悬浮样板线体	装备自动化率	达到83.0%
		搭建全流程互联互通生态	运营成本	降低22.5%
			生产效率	提升26.7%
			能源利用率	提升12.6%
			产品研制周期	缩短31.6%
		搭建数字化质量管理体系	不良品率	降低25.4%

数据来源：智能制造标杆企业遴选过程材料。

第三部分 智能制造标杆企业实践路径分析

第二部分全面展示了智能制造标杆企业概况及其变革成效。为了更好地剖析智能制造的实施经验，本章以《智能制造能力成熟度模型》（GB/T 39116—2020）为基础，从智能制造能力提升的人员、技术、资源和制造四大关键方面，分析智能制造标杆企业的实践路径。

3.1 加强顶层规划设计

3.1.1 持续优化组织战略

重视智能制造战略的评测和持续优化。发展智能制造是一个流程复杂、多部门协同的系统工程，标杆企业"一把手"亲自参与其中，制定了相关组织战略和实施计划，明确了推进方向和重点任务。发展智能制造也是一个需要长期坚持的系统工程，其组织战略不是一成不变的，标杆企业通过自我总结、同行间借鉴经验等方式，定期对战略实施成效进行监控与测评，并开展持续优化，进一步提升了实施效果。

青岛海尔特种制冷电器有限公司内部设置了专职负责战略落地和实施的人员，每月形成战略评测报告，跟踪战略落地、各项指标、新建工厂进度，提出优化或改进方案。

3.1.2 激发人员创造性

建立创新管理机制，促进知识经验的数字化和软件化。创新是企业实施智能制造的关键要素，有助于催化产生先进生产方式，推动管理机制变革，加速企业智能制造进程。

为更好地鼓励技术和管理创新，标杆企业探索了从传统生产要素管理到知识管理的变革之路，建立了相应的创新管理机制，有效调动了员工的主观能动性和创造性，促进了知识、技能和经验的数字化与软件化。

丹佛斯（天津）有限公司鼓励员工进行创新，每月组织员工分享展示优秀创新成果，颁发奖品，并对优秀创意进行沉淀和传播。例如，某一线员工创新了磨具的更换方法，将模具更换由 2 人合作完成（用时 30min）降为 1 人独立完成（用时 2min），并获得国家专利，随后该创新方法被固化成为企业标准流程。

江苏隆力奇生物科技股份有限公司针对不同类型员工的特点和需求，开发了不同的知识管理平台。针对销售人员，可以通过自主研发的"聚好平台"共享和学习销售入门知识及销售情况分析经验等。而研发人员的知识与经验收集，知识的对比、迭代，如配方的试验、升级、应用，则通过自建的"爱研系统"进行。

3.2 提高关键技术保障

3.2.1 深度挖掘数据价值

分析和挖掘数据价值，提供辅助决策支持。数据是企业转型升级过程中的重要资产，标杆企业在实施智能制造的过程中，不但能够将数据采集起来，而且能够整合各环节的数据资源，分析和挖掘数据的价值，为制造活动提供优化建议和决策支持。

新凤鸣集团股份有限公司基于采购、设计、生产、销售、物流、服务等环节的数据采集，构建了生产、销售大数据综合分析平台。该平台通过构建统一的数据集市（Data Mart）、智能辅助算法模型，构建包含 70 个维度、200 多个 KPI 指标库的运营指标图，为计划调度、生产作业、销售等业务环节提供决策支持。例如，根据不同原材料的投料量、消耗量、出料量等，构建投入产出模型和月度物料平衡模型。

上汽大通汽车有限公司建立了企业级统一的数据中心，集成不同厂区、不同库的数据。基于大数据技术和现场数据，已经在多个场景取得良好效益。例如，基于神经网络循环序列模型和产品生命周期的指数模型对销量进行预测，基于网络算法、回归模型等进行生产零件物料预测等。

3.2.2 加强业务活动集成

重视设备、系统间的信息交互，实现全业务活动的集成。德国在提出"工业4.0"战略之初便将实现横向集成、纵向集成和端到端集成作为战略要点之一，可见集成工作的重要性。就内部集成而言，企业需要打通不同时期、不同厂商的IT系统和生产设施，是一个资源投入多、实施难度大的工作。标杆企业通过整体架构设计、标准规范制定及接口开发等手段，实现工厂级乃至企业级的数据贯通，提升制造过程的敏捷性，促进全业务一体化发展。

中国石油化工股份有限公司九江分公司通过自主研发，建立了生产运营企业级中央数据库（ODS），实现MES、LIMS、ERP等25个系统的集成，为调度指挥、大数据分析、三维数字化等21个系统提供数据支撑，解决了企业普遍存在的"信息孤岛""业务孤岛"等问题。

中车青岛四方机车车辆股份有限公司通过PDM、MES、ERP、MRO、QMS等信息系统建设与集成，实现了以BOM为核心的数据贯通和以业务为核心的流程贯通，建立了全生命周期产品信息统一平台。信息平台的投入使用，减少技术工人工作量30%以上，有效提升了工作效率，节约了成本。

3.2.3 提升信息安全保障

加大信息安全投入，提升安全保障。企业将信息化设备、系统及网络等引入生产现场，有助于改善生产方式，提升智能化水平。与此同时，相关的设备、系统和网络也带来了新的安全隐患（如数据隐私泄漏等），影响现场实施效果，甚至带来无法预估的损失。标杆企业通过加大信息安全投入，借助边界防护、安全性测试等手段，建立了与之匹配的安全保障，消除了安全隐患，使防护能力得到了极大提升。

杭州西奥电梯有限公司通过工业网络安全技术（包括安全隔离、访问控制、入侵检测、加密认证等关键技术）保障信息安全，在企业管理网络中增加自学习、自优化功能，以典型的异常行为建立模型，自动上传至云平台进行分析，不断优化自身安全防护。

宁德时代新能源科技股份有限公司部署了具有深度包解析功能的安全设备及漏洞扫描设备。不仅自主研发了检测系统，对数据内容进行不间断监控，利用沙箱和行为分析找出异常时间，而且建立了智能分析系统，自动学习设备的行为并检测异常。

3.3 提升资源利用率

3.3.1 加强装备数字化改造

加强关键工序装备数字化改造，挖掘装备价值。装备作为关键生产工具，直接影响生产过程稳定性和产品质量。装备功能和性能的提升是企业实施智能制造的基本保障。标杆企业通过升级关键工序装备数据采集和分析能力，实现了运行状态的实时监测和诊断预警，提升了装备利用率和可靠性，延长了设备服役期，保障了生产过程的稳定性。此外，标杆企业借助三维模型库等新技术手段，将装备改进过程与生产工艺紧密结合，促进了产品质量的提升。

广东溢达纺织有限公司用于生产的设备中，90%具备自主研发能力。此外，该公司对关键设备进行运维和技术改造，在设计时基于三维模型库进行开发，支持对三维模型的导入、编辑、导出等管理功能。高价值关键工序设备实现了设备状态/运行数据采集、数据存储及设备状态数据展示。

长飞光纤光缆股份有限公司自主研发并完成了 18 种核心工艺设备的智能化提升，并投入生产应用，其提升路径分为两个步骤。第一个步骤是实现核心工艺设备的智能化。核心工艺设备与 MES 互通，与工厂设施系统形成过程联动，具备设备工艺环境的全参量动态计量监测功能，可基于工艺过程监测的 PLC 自适应工艺进行闭环控制、故障预警和自诊断修复功能。第二个步骤是基于具有时间轴的大数据系统，实现工艺过程的在线感知和实时监控。将核心工艺设备与工艺知识及智能工艺系统结合，进而实现核心工艺设备从基于工艺配方控制，提升为工艺过程自适应智能制造系统。

3.3.2 加大网络建设力度

加大网络建设力度,实现资源优化配置。网络是智能制造的基础性支撑,随着智能制造的实施,企业生产现场数据量和算力需求等激增,对网络提出了低时延、高可靠性等要求。标杆企业通过加大网络建设力度,促进了企业 IT/OT 融合及异构网络融合,实现了生产现场数据贯通和资源优化配置。

鞍钢集团矿业有限公司通过智能管理软件,实现对网络的远程监控和配置。该企业网络为双核心结构,采用弹性分组环技术,具有 50ms 故障自愈能力和高带宽利用率,具备可靠性高、吞吐量大、延迟小、丢失率低的业务保证能力,保证网络数据传输的完整性。

杭州西奥电梯有限公司通过管理平台可实现网络的远程配置,并对网络运行状态、流量使用情况、交换机配置进行监控,具备带宽、节点等的扩展和升级功能。采用双运营商、双 WAN 口设置,可以提供可靠性高、吞吐量大、延迟小、丢失率低的业务保证能力,结合防火墙和杀毒软件等,共同保证网络数据传输的完整性。

3.4 强化生产制造能力

3.4.1 加强迭代优化设计

加强产品设计全生命周期管理和工艺机理模型迭代优化,缩短研发周期,提升产品竞争力。面对越来越多的个性化定制需求,不仅要开展基于模型的数字化设计,而且应通过产品设计、生产、物流、销售或服务等系统的集成,实现产品全生命周期、跨业务之间的协同,最终将产品全生命周期数据反馈到设计环节,实现产品设计的迭代优化。标杆企业通过模块化设计、跨业务系统集成、协同设计及设计与工艺仿真协同等方法,缩短了产品研发上市周期,提升了市场占有率。

杭州西奥电梯有限公司通过 PCS 系统与 PLM 系统集成,研发面向个性化定制的电梯智能工厂设计模块,实现根据用户需求自动生成产品设计图纸,快速转换设备程序,并根据生产单元和生产线的能力，自动调度生产任务，从而缩短产品研制周期25%，提升产能。同时，通过SPM、PLM、LVS（MES）、QMS等系统间集成，实现销售合同签订、产品设计、生产制造过程、产品出入库、安装等业务之间的协同。产品生产、运维过程中的质量问题通过QMS、BDS（北斗卫星导航系统）等反馈给产品设计环节，实现产品设计的迭代优化。

宁德时代新能源科技股份有限公司通过产品数据管理（PDM）系统与CAX软件集成，构建研发协同管理平台，在多名模块设计工程师同步在线进行产品三维设计工作的同时，由仿真工程师借助计算机辅助工程（CAE）软件对三维模型虚拟样机进行模拟验证，求解最优设计方案，避免出现生产环节不可实现等问题，实现协同设计。在此基础上，基于三维模型驱动生成的BOM及技术文件等自动同步到ERP/MES系统，支持产品生产。

3.4.2 提升生产管控能力

1. 打通采购、计划调度、生产作业、设备管理、仓储配送等主要业务，建立多要素生产管控一体化模型，提升生产过程的优化决策能力

生产是制造业价值产生的重要环节。如何在成本可控的前提下提升生产效率，是每一家企业都关注的焦点。标杆企业通过建立基于知识驱动的生产管控一体化大数据分析决策机理模型，将生产过程逐步由局部优化拓展到全局优化，最终实现生产效率的提升。

上汽大通汽车有限公司将销售预测、订单、零部件库存、排产等信息，通过自主开发的智能排产OTD系统实现集成，形成主生产计划；再通过智能排程APS系统，进行生产作业计划和调度，应用非线性逼近最佳选择的计算模型，规划出优化排程方案和详细的生产作业计划，最终实现精准拉动仓储配送和智能排产，以满足企业C2B生产模式需求。

2. 建立危险源及能耗分析预测模型，实现节能减排目标

在高质量、绿色发展的大前提下，传统能源型企业普遍面临节能减排和安全环保有待改善的压力，标杆企业通过数据信息采集和模型预测分析，有效提升能源利用率，实现节能减排目标。

中国石油化工股份有限公司九江分公司将"安全环保、绿色低碳"理念置于优先位置，以打造长江最美岸线的"石化名片"为目标，构建了集 HSE 管理、挥发物有机物（VOCs）厂区监测、施工作业备案、环保地图、119 接警处、各类可燃有毒有害气体实时联网及视频监控联动、应急指挥等系统于一体的安全环保应急指挥一体化平台，对危险气体进行异常预警分析，并通过短信等途径将数据反馈给生产相关部门，实现安全环保与生产应急联动，以此提升安全环保可控力。

巨石集团有限公司通过将 MES 能源管理模块、能源数据决策分析报表系统和能源采集分析系统集成进行能源管理，对各种能耗数据进行统计、分析，基于能耗分析结果对空压机、制冷机等高耗能设备进行改造和更新，通过离心空压机替代螺杆空压机的技术改造，实现年节约电能 350 万千瓦·时，离心式电制冷机替代蒸汽式制冷机，实现年节约电能近 1000 万千瓦·时。

3.4.3　提升物流供应链安全把控能力

促进物流信息透明化，提升供应链安全把控能力。企业一方面希望进一步压缩产品下线到交付客户的时间，从而减少库存，加速资金流动；另一方面希望在保障生产安全库存前提下，尽量减少原材料库存，减少资金压力。因此，保障物流信息透明化，确保按时保量送达成为关键环节。标杆企业通过仓储管理系统与运输管理系统等多系统集成，实现了物流信息透明化。借助北斗导航、大数据等相关技术，实现装载能力及运输路径优化，提升供应链安全把控能力。

安徽海螺集团有限责任公司通过"互联网+物联网"的技术应用，建设包含水泥电商平台、无人值守系统、水泥全自动包装系统、产品流向监控系统 4 个子系统的营销物流管理系统。通过 4 个子系统间无缝对接，以及电商平台与财务系统在凭证和资金方面的数据传递，形成客户"一站式"生态服务链，将互联网销售、工厂智能发运和水泥运输在线监管全面融合，实现工厂订单处理、产品发运、货物流向监控等业务流程无人化和数据应用智能化，既降低了产品库存，又提升了客户服务质量。

3.4.4 实现多渠道精准营销

建立客户需求分析模型，实现需求拉动生产制造。企业为了降低库存，提升资金链安全水平，销售前置已成为发展趋势。通过对客户需求信息的挖掘、分析，建立市场需求分析模型，实现精准营销，同时，进一步与设计、采购、生产、物流等环节联动，改进方案，缩短交期。

隆力奇生物科技有限公司通过商务智能辅助决策系统，建立销售合同订单浮动盈亏分析、销售区域分析、销售数据分析、销售均价分析、流失迹象客户分析、重点战略客户排名、回流客户分析、成品库存预警等大量数据模型，可按年、月、日趋势进行分析预测，生成相应的周期销售计划。通过 SAP 系统与 MES、OA 系统、丝路物流系统集成，实现以客户实际需求，拉动设计、采购、生产、物流，实现产销平衡，快速响应客户需求。

3.4.5 提升综合服务能力

加强客户精细化管理，提供综合服务能力。随着时代的发展，多渠道销售、个性化定制都需要提升服务能力。标杆企业通过客户精细化管理，提升客户服务满意度。同时，对于复杂产品，运用远程运维的模式为客户提供产品故障预测等服务，实现产品"一手数据"的采集，便于产品的迭代优化。

丹佛斯（天津）有限努力通过选型软件、学习网站、多款手机 App，定期针对不同行业的客户提供定制化技术服务，提升客户服务质量。同时，其压缩机产品自带智能运维模块，结合终端运行监控系统，实现末端数据采集和处理，形成大数据分析基础，结合客户使用习惯进行深度分析，对故障进行预判和在线诊断。

潍柴动力股份有限公司的柴油发动机多用于重卡、公交车、校车、工程机械等，特别是用于重卡、工程机械的柴油发动机，运行时间长，工况环境差。该公司通过自主研发的 ECU 模块，开发智能测控及标定系统，具备发动机数据采集、状态监控等功能，并应用大数据分析进一步开发成本、寿命及故障预测等功能，为用户提供优质的售后服务及智能化增值服务，实现商业模式的创新。

第四部分 结语

近年来，我国制造业发展成就显著，但大而不强、全而不优的局面并未得到根本改变，基础能力依然薄弱，关键核心技术受制于人，与高质量发展目标要求相比，我国制造业发展不平衡、不充分的问题依然突出，质量和效益有待进一步提升。面对挑战，如何化危为机，抓住智能制造带来的新机遇，加快新旧动能转换，是摆在制造业企业面前的重大课题。为此，我们将智能制造标杆企业的实践路径，以及好经验、好做法和创新模式进行提炼总结，以期为广大制造业企业实施智能制造提供借鉴和指引。

案例篇

插图本

案例1　中国石油化工股份有限公司九江分公司

智能制造助力九江石化高质量发展

中国石油化工股份有限公司九江分公司坚持"创新驱动、两化融合"战略，以"原创、高端、引领"为方向，以"提高发展质量、提升经济效益、支撑安全环保、固化卓越基因"为目标，将新一代信息技术与石化生产的本质环节紧密结合，从理念到实践、从实践到示范、从示范到标杆，探索出一条适合石化流程型行业面向数字化、网络化、智能化制造的路径，使经营管理科学化、生产运行协同化、安全环保可视化、设备管理数字化、基础设施敏捷化，智能工厂全域赋能，核心业务绩效变革式提升，助推企业数字化转型，实现高质量发展，引领石化流程型行业智能制造的发展。

1.1 企业简介

1.1.1 企业基本情况

中国石油化工股份有限公司九江分公司（以下简称"九江石化"）于 1980 年 10 月建成投产，占地面积 4.08 平方千米，在岗员工 2474 人，是我国中部地区和长江流域的重点炼化企业、江西省唯一的大型石油化工企业，隶属于中国石油化工股份有限公司（以下简称"中国石化"）。

九江石化现有原油一次加工能力 1000 万吨/年、综合加工能力 800 万吨/年，主要有常减压、催化裂化、连续重整、延迟焦化、汽柴油加氢、渣油加氢、加氢裂化、煤制氢、煤制聚丙烯、煤制苯乙烯、煤制烷基化等主体生产装置，汽煤柴油、化工轻油、三苯、液化气、石油焦、聚丙烯、苯乙烯等产品。2019 年，完成加工总量 848.57 万吨，创历史新高，其中，加工原油 786.60 万吨；实现营业收入 443.41 亿元、利润 8.91 亿元。

九江石化坚持创新驱动两化融合，倾力培育"绿色低碳""智能工厂"核心竞争优势，致力探索和实践数字化、网络化、智能化制造，助力企业提质增效、转型升级和高质量发展，努力建设千万吨级绿色智能一流炼化企业。2015 年 7 月，入选国家首批智能制造试点示范企业；2017 年 8 月，入选国家首批两化融合管理体系贯标示范企业；2019 年 12 月，入选国家智能制造标杆企业。

1.1.2 所属行业及特点

按照我国国民经济行业分类（GB/T 4754—2017）标准，九江石化属于石油、煤炭及其他燃料加工业大类（代码 25），精炼石油产品制造中类（代码 251），原油加工及石油制品制造小类（代码 2511）。其行业特点如下：

一是物料物性的复杂性。石化生产涉及物料物性复杂，从原料、中间体、半成品到产品，以及各种溶剂、添加剂、催化剂、试剂等，多以气体和液体状态存在，而绝大多数的上述物料属于易燃、易爆、易挥发、毒性物质。

二是生产工艺的复杂性。石化行业的生产工艺运行条件较为苛刻，如石脑油制乙烯温度高达1100℃、深冷分离低至-100℃以下；高压聚乙烯聚合压力达到350MPa。在减压蒸馏、催化裂化、延迟焦化等很多加工过程中，物料温度若超过其自燃点，一旦操作失误或设备故障、失修，极易发生火灾爆炸事故。

三是生产装备的复杂性。石化行业涉及炼油塔、罐区、换热设备、机泵、管线等众多类型的设备设施，且设备运行环境多为高温、高压、高腐蚀环境。生产过程中可能使用或产生强腐蚀性的酸、碱类物质（如硫酸、盐酸等），易对设备造成腐蚀。因此，在设备维修时需重点观测，对设备的抗腐蚀性、可靠性是有严格要求的。

四是环保及职业卫生的刚性约束。国家对安全生产、环境保护的要求日渐严格。生产操作环境和施工作业场所若存在工业噪声、高温、粉尘、射线等有害因素，极易造成人员急性中毒或受伤，人员长时间暴露在上述场所下，即便接触有害因素的剂量很低，也可能导致慢性职业病。

1.1.3 智能制造亮点及模式总结

石化流程型行业的智能制造是一场革命性创举，也是一项复杂的系统工程。"十二五"以来，九江石化以"原创、高端、引领"为方向，将新一代信息技术与石化生产本质环节紧密结合，塑造了"以卓越基因传承固化为引领，以数字化、网络化、智能化为支撑，以一体化、科学化、精细化为主要特征"的特色管理模式，以智能工厂为核心，深度实践智能制造，探索出一条适合石化流程型行业的智能制造之路。

1. 生产运营集中管控，提升企业管理软实力

九江石化以业务为对象，以"敏捷协同、卓越运营、管理增值"为目标，从活力之源、立身之本、运行之道三个维度，将数字化、网络化、智能化制造作为企业各管理要素有机融合的重要手段和协同交互的重要支撑，实施以生产管控中心为代表的业务集中

重组与优化，畅通数据共享，从分散管理向集中管控转变，促进管理和业务变革，全方位支撑生产运营管控，从而提升企业管理的软实力。九江石化智能工厂神经中枢——生产管控中心如图1所示。

图1 九江石化智能工厂神经中枢——生产管控中心

2. 生产智能协同优化，提升业务绩效硬实力

九江石化以中央数据库（ODS）为支撑，集成MES、ERP、LIMS等重要数据，建立基于核磁技术的原料油快评系统，开发主装置机理国产模型，推广程序控制（APC）应用，试点实时优化（RTO），实现炼油全流程优化一体化联动优化功效，生产运营由传统经验模式转变为协同优化模式，助推企业经济效益稳步提升。九江石化炼油全流程一体化智能协同优化示意如图2所示。

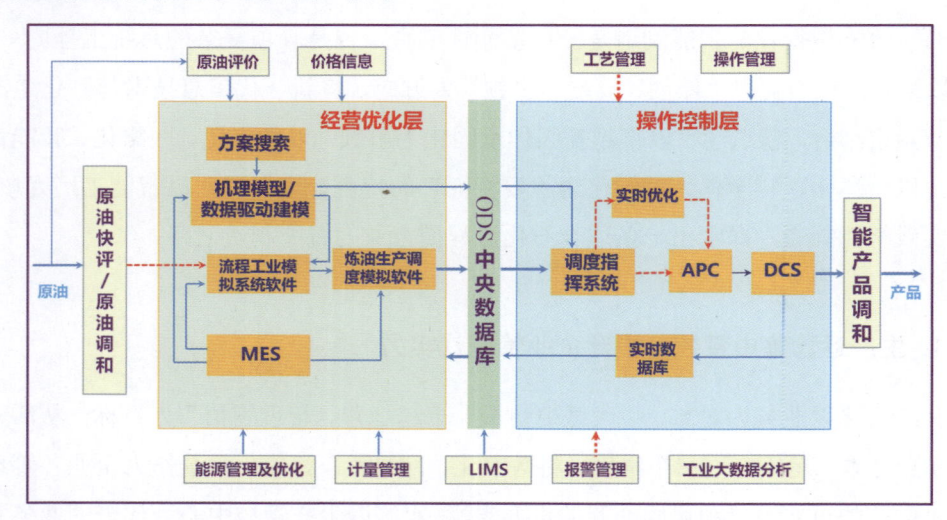

图2 九江石化炼油全流程一体化智能协同优化示意

3. 过程管理多样监管，提升安全环保可控力

九江石化将"安全环保、绿色低碳"理念置于优先位置，以"打造长江最美岸线的石化名片"为目标，构建了集健康、安全、安保、环境（HSSE）管理、挥发性有机物（VOCs）厂区监测、施工作业备案、环保地图、119接警处、各类可燃有毒/有害气体实时联网及视频监控联动、应急指挥等系统于一体的安全环保应急指挥一体化平台，实现了多层次业务可视化监控，促进了安全环保管理"从传统管理向信息化管理、从结果管理向过程管理、从经验管理向精细管理、从局部管理向全局管理"的四个转变，提高了安全环保的可控力。

4. 构建虚实映射场景，提升实时数据交互力

九江石化基于工程设计和业务需求的数字化炼厂平台，集成实时数据库、操作管理等18套系统，实现工艺管理、设备管理、健康、安全、环境（HSE）管理等六大类深化应用虚拟场景的可视化呈现，并通过模型场景的渐进性分层加载技术，突破了终端运行环境的硬件配置瓶颈，为石油石化行业探索信息物理系统（CPS）积累了宝贵经验，增强了面向各类生产运营实时数据的交互力。九江石化数字化炼厂平台示意如图3所示。

图3　九江石化数字化炼厂平台示意

5. 基础设施稳定可靠，提升现场全面感知力

九江石化以设备完整性体系为支撑，通过设备管理（EM）、大机组状态监测、机泵

运行状态在线监测、腐蚀在线监测、仪表泛在感知、电气调度自动化、设备管理关键绩效指标（KPI）等系统建设，构建了预知维修管理体系，实现设备全生命周期管理。通过建设面向工业复杂环境的企业私有4G无线网络及智能巡检应用、施工作业环节全程视频监控、国产化数据机房及采用虚拟化技术的企业私有云平台、IT运行管控平台、网络安全体系等建设，打造了敏捷安全的信息基础设施平台。

1.2 智能制造项目建设

1.2.1 项目背景

石油化工行业在我国国民经济中具有极其重要的基础性、支柱性战略地位。经过多年的高速发展，我国石油化工企业已经取得了巨大的进步，但是与世界领先企业相比，在盈利能力及价值创造能力上仍有明显差距，"大而不强"的问题仍然较为突出，迫切需要通过科技创新来提高竞争力。

新一代信息技术飞速发展并在传统石油化工企业中有效应用，对能源生产方式、供应方式、消费方式产生了深刻的影响。各国能源企业纷纷将信息技术作为核心技术和核心竞争力，全力提升应用水平，一些先进企业的信息化已经进入或正在进入智能化应用阶段，经营管理向集中集成、深化应用及决策分析方向发展，生产营运向感知、预测、优化及协同智能方向发展，数据挖掘、分析能力不断提高，可实时掌握营运动态，企业核心竞争力不断加强。

"十二五"初期，九江石化发展相对落后，面对竞争激烈的外部环境和安全环保效益的双重压力，如何实现企业高质量发展是摆在九江石化面前亟待解决的重大课题。根据中国石化战略部署，九江石化提出了"建设千万吨级绿色智能一流炼化企业"的愿景目标，倾力培育"绿色低碳""智能工厂"两大核心竞争优势。

九江石化历经40多年的发展，在信息化建设方面虽取得长足进步，但信息化基础设施老化，系统集成度不高，缺少及时准确的辅助决策信息，系统应用和运维、IT资源管理等方面仍有较大的差距，难以适应"建设千万吨级绿色智能一流炼化企业"的要求。结合企业历史沿革和发展目标，以及中国石化的管理要求，为解决深层次管理问题，九江石化启动塑造"以卓越文化为引领，以信息化为支撑，以一体化、科学化、精细化为主要内容"的特色管理模式，建设智能工厂，以实现信息技术全方位应用、全过程管理、全业务支撑。

1.2.2 实施路径

1. 总体规划

2012年1月，以《中国石化"十二五"信息化建设与应用发展规划》为指导，以打造一流信息化能力为目标，以支撑特色管理模式为主线，参考信息化发展趋势、国内外先进炼化企业案例，九江石化编制完成《九江石化信息化规划暨中国石化智能工厂试点方案》。本方案的特点：一是将中国石化"十二五"信息化规划与九江石化的业务需求相结合；二是按照智能工厂理念规划九江石化工厂，体现"自动化、数字化、模型化、可视化、集成化"的特征；三是将计划调度、装置操作、安全环保、能源管理、IT管控5个方面进行智能化应用，覆盖生产经营、发展建设、企业管理等板块业务，支撑特色管理模式；四是注重核心竞争力和经济效益的提升，支持绿色发展；五是充分利用物联网、云计算等先进信息化技术，实现智能工厂的建设目标。

九江石化智能工厂建设经过2011年方案规划、2012年可行性研究、2013年总体设计、2014年全面建设，于2015年建成1.0版，之后持续进行智能工厂升级。九江石化智能工厂建设历程如图4所示。

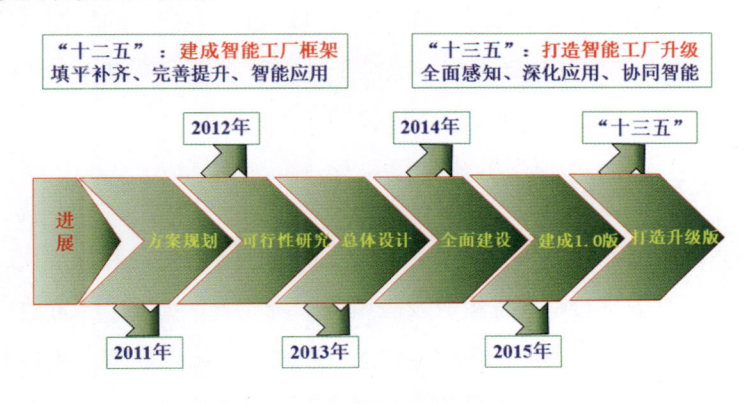

图4 九江石化智能工厂建设历程

2. 目标与策略

九江石化智能工厂建设以"提高发展质量、提升经济效益、支撑安全环保、固化卓越基因"为目标，着力提升"全面感知、优化协同、预测预警、科学决策"四种能力，在"计划调度、安全环保、能源管理、装置操作、IT管控"等五个领域，实现具有"自动化、数字化、可视化、模型化、集成化""五化"特征的智能化应用。

九江石化智能工厂建设策略包括4个方面。一是顶层设计、整体规划。围绕九江石化核心业务顶层设计智能工厂，结合油品质量升级改造等重大工程同步推进智能工厂建设。二是业务驱动、分工合作。按照"主管领导分管、业务部门牵头、相关部门配合、信息部门综合管理"的分工原则，发挥各业务部门主体责任，努力把智能工厂建设打造成为实效工程、示范工程。三是有限目标、持续进步。在方案形成、可行性论证、实施建设中，一方面，不断总结、提炼、固化已取得的成果；另一方面，不断丰富视野、拓展思路、把握前沿，实现有限目标、持续进步。四是后发先至、勇创一流。扎实推进项目建设，力求在较短时间内缩小与先进企业的差距，在一些应用领域达到领先水平。

3. 实施内容

在智能工厂建设中，数字化是根本，标准化是基础，集中集成是重点，效益是目标。九江石化智能工厂建设内容包括运用物联网、云计算、移动宽带网络、三维数字化、大数据、移动平台等先进信息化技术，围绕"建设千万吨级绿色智能一流炼化企业"的远景目标，在已建成的经营管理、生产运行、信息基础设施与运维三大平台的基础上，从经营管理、生产运行、安全环保、设备管理、IT基础设施等业务领域开展智能工厂建设，完善和提升以ERP为核心的经营管理平台、以MES为核心的生产运行平台、以新一代ICT技术为重点的信息基础设施与运维平台，新建集中集成和标准化平台、应急指挥平台、数字化炼厂平台。主要内容包括以下12个方面。

1) 搭建智能工厂总体框架

在石化企业典型信息化三层平台架构之上，构建了集中集成和标准化、数字化炼厂和应急指挥等公共服务平台，系统集成及应用进一步完善，实现了装置数字化、网络高速化、数据标准化、应用集成化、感知实时化，形成了石化流程型企业面向数字化、网络化、智能化制造的基本框架。九江石化智能工厂总体框架1.0如图5所示。

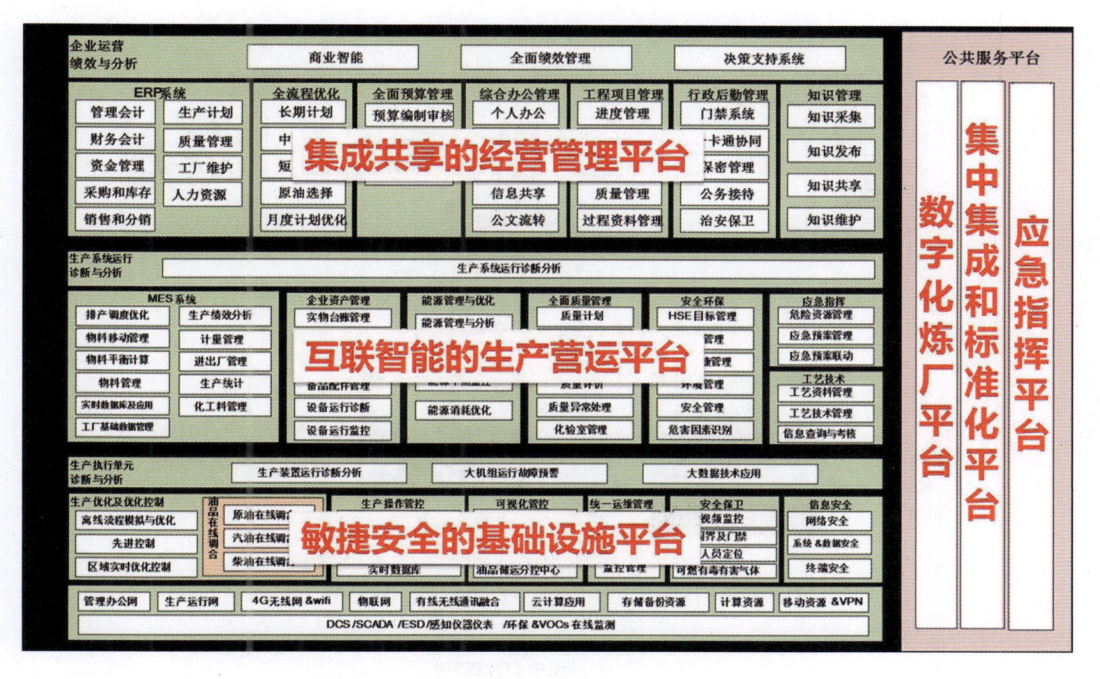

图 5 九江石化智能工厂总体框架 1.0

2）重塑生产运营指挥中枢

2014 年 7 月，体现九江石化智能工厂核心理念的生产管控中心建成投用，实现了"经营优化、生产指挥、工艺操作、运行管理、专业支持、应急保障"六位一体的功能定位，生产运行由单装置操作、管控分离向系统化操作、管控一体转变，有效地支撑生产运行管理变革式提升。同时，水务分控中心、油品分控中心、动力分控中心和电力分控中心建成投用，形成"1+4"生产运营集中管控模式。九江石化智能工厂生产管控中心如图 6 所示。

3）实现业务数据集中集成

为解决普遍存在的信息孤岛、业务孤岛等问题，九江石化在率先建成生产运营企业级中央数据库（ODS）和企业服务总线（ESB），完成生产物料等 40 个模块和 36 类主数据的标准化，同时集成 MES、LIMS、ERP 等 25 个生产核心系统，为调度指挥、大数据分析、数字化炼厂平台等 21 个系统提供数据支撑，共享近 100 类业务数据，总量达 1684 万条，突破了此前普遍采用的"插管式"集成模式的限制。九江石化智能工厂集中集成如图 7 所示。

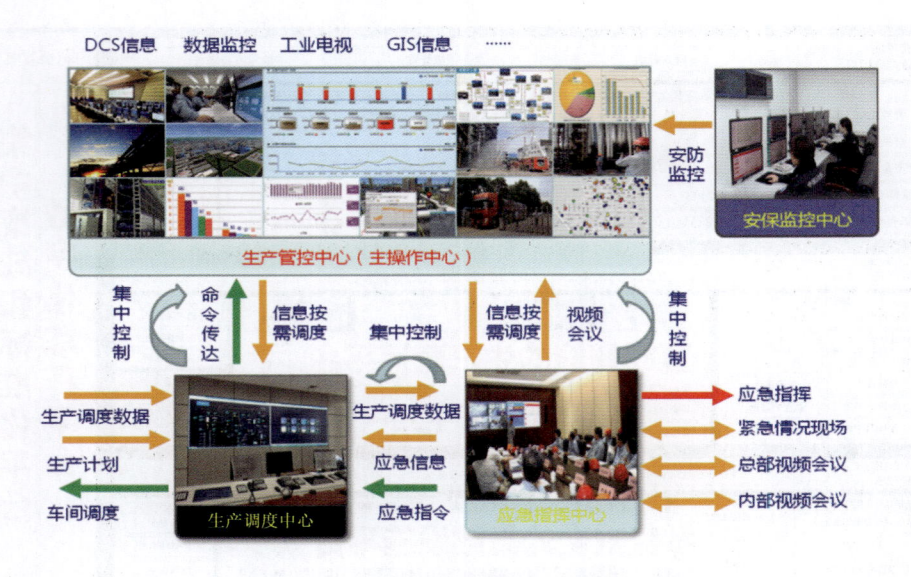

图6 九江石化智能工厂生产管控中心

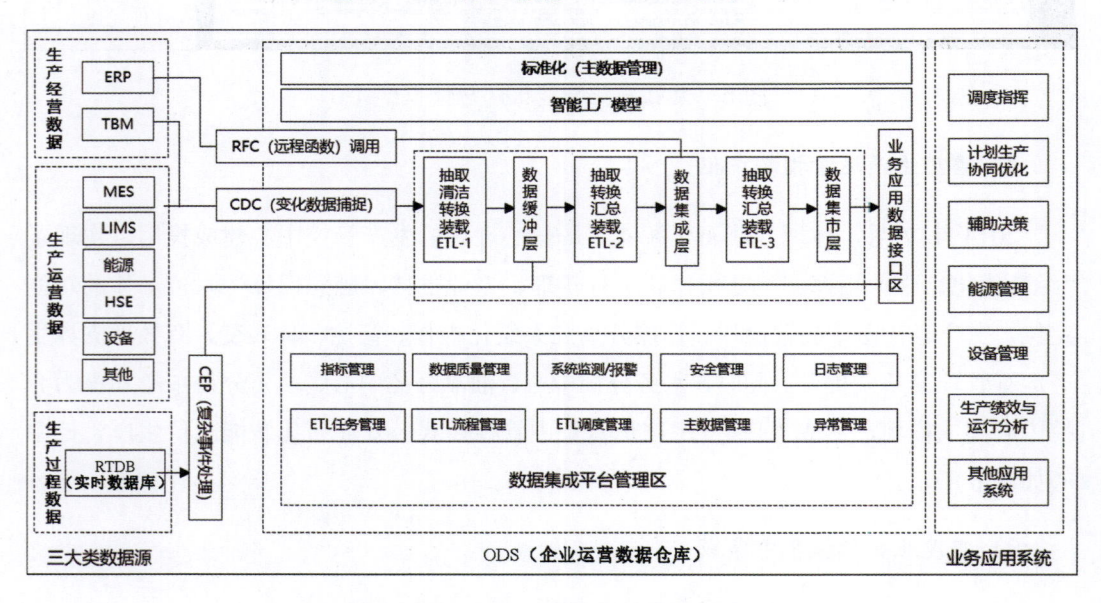

图7 九江石化智能工厂集中集成

4）提升流程管控智能优化

炼油全流程优化闭环管理，提升生产计划、流程模拟、生产调度与执行一体化联动优化功效，助推企业经济效益逐年稳步提升。原（料）油快评分析系统建模461个，涵盖14套装置、40余种物料，是国内最早完整建立从原油到各装置物料物性分析模型的企业之一。虚拟制造系统建立21套装置机理模型，实现"实时仿真""性能评估""操作优化""计划优化"功能。19 套主装置 APC 全覆盖,提高装置运行平稳率,主要工艺参数标准偏差平均可降低 45%。基于稳态机理模型,在常减压装置投用国内首套炼油装置 RTO,实现装置效益最大化,每小时增效 2474 元。九江石化智能工厂炼油全流程一体化智能协同优化应用框架如图 8 所示。

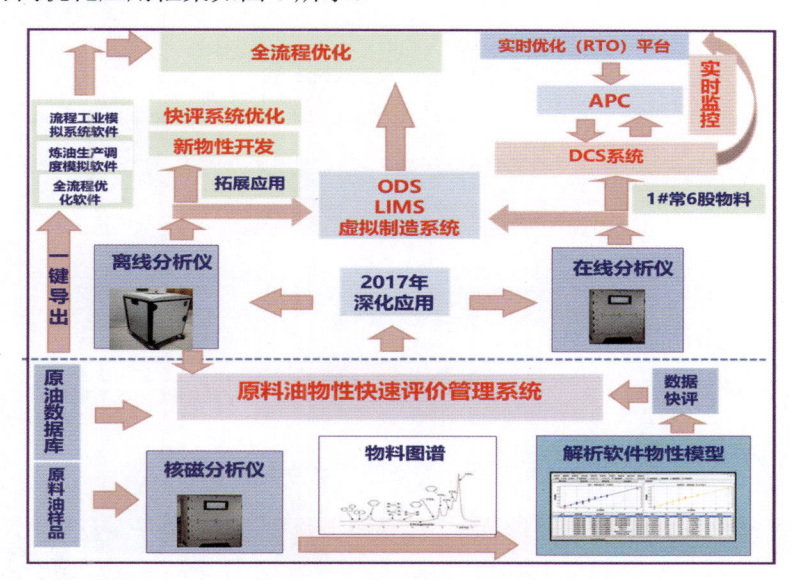

图 8　九江石化智能工厂炼油全流程一体化智能协同优化应用框架

5）构建数字炼厂创新应用

通过正（逆）向建模,建成与物理空间完全一致的虚拟数字化炼厂,建有 80 余套单元模型,集成 4000 余个工艺实时数据、1100 余个采样点质量分析数据、600 余个腐蚀监测点数据、1000 余台主要设备实时数据、600 余个机组及油泵监测测点数据、1900 余个可燃气体检测仪数据、600 个视频监控画面,可视化呈现装置人员定位、厂区综合安防、施工作业备案等虚拟场景,实现了企业级全场景覆盖、海量数据实时动态交互。九江石化智能工厂数字炼厂架构如图 9 所示。

6）实现 HSE 管控实时可视

健全风险作业监管体系,通过施工作业线上提前备案及监控信息公开展示,实现"源头把关、过程控制、各方监督、闭环管理",访问量累计达 151 万人次,录入备案信息 22.6 万余条。建立"集中接警、同时响应、专业处置、部门联动、快速反应、信息共享"的调度指挥模式,1900 余个各类可燃/有毒有害气体检测、600 余个视频监控集成联动,提高事故响应速度。建立敏捷环境监管体系,集成各类环境监测数据,实现环保管理可视化、一体化,异常情况及时处置、闭环管理。外排污染物实时监测数据在 5 个公共场所对外公开展示,主动接受社会监督。4G 移动终端全天候监测装置四周及厂界空气 VOCs 及异味,形成数据轨迹图。九江石化智能工厂 HSE 管理如图 10 所示。

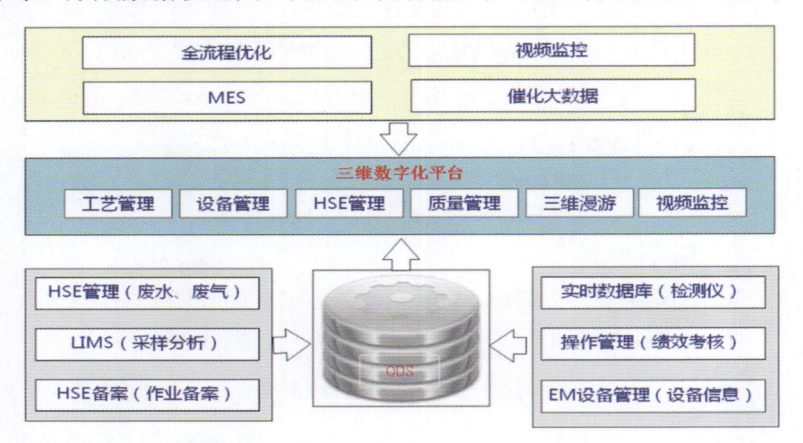

图 9　九江石化智能工厂数字炼厂架构

图 10　九江石化智能工厂 HSE 管理

7)精益设备管理预知预防

初步构建设备预知维修管理体系,设备运行状态监测系统涵盖 17 套大机组、115 台机泵,设置 54 个腐蚀探针、618 个在线腐蚀测厚设施。实现全厂 55 个仪表机柜间温湿度、89 套工控系统重要机柜温度、12692 个 DCS 和 961 个 SIS 故障点的信息采集,并与 DCS 集中实时监控;电调自动化系统实现对全厂电气设备关键参数实时监控,对

35kV 以上一次系统设备实现安全远程操作，效率提升 27.5%。九江石化智能工厂设备在线检测平台示意如图 11 所示。

图 11　九江石化智能工厂设备在线检测平台示意

8）快捷质量管控联动实效

建设并提升 LIMS/LES 功能，实现实验数据录入与分析过程无纸化，816 个分析方法、结果计算与验证操作的程序化，分析检验、物料评价、仪器数据编码标准化，确保过程数据完整可靠、质量管理与 LIMS 指标联动。在线分析仪表运行监控与管理系统实现 439 套在线分析仪运行全过程实时监控管理，支撑由分散管理向集中管控和专业化管理转变。九江石化智能工厂在线分析仪监控管理系统如图 12 所示。

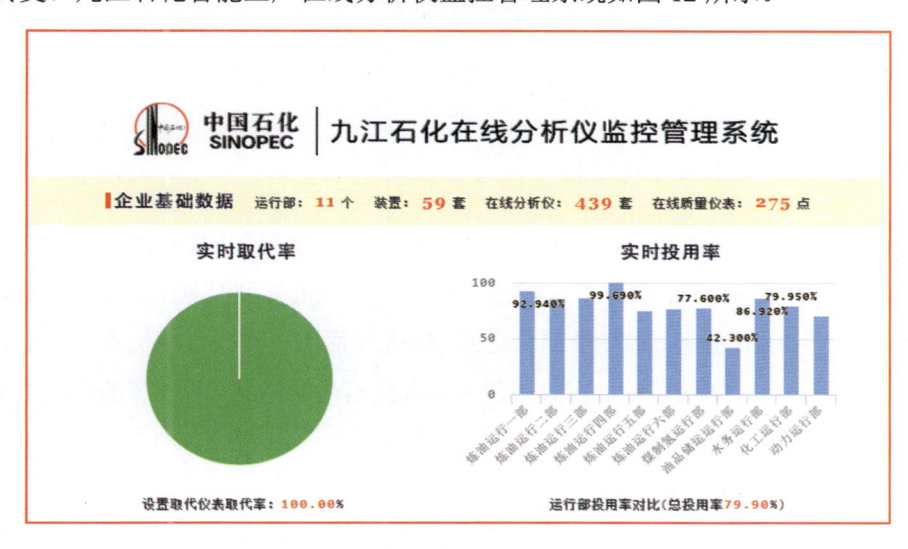

图 12　九江石化智能工厂在线分析仪监控管理系统

9) 精准计量管理集成应用

以物料进出厂计量点无人值守、计量全过程监控为目标，构建"公路、铁路、管输"三位一体的计量集中管控模式，实现物料进出厂计量作业自动化、计量过程可视化、计量数据集成化、计量管理标准化，作业时间缩短三分之一，劳动用工减少近40%，风险防控能力明显增强。九江石化智能工厂计量集中管控系统如图13所示。

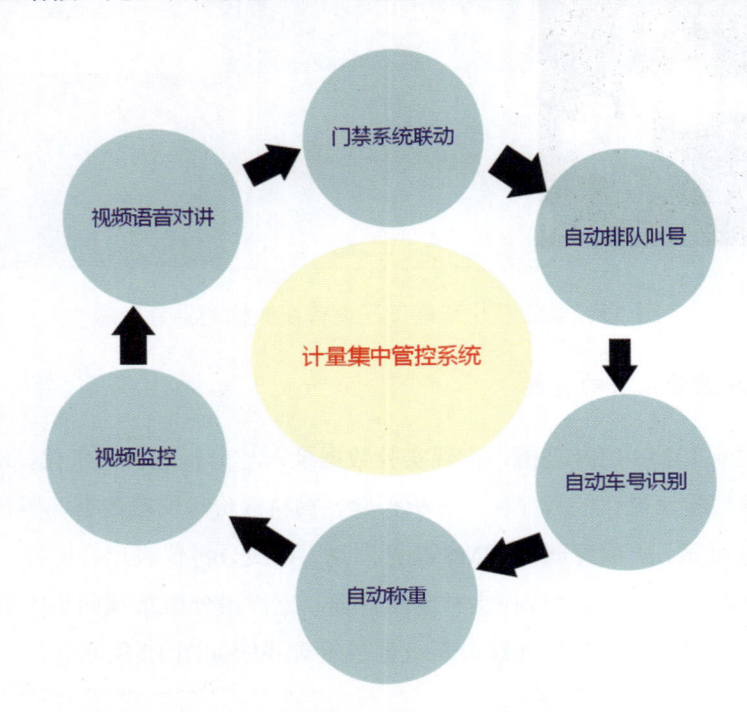

图13 九江石化智能工厂计量集中管控系统

10) 推广生产运行及智能巡检

建设并推广4G智能巡检，实现12个生产运行单位全覆盖，配置巡检路线160条、巡检点1060个、巡检项目8136个。温振一体试点实现机泵测温测振数据自动录入，音视频升级试点实现跨业务、多场景信息交互，GPS平面定位实现实时位置及历史轨迹查询，与数字化平台、宇视平台进行集成展示。九江石化智能工厂4G智能终端巡检系统示意如图14所示。

图 14　九江石化智能工厂 4G 智能终端巡检系统示意

11）实现精细物资管理和智能仓储

建设并整合物资采购桌面快捷办公系统和智能物资管理系统，将企业物资管理向供应商延伸，配置手持平板 18 个、手持打印机 10 个、货架标签 8000 个、地堆标签 60 个，实现对物资需求计划动态掌控及物资库存实物出/入库、转储的全面管理和业务优化，与 ERP、门禁、立体货架 WMS 等系统集成，实现信息快速、自动传输，达到缩短供应周期、提高保供的目标，并基于 MES 建立仓储模型，实现库存优化。九江石化智能工厂智能物资管理系统如图 15 所示。

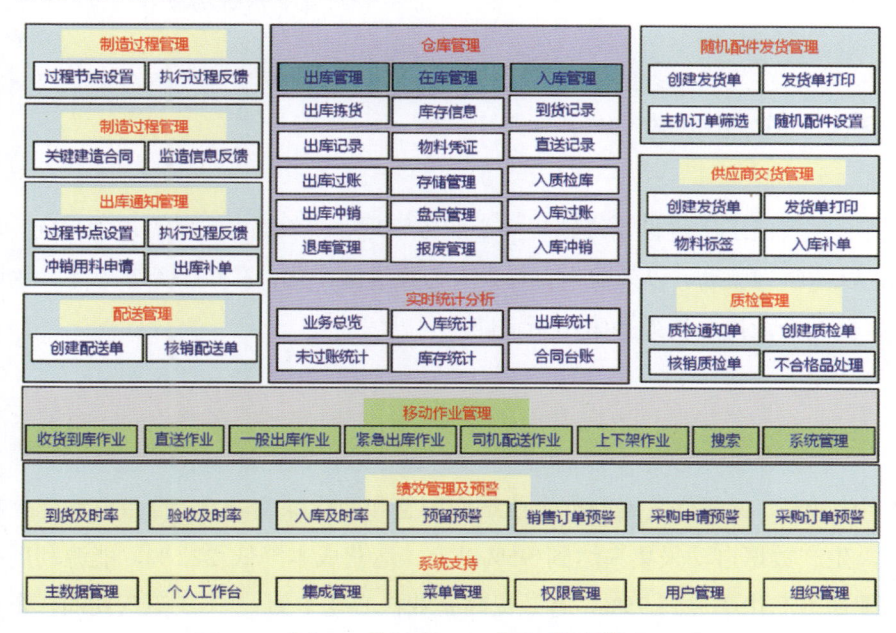

图 15　九江石化智能工厂智能物资管理系统

12)提升安全防护水平

针对生产区域主要安全因素和关键业务环节,实现人流、物流、车流的"三流"综合有效管控。人脸识别技术促进考勤管理精细化,与车辆排队功能联动消除人为干扰、提升提货速度;线上备案制实时有效掌控生产区人、车、物的出入情况;平面可视化工具实现生产区域人员分布实时监管,为防范和处置安全风险提供有力保障。九江石化智能工厂智能物资管理系统示意如图16所示。

图 16　九江石化智能工厂智能物资管理系统示意

1.2.3　实施成效

九江石化智能工厂建设始终围绕核心业务管理、绩效提升,以需求为导向,以价值为引领,以创新为驱动,以效益为目标,大力推进国产化,在经济新常态下,为两化深度融合、促进企业提质增效探索出新道路。

1. 发展质量稳步提升

数字化转型、智能化发展助推企业结构调整和两化深度融合,设备自动化控制率达到 95%,生产数据自动采集率达到 95%以上,运营成本降低 22.5%,能源利用率提升 2%,软硬件国产化率达到 95%,有效提高企业核心竞争力。"十三五"期间,企业经营业绩持续提升,累计盈利 57 亿元。"打造石油化工行业首家智能工厂,推动企业转型升级"项目案例获评中国石化品牌营销优秀案例、中国信息协会中国能源企业信息化创新成果奖。

2. 优化运营挖潜增效

基于分子炼油和全价值链的理念，围绕从原油到操作参数的炼油全流程优化一体化智能协同优化目标，以提升价值增量为重点，持续开展资源配置优化、加工路线比选、装置操作优化，致力实现企业整体效益最大化。"十三五"期间，滚动测算案例1800余个，增效约8亿元。"炼油全流程一体化智能协同优化"项目案例入选中国石油和化工联合会首批石油和化工行业智能制造先进应用案例。

3. 绿色制造指标领先

九江石化全面贯彻习近平生态文明思想，积极落实国家长江经济带"共抓大保护"的部署，通过智能工厂建设，实施采集污染源、环境质量等信息，构建全方位、多层次、全覆盖的环境监测网络，实现污染物产生、处理、排放等全过程闭环管理，分别通过九江市、江西省和中国石化清洁生产审核，助力绿色企业创建，实现绿色制造。2020年，外排废水达标率100%，有控废气达标率100%，危险废物妥善处理率100%。其中，外排达标污水COD（化学需氧量）控制在40mg/L以下，主要污染物排放指标达到业内领先水平。九江石化入选工业和信息化部第一批绿色工厂示范企业、江西省第一批绿色工厂、中国石化绿色企业，获评"石油和化工行业绿色工厂"。九江石化"十二五"与"十三五"主要污染物总量对比如图17所示。

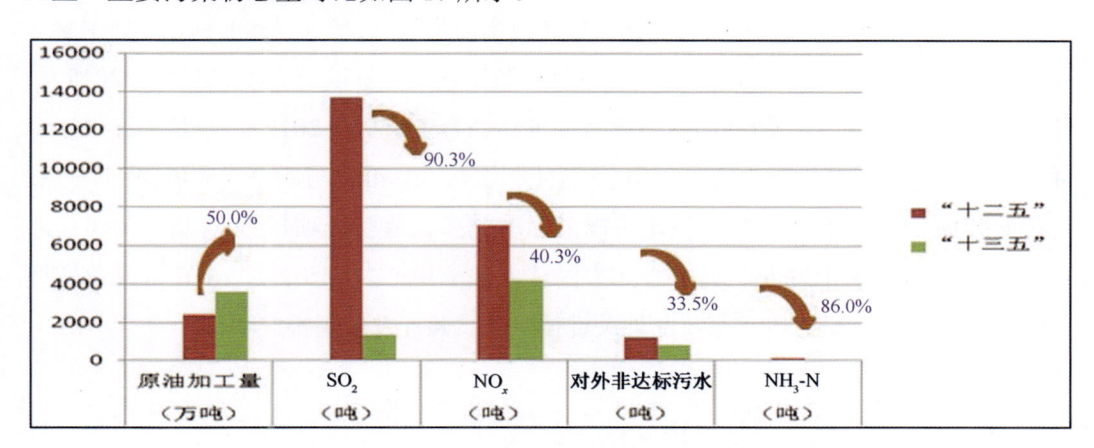

图17 九江石化"十二五"与"十三五"主要污染物总量对比

4. 过程管理精准可控

着力数据和应用集成，智能工厂自动化、可视化、模型化、实时化、集成化手段为过程管控提供强有力支撑，助推扁平化、矩阵式管理及业务流程进一步优化，促进经营管理工作共享协同、规范便捷、精准可控。在生产能力、加工装置不断增加的情况下，2020年与2011年年初相比，九江石化员工总数减少22%、班组数量减少13%、外操室数量减少35%。获评中国化工报社"中国石油和化学工业改革开放40周年'勇立潮头榜样'奖"，"以打造一流炼化企业核心竞争优势为目标的智能工厂建设"荣获中国石化、江西省管理现代创新成果一等奖。

1.3 经验复制推广

1.3.1 固化实践经验形成知识成果

九江石化智能工厂建设先行先试，通过与相关单位合作形成规范、出版专著、编制标准、实施专项等方式方法，将理念和实践融汇一体，总结成果，固化经验，旨在发挥示范和标杆作用，为石油化工行业智能制造发展提供赋值赋智的知识产品。一是形成移交规范。独立编制形成了《九江石化智能工厂标准规范体系》《九江石化三维数字化移交规范》。二是编写专著出版。组织撰写并分别由化学工业出版社、中国石化出版社出版发行《石油化工智能制造》《石油化工核磁技术应用》。三是参与标准制定。分别参与《信息物理系统白皮书（2017）》《石油化工工程数字化交付标准》（GB/T 51296—2018）、《支持石化行业智能工厂的移动网络技术要求》（YD/T 3597—2019）。四是实施国家专项。参与实施中国石化牵头的"2016年智能制造综合标准化与新模式应用项目——石化行业智能工厂通用技术要求和评估规范标准化和试验验证项目"，以及工业和信息化部计算机与微电子发展研究中心（中国软件评测中心）牵头的"2016年工业转型升级重点项目——信息物理系统共性关键技术测试验证及应用推广项目"。

1.3.2 交流理念方法诠释智能制造

九江石化通过"以点带面"的方式,用智能工厂建设的生动实践,诠释智能制造理念方法,推介智能工厂建设成果。一是参观交流活动。据不完全统计,自 2015 年 7 月入选工业和信息化部"智能制造试点示范项目"以来,九江石化先后接待政府机关、业内业外与国内国外企业、高等院校、科研咨询机构、新闻媒体等来访参观交流 1000 余批次。二是公众开放活动。自中国石化 2016 年 4 月启动以"探秘智慧能源,共享至美生活"社会公众开放日活动以来,九江石化以"绿色低碳、智能工厂"为主要内容,共举办社会公众开放日活动 124 期,接待各界社会公众 3500 余人次。三是展览展示活动。参加第 17 届中国国际工业博览会、江西省两化深度融合推进会、石化行业智能制造现场经验交流会、第五届亚洲炼油和石化科技大会、中国国际智能制造产业博览会等展示交流活动。

1.3.3 推广解决方案落地行业应用

中国石化以九江石化智能工厂实践案例为主要模板,形成以卓越运营为目标的石化行业智能工厂整体解决方案,现已在业内业外得到广泛推广。在中国石化内部,已在天津石化、齐鲁石化、青岛炼化、上海石化、金陵石化、海南炼化、中科炼化、古雷石化等 12 家企业进行推广建设,并打造智能工厂升级版(2.0),力争再培育 3~5 家国家智能制造标杆企业。在中国石化外部,先后在中煤榆林、上海华谊等 20 余家企业推广应用。

1.4 智能制造建设体会与建议

1.4.1 体会

九江石化智能工厂建设在国内外既无标准版本可供参考,亦无成熟经验可供借鉴的条件下，创新思维，艰难探索，将石化智能工厂从理念变成实践成果。主要有以下4点体会。

（1）在经济新常态下，我国石化行业面临市场增速下降、行业产能过剩，以及安全、环保刚性约束加剧等诸多严峻挑战，传统石化行业推行智能制造绿色制造势在必行。智能制造已成为新一轮工业革命的核心驱动力，也是我国传统石化行业提质增效、创新发展的重要抓手之一。

（2）传统石化企业建设智能工厂，必须遵循与企业发展战略相结合的原则，将智能工厂顶层设计纳入企业发展战略中，明确建设目标，坚定必胜信心，规划实施路线，制定有效策略，落实保障措施，全员参与。

（3）在推进传统石化企业数字化、网络化、智能化制造的进程中，必须下大力气推进装备国产化和软件国产化，逐步摆脱对国外软硬件的依赖，形成自主知识产权。

（4）正确理解智能工厂建设的长期性和艰巨性。当前，全球新一轮科技革命和产业变革孕育兴起与我国制造业转型升级形成历史性交汇。在大集成、大融合、大互联的新时代，技术创新无法一蹴而就，智能工厂建设是一个长期坚持的过程。

1.4.2 建议

1. 科学规划

在企业战略转型的过程中，须针对企业的发展目标，策划推进智能制造的实施步骤，切忌急于求成。企业应针对自身现状和今后发展战略，规划建设重点和实施步骤。

2. 构建平台

现有信息化系统之间的不兼容和数据异构问题，造成了严重的"数据碎片化"和"信息孤岛"。为了解决系统之间数据不兼容、异构和碎片化等问题，在实现智能制造过程中首先应建立集数据采集、融合、集成、挖掘和应用为一体的大数据平台。

3. 深化应用

坚持"建用结合、以用为主"的原则，围绕高端制造、产业耦合，以信息化、智能化应用来支撑安全环保、经济效益、管理效率等核心业务领域管理绩效的持续提升。

4. 固化标准

总结建设与应用成果，固化成功经验，参照《国家智能制造标准体系建设指南》，建立并持续完善面向石化流程型企业的智能工厂制造标准规范体系，实现"从实践到理论"的升华。

5. 打造生态

与国内领先高校院所、ICT厂商、第三方咨询机构等合作，持续提高生产运行各环节实时感知、机理分析、模型预测及优化协同能力，共同打造石化智能工厂建设生态。

1.4.3 展望

近年来，我国经济社会发展进入新阶段，国内国际环境发生了深刻变化，特别是新冠肺炎疫情的爆发流行，对国际政治、经济、贸易等形势带来了严峻的挑战，全球化进程的不确定性大大增加。同时，石油和化工行业也面临众多挑战：在国内，石油和化工产业正在迈入由大到强、高质量发展的新阶段，经济下行压力加大，产业结构矛盾依然突出、原油和天然气等原材料对外依存度持续攀升、安全环保面临严峻挑战，淘汰落后产能、加快转型升级、推进产业结构调整、提高核心竞争力是行业发展的重要任务；国际上，单边主义贸易保护主义抬头、贸易摩擦与逆全球化、地缘局势变动、公共卫生安全、油价大幅波动等不确定因素有增无减，对全球经济发展与合作构成重大挑战。

当前，社会已进入一个计算无处不在、软件定义一切、网络包容万物、连接随手可及、宽带永无止境、智慧点亮未来的新时代，云计算、大数据、物联网、5G、人工智能、区块链、边缘计算等新一代信息技术是新一轮科技革命中创新最活跃、交叉最密集、渗透最强烈的因素。在这样一个数字经济的大环境下，开展以价值为引领、以业务为核心、以数据为驱动、以智能协同为目标的数字化转型是助力企业提质增效的优选途径。

石化流程型企业智能化制造，既要做强，"大脑"——智能决策层，实现精准决策、精准管理；又要做巧，"手脚"——智能制造层，实现敏捷的柔性制造，推进行业的战略转型。石化智能制造的核心是建设建成基于信息物理系统的数字化、网络化、智能化工厂，采取"平台+数据+应用"的模式，形成人、机、物的交互与深度融合，重点围绕"基于工业互联网的全面感知及预测预警分析""基于以机理模型为核心的炼油全流程智能协同优化"两条主线，实现设计、工艺、试验仿真、生产过程、保障及管理全过程的智能化，重塑制造业的技术体系、生产模式、发展要素及价值链，努力实现传统石化企业提质增效、创新发展、转型升级。

基于工业互联网的全面感知及预测预警分析。以"平稳运行、感知交互、智能优化"为梯级目标，立足"效能提升、数据智能、虚实映射、适配协同"的原则，着重发挥 5G/NB-IoT 技术赋能数字化转型的核心引擎作用，围绕原料物性、生产工艺、生产装备、安全环保等泛在感知，提升感知深度、互联广度和分析预见性，实时感知或可视物理空间的信息与变化规律，实现资源汇聚集成共享、信息物理深度融合、运行效率精确优化，为管理决策和数据治理提供准确信息支持环境，精准服务和指导安全生产管控。

基于以机理模型为核心的炼油全流程智能协同优化。以"知识驱动的自主智能"为目标，立足"生产优化、效益预测、实时跟踪"的原则，着重发挥人工智能、机器学习技术的赋能、赋智、赋值作用，通过完善提升和拓展应用原油分子级物性表征、数据驱动与过程机理建模、基于知识案例库搜集匹配、计划调度与实时调优、先进过程控制等核心工业软件技术，选择最优资源配置、最优加工路径及最优操作参数，构建石化流程型企业过程控制的"工业智脑"，实现从原油到装置操作参数的炼油全流程一体化智能协同优化的闭环管理，最大限度地产出所加工原油每个馏分的价值，提升敏捷生产能力和企业经济效益。

案例 2　长飞光纤光缆股份有限公司

长飞公司预制棒和光纤智能工厂实践

长飞光纤光缆股份有限公司（以下简称"长飞公司"）自主研发光纤预制棒和光纤制造核心工艺装备，不但打破了国外的技术垄断，还实现了基于智能制造制备技术的全面超越，达到世界领先水平。在潜江建成了预制棒及光纤智能制造单体工厂（以下简称"智能工厂"），开创性地在预制棒和光纤生产中采用智能工艺系统和大数据应用，实现了数据的自动预处理、在线工艺趋势控制、智能拟合、设备健康诊断和状态预测、工艺模拟及质量预测等功能。并通过自动物流将离散工艺设备、分离车间系统整合连通，在全行业首次实现全流程预制棒工序间的自动装卸载和物流运输。

2.1 企业简介

2.1.1 企业基本情况

长飞公司创建于 1988 年 5 月,是全球最大的光纤预制棒、光纤、光缆产品和综合解决方案供应商。2013 年和 2018 年,习近平总书记两次视察长飞公司,勉励该公司朝着更高的目标迈进。长飞公司全体员工牢记嘱托、不辱使命,通过自主研发攻关,成为全球唯一一家掌握三种主流预制棒制备技术的企业,在产业链的核心环节——预制棒制造领域形成了巨大的技术和成本优势。2016—2020 年,长飞公司连续 4 年蝉联棒、纤、缆市场份额全球第一,将"国之重器"牢牢掌握在自己手中。2020 年前三季度,长飞公司实现营业收入 54.42 亿元、净利润 4.06 亿元。

凭借在光通信领域开展智能制造实践所做出的突出贡献,长飞公司多次获得来自国家和相关部委的嘉奖。2015 年 7 月,因开展"光纤智能流程制造"项目,长飞公司入选工业和信息化部全国首批"智能制造试点示范企业";2017 年 12 月,长飞公司"新型光纤制备技术及产业化"项目荣获国家科学技术进步二等奖;2018 年 12 月,长飞公司"全光工业互联网平台应用"项目入选工业和信息化部首批"工业互联网试点示范项目";2019 年 1 月,"长飞光纤光缆技术创新工程"项目荣获国家科学技术进步二等奖;2020 年 12 月,长飞公司入选工业和信息化部"2020 年制造业与互联网融合发展试点示范名单";2020 年 12 月,在由法国里昂商学院领衔发布的 2020《中国智能制造企业百强榜暨中国智能制造业发展与趋势》白皮书中,长飞公司位列榜单第 9 名。

2.1.2 长飞公司所属行业及特点

按照我国国民经济行业分类(GB/T 4754—2017)标准,长飞公司属于电气机械和器材制造业(代码 38),电线、电缆、光缆及电工器材制造(代码 383)中类,光纤制造（代码 3832）小类。

光纤是信息通信基础设施中不可或缺的基础材料。光纤包括纤芯（折射率较高的部分）与外包层，由具有相似结构的圆柱形石英玻璃母棒——光纤预制棒，经加热、融化后拉制而成。光纤制造属于偏流程型制造的混合型制造，具有加工周期长、影响因素多、控制精度高的特点。光纤预制棒是光纤制造的源头，占据光纤光缆产业链利润的 70%，是产业链中制造技术最难、生产工艺最复杂的产品，凝聚着产业链绝大部分的核心技术。

2.1.3 智能制造亮点及模式总结

1. 自主研发核心工艺装备，打破国外预制棒技术垄断

通过 5 年的研发攻关，开发出具有完全自主知识产权的轴向气相沉积法（VAD）、管外气相沉积法（OVD）工艺与设备平台，实现多项关键技术的创新和突破，完成 18 种核心工艺设备的智能化提升并投入生产应用，相关成果荣获国家科学技术进步二等奖、湖北省科技进步一等奖。这些核心装备的突破打破了国外的技术垄断，实现了 VAD、OVD 工艺生产效率的世界领先，有力地提升了我国光纤光缆行业的国际竞争力。

2. 基于工业大数据分析，实现生产工艺趋势控制与优化

预制棒和光纤生产存在工艺流程长、人为驱动工艺控制环、工艺质量控制滞后的问题。智能工厂开创性地在预制棒和光纤生产中采用智能工艺系统和工业大数据分析应用技术，通过建立生产工艺的加工数学模型，用差分的方法修正样本衍生出大数据样本，不断进行智能拟合，实现了在线工艺趋势控制、智能拟合、设备健康诊断和状态预测、工艺模拟及质量预测等功能。

3. 打造预制棒流水线生产方式，实现生产过程的全流程自动化

智能工厂光纤车间配备精密及重载装配机器人、光纤成品高参数自动化立体仓库等 11 套成套物流装备，通过应用机器人、AGV 和自动物流线，将离散工艺设备、分离车间系统整合连通，在行业首次实现全流程预制棒工序间的自动装卸载和物流运输，主工

艺流程自动物流覆盖率达 100%。

2.2 智能制造项目建设

2.2.1 项目背景

中国是光纤光缆制造大国，中国在光纤光缆上的消费占全球市场的一半以上，却在预制棒市场上受制于美、日两国，此前，预制棒最先进的 VAD 和 OVD 工艺一直被日本住友、德国贺利氏和美国康宁等国际光纤巨头所垄断。国内主要采用的等离子气相沉积法（PCVD）工艺所需的衬套管和外套管需要从德国贺利氏（全球唯一供应商）进口，导致预制棒不仅产能受制于贺利氏，而且成本劣势明显。

具有完全自主知识产权的预制棒和光纤关键工艺设备，为长飞公司全面开展从设备层到车间层的智能制造升级打下了坚实的基础。此外，结合自身多年的信息化建设和应用经验，长飞公司将大数据分析、全光工业互联网等最新技术应用到智能工厂，开展预制棒和光纤的智能制造实践。借助数字化和信息化技术，通过集成、仿真、分析、控制等手段，提出对工厂生产过程进行全面管控的整体解决方案，实现车间生产透明化、制造响应敏捷化、部门协调实时化、资源配置最优化，在设计、制造一体化的基础上逐步实现智能制造。

2.2.2 实施路径

1. 制定智能制造顶层设计

2016 年开始，长飞公司制订了五大战略：国际化地域扩展、相关多元化、资本运营协同成长、棒纤维内涵增长、技术创新与智能制造。将技术创新与智能制造作为五大战略之一，并明确了智能制造的整体战略目标：有效地提高生产、物流和测试的自动化水平，降低用工需求；充分应用大数据分析工具和模拟仿真工具，在长飞公司"赋知""赋能""赋智"三层模型的各个层次上,由易到难,逐步提升智能化水平,驱动产品的稳定性和一致性提升,使产品的质量、成本和生产效率得到明显改进。通过模块化设计和软件算法,在保证设备效率提升的基础上实现客户化定制;加深知识与业务的融合度,提升公司的创新能力;实现横向集成,充分利用集团的制造资源;用"互联网+"的思路开拓新的销售渠道和运营模式。既保证单个智能工厂的可持续性技术提升,又实现单体智能工厂与集团资源管理的统筹。

基于此,智能工厂以《智能制造 系统架构》国家标准为基础和原则,结合预制棒和光纤生产的固有特性,进行总体规划设计。提出并建立预制棒及光纤智能制造的智能五层模型,如图1所示,实现了智能工厂的系统层次化、业务功能模块化、流程全贯通和标准化,并具有易集成、柔性配置、可扩展、高可靠的特性。

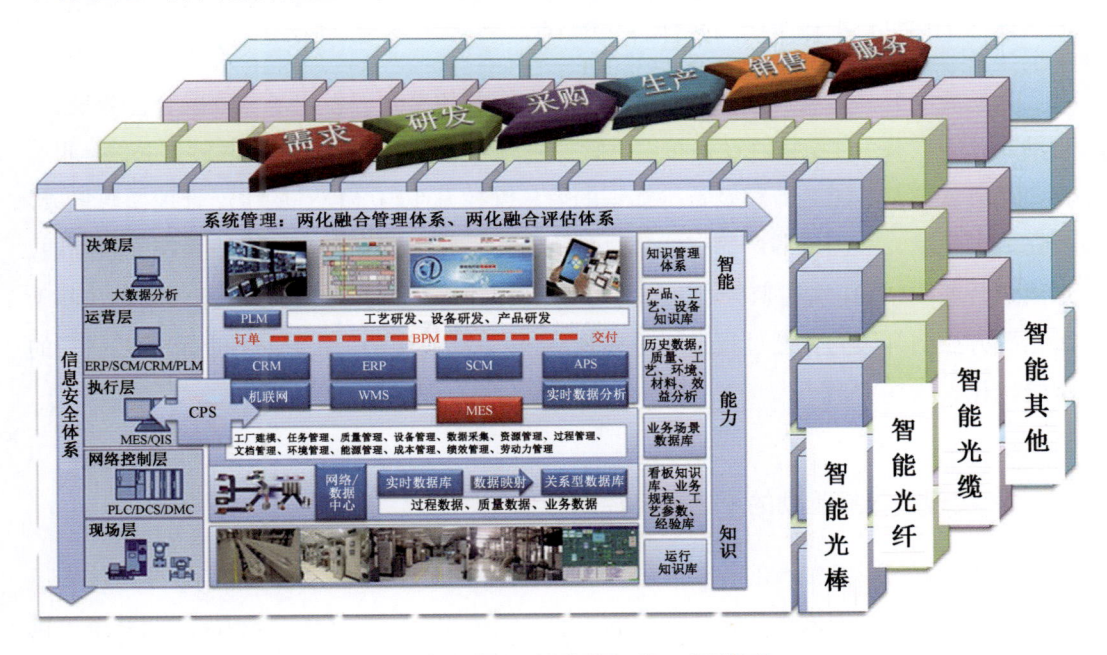

图 1　长飞智能制造的智能五层模型

2. 实现核心工艺和装备的创新突破

作为国内光纤光缆行业的龙头企业,长飞公司立志实现 VAD、OVD 工艺的技术突围,打破国外企业的技术封锁,改变国内预制棒技术长期被制约的不利局面。2012 年,长飞公司成立 VAD、OVD 工艺研发及产业化攻关团队。2017 年,团队开发出具有完全自主知识产权的 VAD、OVD 工艺与设备平台，实现了多项关键技术的创新和突破。为进一步优化 VAD、OVD 工艺设备的效能，团队又开始推进 VAD、OVD 生产线的智能制造提升，实现了 VAD、OVD 工艺生产效率的世界领先，有力地提升了我国光纤光缆行业的国际竞争力。

基于工艺的突破，完成 18 种核心工艺设备的智能化提升并投入生产应用。首先，通过对核心工艺设备环境全参量的动态计量监测，实现基于工艺过程监测的 PLC 自适应工艺闭环控制及故障预警、自诊断修复等功能。由于在预制棒的 VAD、OVD 沉积反应过程中，原料和工艺气体的精确供料依靠质量流量计（MFC）控制来实现，但 MFC 会偶发计量零点漂移，造成供料不准、产品质量降低或报废。长飞公司进一步将沉积设备与 MES、工厂设施系统互联互通，通过实现基于自适应补偿纠偏的在线计量校核功能，保证工艺供料、供气的一致性。

为适应光纤高速生产线上的产品质量检测，长飞公司开发出了能够融合检测设备、自动光开关设备、自动物流设备与信息管控系统功能的生产线智能集成测试系统。通过将产品质量规范、工艺流程及特种知识的信息管控系统与 MES 的生产管理模块集成，可完成大批量、高强度的产品在线质量检测工作。将 MES 与工厂设施系统互联互通，形成融合在线感知、实时监控及知识专家系统的智能工艺系统，将核心工艺设备从基于工艺配方控制升级为工艺过程自适应控制，实现生产流程的工艺趋势控制和工艺模型的持续优化。

3. 实现大数据驱动的工艺趋势控制与优化

为及时解决影响生产的各种问题，优化生产过程，智能工厂基于 Hadoop 开源技术，部署运行了具备数据采集和集成能力的工业大数据平台，为 MES、智能工艺系统等执行系统提供强有力的大数据处理后台支持。在综合考虑人、机、料、法、环的限制条件，并满足时间、成本、质量要求的前提下，对生产活动的组织、规划和生产控制过程进行大数据建模，形成具有车间生产要素管理、生产活动计划、生产过程控制等一系列优化功能的大数据模型。基于模型进行质量预测，并利用虚拟沉积设备的参数集，将决策矩阵反馈到实体设备，设计出虚拟设备、最佳配方和决策矩阵，并通过工程师参与，应用于材料最佳匹配和下道工序生产指导。

例如，在拉丝过程中，光纤预制棒在高温下熔融，在重力和牵引力的作用下被高速拉制成光纤。温度、湿度、涂料涂覆、设备运行等因素的异常都可能造成异常断丝（以下简称"塔断"），对光纤产品的质量和生产效率等方面有着严重的负面影响。为了减少塔断对生产效率的影响，提升光纤生产效率，长飞公司联合美国弗吉尼亚理工大学开展改善拉丝塔断的研究，成立了基于大数据分析的塔断改善项目。借助大数据分析工具，项目组建立了在线塔断预测模型。根据拉丝塔断根源分析鱼骨图布置传感器，收集各种与拉丝塔断相关的环境、过程与质量数据。通过数据分析，确定塔断发生的主要环境、过程变量，开展变量与塔断频率的关系研究，最后确定符合实际的数据统计分析方法，如函数型过程变量的建模与选择等，建立了光纤塔断的在线预报模型。此外，长飞公司进一步利用统计学分析、神经网络训练、机器学习等方法在预制棒关键质量预测及光纤模场直径、截止波长、衰减等参数预测方面开展大数据分析工作，并在各个场景下推进应用，极大地提升了预制棒和光纤制造的精益生产水平，提高了生产效率、产品质量和能量利用效率。

4. 打造预制棒工序间全自动物流

智能工厂成功开发 VAD/OVD 沉积—烧结—退火车间精密装配一体化机器人、OVD 沉积车间精密及重载装配机器人、OVD 烧结车间精密及重载装配机器人、VAD 检测车间精密装配机器人、OVD 检测制锥车间精密及重载装配机器人、VAD 拉伸车间精密装配机器人、预制棒运输 AGV、芯棒洁净缓存自动物流系统、OVD 退火车间精密及重载装配机器人、光纤车间精密及重载装配机器人、光纤成品高参数自动化立体仓库 11 套成套物流装备、应用机器人、AGV 和自动物流线，将离散工艺设备、分离车间系统整合连通，在行业首次实现全流程预制棒工序间的自动装卸载和物流运输，主工艺流程自动物流覆盖率达 100%。

例如，在 OVD 预制棒自动装载及物流环节，为避免 OVD 粉棒因表面接触、划伤、振动、碰撞而造成报废，长飞公司设计和开发了适用于预制棒的高洁净环境（洁净度 1 万级），具有高定位精度、高夹持精度、高运行平稳性、高精密位置识别和工作区安全扫描雷达功能的 OVD 沉积车间精密及重载装配机器人和 OVD 烧结车间精密及重载装配机器人。OVD 沉积车间精密及重载装配机器人和 OVD 烧结车间精密及重载装配机器人，采用天地轨运行模式，实现沉积、烧结车间的贯通，该机器人将沉积制成的粉末棒从沉积机床的进给机构上卸载、运输、装载到烧结机床进给机构上，烧结完成后，将玻璃化的预制棒从烧结机床进给机构上卸载、运输、装载到退火机床的进给机构上,实现了 OVD 沉积—烧结—退火全工艺流程的自动装卸载和物流运输。

此外,智能工厂还建设了与 MES、ERP 互通的光纤成品高参数自动化立体仓库系统(如图 2 所示)。该系统能够实现从光纤成品包装到自动上预分拣线的智能仓储物流。该系统按照订单、段长分类条件进行入库分拣,机械手自动将相同类别的光纤卷码放到空托盘上,由转运车运送到氘气车间进行工艺处理,并自动分拣进入立库。销售出库时,物流系统提前对销售订单进行合单优化,智能分配出库托盘,通过自动化仓储设备将出库托盘运送到拣选工位,由机器人或人工将单卷光纤放到订单分拣线上,系统自动分拣出库。基于配备的 WMS,可自动完成库存管理、订单管理、产品追溯等功能,并可以与 MES 及 ERP 系统进行对接。实现基于大库存、多品种、自动分拣发货的客户需求的快速响应,该系统节省人力成本 49%,提高物流效率 60%。

图 2　光纤成品高参数自动化立体仓库系统

5. 应用智能工厂互联互通网络架构

智能工厂采用"三网一中心"的网络架构,将互联互通的网络架构首次系统地应用于预制棒和光纤智能工厂。三个独立的物理网络承载工厂不同的业务,网络与网络之间通过数据隔离保证信息安全,通过设备互联实现业务融会贯通。既实现了整个工厂不同业务的融会贯通,又为工厂信息的安全可控提供了坚实的保障。相较于传统工厂网络,该网络架构实现了对工业大数据应用能力的提升，同时实现了大数据条件下的设备互联和生产过程的实时感知。长飞公司智能工厂网络架构如图 3 所示。

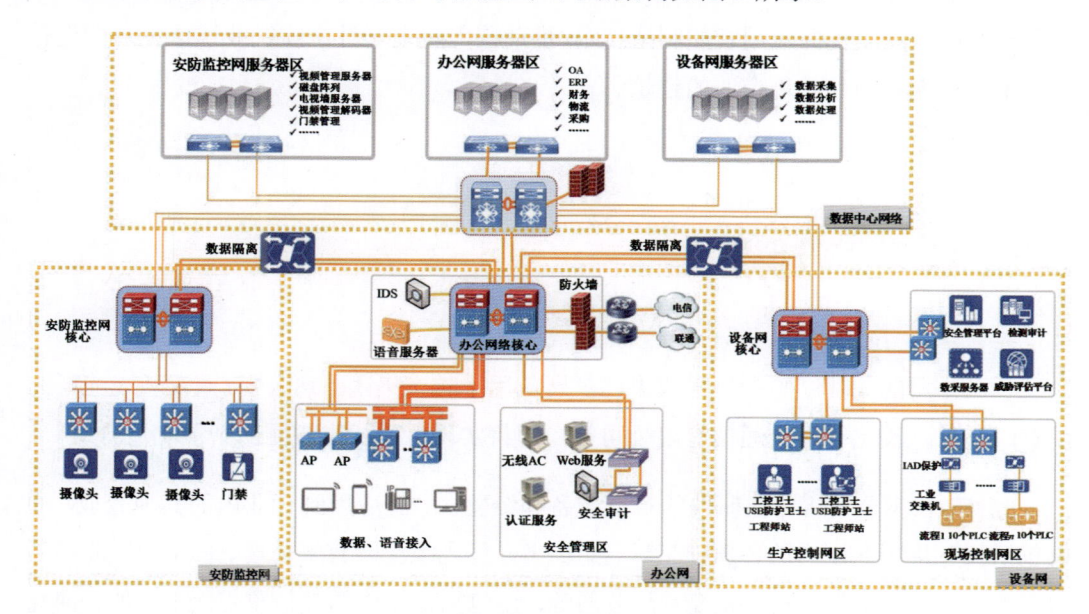

图 3　长飞公司智能工厂网络架构

安防监控网、办公网、设备网均采用分层式架构搭建，具体分为核心层和接入层。核心层是网络的核心，具有高可靠性和高性能，并具有水平扩展的能力。接入层为每个业务子系统提供充足的网络接口，提供灵活多样的接入能力，通过整合技术，简化布线复杂度，也具有扩展能力。

2.2.3　实施成效

经过多年的努力，智能制造技术成功在长飞光纤潜江有限公司产业化落地实现，对国内整个光纤光缆行业具有里程碑的意义。一方面，成功完成 18 项预制棒和光纤制造核心工艺装备的自主研发，打破了国外的技术垄断，达到世界领先水平，并通过设备与工艺控制专家系统结合，实现了生产过程的在线感知、实时监控和工艺过程自适应；开创性地在预制棒和光纤生产中采用智能工艺系统和大数据应用，实现了业务和决策的数据驱动；在全行业首次实现全流程预制棒工序间的自动装卸载和物流运输。另一方面，智能工厂的建设使预制棒生产效率提升 **26.0%**、运营成本降低 **27.3%**、产品研制周期缩短34.4%、不良品率降低24.7%、能源利用率提高48.4%，取得了显著的经济与社会效益。这些成功实践为整个行业实施智能制造技术起到指引作用，将激励和带动行业内所有光纤企业重视并应用智能制造技术，推动国内整个光纤光缆行业快速提升制造技术水平，实现对国外先进企业的超越。

2.3 经验复制推广

长飞公司的成功经验和技术成果已扩展应用于长飞集团下属公司：武汉长飞光纤光缆有限公司、长飞印尼光通信有限公司等，即将实现整个长飞集团的智能制造升级。

此外，长飞公司将自主研发的智能装备和经验，广泛应用到行业内的其他企业，不仅包括长飞集团在国内的各新建工厂，如长飞光纤光缆沈阳有限公司、长飞光纤光缆兰州有限公司、浙江联飞光纤光缆有限公司等，还包括行业内的其他重点企业，如天津鑫茂科技投资集团有限公司、江苏永鼎股份有限公司、湖北凯乐科技股份有限公司、山东太平洋光纤光缆有限公司、烽火通信科技股份有限公司、深圳市特发集团有限公司、通光集团有限公司等。目前，长飞公司已累计向国内输出170条光纤智能生产线，占国内产能的30%，极大地提升了国内光纤光缆行业的智能制造水平。同时，长飞公司还向海外输出光纤智能设备，在印尼建立了东南亚第一家光纤企业，完成了由"市场换技术"到"技术换市场"的转变。

2.4 智能制造建设的体会和建议

2.4.1 体会

智能制造是"一把手"工程。智能制造是一项系统工程，开展智能制造不仅需要做好顶层规划设计，而且需要企业"一把手"的大力支持。因为智能制造涉及生产管理理念的变革，也涉及产品生产过程的流程优化、员工观念的扭转和素质的提升等各个方面，势必会对管理层已有的管理理念、员工已有的操作习惯等形成冲击。如果没有企业"一把手"的大力支持，很难持续深入地推进下去。

智能制造要多看、多学、多思。企业负责智能制造的团队需要经常到先进的企业参观学习，参加各种论坛和交流会议，同时结合企业的实际情况进行思考，从而总结提炼出符合企业实际情况的智能制造发展之路。

推进智能制造需要循序渐进，整体规划分步实施。很多企业常常因为急功近利或进度达不到预期而改造失败。

智能制造的人才需要"内外结合"。智能制造涉及很多的专业技术和不同的业务，企业很难具备所有素质的人才。因此，企业需要适当引入"外脑"，同时在开展智能制造的实践过程中，努力培养自己的人才。

智能制造需要兼顾目标管理和过程管理。智能制造需要有明确的业务目标，目标应该符合 SMART 原则，并围绕目标开展工作。同时也需要进行过程管理，规范每一个小项目的实施过程。

2.4.2 建议

5G 作为新一代信息通信技术，是开启万物互联数字化新时代的重要新型基础设施。工业互联网是传统工业企业数字化转型，以及从数字化向网络化过渡的关键新型基础设施。通过二者融合，5G 将解决工业互联网对网络速度、流量和连接数的高需求，大幅提升工业互联网的性能，为各行各业带来巨大提升。未来，建议光纤光缆行业企业充分利用 5G 系列产品在通信行业的优势，联合运营商，搭建基于 5G 网络的工业协同制造平台，共同推动 5G 技术与工业网络、工业软件、控制系统的融合，加快工业协同制造平台及解决方案的推广和应用，促进中国光通信产业链的资源优化与敏捷协同，为国家制造业高质量发展贡献力量。

案例 3　无锡普洛菲斯电子有限公司

面向多品种小批量柔性制造的工业及配电产品数字化工厂

面向多品种小批量柔性制造的需求，无锡普洛菲斯电子有限公司通过系统规划和设计，结合精益数字化理念，持续开展工业物联网（Industrial Internet of Things，IIoT）技术、自动机器人技术、自主非标自动化和检测技术创新，不断致力于从价值链的角度挖掘优势，持续改善潜力。应用数字化精益生产系统，实现工业控制和配电产品生产的全流程管控。利用数据的采集、传输与过程质量的监控，实现"端到端"的质量与交付预测和管理。最终实现工厂多品种、小批量的柔性高效生产，生产效率提升36.0%，能源利用率提升14.8%，客户个性化定制生产交付时间缩短50.0%。

3.1 企业简介

3.1.1 企业基本情况

无锡普洛菲斯电子有限公司（以下简称"普洛菲斯"）是世界 500 强企业法国施耐德电气旗下的核心工厂之一，成立于 2001 年，注册资本为 1000 万美元。普洛菲斯主要制造工控自动化产品和能源管理类产品，是施耐德电气全球供应链中国区电子能力中心。普洛菲斯现有员工 500 多名，年销售额为 20 亿元，45%的产品服务于中国客户，其余产品发往其他多个国家。

普洛菲斯的主营范围为制造和销售全系列工业用人机交互触摸屏、可编程逻辑控制器、印制电路板、马达保护器、中压继电保护器、智能家居控制系统阀门控制器等多系列产品，以及其他电子类工业产品。普洛菲斯主营产品如图 1 所示。

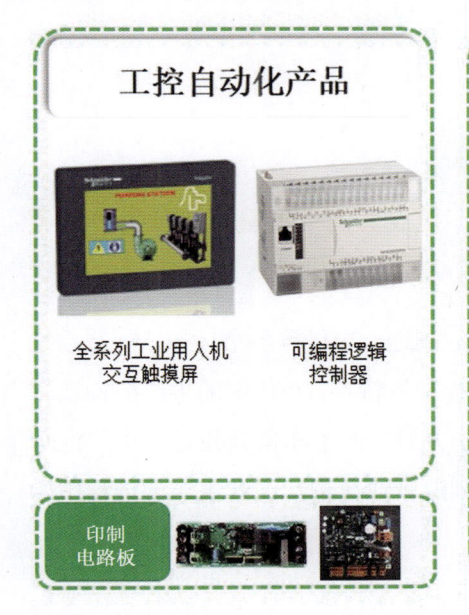

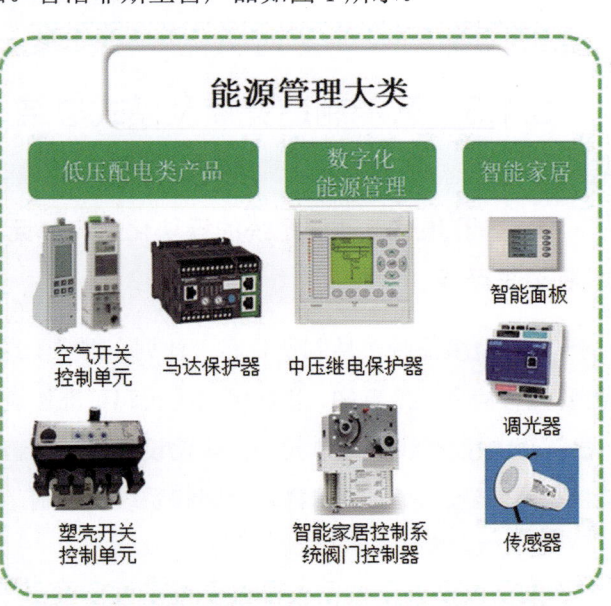

图 1 普洛菲斯主营产品

3.1.2　所属行业及特点

按照我国国民经济行业分类（GB/T 4754—2017）标准，普洛菲斯属于仪器仪表制造业大类（代码40），通用仪器仪表制造中类（代码401），工业自动控制系统装置制造小类（代码4011）。

工业自动控制系统装置制造行业中，多数生产企业是典型的离散型制造企业，具有小批量、多品种的生产特点。多数企业按订单组织生产，客户需求与项目关联大，订单预测波动大，临时插单现象多；电子原材料市场波动大，采购周期长；原材料种类多，库存管理和快速交付较难平衡。

产品大多应用在工业领域，产品特点主要有以下两个方面。一方面，产品设计鲁棒性要求高，针对配电、自动化、轨道交通等场景要有高可靠性，以提供安全保障。另一方面，产品常使用在高温、高湿、强干扰、多粉尘的现场，对产品的原材料和制造工艺流程管控的可靠性要求高。由于工业类产品大多涉及电子原材料、精密传感器等元件，在产品的生产过程中，要求温湿度和灰尘可控，同时需要全流程追踪生产原材料来源、生产过程信息，生产组织较复杂，需要有大量的信息系统进行辅助，以保证产品质量，提高生产效率。

3.1.3　智能制造亮点及模式总结

1. 基于开放自动化系统的模块化生产单元，建立面向小批量多品种生产的柔性制造生产线

小批量多品种柔性制造贯穿于计划、物料配送、制造、交付等各个环节，制造系统需要具备信息深度感知、智慧优化决策和精准协调控制等特点。在传统的生产线构造模式下，虽然生产线上各单元的模块化设计相对完善，并且在智能车间建设过程中广泛运用各种智能设备，但由于物理空间和系统的限制，制造企业在进行混线生产的过程中始终受到较大约束。

普洛菲斯根据小批量、多品种的业务模式，创新性地提出了基于开放自动化系统（即基于事件驱动、面向对象、分布式的PLC控制）的柔性生产模式。在柔性制造生产场景中，各生产单元均为可移动、自由组织的单元，电、气、网络均能做到自动和快速连接，跨品种的整线换型能力为执行时间不超过 10min。同时，使用协作机器人的自组织和协同能力，从组装和物流上满足柔性生产。这种场景对机器的灵活性和差异化业务处理能力提出较高要求，通过边缘计算，将大量运算功能和数据存储功能移到边缘端，大大降低了机器人本身的硬件成本和功耗。开放控制系统可支持按照程序设定，提前进行文件配置，快速连接移动的硬件，同时存储、分析及处理数据，并发送指令到终端用户。结合物料配送、工艺工位组织，该生产系统的柔性制造生产模式属于行业内首创。

2. 将精益生产理念和数字化融合，打造精细化车间管理的精益数字化系统

传统的精益生产理念在生产现场管理的过程中，依赖于人工的分析与确认，有效性与时效性受限。普洛菲斯将精益数字 LDS 系统用于生产现场管理、计划排产、生产实时绩效监控、电子作业指导、制造流程追溯、设备 Andon、人员技能管理等，从而实现生产管理数字化、生产过程协同化、决策支持智能化，极大地促进了精益生产落地及企业智能化转型升级。实施精益数字 LDS 系统后，明显提升生产效率，缩短生产周期，减少文档间的传递，缩短订单交货时间，减少产品缺陷。

此外，普洛菲斯通过业务层面数据的整合，实现信息共享、消灭"信息孤岛"，以精益数字 LDS 系统为主体，实现企业资源计划系统、生产及时管理和建议系统、统计过程控制（SPC）系统、透明物流系统等有效集成，提升了跨业务部门的运行效率。

3. 以数据共享分析挖掘数据价值，建立可预测性供应链

针对公司业务小批量、多品种的特征，以及物料多、生产线多、设备多的特点，可预测性供应链管理尤为重要。普洛菲斯开发了数字化变革平台，从底层设备中获取数据，结合自身特点，清理和整合供应链数据，对不同业务模型进行分析，寻求最优方式，实现上游和下游信息联通，实现"端到端"的供应链，提高了电子料质量管理和设备维护预测的准确性。把质量数据从供应商到工厂，再到客户进行连接，通过模型快速感知单个质量问题的影响级别，快速响应处理，提高客户满意度。同时，运用更多数字化工具，对影响供应链环节的各个重要因素进行监控，通过分析、推理、判断、决策，实现对标准物料的市场波动预测，提前调整采购策略。通过人类与智能机器的协同，扩大、延伸

或部分地取代人类在制造过程中的脑力劳动，提前预判供应链风险，增强供应链韧性。

4. 以工业物联采集和运筹模型优化，实现设施安全和"端到端"的碳排放数字化管理

作为全球能效管理专家，为响应节能减排号召，实现绿色发展愿景，普洛菲斯导入ISO50001能源管理体系，广泛使用自主研发的EcoStruxure能源管理方案，利用Power Monitoring Expert监控系统，实时监控高能耗设备电力消耗、水能消耗及氮气消耗等情况，通过对每个设备设定正常情况下的消耗参数及对比实时采集数据，实现即时异常自动报警功能。通过空气开关的剩余健康预测模型，以及电能顾问云平台执行远程诊断和电能质量分析，对发生异常的设施及时分析处理，提前预防异常供电事故发生，安全稳定生产状态。

普洛菲斯将能源解决方案推广到供应链的上下游，在物流中使用运筹学模型，提高物流效率；不断优化"端到端"的碳排放数字化管理，降低能耗，加快绿色供应链发展步伐。

3.2 智能制造项目建设

3.2.1 项目背景

工业自动控制系统装置制造企业面临行业用工难、成本增长等问题，同时需要满足客户日益增长的产品快速定制化与交付要求。普洛菲斯的供应商行业分布广、管理难度大，尤其是电子原材料市场波动持续增大，且部分物料需进口，受国际形势影响大。上述因素要求普洛菲斯进行智能制造方面的突破，在小批量/多品种生产、柔性制造及精益数字化制造方面进行进一步升级改造；融合创新装备、工业软件、网络、标准等要素，以提供新动力、新引擎，增加公司竞争力，从而应对市场和国际环境的不稳定性，为客户提供更好的服务。

3.2.2 实施路径

法国施耐德电气集团公司（以下简称"集团公司""施耐德电气"）率先提出了 EcoStruxure 架构，以精益制造理念为基础，打造"端到端"的数字化平台，囊括人才培养、产品设计、生产制造和物流管理等环节，广泛导入智能化装备和新技术，最终实现了小批量多品种柔性制造，以及供应商端到客户端的全供应链数字化管理。

1. 项目需求调研与总体规划

普洛菲斯在进行智能制造需求调研时，从企业组织、业务流程和信息技术 3 个方面对企业的智能制造现状进行调研，形成业务需求调研报告和业务流程报告。普洛菲斯智能制造需求调研流程如图 2 所示。

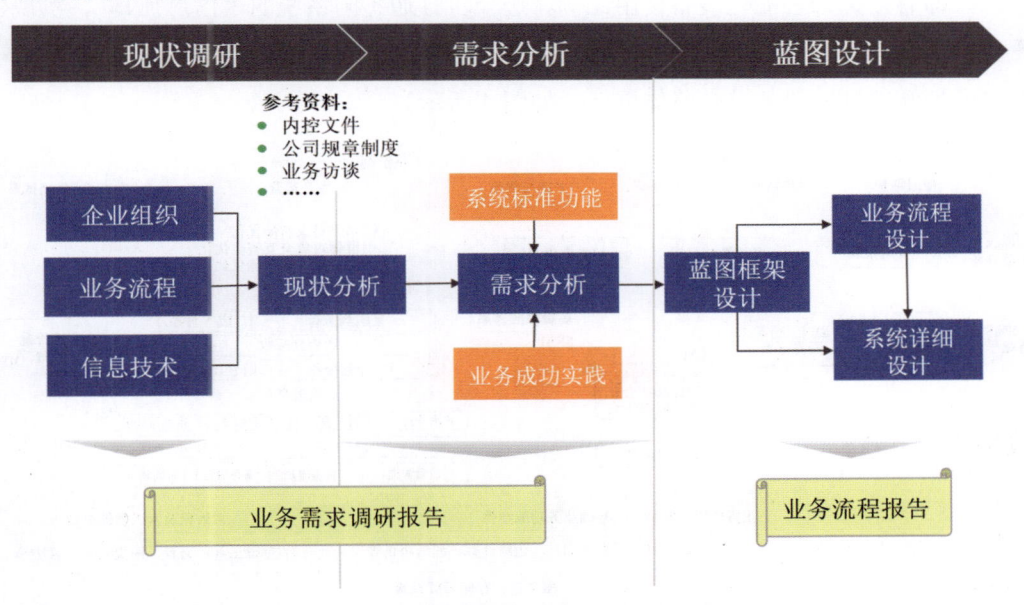

图 2 普洛菲斯智能制造需求调研流程

普洛菲斯 EcoStruxure 平台三层架构如图 3 所示。

第一层：实现设备的互联互通，同时采集关键数据。

第二层：通过边缘控制实现安全操作员优先的本地控制。

第三层：应用、分析和服务实现云计算。

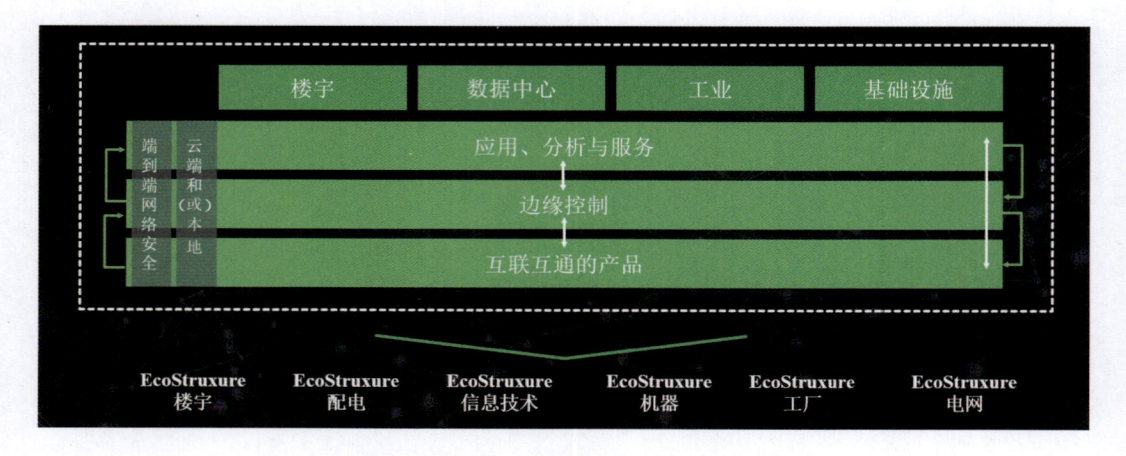

图 3　普洛菲斯 EcoStruxure 平台三层架构

在智能制造需求调研和集团公司的资源基础上，形成了普洛菲斯的智能制造业务需求，即有效提升智能化装备使用比例、进一步打通不同系统的"信息孤岛"、实现生产数据的贯通和使用，以智能制造实现生产模式的变革和管理模式的改进。由此形成了普洛菲斯智能制造业务需求整体框架（如图 4 所示）。

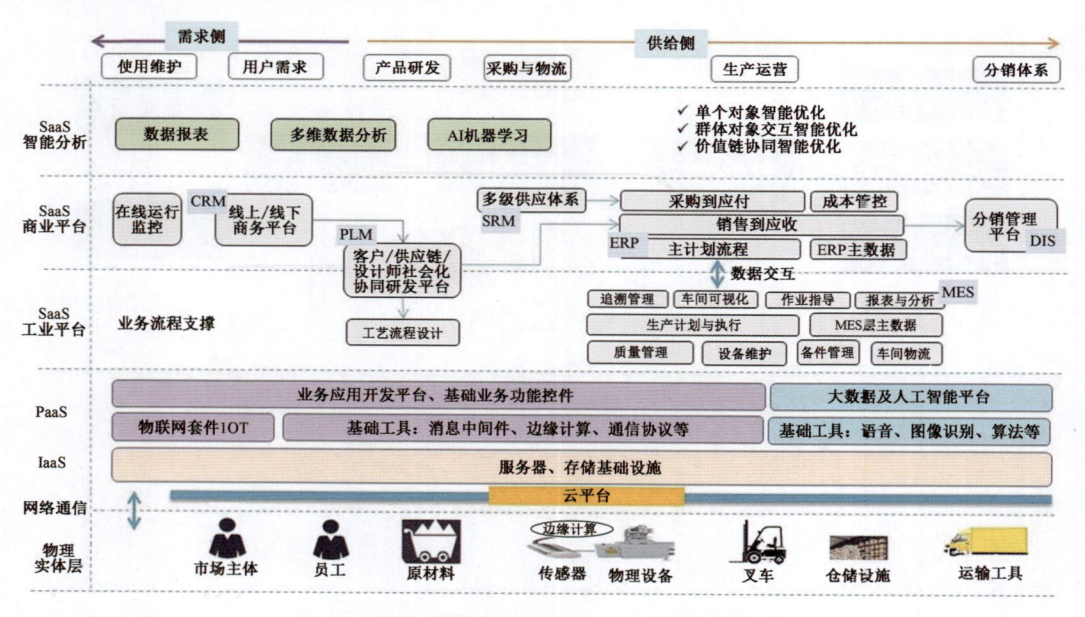

图 4　普洛菲斯智能制造业务需求整体框架

在整体规划方案实施过程中，普洛菲斯首先打造了智能制造系统的管控平台，实现对所有软件的管控、分批管理，保证软件之间的系统连接。此外，分批构建子系统，开放不同的子系统接口，实现以制造执行系统为核心的智能制造系统。

2. 实施内容

普洛菲斯数字化车间项目加快以数字化、网络化、智能化为主要特征的基础设施，以更大范围、更高效率、更精准地优化生产和配置服务资源。实现制造过程中数字化管理与控制，包括生产计划、生产作业、库存、质量等的管理，以及设备联网、数据自动实时采集、工业大数据分析、决策支持和现场看板化展示等功能。与同行业其他企业相比，在工艺流程方面具有较强的先进性。

1)"5G+柔性生产"模式，提高生产效率与产品质量，实现多品种、小批量的生产

普洛菲斯车间生产设备年代跨度大、数据通信不畅、经常需要人工干预，造成生产线停产，无法做出可靠的预测性维护与质量管控。在智能化改造中，工业及配电产品数字化车间广泛使用工业机器人、全自动产品功能测试平台、智能物流AGV等智能化设备，使车间智能设备占比超过99%，进一步提升生产线的生产效率和产品质量。机器顾问、工业机器人、智能物流AGV、智能仓储如图5～图8所示。

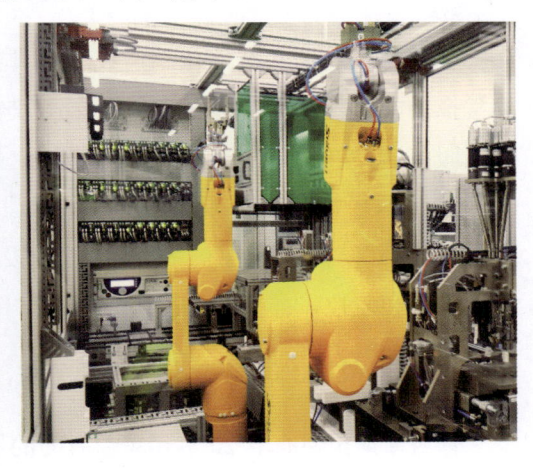

图5 机器顾问　　　　图6 工业机器人

普洛菲斯的业务特点是小批量、多品种，在按订单组织生产的过程中，客户需求与项目关联大，订单预测和电子原材料市场波动大。其工厂车间累计建成了50多条不同的产品生产线，但负荷极不均衡且不能共用。随着业务的快速发展，产能和快速交付的矛盾、新增业务和车间面积的矛盾愈发突显，原有生产组织模式遇到了瓶颈。在这种情况下，普洛菲斯创新性地提出并开发了"5G+柔性生产"模式，依托5G网络的大带宽、低时延通信性能，实现各生产单元的可移动、自由组织的柔性生产线，做到同种类的零换型，跨种类的产品换型时长在 10min 以内。合适的场景节约了设备的投资和车间场地的占用，提高了交付能力，解决了企业痛点，实现了前期网络建设投资和财务收益的平衡。

图 7　智能物流 AGV

图 8　智能仓储

生产现场的所有智能化制造设备均具备联网功能，能够实现远程设备状态监控及异常报警、生产运行状况数据实时显示、制造过程质量实时监控等功能，所有数据均上传至服务器，实时监控各工序运行状况。企业管理解决方案软件 SAP（System Applications and Products）中的 PM 模块用于设备管理、设备信息记录、设备备件、维修记录等。EcoStruxure 设备顾问系统通过边缘控制设备，将设备参数采集到云端，实现对运行趋势的判断和监控，并提供反馈。

2）精益数字 LDS 系统助力车间管理，实现生产数据实时管控与分析

普洛菲斯虽然有着 20 多年精益方面的积累和沉淀，但是 200 多家工厂制造管理的标准化仍是一个很大的挑战。例如，集团公司和工厂精益专家的知识如何能够快速地被每家工厂的现场工程师理解和执行，如何应对一线工人的不断变更，如何改变传统的生产现场管理更依赖人工记录与分析的现状，如何提升数据准确性和时效性。面对这一系列问题，在数字化理念推动下，普洛菲斯决定将精益理念和数字化融合，将知识用软件的形式固化下来。普洛菲斯导入的精益数字 LDS 系统用于生产现场管理订单、人员与异常。该系统包括计划排产、生产实时绩效监控、电子作业指导书、异常实时处理（Andon）、人员技能管理、仓库物料供给管理等模块。其中，计划排产模块可对生产线工单生产情况进行实时监控和状态更新，让车间管理人员更清晰地看到订单进度与完成状态；生产

实时绩效监控模块能够实时采集监控车间生产数据、生产量、人员效率、人员分配、"红色时间"产生原因，并自动形成分析报表，方便车间进行效率管理的持续改善；Andon 模块可实时采集监控车间设备状态，将生产线故障发送至对应技术人员的 Andon 手表上，便于技术人员及时响应解决问题，处理后系统记录停机时间和原因。通过精益数字 LDS 系统，工厂生产效率提升 36%，不良品率下降 24%，成效斐然。集团公司通过精益理念和数字化的融合提升绩效，实现 200 多家工厂的标准化管理。

3）可协同调度的工厂内智能物流系统，实现物料的及时配送与监督

工厂有 50 多条生产线，每天需完成约 400 个订单，拣配与配送超过 4000 个物料种类，对仓储协同的要求非常高。为此，普洛菲斯开发了物料运送系统和智能仓储协同管控系统，以满足快速换型与准确的物料供给。基于智能的路线优化算法和工厂内物流模型，工厂仅需配备适量 AGV 协助运料，即可实现物料配送零错误、98% 的及时率。

物料运送系统用于管理车间内的 AGV 路线和调度协同，为 AGV 找到最合适的线路，以效率最大化实现物料及时、准确配送。物料运送系统使用工业控制计算机、站点自动识别，引入图像识别和 RFID 射频识别技术，从而掌握 AGV 当前运行信息并发送动作指令，控制 AGV 在运行线路各站点的启停及呼叫作业。当 AGV 运行通过站点时，自动读取该点的站点编号，与工控系统交互，显示当前运行站点信息。普洛菲斯 AGV 中央管理系统示意如图 9 所示。

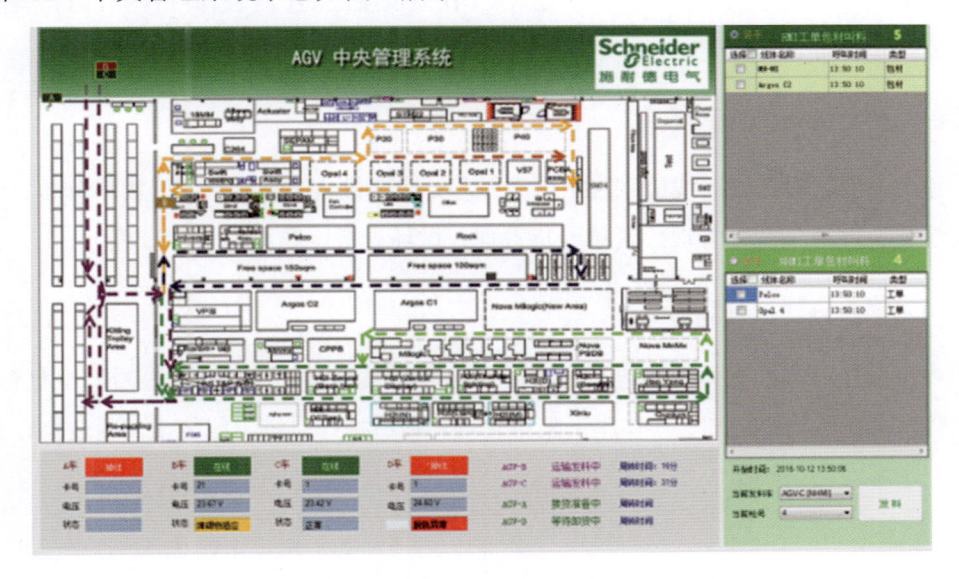

图 9 普洛菲斯 AGV 中央管理系统示意

智能仓储协同管控系统覆盖了物料需求计划制定与发布、计划接收、下架分拣、组盘、配送清单生成、配送过程跟踪、收货入库/退库、更换、零星领料、盘点等业务流程。其输入为作业计划和配送指令,输出为物料配送清单。通过智能仓储协同管控系统,并借助智能柜式库等先进仓储装置,可有效实现如下 5 个部分。

(1) 生产物流建模与基础数据管理

针对拉动式生产的目标和实际需求,面向计划件、序列件、看板件等多种物料类型,支持单工位多台(套)配送、单台(套)多工位配送、按需补料配送、准时制配送、拉动配送等多种配送模式。

(2) 物料计划与需求分布

根据上线计划,通过 BOM 分解计算得到物料需求,拉动生成物流配送需求计划并发布到仓库,使其能提前进行物料准备。具体功能包括总装上线计划导入、计划批次管理、上架计划、下架计划、分拣计划、配送计划、拣配单管理、订单工位补缺、零星领料管理、退库管理等。

(3) 仓库物料分拣组盘

在物料仓库,实现物料的存、取、拣、核、发、退、换等一系列流程的优化,具体功能包括线边物料仓储管理、工单齐套配发、物流调度配送、盒装物料管理、盘料管理、看板监控配置等。

(4) 物料配送流程管理

建立"工厂内-仓库-线边"的配送流程,支持物料分解规则定义、物料分解、计划看板管理、外部序列件管理、紧急要货管理、循环看板、物料收货等过程。

(5) 物流执行与监控

物流执行与监控具体功能包括仓库库位管理与跟踪、制造执行系统监控、组盘管理、异常管理、订单物料查询、立体库下架单管理、制造执行系统上线需求、制造执行系统物料配送等。

4）构建商业智能和机器学习平台，为企业经营管理、设备预测性维护提供决策支撑

各平台产生的数据繁多，没有形成可供使用的数据分析。针对这一问题，普洛菲斯开发了数字化变革平台（即普洛菲斯商业智能平台 Tableau）。从底层设备中获取数据，并对数据进行筛选、加工和分析，从而形成能够服务于企业战略的数据，并实现数据的共享和利用。普洛菲斯商业智能平台 Tableau 如图 10 所示。

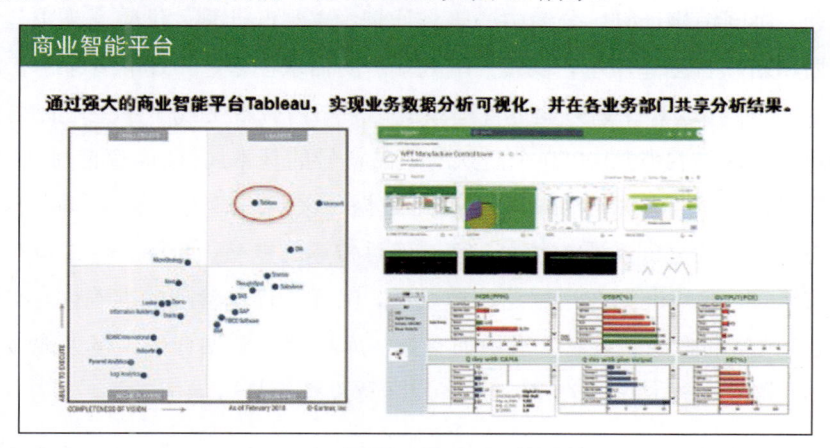

图 10　普洛菲斯商业智能平台 Tableau

同时，普洛菲斯开发了机器学习平台（如图 11 所示），其中包括设备故障提前预测、缺陷自动识别、三维物体检测、深度学习等技术。在生产线中通过对设备的振动参数进行收集，利用振动分析模型，提前预测设备的故障，实现了设备维护的预测模式，减少了生产线停线时间。

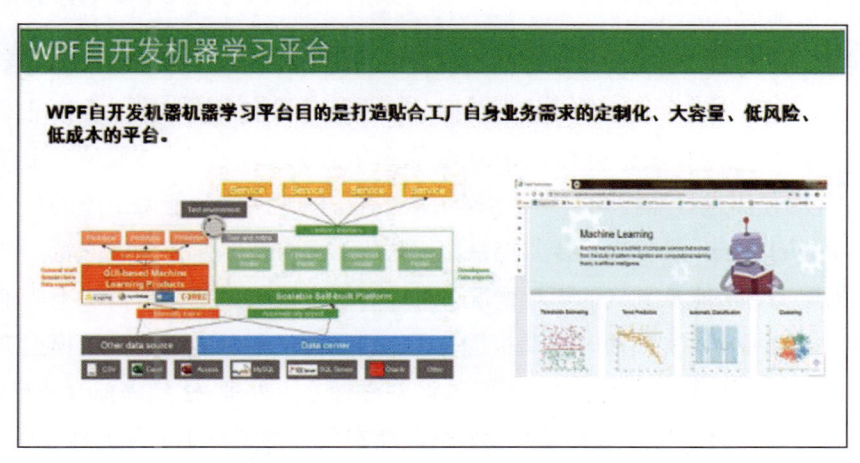

图 11　普洛菲斯机器学习平台

5）实时的 SIOP（销售库存运营计划）业务管理系统，保证供应链"端到端"的有效管理，提升客户满意度

供应链的管理囊括了从客户端需求到工厂计划生产，再到供应商需求计划的全过程。其间需要对海量的数据进行分析，贯通供应链"端到端"的需求传递。集团公司联合软件供应商开发了 Kinaxis Rapid Response 供应链运营平台，集成 7 个模块，包括客户联合计划、协同销售计划、分销中心需求计划、主生产计划、供应商需求计划、供应商联合计划和新项目创建流程，实现"端到端"的需求创建、传递和管理。普洛菲斯结合 SIOP（销售库存运营计划）业务管理系统，3 年内分批上线了主生产计划和供应商需求计划两大模块，对超过 10000 个活跃的成品料号的基本属性、库存信息、物料清单、客户订单信息，以及 20000 个原材料的基础数据、采购信息进行录入。同时，连接 38 家分销中心和子公司之间的需求信息，打通信息传递的壁垒，调整了超过 400 家供应商的预测发布途径。普洛菲斯在运用这些模块后，保证了订单管理的准确性，实现对人力需求的 100% 预测准确；供应商管理更加有效，库存管理更加合理，极大地减少了不必要的库存，及时交货率达到 99% 以上，客户满意度逐年提升。

Kinaxis Rapid Response 供应链运营平台能够快速获取需求信息，灵活运用公司资源，模拟规划分析，优化生产计划，驱动物料需求计划，确保生产计划切实可行，且能最大限度地满足客户需求。打通了从客户、分销中心、工厂到供应商的需求网络，实现了整个供应链"端到端"的需求传递，实现信息实时共享，降低和消除过程中的"牛鞭效应"，使整个供应链的透明度更高，促进资源更好地整合。

6）能源管控系统通过能耗的实时管理与监控，实现配电设施安全和能耗降低

对制造工厂而言，能耗的管理和动力供应的稳定非常重要，由于整个供能系统的监控是分段式管理，加大了管理的难度，数据分析也无法做到实时监控。普洛菲斯围绕能源、网络和用户，运用集团公司 EcoStruxure 能源和楼宇管理系统，连接所有用能设备，对水、电、气的使用进行监控和管理，实现了从产能、能源网络到能源系统的整体优化。普洛菲斯 Power Monitoring Expert 监控系统（见图 12）可实时监控全厂的每一个高能耗设备，包括电力、水能及氮气的消耗情况。通过对每个设备设定正常情况下的消耗参数及对比实时采集数据，实现即时自动报警功能。资产顾问平台的健康预测模型实现对配电设备的剩余寿命预测，从而对发生异常的设备进行分析处理，达到提前预防异常发生、稳定生产状态的目的。经过系统导入，普洛菲斯实现了持续每年能耗降低 5%，能源利用率累计提高 14.8%。

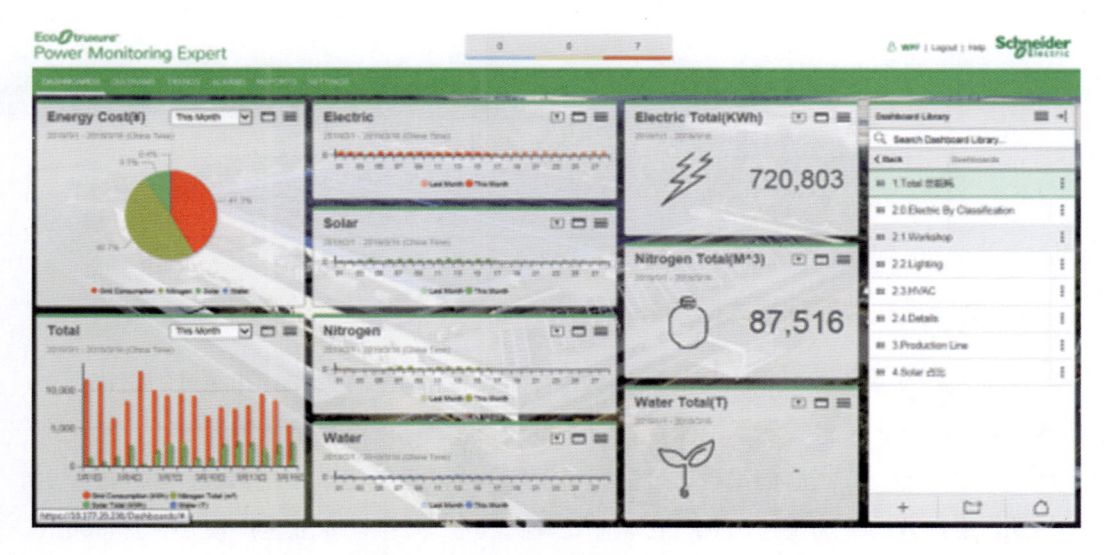

图 12　普洛菲斯 Power Monitoring Expert 监控系统

3.2.3　实施成效

1. 经济效益明显提升

普洛菲斯的数字化车间通过智能制造的高度规划和设计，结合精益理念规划，持续引入精益数字系统、制造执行系统、生产及时管理和建议系统、SPC 系统、智能物流系统、AGV 管理系统、设备管理 SAP PM 系统、远程维修支持系统、EcoStruxure 设备顾问系统、费用管理系统，形成数据的自动采集、传输、过程质量的自动监控、预警，决策分析报表的自动生成；不断致力于从价值链的角度挖掘隐藏的潜在浪费，实现生产运营成本降低 17.0%、生产效率提升 36.0%、不良品率下降 24.0%、用工人员数下降 33.0%。此外，工厂生产节拍、产品符合率等均得到明显提升，为企业降低成本、提高生产效率提供了切实的支持。普洛菲斯效益提升对比如表 1 所示。

表 1　普洛菲斯效益提升对比

项　　目	实施成效
装备联网率	实现 99.0% 以上
设备利用率	实现 97.6%
不良品率	降低 24.0%
产品研制周期	缩短 8.0%

续表

项　　目	实施成效
运营成本	降低 17.0%
能源利用率	提升 14.8%
生产效率	提升 36.0%

2. 制造模式和管理模式同步升级

车间广泛应用工业机器人等智能设备，智能设备占比为 99.5%，并通过制造执行系统和 EcoStruxure 平台实现了智能设备的 100%联网。以精益数字系统为核心，实现产品研发设计平台、人工智能平台、质量管理系统、物流系统等多系统集成，生产过程更加透明，生产效率更加快速，生产成本有效降低，进一步推动企业生产模式和管理模式的变革。同时，进一步实现从单点优化走向全局优化、从静态优化走向动态优化、从实体优化走向虚实结合优化，从信息技术、控制技术、管理方法 3 个方面统筹要素，从人、数据、应用 3 个方面体现价值，向更高智能制造成熟度目标迈进。

3.3　经验复制推广

普洛菲斯在全球内部工厂大力推进智能工厂建设，使用统一规划部署和优秀实践快速复制模式，目前以下解决方案已在全球范围内大量推广。

施耐德电气在全球 100 多家工厂推广应用精益数字系统，且使用同样的软件平台管理，实现工厂数据由集团公司实时管控。通过 Kinaxis Rapid Response 供应链运营平台灵活运用集团公司资源，在集团公司层面模拟规划分析，优化生产计划，驱动物料需求计划，确保生产计划切实可行，且在最大限度上满足客户需求。Machine Advisor 机器顾问平台广泛应用于集团公司内部工厂，为设备提供预测性维护与数据分析。EcoStruxure 能源和楼宇管理系统对集团公司内部的能源消耗进行监控与预测性分析，助力"绿色工厂"的发展。

精益管理加上数字化赋能，使集团公司每年得到约 10%生产效率的提升，获得约 5000 万欧元的经济收益。

3.4 智能制造建设体会和建议

3.4.1 体会

施耐德电气自 20 世纪 90 年代开展精益制造，2000 年开始与咨询公司合作推进精益项目，2004 年诞生施耐德生产系统，为提升工艺合理性和提高生产效率起到了关键的作用。施耐德电气一直秉持精益生产的理念，将精益范围的延伸到办公室、财务、人事及供应商管理中。在精益生产的基础上，辅以 EcoStruxure 平台，通过数字化、自动化、5G+，实现了多品种小批量柔性制造和"端到端"的运营。普洛菲斯认为在打造智能制造核心竞争力时需要从以下 4 个方面进行。

1. 智能制造新模式创新探索

由于行业和生产工艺差异，智能制造没有成熟的模式可以复制，需要企业结合自身业务和生产实际，主动创新，勇于试错探索。普洛菲斯推行集团公司主动创新的文化，人人都要成为创新主体，敢于打破传统的模式体系，探索中国的智能制造模式，实现对中国制造竞争力的引领。

2. 自上而下的智能制造顶层设计

智能制造贯穿于设计、生产、管理、服务等制造活动的各个环节，具有信息深度感知、智慧优化决策和精准协调控制的特点。企业在系统推进智能制造时，需要从决策者开始进行系统思考、顶层设计，自上而下地推行。既要有战略性的指导，又要有战术性的安排，最终形成一条线，才能保证未来不会走偏，智能制造才能真正落地。普洛菲斯在智能制造顶层设计中，依托集团公司的 EcoStruxure 平台和精益数字系统，构建从基础自动化系统、过程控制系统、制造执行系统、企业资源计划四层结构。这四层结构从下到上，数据逐层传递、分别存储，各层之间既有业务关联，又包含数据关联，从产线布局、智能设备分布、系统集成、智能物流、商业管理等方面打造数字化智能车间。

3. 全价值数据链打通

普洛菲斯在推行智能制造和数字化的初期，一开始没有意识到全价值数据链对后期的重要性，就急于开始"孤岛式"应用推广模式。数字化推行没有统一协调，部门之间缺乏沟通，更没有统一的数据定义及接口规范，一个个单独的系统形成了工厂的数据"千岛湖"。项目推行后期发现系统之间很难做到互联互通，阻碍了数据的实时性和准确性，导致部分系统不得不推倒重来。单个系统只能发挥局部的作用，只有系统无缝连接起来后，跨功能、跨供应链的数据才能发挥出更大的价值。

4. 智能制造复合型专业人才队伍构建

智能制造是上下游全覆盖、全流程定制化的高科技生产方式，把制造业的生产链条"重装升级"，从而树立未来制造业发展的新标杆，而人才是智能制造的关键。所以，实现智能制造人才培育要先行。普洛菲斯依托数字化知识管理软件，对人员知识、经验进行沉淀和传播，更加强调以"学习+赋能"提高群体智商，使员工活出生命意义，自我超越，不断创新。智能制造的"智"是信息化、数字化，"能"是精益制造的能力，智能制造的核心是智能人才的培养，从精益人才的培养到智能人才的培养，这一过渡和"齐步走"可能是制造企业面临的最重要问题。

3.4.2 建议

智能制造是供应链中的各家企业都在不断努力开拓的领域，对于离散电子类制造企业来说，不能忽略精益生产对梳理业务流程的基础重要性。在推进智能制造供应链平台的过程中，结合自身业务的特性，打造智能的"端到端"供应链。进行供应链数据的清理和整合，对不同业务模型进行分析，寻求最优方式，实现上游和下游信息联通，提高预测的准确性，提升客户满意度。随着今后各种新技术、新工具的不断涌现，企业将会应用更多的数字化工具，对影响供应链环节的各个重要因素进行监控，通过分析、推理、判断，实现决策。相信通过人类与智能机器的合作共事，可以扩大、延伸和部分地取代人类在制造过程中的脑力劳动，提前判断风险，从而建立一个强健的供应链体系。

在智能制造能力提升过程中，一是要建立智能制造实施总体协调推进工作组，形成总部企业、行业协会、科研院所等多方参与的组织体系，立足企业业务发展，统筹和协调企业智能制造提升的整体规划。二是将发展重点放在智能成套装备上和系统集成上，加强系统的顶层设计，链条式制定解决方案，系统组织实施。三是健全人才培养机制，完善智能制造人才队伍。建立创新技术技能人才教育培训模式，促进企业和院校成为技术技能人才培养的"双主体"，培养满足企业智能制造发展需求的高素质技术技能人才，加快建立企业智能制造人才需求预测和信息服务平台。

案例4 新凤鸣集团股份有限公司

"互联网+"模式下的化纤智能工厂建设之路

新凤鸣集团股份有限公司通过打造化纤生产数字化、智能化平台，部署"互联网+研发""互联网+生产""互联网+销售"等10大应用，实现业务链、数据链、决策链一体化，平台固化聚酯和拉丝工艺工作流、业务流、数据流知识超过1000条。通过应用14类工业机器人覆盖生产制造全业务环节，实现全链条数字化制造。基于单品批号的数量、成本和利润的实时分析，实现需求、生产、服务的全价值链管控。基于云销售和"化纤白条"（工业版金融创新产品）的融合销售，实现交易、融资、物流的全供应链服务，塑造化纤产业集群新模式，构建"互联网+化纤"数字新生态。

4.1 企业简介

4.1.1 企业基本情况

新凤鸣集团股份有限公司（以下简称"新凤鸣集团"）是集 PTA、聚酯、涤纶纺丝、加弹和进出口贸易为一体的化纤行业龙头企业，入围中国企业 500 强，拥有年产 250 万吨 PTA 和 500 万吨涤纶长丝的能力，"凤鸣"牌聚酯长丝销往浙、闽、沪、苏，以及韩国、土耳其等国内外 40 多个国家和地区。同时，新凤鸣集团拥有国家企业技术中心、省级企业重点研究院、全国示范院士专家工作站、诺奖院士工作站等科研机构，深入落实制造强国战略，持续建设全要素一体化的智能制造平台，塑造化纤智能制造新模式，构建"互联网+化纤"数字新生态。

数字化、智能化平台赋能下，新凤鸣集团向上延伸了产业链，横向打通了供应链与物流链，向下延伸了金融与服务链，拥有"工艺水平、智能化水平、人均产值、综合增长率"等多项行业第一。2017—2019 年，新凤鸣集团产能翻了 3 倍，人均年产量超 400 吨，高于行业平均水平 25%，综合能耗低于行业平均水平 20%。主导项目入选 2020 年制造业与互联网融合发展试点示范项目、2019 年国家新型信息消费示范项目、2020 年大数据产业发展试点示范项目、2019 年企业上云典型案例，此外，荣获第二届"绽放杯"5G 应用征集大赛一等奖等省部级荣誉。2019 年 12 月，新凤鸣集团成为化纤行业智能制造标杆企业，代表行业先进生产力，有力带动行业转型升级。

4.1.2 所属行业及特点

按照我国国民经济行业分类（GB/T 4754—2017）标准，新凤鸣集团属于化学纤维制造业大类（代码 28），合成纤维制造中类（代码 282），涤纶纤维制造小类（代码 2822）。

中国具有最完整的化纤产业链，化纤产业（即化学纤维制造业）是我国具有国际竞争优势的产业，也是我国纺织工业的支柱性产业。化纤制造采用"离散+流程"型生产模式，具有设备多、环节多、作业细的特点，其复杂性容易导致装置分段式运作、数据链不完善等现象。近年来，随着市场竞争日益加剧，化纤行业在新材料研发和数字化转型等方面急需打破传统生产模式的束缚，培养更专业化、跨学科的复合型人才。化纤行业企业在专业化定制市场越来越细化的压力下，急需寻求新的经营模式来解决客户需求的多元化与生产规模化之间的矛盾。

4.1.3 智能制造亮点及模式总结

新凤鸣集团坚持新发展理念，加快化纤行业高质量发展，引领化纤领域技术变革，进一步巩固行业领军地位。通过应用智能装备实现生产工艺环节全链条数字化制造，提供"生产-经营-决策"环节的数据链保障；建立数据同源、信息共享的多维智能决策体系；实现化纤行业 5G 组网建设与产业应用。

1. 通过应用智能装备实现生产工艺环节全链条数字化制造

面向化纤生产关键环节，对近百条生产线实施"智能装备换人"，通过"数据+装备"实现生产全链条的智能化，进一步提升柔性、绿色的智能生产能力。应用 5G 智能叉车、5G 8K 高清实时场地巡检监控等，合理分配人员资源。应用 5G 飘丝智能监控，提升产品质量，填补行业空白。全链条数字化制造实现了各环节装备之间的集成联动，以及人与人、人与设备之间的高效协同，自动化率超 95%，支撑企业优化管理、提质增效，提升生产管控能力。

2. 建立数据同源、信息共享的多维智能决策体系

通过建立覆盖"ERP 生产订单—生产批号—产品配方投料—聚合生产—单位号纺丝—卷绕—搬运—质检—搬运—入库—出库"的产品标识解析体系，一体化打通"生产-经营-决策"环节的数据链。结合化纤行业特点和企业管理现状，通过构建统一的数据集市、智能辅助算法模型，聚焦财务、生产、销售、人力资源、市场动态、设备安全等 9 大业务主题分析域，构建覆盖 70 个维度、200 多个 KPI 指标的运营指标图，分类、分

级、对象化定制 12 个领导驾驶舱，使 193 个关键绩效指标秒级抽取、立体呈现。依托以上智能决策体系，促进智慧经营。

3. 实现化纤行业 5G 组网建设与产业应用

新凤鸣集团以《"5G+工业互联网"512 工程推进方案》为建设指引，完善工业互联网外网和内网建设，完成新凤鸣集团 5G 组网搭建，实现 5G 网络在移动办公、视频通信、数据采集等多个领域的应用，基于 5G 无所不在、无缝连接的联网能力，推动"5G AGV 小车""5G 巡检机器人""8K 高清监控"等应用在化纤行业的落地，助推化纤行业转型升级，以及产业应用在更广范围、更深程度、更高水平上实现融合发展，为化纤行业树立"5G+工业互联网"融合应用的智能工厂标杆。

4.2　智能制造项目建设

4.2.1　项目背景

化纤产业是我国纺织工业的重要支柱，同时也是具有国际竞争力的优势产业。2019 年，我国化纤纺织工业规模达到 5 万亿元，产能占全球 80%以上。中国作为产能世界第一的化纤大国，却仍面临着传统产业相对饱和、环境承载压力过大、产品附加值低、产能结构性过剩、行业盈利能力下降、行业自主创新能力较弱等问题。面对上述问题，新凤鸣集团紧抓智能制造转型浪潮，大力推进化纤产业由"中国制造"向"中国智造"的转型升级，加快结构性调整，提升资源配置运营能力。

4.2.2　实施路径

1. 明确智能制造战略规划，融合推进

面对传统化纤行业的新形势、新任务、新要求，新凤鸣集团在原有"堡垒、人才、

品牌、创新、共享"五大战略的基础上,确立"以数字化转型为主线,建设智慧企业"的智能制造发展战略。

基于智能制造发展战略,新凤鸣集团设计"55211 信息化工程"规划方案,预计用 5 年左右时间,以工业互联网为主线,有序建成经营管理、生产运营、客户服务、基础技术四大平台和智能工厂。按照"能集中不分散、能自动不手工"的原则,重建一体化智能制造平台,集主数据、实时数据、ERP、MES、WMS、大数据及商务智能、App 和标识解析于一体,实现内外部互通互联,一体化打通业务链、数据链和决策链,实现"一个平台、一个标准、一个团队",解决行业难题,支撑和保障企业高质量发展。一体化智能制造平台架构如图 1 所示。

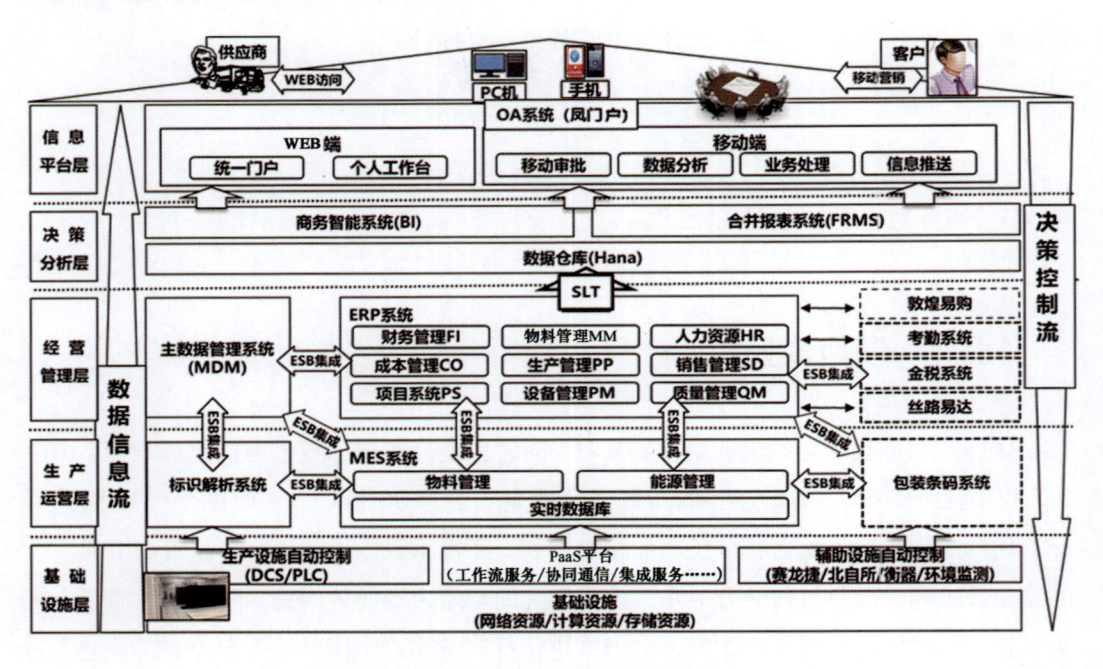

图 1　一体化智能制造平台架构

以 ERP 系统为核心的经营管理平台,以 MES 为核心的生产运营平台,以 "PaaS+云+大数据"为核心的基础技术平台,构建五层架构系统(包括基础设施层、生产运营层、经营管理层、决策分析层、信息平台层),全面支撑新凤鸣集团的经营和管理活动,支撑工厂智能转型升级。

2. 明确人员保障,"一把手工程+三项保障"全力推进

新凤鸣集团将智能转型作为"一把手工程",提供经费、队伍和战略合作三项保障。成立以总裁为组长、23 位主要领导和核心骨干人员为成员的信息化、智能化领导小组。从全集团抽调 39 名业务骨干成立骨干团队,集中办公;同时,将人员名单、计划、职责"三上墙"。项目管理领导小组定期或不定期召开会议,加强项目实施的分工协作和组织协调,负责对项目立项等重大事项进行决策,全力推动平台建设;明确专项信息化保障资金,签订专项战略合作,协同推进项目建设。

3. 明确项目标准化建设原则,保障快速转型

新凤鸣集团项目建设主要遵循"标准化、一体化、精细化、易用化、平台化"五大设计理念,确保智能工厂成功落地。其中,标准化是指主数据标准化、流程标准化、功能应用标准化、岗位和制度规范化;一体化是指上下游业务一体化设计、融合和贯通,跨系统集成业务互联互通;精细化是指业务管理精细化、成本核算精细化、生产考核精细化;易用化是指办公界面个性化、审批业务移动化、业务处理自动化、决策分析智能化;平台化是指保障项目快速落地。

4. 实施内容

1)实现从原料入库、聚合、纺丝、卷绕、包装、入库、出库到物流跟踪的全链条自动化、智能化

化纤制造有着产业链长、设备多、实时性强、连续作业的特点。不同生产环节间存在网络化需求较高、智能化水平不均、数据链不完善等问题。为解决以上问题,新凤鸣集团通过实施 5G 网络部署,开展设备智能化升级改造,打通一体化数据链,实现数字化制造。

(1)5G 网络重点区域覆盖

建立基于 5G MEC 网络切片云,应用 5G 架构和技术逐步替代、取代、取消传统的网络部署方式。结合 5G 组网技术与化纤企业工厂布局,将整个工厂的 5G 网络环境分为 4 个区域,分别为前端区域(工控终端)、传输区域(无线宏站、室分和 MEC)、云平台区域(企业私有云)、内网区域。通过 3 个 5G 基站,完成对洲泉地区约 107 万平

方米（1600亩）的 5G 信号全覆盖，数据在私有云中流转，实现各边缘端与私有云信息同步，工艺及产品数据的云端统一管理。

（2）设备智能化

综合应用物联网、人工智能等技术，重点补齐在原料自动计量、飘丝/飘匝检测、产品外观检测、智能立体仓库、产品配送物流跟踪等方面的智能装备短板和信息系统集成短板，实现生产线全链条自动化、智能化。

（3）一体化数据链

通过建立覆盖从生产订单到出库的产品标识解析体系，一体化打通"生产-经营-决策"环节的数据链。依据数据链，实现各环节装备之间的集成联动，以及人与人、人与设备之间的高效协同，实现高效联动、智能化生产。

2）建立一体化的智能排产模型，科学指导排产

新凤鸣集团 10 多条化纤生产线日产聚酯长丝超 1.2 万吨、丝饼超 100 万个，月均生产产品规格 300 多种，通过智能排产统筹产品未来市场预期和生产制造成本关系，及时合理排产，减少因"改产换批"带来的生产波动，实现生产效益的最大化。

（1）销售-生产联动决策流程

根据市场走势判断，凤平台给出不同产品规格和位号数的预期销量。根据 MES 工艺参数调整标准在线校验参数值，防止生产及质量波动，并自动向销售部门反馈更改执行情况。同时，相关生产岗位通过凤平台启动装置连锁、工艺连锁以备案备查。

（2）单品量本利精细化核算

单品量本利核算是改产换批的核心判断指标，可以科学预测不同规格产品的利润空间。为了提升品种更换的科学性，新凤鸣集团围绕产品标识通过凤平台 MES 实现按产品批号的原辅料、能耗收发和统计平衡。通过 ERP 系统与 MES 集成，建立单品量本利模型，实现按产品批号的分线、分品种精细化核算。同时，依据单品量本利模型和 PTA（精对苯二甲酸）/MEG（乙二醇）等原料的 CCF 网站（中国化纤信息网）当期价格，实时出具单品量本利指标，并根据当期单品销售价格进行毛利分析。

（3）一体化智能排产模型

为提升科学排产的决策效率，新凤鸣集团通过凤平台收集不同生产线的机台型号及适合生产的品种规格、机台组件保养周期、单品实时量本利、当期销售价格、现有库存等数据信息，并进行智能建模，综合性地给出排产建议，指导科学排产。

3）建设以精准营销为主线的线上线下融合、在线融资销售经营模式

新凤鸣集团凤平台通过内部集成 CRM、MES、WMS 等系统，外部与银行及第三方合作建设供应链金融平台，综合应用客户机台机型信息、销售订单、产品库存等大数据信息，建设"敦煌易购"电子商务平台，支持业务员/客户应用 App、微商城等在线下单，提供在线融资服务等智慧销售，提升销售效率和服务水平。

（1）智能下单

面向传统人工下单模式存在易出错、流程长、响应慢等问题，通过"敦煌易购"电子商务平台，实现精准建档、智能排丝、两线融合、在线融资等功能，既保障销售订单的准确性、唯一性、可追溯，同时将销售人员从以往传统的复杂手工下单工作中释放出来，使销售部门集中精力专注于渠道开拓、客户维护和行情预判，大大提升销售效率。

（2）微商城

通过凤平台对接微商城，支持客户微信注册，查询客户交易、产品库存、产品价格和在线下单，实现与凤平台联动的排丝与发货，以及订单执行情况跟踪。

4）建设基于物联网的智慧共享物流服务平台，数字化、智能化平台统筹企业内外部物流业务

新凤鸣集团现有进出物资超 1500 万吨/年，构建"产品+运营+服务"的互联网物流新模式，是自身数字化、智能化转型的主动选择，重点是对内提升集团物流的一体化统筹能力，对外提供一站式互联网物流服务，引领行业供应链与物流系统发展，完善建设"互联网+化纤"生态圈。新凤鸣集团智慧物流平台架构如图 2 所示。

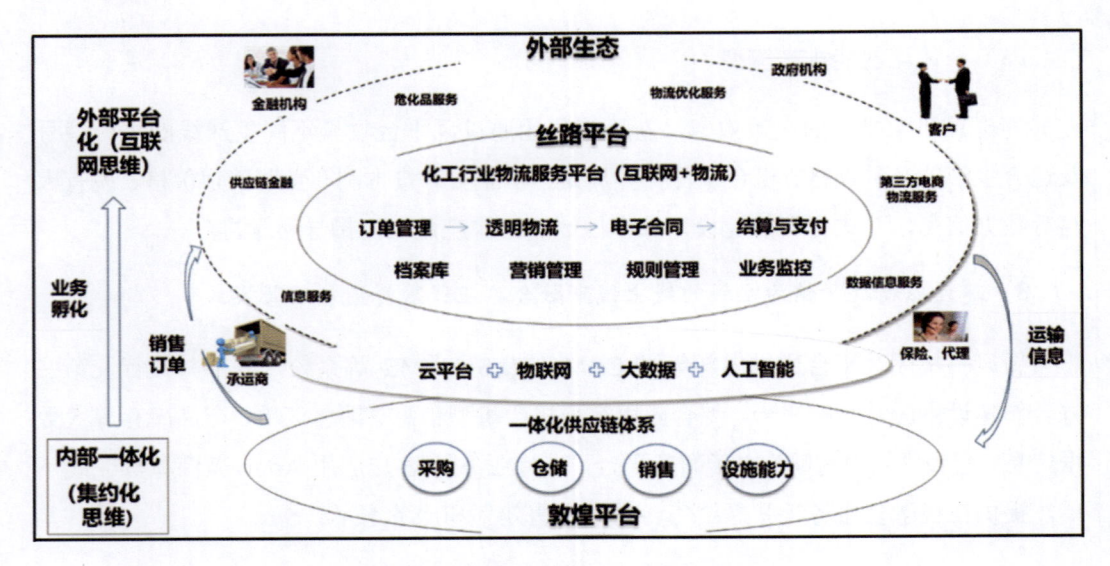

图 2　新凤鸣集团智慧物流平台架构

（1）两个平台

新凤鸣集团智慧物流平台主要分为"丝路易达"和"敦煌易购"两个子平台。其中，"丝路易达"平台提供对外物流接入服务，"敦煌易购"平台提供集团物流服务。

（2）三大业务

该平台业务主要是合同贸易、现货贸易、商城贸易。

（3）四层智能化应用

基础设施层构建一体化工业互联网平台，支持各级企业和承运商 SaaS 应用。物流作业层构建覆盖全业务、全流程、全节点物流作业管理并实现自动化，实现透明运输费用结算与损耗管理。物流管理层建成物流计划与运行、物联网应用，实现人、车、货、线等的物流安全。决策支持层构建运输、仓储、结算等环节的大数据应用，支撑物流优化，提升决策能力；同时，建立化纤物流业务、数据、技术和安全标准，实现全行业共享。

（4）提升企业物流管控能力

新凤鸣集团通过互联网平台技术系统优化并固化物流计划、调度、作业，实现"企业—化纤—服务商—客户"物流全链条、全环节数字化。通过应用物流服务商管理、资源库管理，实现产品配送、自提一体化管理，"采、产、销"一体化分析和内外贸物流一体化运营，整体提升了企业应急保障能力；通过应用北斗、物联网技术实现"人、车、货、线"透明化管理，物流作业可靠、可观、可控，保障物流本质安全。

（5）提升社会化运营能力

新凤鸣集团立足行业打造物流服务，通过整合企业内外部物流资源，构建运力资源池和运力联盟，提高物流资源利用率，降低低载率、空驶率，实现企业降本增效，推进可持续发展；通过接入即服务，高标准推广基于位置信息的在途监控应用，结合天气、水文等信息规避物流风险，提升物流管理快速应急能力，减少物流事故。

（6）实现物流降本增效

新凤鸣集团通过平台调用返程车、自动补货、优化产品流向等提高车辆利用率，整体降低物流成本。2019 年，新凤鸣集团产品配送平均每吨可节约运费 7%，共计节约运费 450 万元。同时，大大加速塑料共享托盘对传统木架托盘包装的替代，仅新凤鸣集团 2019 年一条生产线产品的应用就促进企业降费数百万元，并大大减少木材砍伐消耗。随着新凤鸣集团物流业务由销售向采购拓展，以及社会业务和车辆进一步集聚开放，物流效益将进一步凸显。

5）建立数据同源、信息共享的多维智能决策体系

为了提升科学决策水平，新凤鸣集团通过凤平台构建统一的数据仓库、数据集市、智能辅助算法模型和 KPI 指标库，实现各级合并报表自动出具。同时，分类、分级、对象化定制领导驾驶舱和综合运营指标图，支撑领导层宏观决策。新凤鸣集团智慧决策系统架构如图 3 所示。

（1）划分主题域，建立 KPI 体系

结合化纤行业特点和企业管理现状，新凤鸣集团企业管理划分为财务、生产、销售、人力资源、市场动态、设备安全等 9 大业务主题分析域。同时，梳理确定了量本利等 193 个关键绩效指标，建立了包含业务板块、组织、期间、产品、客户等的多维度分析模型。

（2）构建统一的数据仓库、数据集市

综合应用 SLT（实时同步数据）、BW（商务信息仓库）、BO（报表生成工具）等技术，搭建包括抽取整合层、主题分析层和展现层的数据仓库和应用模型，建立数据同源、信息共享的智能决策支持体系。

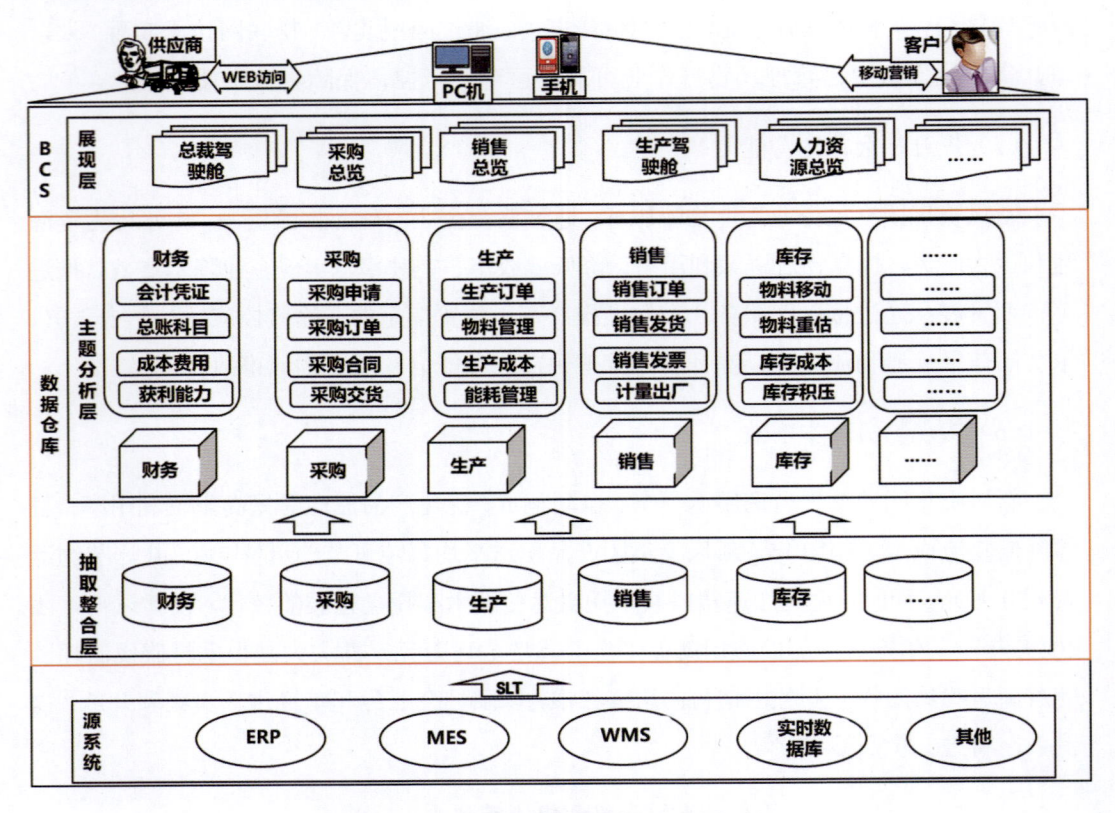

图 3　新凤鸣集团智慧决策系统架构

（3）数据可视化和动态预警

综合应用基础分析、结构分析、对比分析等分析方式，以及折线图、仪表盘、雷达图等多样式图表，立体展现新凤鸣集团经营状况。同时，按照业务需求设定 KPI 警报阈值，提供可视化预警、邮件预警和短信警报。

4.2.3　实施成效

新凤鸣集团生产线智能化覆盖原料计量、聚酯、纺丝、加弹、仓储等环节，实现超 10 万台（套）设备互联，人机互联率超过 97%，实现全链条生产自动化、智能化、稳定化。在保障产品质量的同时，进一步减少了人员用工，降低了劳动强度，充分发挥了生产线价值。当前，14 类、近 800 台机器人基本覆盖全业务环节，支撑常年、多年饱负荷连续生产,平均 666m² (1 亩) 仅有 3 名员工,人均产量超 400 吨/年,高于行业平均水平 25%。实现水、电、热、煤等能源集中管控和自动平衡分析,促进"削峰平谷",绿色低碳生产,单位产品能耗由 0.1710tce/t 连续降低至 0.1454tce/t,低于同行业水平近 20%,代表行业先进的生产力和竞争力。

依托智慧决策,提升了企业"改批换产"的执行效率。新凤鸣集团改批执行时间平均降低了 20%,月均改批数量减少了 14%,基本解决了主观性无效改批,非营利性改批大幅减少。

依托智能销售,拓宽了营销渠道、销售渠道。同时,通过与多方供应链金融平台对接,通过新凤鸣集团"化纤白条""新凤金宝"等工业版金融创新产品,实现在线定向融资交易,有效解决下游中小客户融资难、融资贵的问题,提升了服务水平,增加了客户黏度。

依托智慧决策,梳理业务指标,统一数据标准和报表标准,完善 KPI 指标体系和决策模型,并实现以可视化、形象化方式"立体"呈现,有效提升了企业决策效率。

依托智慧办公,实现全要素线上移动办公,强化制度执行,防范企业风险,变"人找事"为"事找人",整体运行效率提高 20%以上。智能制造整体成效如表 1 所示。

表 1 智能制造整体成效

项目	实施成效
装备联网率	实现 99%以上
设备利用率	实现 99%
改批执行时间	降低 20%
产品研制周期	缩短 50%
平均每吨运费	节约 7%
运营成本	降低 25%
不良品率	降低 50%
生产效率	提升 30%
整体运行效率	提升 20%
能源利用率	提升 15%

4.3 经验复制推广

4.3.1 经验内部推广

新凤鸣集团目前拥有 22 家子工厂、24 套装置、1 万余名员工，借鉴标杆工厂智能制造转型成功经验，在集团内部进行经验分享与推广应用。

新凤鸣集团在智能制造的建设进程中，总结了化纤 EMES、化工 EME、"五疆 E 联"（ESB）、"E 办"（OA）、"E 采"（采购）、"E 签"（合同）、"E 达"（物流）、"E 策"（决策）、"E 拍"（拍卖）等 11 个核心产品，以及面向仓储物流、质量检测、能源监控、银行付款等场景的 24 个最佳实践解决方案。以桐乡市新凤鸣集团中欣化纤有限公司的智能制造成功案例为模板，对中辰、中维等其他生产子公司进行模板化快速复制，整体提升集团信息化水平和生产效率。

4.3.2 经验外部推广

新凤鸣集团孵化成立了桐乡市五疆科技发展有限公司，面向集团外部企业、重点行业、重点区域，提供智能制造转型规划咨询、设计研发和交付运维等服务。

（1）形成了行业级平台架构、功能架构和应用实践。以供应链数字化为主要切入点，通过汇聚产业链上下游的材料工厂、中间制品工厂、贸易商、终端工厂、物流及金融服务商等资源要素，实现资源配置及业务协同快速化。

（2）将项目建设经验转化为 11 个核心产品和 24 个最佳实践等智能制造一体化解决方案。目前，已服务农行、国网、久立、双箭等外部大型民企、央企 68 家，形成引领标杆效应，以点带面，促进我国整个化纤行业的转型与升级。

（3）对外进行智能制造模式推广，通过央视新闻联播、焦点访谈等节目进行宣传报道。目前，已为 200 多家企业培训 2 万人次，对提升区域和行业企业平台建设能力和应用水平起到了积极的促进作用。

4.4 体会与建议

4.4.1 体会

面对行业的压力和智能制造改革带来的改变,化纤行业企业要牢固树立创新、协调、绿色、开放、共享的发展理念,以转型升级、创新发展为出发点,立足提质增效,推动企业的健康、可持续发展,巩固和提升产业综合竞争力,实现从传统化纤生产制造企业向数字化无人工厂迈进。

对于当前着手实施或正在实施智能制造的企业而言,往往容易陷入"局部改革"的误区。在实施层面,应该从顶层设计入手,建立规划方案,重视上下游企业重组整合,建立和完善配套产业链,实现炼油、化工、化纤一体化生产,进一步提升产业的集中度和整体竞争力,增强企业的抗风险能力和创效能力。此外,技术部门和业务部门可通过定期换岗、轮岗制度,打破部门壁垒、知识壁垒,充分发挥企业整体优势和规模效应。

4.4.2 建议

1. 建议做好化纤行业智能制造评价标准和机制

建议进一步建立化纤行业智能制造评价标准和评价机制,从精益管理、装备智能化、信息系统集成化、数据价值体现等多个维度,选取可量化、可验证的指标构成智能制造评价指标,从而推进、规范和引导我国化纤智能制造进程。

2. 建议加强人才队伍建设

建议加强化纤行业相关基础研究领域的领军人才队伍建设,培养多层次、复合型智能制造专业人才,在世界范围引进化纤新材料及基础研究高端人才,打造化纤行业各领域的国家级创新团队，引领行业发展。

3. 重视产业生态圈建设

建立以行业龙头企业为主导，联合高校、研究机构，形成行业智能制造推进联盟，打造全国化纤制造业智能化发展的先行区、智能装备产业应用的示范区，树立具有国际竞争力的化纤智能制造标杆领军企业，提升和带动全行业智能制造水平。

案例 5　徐州重型机械有限公司

基于装备智能化和全生命周期管理的高端轮式起重装备智能工厂

自主研发并应用于起重机行业的大型结构件焊接智能化生产线，通过改进优化转台拼焊工艺、结构焊接工艺和集成检测校型智能装备等手段，解决了转台结构件智能化焊接率低、占用人员多、焊后校型反复翻转等问题，实现工件自动周转、自动对接、自动焊接、自动检测，全过程无须人工干预。利用制造信息化系统和物联网平台对生产设备运行状态进行实时监控与数据采集，生产流程从"人机对话"转向"机器对话"，实现质量标准信息化、质量记录信息化、质量信息规范化、过程管控精细化、产品档案追溯化管理。围绕智能化产品，建立远程运维平台，在服务型制造的实践方面效果突出。

5.1　企业简介

5.1.1　企业基本情况

徐州重型机械有限公司（以下简称"徐工重型"）成立于1995年，是中国最大、全球前4位的工程机械产品制造商——徐工集团的全资子公司。徐工重型始于1943年创建的八路军鲁南第八兵工厂，1963年研制出国内首台汽车起重机，2014年研制出世界最大吊重的1600吨高端轮式起重机，该公司连续18年位居中国起重机行业第一位。2017年，徐工重型智能工厂建设已初显成效，转台智能生产线入选央视《大国重器》"智造先锋"专题栏目，成为行业内唯一连续两季登上《大国重器》舞台的企业。

徐工重型的主营业务是研发、生产和销售81～600吨全系列汽车起重机、全地面起重机和特种起重机。该持续多年占据国内市场50%以上的份额，产品销往欧洲、南美等100多个国家和地区，连续15年销量全球第一，年产规模超万台、产值超百亿元。该公司是中国流动式起重机分标委会秘书处承担单位，获得8项国家级、省部级科技进步奖，拥有470项发明专利、2项国际专利，参与制定18项国家标准，并获中国专利金奖，是行业内首家通过欧盟CE认证并具备进军国际高端市场潜力的国家一级企业。

5.1.2　所属行业及特点

按照我国国民经济行业分类（GB/T 4754—2017）标准，徐工重型属于通用设备制造业大类（代码34）、物料搬运设备制造中类（代码343）、生产专用起重机制造小类（代码3432）。

行业特点：具有"多品种、小批量、定制化"的典型离散制造特点，产品构成复杂，由液压件、电气件、软件和重达几十吨的结构件等零部件组成；制造工艺流程复杂，包括下料、折弯、焊接、铸锻、热处理、机加工、涂装、装配、调试和包装入库。

5.1.3　智能制造亮点及模式

1. 自主研发起重机大型结构件转台智能生产线，突破重载智能物流技术

建成转台智能生产线，成功突破生产柔性化难题，实现重载物流配送下精确定位、快速对接、在线翻转、自动化上下料、自动化输送，形成起重机转台结构的输送、变位、装夹、上下料一体化柔性成套装备。

2. 建设设备互联互通和信息高度集成的柔性化智能车间，生产效率和产品质量大幅提升

建成由 9 条生产线组成的 3 个智能化车间，实现关键设备互联互通，设备运行状态实时采集，加工程序自动调用和识别补偿。突破大型复杂结构件检测校型智能匹配、细长箱型臂焊接变形精确控制等 15 项柔性制造技术，实现不同工件的快速定位、自动夹紧和快速调整，确保制造过程中少换模、快换模，解决行业内普遍存在的大型工件装夹效率低、劳动强度大等问题，实现一人多机作业、加工离线编程、产品在线检测，提升效率和产品质量。

3. 打造覆盖制造全过程的整机智能化在线检测系统，确保制造一致性

徐工重型在行业内率先制定起重机性能评价指标及检测标准，成功将整机的事后调试检测转变为生产过程在线检测，实现工程机械领域整机性能检测的标准化、数据化、智能化及精准控制，提升整机检测效率，降低产品超早期反馈率。逐步将整机性能在线检测向前扩展延伸至系统在线检测、结构件和零部件在线检测，实现整机 90 个关键质控点 100%在线检测，引领工程机械行业产品质量控制模式的颠覆性变革。

4. 实现起重机上下游供应链联动，实现产品全生命周期信息追溯

徐工重型通过 QMS 集成了供应商信息，通过智能、高效的检测手段及 SCADA 系统采集了制造过程信息，通过 MES 与 CRM 系统的集成将信息传递到市场，通过物联网集成了用户使用过程信息，所有信息都与产品唯一识别码关联，形成"一机一档一册"，智能检测、数据采集、系统集成、物联网应用都降低了信息收集和追溯的成本，提高了追溯效率，使得产品全生命周期的信息追溯在民用装备的制造和服务过程中实现成为可能，为制造与服务业态融合打下基础，也为再制造产业的发展积累原始数据。

5．搭建起重机产品远程运维服务平台，开展产品远程诊断和预测性维护

通过搭建远程运维服务平台，开展基于大数据驱动的故障预测、智能化设备健康管理。实时收集约 6 万台起重机产品运行工况信息，通过数据挖掘和分析，有效支撑产品全生命周期监测，包含精准定位、实时监测设备工况信息、远程遥控和远程故障诊断等，为全球企业客户和个人客户提供统一的设备监控、设备分析、维保管理等服务。

5.2 智能制造项目建设

5.2.1 项目背景

当前制造业处于自动化、信息化和智能化"三化"并存阶段，国内科研院所及企业在机械加工、焊接、装夹、校型、检测和智能物流等传统制造技术，以及单台先进装备的研制和生产线自动化技术研究方面取得很多成果,对这些技术成果加以优化和革新产生了重大的经济效益。另外，三维仿真软件、传感技术、网络技术、数据与信息采集技术、智能控制技术、MES 及 ERP 现代系统管理技术等单科信息技术，在产品设计、制造、服务管理等方面的应用已经非常成熟，但在工程机械行业的应用研究才刚刚起步。经过对工程机械起重机行业及相近行业的调研发现，多品种、小批量、离散制造的大型结构件生产过程仍以"手工焊接、盘架式作业、行车叉车转运"为主，过程中的设备数据、质量数据仍依靠人工记录、分析，在"制造+信息"技术、大数据分析技术等多学科技术融合方面没有可复制、可借鉴的成熟经验。

5.2.2 实施路径

徐工重型注重智能制造总体规划和顶层设计，以"自上而下设计、自下而上集成"为实施策略，坚持"问题导向、需求导向"，整体部署、分步实施、平行推进。整体路径历程主要分为五步：

第一步：顶层设计，制订总体实施方案。开展徐工重型智能制造顶层设计，围绕"设施互联、系统互通、数据互享、业态互融"四个原则，制订徐工重型"高端轮式起重装备智能工厂建设"解决方案。

第二步：技术攻关，突破共性技术，研发核心制造装备。开展产品结构统型及制造工艺流程优化，突破大型结构件智能焊接、智能加工、检测校型、在线检测等共性工艺技术，研发相关制造装备，为智能生产线建设提供重要支撑。

第三步：试点实施，建立智能生产线改造先行试点。改造升级原有设备，通过增加智能物流、智能校型、在线检测、信息化软件系统等手段，提升制造水平，打造大型结构件智能焊接生产线。

第四步：构建研发、制造、服务及大数据平台，形成智能工厂新模式及标准。基于新一代信息技术和工业互联网平台，建立数据驱动的全球协同研发平台、智能管理与决策分析平台、智能产品远程运维服务平台，构建基于制造大数据的智能诊断及服务平台，创建智能工厂新模式及标准，智能工厂初步运行。

第五步：模式推广与示范应用。在徐工重型高端轮式起重装备智能工厂基础上，将新模式及成果推广到徐工集团所属的其他工厂。

1. 智能工厂规划

徐工重型在企业"十三五"战略规划中明确了加快推进智能制造升级、构建工业互联网平台、打造智慧型企业的重大战略举措：一是开展关键信息平台建设与集成应用；二是加快工厂生产线智能化改造升级，打造数据驱动的生产组织模式；三是深度挖掘工业大数据价值，提高运营与决策支持水平。

1）需求分析

徐工重型实施智能制造的需求主要有以下3个方面：

（1）"三高一大"产品发展需求：徐工重型主要研制生产的大吨位起重机及特种起重机，是"三高一大"（高端、高技术含量、高附加值、大吨位）产品，技术水平达到了世界领先水平，但围绕着世界第一的追求，需要继续在产品可靠性方面突破。

（2）市场国际化竞争需求：大吨位起重机、越野轮胎式起重机定位于欧美、日本等国际化市场，参与"一带一路"建设，国内外环境为工程机械行业快速发展创造了一个新的机遇期。

（3）企业智能制造需求：提升高端轮式起重机生产制造能力，实现"多品种、小批量、定制化"智能制造，支撑国际市场快速交付、高可靠性交付要求，进入国际高端市场，是公司国际化战略定位发展的迫切需求。

2）总体规划

徐工重型智能工厂建设主要内容包括轮式起重机研发设计、生产制造和运维服务全过程。在研发设计环节，重点实施工厂与工艺建模仿真，建设PDM系统，实现数字化产品与工艺协同研发。在生产制造环节，重点建设数字化车间及智能生产线，配置SCADA系统、MES、APS等，并实施各核心系统的集成，实现设备互联和系统互通。在运维服务环节，重点建设基于大数据驱动的远程运维服务平台，实现数据共享和业态互融。徐工重型智能制造蓝图如图1所示。

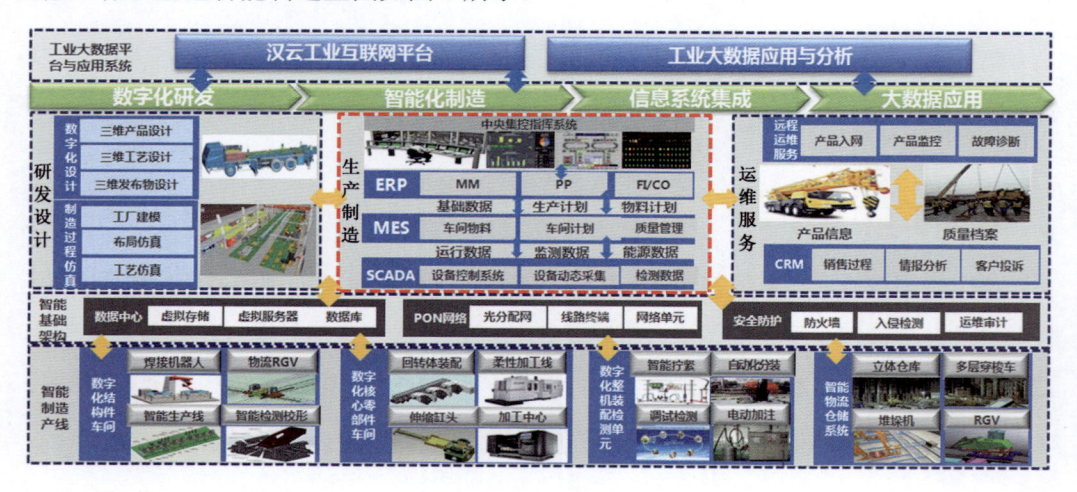

图 1　徐工重型智能制造蓝图

3）人员组织设置

徐工重型内部设立了智能制造推进项目组，主责部门是工艺技术部门和信息化管理部门，制造分厂是智能制造的具体执行和实施部门，其他部门分别从各自职能领域提供支持。

2. 实施内容

徐工重型智能工厂建设由六大任务构成，详细任务分解如下：

1）通过实施数字化三维产品研发设计、工艺设计、产品数据管理，构建数据驱动的协同研发平台，提升研发效率

（1）数字化产品研发设计系统：以 TOP-DOWN 数字化三维设计为基础，建立智能化产品协同研发平台，构建支撑自上而下设计方法的模块化研发设计系统；实施基于三维模型的产品仿真，强化产品技术试验与测试、设计计算和仿真分析；建立数字化技术文件发布系统，构建产品技术文件的数字化管理体系，提升施工起重装备智能化水平和可靠性。

（2）数字化工艺设计系统：实施三维数字化工艺设计，并与产品设计协同，向现场发布基于三维模型的工艺指导文件和仿真动画，提升工艺文件指导性。

（3）物理检测与试验验证及优化：应用数字化仿真软件，构建具备与实物高切合度的验证试验台，提升产品研发可靠性；搭建测试数据管理（TDM）系统，打造标准化的测试管理体系。

（4）产品数据管理（PDM）系统：深化研发项目管理平台，实现项目全过程数字化管控；构建产品多配置管理系统，实现研发端多配置向营销端扩展；建立技术协议数据库，实现从文档管理到模块化、结构化数据管理的转变。

2）通过应用三维虚拟仿真技术，搭建智能工厂工程设计模型，保证智能工厂总体设计的合理性

（1）智能工厂工程设计模型：应用三维虚拟仿真技术，对 9 条智能生产线、3 个数字化车间组成的智能工厂进行工程设计建模与仿真，分析优化总体工艺流程、工艺布局，保证智能工厂布局合理性。

（2）智能工厂及车间的物流建模与仿真：应用计算机辅助技术和虚拟仿真技术，对工厂整体、物流仓储中心、智能生产线的运行情况进行物流仿真分析，根据仿真结果对物流系统进行优化调整，形成智能工厂物流系统优化方案。

3）通过实施标准工序细化、自动化加工技术与在线检测技术研究，部署9条智能化生产线，实现无人化、少人化制造

（1）建设结构件数字化车间：通过开展结构件焊接标准工序细化、焊接工序前移、结构件组件化拼焊等工艺研究，提升结构件自动化焊接率；开展结构件制造工艺流程及车间布局建模，直观可视化展示生产线生产过程，优化工艺布局；建设由转台结构智能制造生产线、车架结构智能拼焊生产线、伸臂结构智能制造单元3条智能生产线组成的结构件数字化车间，提升生产效率。

（2）建设核心零部件数字化车间：通过开展关键机构件自动化焊接工艺、装配工序优化及在线检测工艺研究，提升产品质量；开展关键液压元件自动化加工、机器人自动输送、高效清洗等工艺研究，提升生产效率；开展核心零部件制造工艺流程及车间布局建模，优化工艺布局；建设由关键机构件柔性生产线、控制系统装配检测线、关键液压元件智能生产线3条智能生产线组成的核心零部件数字化车间，提升核心零部件质量。

（3）建设整机装配检测数字化车间：通过开展底盘悬架系统、传动系统、操纵系统等分装系统工艺研究，提升装配生产效率；开展零部件、系统和整机性能检测系统研究，实现产品制造全流程质量在线检测和控制；开展装配与检测工艺流程及车间布局建模，建设由底盘装配检测生产线、整机装配检测生产线、性能检测单元3条智能生产线组成的整机装配检测数字化车间，提升产品可靠性。

4）多源异构信息系统数据集成技术应用，实现全生命周期各环节的端到端集成，突破产业链信息流优化瓶颈

通过综合分析与研究异构数据集成体系结构、模式映射、模式冲突，集成内部各业务流程信息系统，贯穿研发、制造、销售、后市场全过程。同时，通过统一平台向上游供应链延伸，将信息系统与供应商信息系统进行对接，实现与上游供应链生产、物流、质量等信息的无缝对接。在集成多维度数据的同时优化业务流，实现产品全方位信息的综合管理与分析，促进产品全生命周期的全过程优化，同时拉动供应链在产品质量、制造、管理等方面迈上新台阶。

5）通过建设工厂网络架构，实施信息系统集成，打通数据链，实现全流程数字化管理

（1）工厂网络架构建设：一方面，升级网络设备，对在用网络核心引擎和接口板卡进行升级。另一方面，优化网络架构，核心层由"一主一备"工作模式升级为双工作模式并配置 VSS 三层虚拟化技术；汇聚层设备由分厂全部迁移至数据中心，统一管理，所有网关由核心层下放至汇聚层。此外，建设基于工业 PON 技术的新型工业以太网，实现生产设备的网络互联。

（2）依托 MES，向外拓展并整体涵盖产品设计研发与制造集成、生产管理、供销服务、质量管控四大方面，涵盖数字化三维产品设计、三维工艺设计、产品数据管理（PDM）、质量管理（QMS）、客户管理（CRM）等，形成一体化运作平台，实现了物流、资金流、信息流、工作流的四流合一及全价值链数字化管理。

6）基于工业控制系统信息安全标准，建设大数据管理中心，部署网络安全防护体系，提升数据稳定性和安全性

（1）依据国家 B 类机房标准，建设集数据存储、数据备份功能的高等级数据中心，实现体系化、标准化、规范化、流程化运维管理，从而保障数据中心安全、稳定、可靠运行。

（2）建设电子文件安全管理系统，实现图纸、技术文件、办公文档等按需加密，硬件端口可控，从而提高电子文档的安全性、保密性。

（3）综合应用桌面监控系统、企业级防病毒系统和上网行为管理系统等安全措施，提高信息系统的安全性。

5.2.3　实施成效

徐工重型智能工厂建成后，实现了生产效率、运营成本、研制周期、产品质量以及能源利用率等企业生产经营关键指标的大幅改善。考核指标及指标分解如表 1 所示。

表 1 考核指标及指标分解

序号	考核指标	实施成效	算法
1	装备联网率提高	>95.0%	SCADA 等控制层相连的装备台数/装备总台数
2	生产效率提升 38.3%	提升 50.7%	（实施前典型 S1 产品全工序总工时-实施后典型 S1 产品全工序总工时）/实施前典型 S1 产品全工序总工时×100%
3	运营成本降低 21.4%	降低 25.6%	（实施前典型 S1 产品制造运营成本-实施后典型 S1 产品制造运营成本）/实施前典型 S1 产品制造运营成本×100%
4	产品研制周期缩短 32.6%	缩短 40.5%	（实施前典型 S1 产品研制周期-实施后典型 S1 产品研制周期）/实施前典型 S1 产品研制周期×100%
5	不良品率	下降 23.3%	（实施前结构件一次交验不合格率-实施后结构件一次交验不合格率）/实施前结构件一次交验不合格率×100%
6	能源利用率提高	提升 12.8%	（实施前万元产值综合能耗-实施后万元产值综合能耗）/实施前万元产值综合能耗×100%

5.3 经验复制推广

在轮式起重机智能工厂建设过程中以及建设完成后，徐工重型在智能工厂顶层设计、信息系统实施及系统集成、智能生产线的建设或改造升级等方面都积累了大量的宝贵经验，创造了离散型制造企业实施智能制造的新模式。这种经验和模式在行业内主机生产企业、零部件配套企业、上下游产业链企业乃至行业外离散型机械制造企业都得到了很好的推广应用，部分自主研发的智能制造装备已经被行业内其他企业模仿和复制。

5.3.1 经验内部推广

1. 离散型智能工厂顶层设计规划示范

通过轮式起重机智能工厂建设，徐工重型探索形成了以智能装备和生产线为基础，以 MES 和 SCADA 系统建设为突破口，以核心信息系统集成为主线，以大数据应用为驱动，以打造产品高可靠性为目标的智能工厂模型，采取自上而下设计、自下而上集成的实施策略，为离散型智能工厂顶层设计规划提供了良好示范。该模式已成功推广至徐工集团内部的挖机、混凝土机械两家企业，助力这两家企业成功申报江苏省智能制造示范工厂。

2. 离散型制造企业实施信息系统集成示范

在智能工厂建设中，徐工重型采用工业互联网、工业云平台、工业大数据等新一代信息技术，对研发、生产、管理、服务等全流程的信息系统进行泛在连接和高度集成，创新应用了多源异构信息融合及系统间数据集成与交互等技术，为离散型制造企业实施信息系统集成提供了示范。目前推广到了徐工集团内部的挖机、混凝土机械、高空作业平台机械三家企业，正在进行系统集成项目实施。

5.3.2 经验外部推广

上下游产业链转型升级和协同发展示范。在智能工厂建设中，徐工重型同步研发了新一代智能化产品，包括轮式起重机新型断开式车桥，高端泵、阀、马达等液压元件，智能控制系统等核心零部件，并应用了国产 Q1100 超高强钢板等原材料，带动了上游供应商产业升级。同时，智能焊接机器人、重载智能物流装备等核心技术装备的应用，为国产装备提供了早期验证和推广应用的平台，带动了国产核心技术装备协同发展，目前已带动唐山开元、南京钢铁等产业链配套公司转型升级。

5.4 体会与建议

5.4.1 体会

1. 做好顶层设计是实施智能制造的前提保障

智能制造是一项系统工程，做好顶层设计是实施智能制造的前提保障。实施智能制造涉及的业务面广泛，包含了底层装备的自动化改造及生产线建设、设备的互联互通、生产及质量数据的采集、信息系统的实施应用、信息系统集成，以及业务协同、跨企业的供应链协同、大数据研究应用等。实施智能制造要从"研、产、供、销、服"企业经营的全价值链进行推进，各个环节环环相扣、紧密结合。实施智能制造需要产品技术、制造技术、信息技术多学科交叉融合、融会贯通，一支专业化的人才队伍是资源保障；以企业为主体，研究院所、高等院校和各类供应商参与合作的"产学研用"联合体组织是动力源泉。

2. 信息透明化、可视化和实时化是贯穿智能制造推进过程的灵魂

智能制造推进过程中，将沉淀在各项业务底层的数据和信息挖掘出来，包括产品生产过程信息、质量信息、能源消耗信息等，各类信息通过过滤和集成，应用信息系统可视化手段展现出来，做到信息流与业务流的同步、一致，随着信息透明度的提升，将发现各项业务潜藏的各类问题，取得意想不到的实施效果。

3. 业务数字化是推进智能制造的核心手段，业务协同是推进智能制造的关键举措

数字化是各个信息系统实施的关键，也只有数字化才能使业务透明化。数字化是系统集成、业务融合的基础，数字化程度越高，业务的集成度就越高，业务的协同性就越好，智能制造的实施效果也越明显。业务协同由低到高分为三个层级：单项业务内部的协同、跨业务的协同、跨产业链的协同。协同层级越高，实施难度越大，获得的效益也越大。

4. 分步实施、持续迭代是推进智能制造的正确路径

智能制造工程建设是一场持久战，实施智能制造绝不是一蹴而就的，统筹规划、分步实施、持续推进才能最终取得效果。在智能制造推进过程中，不同的阶段对各个业务的要求、相适应的信息系统、应采用的技术手段都是不同的，业务需要层层提升、逐步扩展，信息系统需要迭代更新，系统集成度需要不断加强，因此，打好持久战才能取得最终胜利。

5.4.2 建议

实施智能制造要做好顶层设计规划,抓住信息透明化的"牛鼻子",大力推进结构化、数字化,高度重视各层级业务协同化,持续推进实施。

(1)推进智能制造必须结合企业实际,实事求是、脚踏实地地进行。各企业的业务不同,存在的核心问题有差异,核心需求不同,实施基础不同,因此,实施智能制造必须从企业自身实际出发,有针对性地开展各项工作。

(2)推进智能制造必须持之以恒、循序渐进、步步提升,若是选择跳跃式发展将带来较高的实施风险。自动化、信息化、数字化和智能化是逐步递进的过程,同时也是相互促进的关系。一些企业大力推进自动化改造,但是设备不能互联互通、业务不能协同,则很难取得智能制造的实质性成效。

案例 6　安徽海螺集团有限责任公司

水泥生产全流程智能工厂

　　基于数据传感监测、信息交互集成及自适应控制等关键技术，安徽海螺集团有限责任公司创新应用了数字化矿山管理系统、专家自动操作系统、智能质量控制系统等，实现了水泥工厂运行自动化、管理可视化、故障预控化、全要素协同化和决策智慧化，形成了"以智能生产为核心""以运行维护做保障""以智慧管理促经营"的水泥生产智能制造模式，为传统产业的转型升级和高质量发展起到了良好的示范引领作用。

6.1 企业简介

6.1.1 企业基本情况

安徽海螺集团有限责任公司（以下简称"海螺集团"）组建于 1996 年，是国务院确定的 120 家大型试点企业集团之一，总部设在安徽省芜湖市。海螺集团拥有国家级企业技术中心，控股经营海螺水泥和海螺型材两家上市公司，下属 390 多家子公司，分布在 24 个省市自治区和 20 个境外国家和地区，经营产业涉及水泥制造、化学建材、节能环保新材料、国际贸易、工程建设、现代服务业等领域，营业收入和总资产双双跨过 2000 亿元大关，已连续 16 年进入中国企业 500 强排行榜。2020 年，海螺集团荣列中国企业 500 强第 92 位、中国制造业企业 500 强第 30 位、中国 100 大跨国公司第 96 位，并以 339.16 亿美元的营业收入荣列世界 500 强榜单第 367 位，排名较 2019 年提升 74 位。

水泥制造是集团的主导产业，下属的安徽海螺水泥股份有限公司（即海螺水泥），是水泥行业中的"A+H"股票市场上市公司（A 股：600585，H 股：00914），主要从事水泥、商品熟料、商砼及骨料的生产和销售。2020 年，熟料产能 2.62 亿吨、水泥产能 3.69 亿吨、骨料产能 5800 万吨，产业规模、销量和盈利能力均已进入世界前列，产品长期广泛应用于全球标志性工程，是世界先进的单一品牌供应商。2017 年被国际水泥评论杂志社（ICR）评为"世界水泥六强"第二位，2020 年名列《福布斯》"全球上市公司 2000 强"第 312 位，并获得了国际信用评级——标普 A、穆迪 A2、惠誉 A，在业内享有"世界水泥看中国，中国水泥看海螺"的美誉。

6.1.2 所属行业及特点

按照我国国民经济行业分类（GB/T 4754—2017）标准，海螺集团属于非金属矿物制品业大类（代码 30），水泥、石灰和石膏制造中类（代码 301），水泥制造小类（代码 3011）。

经过几十年的发展，我国水泥工业在全球水泥行业发展进程中经历了"跟跑一并跑一领跑"3 个阶段，目前无论是生产工艺，还是装备水平，总体上已处于世界领先地位，但水泥工业属于传统制造业，当前的发展模式还比较粗放，再加上我国水泥产能基数大、能耗高、资源利用率低、生产效率低、环境负荷重等问题仍未得到有效解决。随着我国经济高质量发展和生态文明建设的加速推进，加快传统产业转型升级，向信息化、智能化和绿色低碳化方向发展是大势所趋。

水泥制造属于典型的"流程行业"，具有流程行业所共有的特性，主要表现为生产过程的流程性、运行维护的保障性和运营管理的关联性。

（1）水泥生产过程的流程性表现为从石灰石开采、原燃材料进场到产品发运出厂，整个生产过程全部采取流程化、自动化、封闭作业，基本实现生产过程的无人化。因此，提高生产过程中资源利用、质量控制和生产控制的智能化水平是快速提高生产效率的有力手段。

（2）运行维护系统保障了工厂设备的稳定运行和物流通道的畅通，同时能源监控、安全管理和环保清洁生产都是水泥生产安全稳定运行的重要保障。

（3）水泥工厂的日常运营管理包含了生产调度、物资、能源、设备、质量、安全、环保、统计等环节和要素的生产全过程管理及水泥产品的营销物流管理。各系统数据的真实有效和互联互通，是智能化建设后有效提高管理效率的重要条件。

6.1.3　智能制造亮点及模式总结

海螺集团围绕水泥生产核心业务，利用自身在长期生产经营过程中积累的生产制造、设备运维和经营管理的深厚积累，基于移动通信网络、数据传感监测、信息交互集成及自适应控制等关键技术，创新应用了"数字化矿山管理系统、专家自动操作系统和智能质量控制系统"等涵盖水泥生产全过程的智能化控制及管理系统，实现了工厂运行自动化、管理可视化、故障预控化、全要素协同化和决策智慧化，形成了"以智能生产为核心、以运行维护做保障、以智慧管理促经营"的水泥生产智能制造模式。

1. 建设基于水泥制造知识库的智能生产平台

建立水泥制造全过程知识库，构建包含数字化矿山管理、专家自动操作和智能质量控制三大系统的智能生产平台，将工艺机理特性、装置运行数据和专家操作经验等深度融合，让积累的生产知识、管理经验软件化，实现知识传承，最终达到降低人员劳动强度、提高产品质量和降低资源能源消耗的目标。

2. 构建支撑保障水泥生产的智能运维体系

突出"稳产助优产、优产促节能、节能优环保"的生产理念，建设包含设备管理及辅助巡检、能源管理和安全环保三大系统的智能运维平台，实现原料磨、预热器、回转窑、篦冷机、水泥磨等核心装备及辅机设备的在线监管、重大故障提前预判，实现全厂能源消耗和安全环保的集中与区域管控，为智能生产平台提供高效、安全、节能、环保的运行环境。采用信息化手段减少高、偏、远等高安全风险区域人员介入强度，使人员作业轨迹可查询，人员、设备、环境安全隐患可预警，促进设备长周期、高效运行，有效降低生产经营风险。

3. 打造水泥生产销售的新模式

利用云计算、物联网、大数据等新一代信息技术，将水泥传统生产、销售模式与互联网融合，建设包含制造执行系统和营销物流管理系统的智慧管理平台，将生产原料消耗、能源消耗、备品备件消耗等生产数据与"供、销、财、物"等业务数据互联互通，打通了从市场到工厂、从需求到产销的水泥生产全流程的数据流、信息流，实现了水泥工厂订单处理、计划、生产、发运、销售、服务整个过程的信息化，有效优化了生产组织体系和销售服务流程，大幅提升了客户体验。

6.2 智能制造项目建设

6.2.1 项目背景

水泥行业的发展目前正处于转型升级的关键时期，信息化、自动化和智能化水平参差不齐，急需采用融合工艺机理的信息化、智能化技术，推动生产、管理和营销模式从局部、粗放向全流程、精细化和绿色低碳发展方向变革，解决资源、能源与环境的约束问题，提高生产制造水平和效能，实现水泥行业"降成本、补短板"和跨越式发展。将人工智能和信息网络等新一代信息技术与水泥制造技术融合，推动水泥工业生产、管理和营销模式的变革，已经成为我国水泥工业高质量转型发展的关键途径。

海螺集团作为水泥行业龙头企业，在水泥生产过程管控方面有着深厚的工业积淀，不仅拥有水泥工艺、电气自动化、机械装备和工业信息化等方面的专业技术人才队伍，而且建立了专业化的信息技术工程公司。30多年来，海螺集团对水泥自动控制、装备管理、工艺操作和供应链管理知识不断地进行总结和优化，并通过计算机应用软件进行固化和统一，形成了具有海螺特色的水泥生产知识库，促进了海螺集团水泥产业的高标准化和高速发展，同时也为海螺集团水泥智能工厂建设奠定了良好基础。

海螺集团以企业实际需求为导向，针对原料来源多、质量波动大、质量检测及时性和准确性不足、生产操作依赖人工经验、产品发运环节劳动强度大等痛点问题，深入分析行业生产管理现状，通过聚焦生产管控、设备管理、安全环保和营销物流等核心业务，建成了行业首个水泥生产全流程智能工厂示范项目，并快速推广应用，初步形成了水泥智能工厂集群。

6.2.2 实施路径

海螺集团深入分析行业未来发展趋势，以解决生产实际问题为目标，在水泥生产管理和自动化控制技术积累的基础上，采用自主研发与集成创新相结合的方式，以典型生产线为试点，由点到面逐步推广应用，持续迭代升级，不断提升智能工厂技术及应用水平。

1. 战略规划

海螺集团水泥智能工厂以提高生产线效率和管理效能为目标，综合运用移动通信网络、数据传感监测、信息交互集成和自适应控制等先进技术，打造以水泥制造为基础，向产业链上下游同步延伸，涵盖产品全生命周期的智能制造体系，总体战略规划见图1。

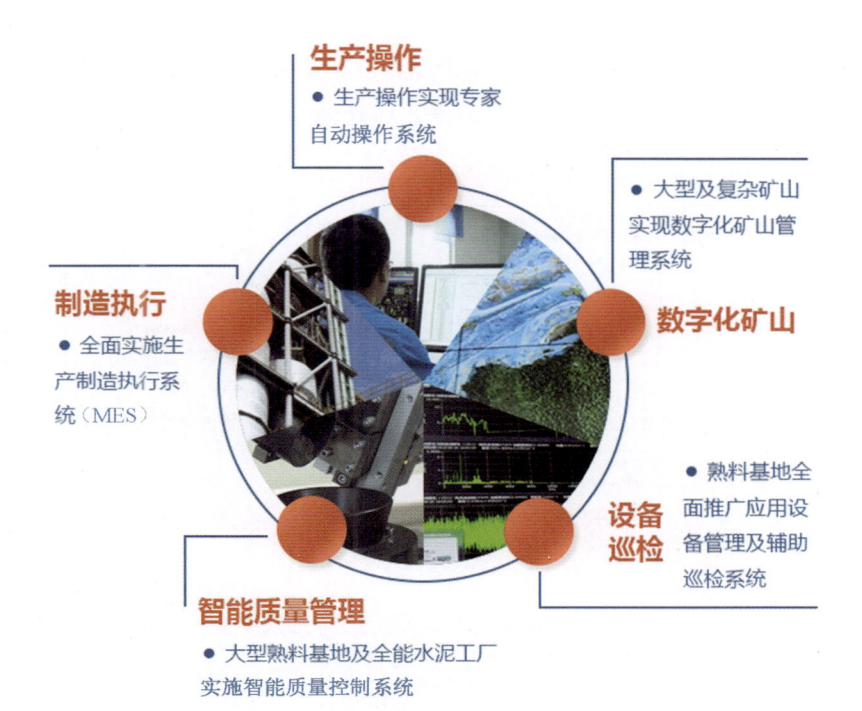

图 1　海螺集团水泥智能工厂战略规划

（1）生产操作实现专家自动操作系统全覆盖。

（2）大型矿山及复杂矿山实现数字化矿山管理系统全应用。

（3）熟料基地实现设备管理及辅助巡检系统全面推广应用。

（4）大型熟料基地全面实施智能质量控制系统。

（5）所有生产线全面实施生产制造执行系统（MES）。

（6）建设具有海螺特色的工业互联网平台，打造"海螺工业大脑"，实现"设备—生产线—工厂—区域—集团"五级智能制造协同体系。

在此基础上，逐步建成国内智能化覆盖率领先的水泥工厂、世界单体产能领先的水泥智能工厂、国内水泥行业智能工厂集群、水泥智能制造和商业运营产业链。

2. 总体规划

海螺集团水泥智能工厂包含智能生产、智能运维和智慧管理三大平台（见图 2），具体包括数字化矿山管理系统、专家自动操作系统和智能质量控制系统等 8 个涵盖水泥生产全过程的智能化控制及管理系统。海螺集团水泥智能工厂的整体架构如图 3 所示。

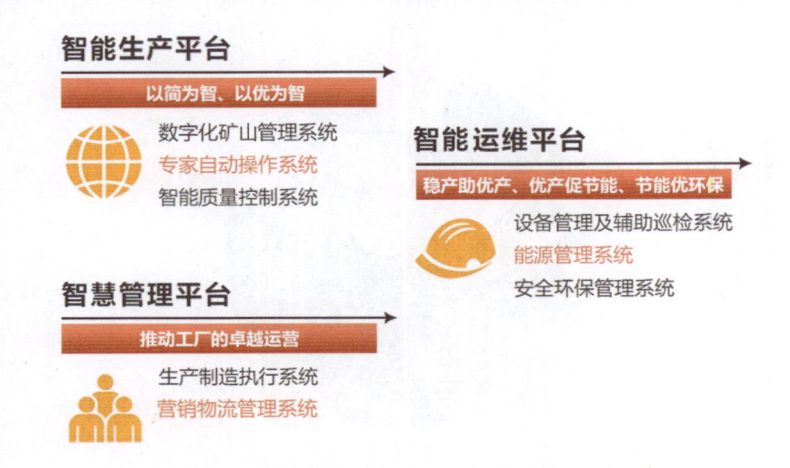

图 2　海螺集团水泥智能工厂三大平台

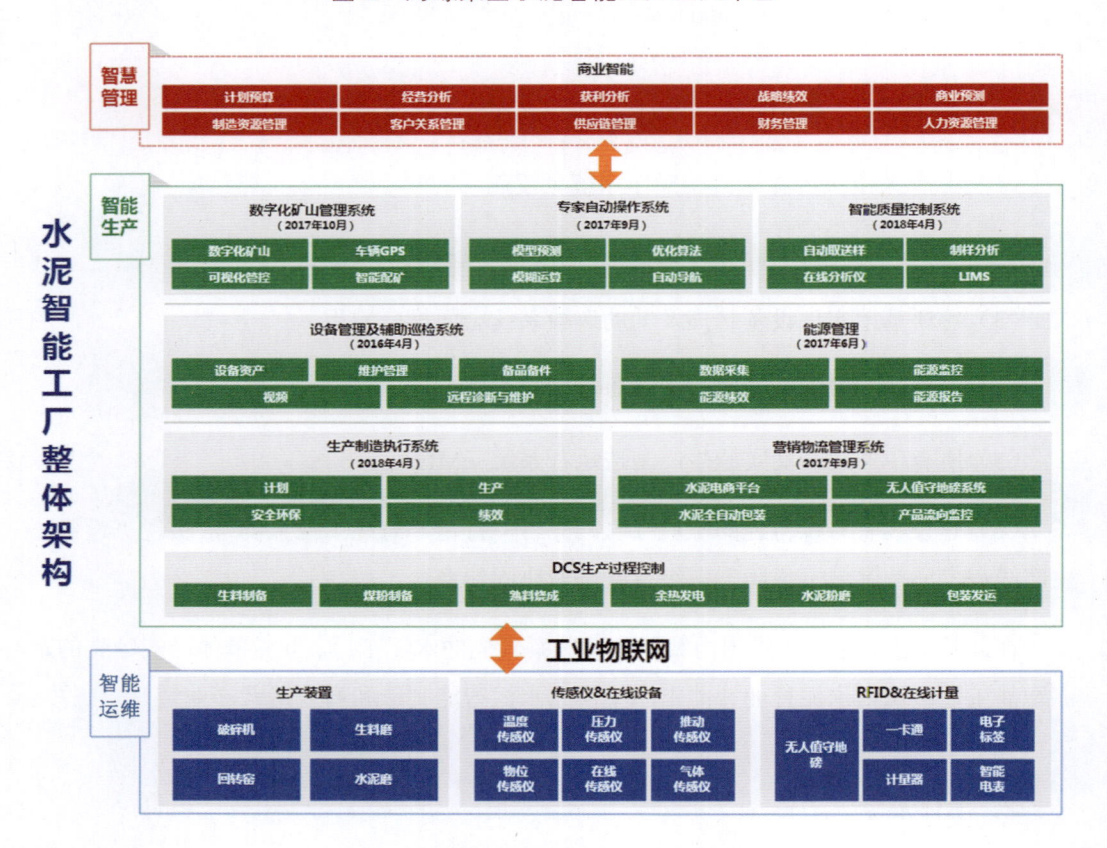

图 3　海螺集团水泥智能工厂整体架构

3. 实施内容

1) 基于智能生产平台，实现"一键输入、全程智控"的生产模式

智能生产平台包括数字化矿山管理系统、智能质量控制系统和专家自动操作系统等 8 个子系统。智能生产平台功能示意如图 4 所示。

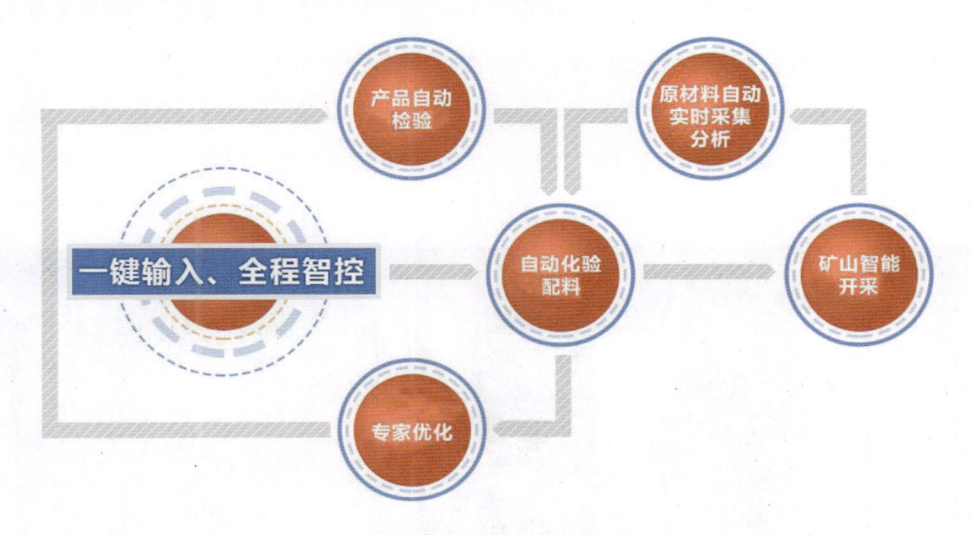

图 4　智能生产平台功能示意

水泥智能生产平台在行业率先实现"一键输入、全程智控"的生产模式，只需在智能质量控制系统中输入熟料或水泥的质量"预控"目标，该系统自动根据原燃材料信息完成生产配料，并向数字化矿山管理系统下达开采和配矿指令。专家自动操作系统按照配料参数和品质要求在节能稳产模式下自动引导生产。进入智能生产闭环后，开采的矿石品位和终端产品的质量数据则又会由专家自动操作系统自动实时采集分析，用以不断优化生产方案，使产品品质、能源消耗等控制目标不断逼近预设的最优参数，最终实现降低人员劳动强度、提高产品生产品质和降低资源能源消耗的运营目标。

（1）数字化矿山管理系统

数字化矿山管理系统涵盖了矿山三维模型、中长期采矿计划、爆破管理、取样化验、采矿日计划、精细化配矿、GPS 车辆调度、卡车装载量监控、混矿品位在线分析、配矿自动调整、生产管理、司机考核等矿山管理的各领域，实现三维采矿的智能设计、配矿质量在线分析、矿车调度优化管理、矿山生产立体化管控，解决水泥企业在矿山生产方面存在的配矿、监督和管理不足的问题，提高矿山生产效率、资源利用率和安全保障水平。

(2) 智能质量控制系统

进厂原煤、入堆场石灰石等大宗原燃材料采用在线式跨带中子活化分析仪进行实时检测，并建立堆场质量数据三维模型。生料、熟料、水泥等经全自动取样器取样，由炮弹输送系统送至中央实验室，通过自动制样机械手（见图5）、粉磨压片一体机等全自动制样设备进行制样，并由中子活化在线分析仪、激光粒度仪、X荧光分析仪及XRD衍射仪等检测分析设备进行自动检测。结合海螺集团多年来的生产控制经验，开发了自动配料软件系统，形成了集自动采样、样品传输、在线检验、自动化验和智能配料一体化的管理平台，实现对原料、燃料、熟料和水泥等各类物料的全程自动取样、化验分析和配料调控。

图5 自动制样机械手

(3) 专家自动操作系统

利用世界先进的实时智能专家系统开发平台，针对水泥生产过程中长滞后、多变量、难检测和多扰动的特点，总结梳理近万条水泥矿山开采、工艺控制、生产操作、质量管理等相关技术知识和管理经验，建立海螺集团水泥生产知识库，并将大数据分析、人工智能技术与海螺工匠实操经验完美结合，搭建最符合水泥生产的专家自动操作系统（其中央控制室见图6）。

专家自动操作系统以MPC（模型预测控制）、规则控制、模糊逻辑控制等先进的控制理论为基础,将海螺集团水泥工艺控制思想进行标准化、软件化,并与DCS(分散控制系统)、数字化矿山管理系统和智能质量控制系统无缝集成、协调共进,实现水泥生产线的智能化操作控制,摆脱人为操作的波动性,使生产线始终以最佳参数自动完成熟料、水泥的连续稳定生产。

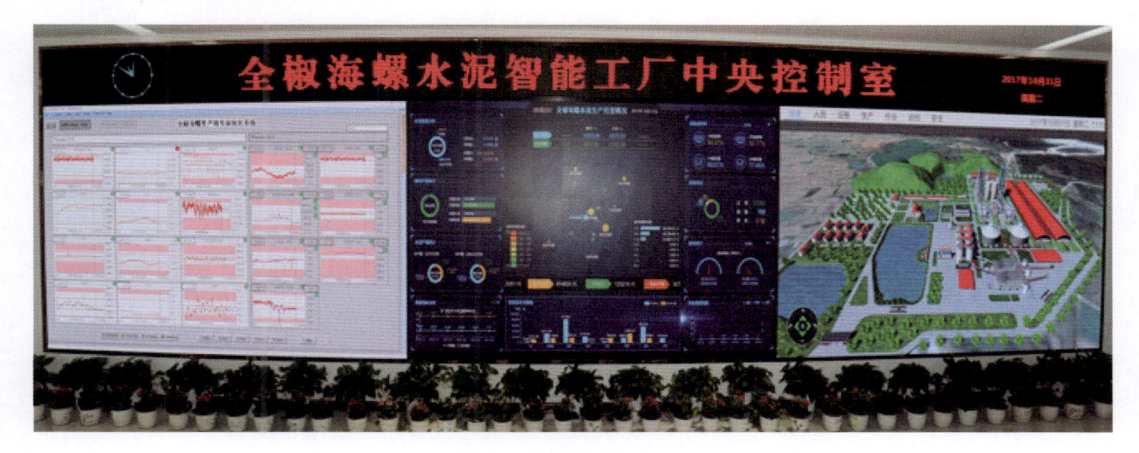

图6 中央控制室

2)基于智能运维平台,实现能耗精细化管理、设备预测性维护

智能运维平台主要为智能生产平台提供高效、安全、节能、环保的运行环境,包括设备管理及辅助巡检、能源管理和安全环保管理三大系统,具有"稳产助优产、优产促节能、节能优环保"的特点。

(1)设备管理及辅助巡检系统

利用现代化网络和通信技术,通过温度压力传感器、振动检测器、高清视频摄像仪和移动巡检设备等先进仪器,实现对原料立磨减速机、回转窑主电机、高温风机等设备运行、保养、检修和故障诊断的管理,并通过PC端与手机App数据交互,达到"降低劳动强度、信息实时共享、提高管理效率"的目标;将重大设备故障自检测、主要设备实时在线监测、点巡检移动物联网化、三维仿真全息管理四大功能全面融合,实现设备在线监管、重大故障提前预判。

(2)能源管理系统

水泥行业是能源消耗大户,能源消耗占水泥生产总成本的50%以上,节能减排对水泥行业可持续发展具有重要意义。通过能源管理系统,可实现对水泥生产过程的用煤、用电、用油等能源消耗数据的在线收集、实时传输，结合各工序产量、设备开停状态等生产过程数据，实现各工序电耗的统计、分析，吨石灰石、吨熟料、吨水泥能耗对标分析，以及能源指标数据的横向比较等功能，有效提升水泥工厂能源管理水平，从而使水泥企业的能源管理由传统方式、常规方式，向可视化、数字化、网络化、智能化转变，达到节约用煤、减少用电的效果。

（3）安全环保管理系统

安全生产和环境保护既是人们生命健康的保障，也是企业生存与发展的基础，更是社会稳定和经济发展的前提。海螺集团安全环保管理系统，从企业领导决策者、安全环保管理者、安全环保参与者等多角度出发，围绕"事前、事中、事后"三条业务主线，利用人工智能视频分析、GPS 定位等信息化技术手段，为企业建立"日常监管、提前预警、事中救援、事后提高"的包含安全环保管理全过程的业务系统，实现危险区域作业风险智能监控、污染物排放指标预测预警、人员轨迹跟踪，以及安全风险分析警示、安全培训、应急演练、事故处置等功能，大幅提升企业安全环保管理水平。

3) 基于智慧管理平台，实现企业经营决策数字化

智慧管理平台包含生产制造执行系统和营销物流管理系统，在系统整合智能生产平台和智能运维平台数据的基础上，推动工厂的卓越运营。

（1）生产制造执行系统

水泥制造是典型的流程化生产，在生产过程中，各工序的生产调度、生产部门间的组织协调、销售部门的发运组织、各职能部门的职能管理，乃至企业级的整体运营决策等行为，都需要及时、有效的数据支撑。通过生产制造执行系统的实施，打通智能工厂各系统间数据壁垒，实现各大工业智能系统的互联互通、全面融合，建成以产品生产为主线，贯穿生产调度、物资、能源、设备、质量、安全环保、统计等生产全过程管理环节，支撑生产管理业务全面信息化，提高生产效率，降低生产成本，使企业始终以最经济、优化的方式生产。生产制造执行系统架构如图 7 所示。

（2）营销物流管理系统

传统的水泥工厂都设有销售大厅，车辆排队签单、开票，工作既耗时又烦琐。通过"互联网+物联网"技术的应用，建设包含水泥电商平台、物流通道无人值守子系统、水泥全自动包装子系统、产品流向监控子系统的营销物流管理系统。将互联网销售、工厂智能发运和水泥运输在线监管全面融合，实现工厂订单处理、产品发运、货物流向监控等业务流程无人化和数据应用智能化，提升服务质量与效率、互动参与度以及便捷性，为客户提供更为方便、快捷的服务，实现水泥传统营销、管理模式的创新和升级。

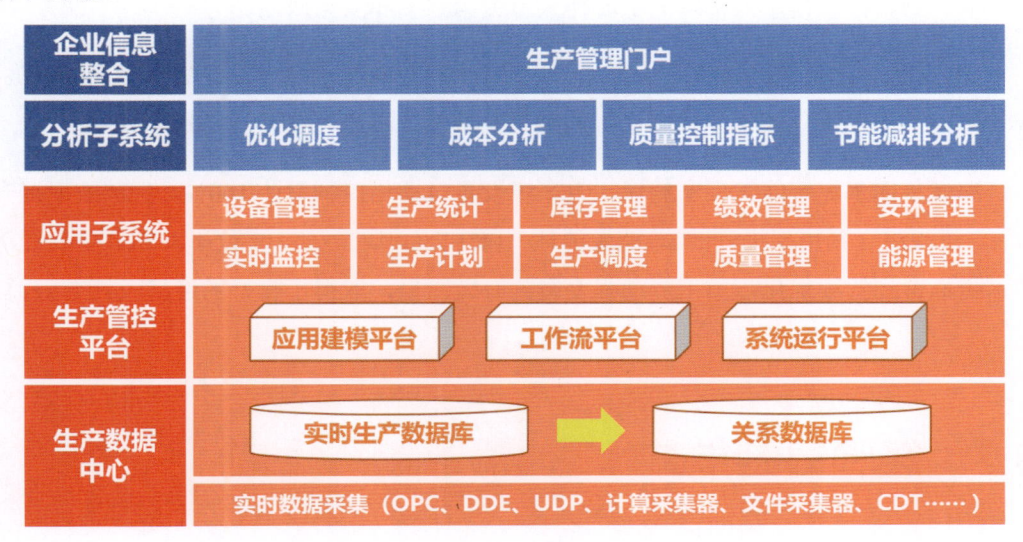

图 7　生产制造执行系统架构

6.2.3　实施成效

海螺集团水泥智能工厂充分融合了生产工艺特征和自身多年在生产过程管控方面深厚的积淀，实现了数据的大平台、大交换、大融合，真正建成了生产工序操作全自动、过程分析全数据的智能化工厂。以 2 条标准的 5000t/d 生产线进行该智能工厂综合效能考核评测，系统运行效果如下：

（1）数字化矿山管理系统通过对矿体三维地质建模、采剥编制、计算机优化，集成在线质量分析与检测仪等设备，实现了自动化配矿和车辆智能调度，每月可多搭配低品位矿石 2 万吨，柴油消耗同比下降 7%，轮胎消耗同比下降 36%。

（2）专家自动操作系统通过"小幅多频"自动优化控制代替人工操作，使原料磨、回转窑、煤磨、水泥磨、余热发电机组等水泥生产主机设备始终逼近最佳状态运行，实现标准煤耗下降 1.17kg/t，操作员劳动强度降低 90%，综合在线率达到 98%以上，产品稳定性显著提升。

（3）智能质量控制系统投运后，入堆石灰石 CaO 堆平均合格率提升 7.2%，熟料 f-CaO 合格率提升 3.7%，熟料 28 天强度提升 1.1MPa。取消矿山化验及部分过程样品的人工取、制、检工作，大幅降低了取样人员劳动强度和安全风险。

（4）设备管理及辅助巡检系统投运行以后，水泥烧成系统机电设备故障率下降 70%，现场巡检工作量下降 40%，设备运行周期延长 37%，专业用工优化 20%以上。

海螺集团水泥智能工厂实施后，生产线设备自动化控制率达 100%，生产效率提升 21%，资源综合利用率提升 5%，能源消耗下降 1.2%，质量稳定性提升 3.7%，主要经济技术指标得到持续优化，员工劳动强度得到有效减轻，取得了良好的经济及社会效益。

6.3　经验复制推广

海螺集团水泥智能工厂在推广过程中，按照"整体规划，分批实施，逐步推进"的原则，分阶段逐系统推广应用。由各子公司根据自身实际情况提出智能化技术应用需求，各专业技术委员会组织进行评估论证，最终决定各子公司实施的系统或平台。在此基础上，海螺集团根据各子公司实际生产情况和整体战略规划，制定年度智能工厂推广目标，并列入年度经营计划予以执行。

海螺集团水泥智能工厂试点成功以来，在集团内部快速启动了推广应用工作。截至 2020 年年底，数字化矿山管理系统已在安徽芜湖、广东英德和贵州贵定等地的 11 家公司建成投用；专家自动操作系统已在安徽池州、江西弋阳、山东济宁、湖南益阳、云南文山等地的 25 家公司建成投用；智能质量控制系统已在安徽池州、铜陵、枞阳、芜湖等地的 5 家千万吨级特大型熟料基地开始建设实施；营销物流管理系统已于 2018 年底实现海螺集团所有水泥公司全覆盖。经初步测算，预计智能工厂在海螺集团全面推广完成后，每年可节约标准煤近 28 万吨、降低柴油消耗约 3500 吨、减排 CO_2 约 100 万吨，各类资源消耗降低及劳动生产率提升带来的经济效益逾 10 亿元/年，对水泥制造等传统行业的转型升级具有较好的借鉴意义。

6.4 体会与建议

6.4.1 体会

1. 以企业需求为导向，加强企业需求与智能化技术的有效融合

水泥行业的智能制造目前基本处于起步阶段，智能制造供应商掌握技术，但不熟悉行业业务流程和企业需求；行业用户理解需求，但难以找到合适的智能制造解决方案和成熟产品。因此需要具有水泥行业丰富技术经验的供应商与用户进行有效沟通，使企业需求与智能化技术有效融合。

2. 智能化建设永远在路上，需要持续的创新和技术迭代

海螺集团水泥智能工厂取得了较好的经济和社会效益，随着应用场景的不断丰富和现场应用条件的变化，对智能工厂各系统的适应性提出了新的挑战，需要运用新技术对智能工厂各系统进行持续不断的创新和技术升级迭代。海螺集团对矿山开采无人驾驶和 5G 技术在水泥生产中的应用场景研究进行了探索，综合运用大数据分析、人工智能和 5G 技术，持续开展智能工厂技术优化和新技术应用研究，不断提升智能化技术水平。

3. 智能化成效建立在生产线稳定运行的基础上，需要在技术升级和管理变革方面进行持续性投入

水泥行业属于传统流程化作业行业，近 20 年得到了快速发展，关键环节基本实现了自动化控制，但与智能制造的要求相比，在设备信息采集、智能化程度等方面还有较大差距。目前，水泥工厂设备智能化改造资金投入较大，部分改造还需要生产线停机方可进行，对生产线的运行影响较大，一定程度上影响了智能制造项目的推广，需加强对智能制造的认识和管理力度。此外，智能制造系统的顺利实施和长期稳定运行，更需要持续的技术升级和与之相匹配的管理架构、管理流程再造,这些都需要企业进行人力、物力和财力的持续投入。

6.4.2 建议

随着新技术、新装备的应用,水泥行业结构调整、转型升级、强化"两化"深度融合、向智能化迈进已势在必行。未来的水泥企业集团将会由单一生产水泥、熟料的制造型工厂,升级为涵盖上下游产品的多业态水泥产业集群,对资源综合利用率、生产效率和成本管控方面的要求进一步提高,水泥生产智能化将是解决企业痛点问题的重要途径。

(1)整个水泥行业的智能制造目前仍处于起步阶段,下一步应继续以水泥生产实际需求和痛点问题为导向,加强技术研发和集成创新,在自动寻优、跨系统协同、机器人应用、5G 及人工智能等方面持续开展智能制造系统升级迭代,并借鉴离散型行业智能制造技术及经验,扩大智能制造应用范围,提升水泥行业智能制造技术水平。

(2)水泥智能工厂是建立在工厂稳定运行基础上更高层次的提升和优化,在实施智能工厂建设之前,应持续加大在工艺、装备及信息系统等方面的投入,进一步提升物料输送、设备监控、DCS(分布式控制系统)、基础网络等方面的稳定性和可靠性,为智能工厂的稳定高效运行提供基础条件。

(3)鼓励企业在现有的水泥智能工厂体系基础上,结合人工智能、大数据、5G、人工智能等新一代信息技术的前沿科研成果,开展水泥智能工厂迭代升级等技术的攻关研发,提高水泥行业整体智能化水平,推动传统制造向数字制造、智能制造转型升级。

(4)高度重视水泥生产企业智能化核心技术和基础软件平台的开发,进一步加强对自主知识产权工业基础软件和智能装备的研发和支持力度,切实解决部分底层基础软件平台和智能装备系统的制约问题,对全面提升我国水泥工业智能制造自主化水平有重大现实意义。

总体来看,水泥智能制造技术本质上是 IT(信息技术)和 OT(运行技术)的融合,关键是要立足于企业的实际需求,利用最新和最适用的信息技术赋能企业的生产和管理,提升企业生产和管理效益。作为水泥生产企业在开展智能制造系统建设时,不能够完全依赖系统解决方案供应商或者照搬照抄其他企业方案,必须要从自身的实际需求出发,并全程参与其中,切实解决影响智能制造系统运行的设备、流程和管理问题,以便于充分发挥智能制造系统的效能。

案例 7　鞍钢集团矿业有限公司

矿业智慧生产平台建设

通过管理创新与技术创新，以智能服务为核心理念，结合信息技术、自动化技术、现代管理技术与制造技术，构建面向企业的网络化协同智能制造系统平台，实现企业间的协同和各个环节资源的共享，提高生产效率、产品质量和企业的创新能力。利用传感技术与通信技术，实现制造数据实时采集与快速传输并及时进行分析处理从而反馈矿山生产状态。利用互联网、大数据和多种集成技术对各生产环节进行分布式并行管控。打破时间、空间的约束，将供应链内及跨供应链间的采选生产、设备运行维护、生产管理等各环节紧密连接，实现资源的最充分利用，提高效率，从而得到更高的经济效益，实现更多增值服务。

7.1 企业简介

7.1.1 企业基本情况

鞍钢集团矿业有限公司（以下简称"鞍钢矿业"）是我国冶金矿山龙头企业，具有百年开采历史；是亚洲最大、全球第八的铁矿企业，中国冶金矿山企业协会的会长单位；是集勘探、采矿、选矿、民爆工程、矿山设备制造、资源综合利用、贸易、工艺研发设计、矿业工程为一体，具有完整产业链的特大型矿业公司，国内唯一的亿吨级铁矿山企业。鞍钢矿业拥有一流的贫赤铁矿选矿技术，其自主研发的贫赤铁矿选矿技术，解决了我国贫赤铁矿无法大规模工业利用的瓶颈性问题，连续两次荣获国家科技进步二等奖，并广泛应用于国内多个选矿厂生产与设计之中，在行业"提铁降硅杂"方面引发震动。依托具有知识产权的选矿技术，鞍钢矿业经过自主创新、集成创新，先后实施一大批重大技术改造工程，使其工艺装备达到世界领先水平，实现了从传统的资源开发生产型矿山企业，向矿产品深加工和高附加值、高科技含量型矿山企业的跨越。选矿工艺装备居国际领先水平，选矿生产能力居我国冶金矿山企业领先地位。

7.1.2 所属行业及特点

根据国民经济行业分类（GB/T 4754—2017）标准，鞍钢矿业属于采矿业大类（代码08），黑色金属矿采选业中类（代码081），铁矿采选小类（代码0810）。

我国铁矿石的主要特点是"贫、细、杂"，平均铁品位低，采选难度大，提高生产效率、节能降耗任务繁重，存在很多生产与管理上的复杂难题，包括原料不确定性强、设备专用性强、作业环境恶劣、产品质量易受外界干扰等影响企业效益的制约因素。冶金矿山企业面临较大的生存和发展压力，转型升级迫在眉睫。

7.1.3 智能制造亮点及模式总结

鞍钢矿业的智能制造建设以"创新驱动"为引领,结合制造强国战略规范标准,遵循"互联网+"思维主线,在满足集团化管控、多元化发展、可持续发展等战略需求基础上,基于矿冶工程理论,运用云计算、大数据、物联网、移动通信技术、智能控制等新一代信息技术,在数字化、无人化基础上,以智能感知与智能认知为核心,建立多层级工业大脑,重点开展智慧生产、智慧管理、智慧服务三部分建设,为企业资源评估、矿山规划、安全生产、优化调度、监控检测和决策管理等各种需求快速做出智能响应,实现矿山智慧化管理和运行。

1. 基于"五品联动"的集团化采选生产智慧管控技术

依据公司"五品联动"创新管理理论,以系统效益最大化为目标,将勘察、采矿、配矿、选矿、冶炼统筹集成大系统,统筹考虑地质品位、采出品位、入选品位、精矿品位、入炉品位,在单系统优化基础上,进行全系统联动优化。"五品联动"矿冶管理模式架构如图1所示。在完善破碎、磨矿、选别、筛分、过滤、烧结、球团等各工艺环节已有调度、控制与信息系统的基础上,研发生产过程动态优化智能调度算法,实现融合智能操作与智能控制的采选全过程智慧控制。突破各个工艺环节"各自为政、单体最优"的本位化管理模式,研发"五品联动"优化模型,建立采、选、烧、球工序成本模型、生产线边际成本模型、生产线能力模型、物流成本模型,实现产量最大、成本

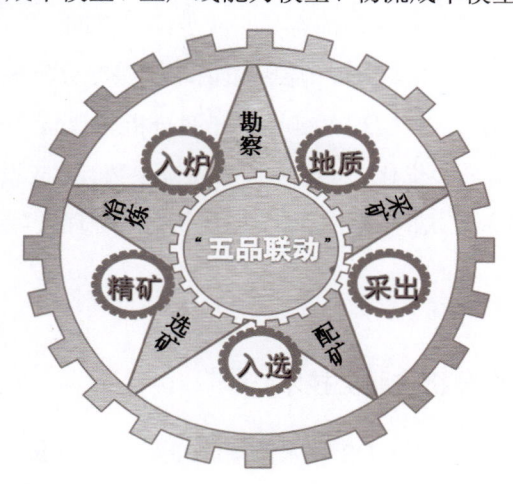

图1 "五品联动"矿冶管理模式架构

最优等多约束优化排程；研发质量计量机器学习系统，对全流程的质量计量数据进行跟踪，对全公司的原材料燃料、产成品实现全过程的质量监控和预警。通过数字化、智能化手段挖掘生产潜力，合理匹配生产环节的控制需求，实现整体生产综合效益最大化。

2. 矿山采选物流精准时空跟踪技术

整合牙轮钻穿孔定位、GPS 智能调度模型、油耗管控指标等系统数据，基于矿石物料基因时空模型，实现穿孔、爆破、铲装、运输、破碎等生产环节的全程时空状态监控，建立采矿前馈物料跟踪模型，实现矿石爆破、产装运卸生产过程控制与管理。依托管控一体化平台、调度集中控制监控系统，建立选矿前馈与反馈结合的矿石物料跟踪模型，实现流程过程、工艺参数优化。通过选、烧、球生产全过程智能控制，实现生产过程、工艺参数及配料优化管控。矿石物料跟踪技术融合了深度学习图像处理技术、选矿过程强化智能技术、嵌入式边缘计算技术、位置服务技术等智能技术，形成了基于矿石物料基因的矿石物料跟踪技术，实现矿石物料的时空状态实时跟踪，支撑生产过程产品物流的经济运行，降低生产成本，实现精益化管理。

3. 采选主体设备智能健康管理技术

建立 EAM 设备资产管理平台，利用数据实时采集技术获取设备运行状态参数，自动生成设备预知检修计划，实现设备检修工单自动生成，并输出检修计划时间和工单所需备件的采购周期，优化采购计划与库存量，减少停机时间，保障生产作业率。基于设备预警和实时监控数据，建立故障库和原因知识库，深度分析挖掘设备实际作业效率、处理能力，优化设备使用方式，实现关键设备在线分析与智慧监控，从而实现设备单体效率最大化、设备整体消耗最优化。根据设备的关键参数，形成设备的 OEE 统计报表、设备绩效分析报表和设备模块的使用寿命及运行状态，合理调配、储备设备模块，实现设备智能化管控。

4. 采选工业大数据分析与服务技术

建立企业级数据仓库，采用 ODS 技术，基于 PSA 模型抽取不同数据源、异构数据，利用 DSO 模型融合多源异构数据，实现企业内部生产数据、管理数据，上下游合作伙伴数据及互联网操作数据海量存储及管控。获取生产线产量、消耗数据、费用实际发生数据、预算数据等，通过数据应用多维度分析挖掘，利用数据分析模型和算法实时监测分析成本变动，分析成本影响因素，形成基于数据的智能决策，提升企业核心竞争力。完成矿山生产实时数据采集与已有数据资源的集成，形成数据服务共性技术，构建工业互联网数据存储与管理服务平台。

7.2 智能制造项目建设

7.2.1 项目背景

随着钢铁冶金工业快速发展，铁矿资源作为我国最为重要的战略资源之一，需求量逐年增加。冶金矿山企业担负着提高国内铁矿资源保障程度，建立铁矿资源战略保障体系的重任。鞍钢矿业创新性地使用新一代信息技术，深度融合矿山生产物理系统与信息技术系统，在冶金矿山行业运用物联网技术、云计算技术、大数据技术、工业系统智能管理与智能控制技术，基于 2C2B2P 的理念，升级鞍钢矿业现有工业互联网平台，打造冶金矿山行业级的工业互联网服务平台。服务对象不仅包含鞍钢矿业及国内同行业企业，还包含上下游企业。通过推动互联网与智能制造相融合，提升冶金矿山企业数字化、网络化、智能化水平，加强产业链协作，发展基于互联网的协同智能制造新模式。在推进工业互联网生产、网络化协同制造和服务型制造的同时，打造工业互联网生产、设备、能源管控等网络化协同生产制造公共服务平台，形成冶金矿山行业网络化产业生态体系。

本项目通过管理创新与技术创新，以智能服务为核心理念，通过信息技术、自动化技术、现代管理技术与制造技术的结合，构建面向企业的网络化协同智能制造系统平台，实现企业间的协同和各个环节资源的共享，提高生产效率、产品质量和企业的创新能力。智能生产、智能运维、智慧生产三大平台充分利用传感技术与通信技术，实现制造数据实时采集与快速传输并及时进行分析处理，从而反馈矿山生产状态；利用互联网、大数据和各种集成技术对各生产环节进行分布式并行管控；打破时间、空间的约束，将供应链内及跨供应链间的采选生产、设备运行维护、生产管理等各环节紧密连接，实现资源的最充分利用，提高效率，从而得到更高的经济效益，实现更多增值服务。

7.2.2　实施路径

鞍钢矿业的信息化发展可总结为三个阶段：2000—2007 年，信息化基础建设阶段；2007—2012 年，数字矿山建设阶段；2013 年，智慧矿山的建设工作正式开启。

鞍钢矿业自 2000 年起开始了普遍意义上的现代化建设，2007 年全面开始了数字矿山的建设工作，并制定了《鞍钢集团矿业公司数字化发展规划》。2013 年，鞍钢矿业的信息化建设取得阶段性成果，建成了较为完善的 IT 基础设施，在劳动要素、生产执行、资源配置、运营与决策等方面实现了企业生产信息化与工业化的初步融合。无论是从信息化对管理升级的支撑作用，还是从职工对信息化的理解上都有了巨大的变化。鞍钢矿业管理系统（AMS）数字矿山架构如图 2 所示。

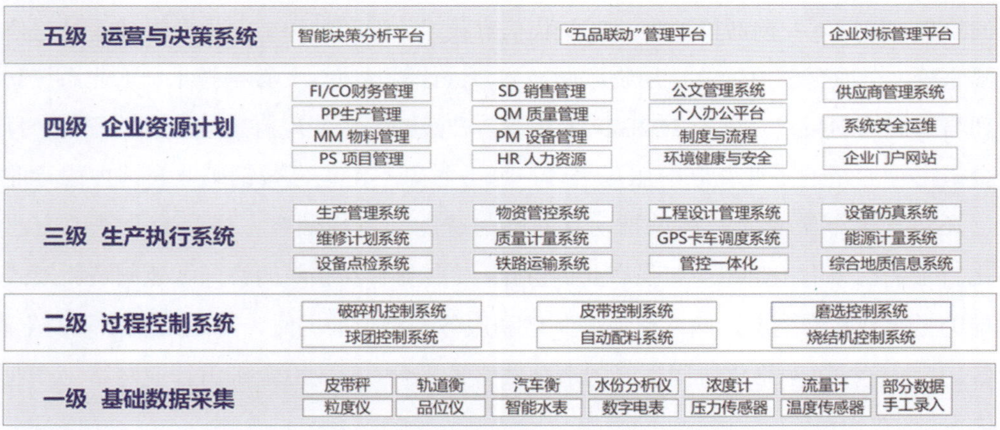

五级 运营与决策系统	智能决策分析平台	"五品联动"管理平台	企业对标管理平台
四级 企业资源计划	FI/CO 财务管理 PP 生产管理 MM 物料管理 PS 项目管理	SD 销售管理 QM 质量管理 PM 设备管理 HR 人力资源	公文管理系统 个人办公平台 制度与流程 环境健康与安全	供应商管理系统 系统安全运维 企业门户网站
三级 生产执行系统	生产管理系统 维修计划系统 设备点检系统	物资管控系统 质量计量系统 铁路运输系统	工程设计管理系统 GPS 卡车调度系统 管控一体化	设备仿真系统 能源计量系统 综合地质信息系统
二级 过程控制系统	破碎机控制系统 球团控制系统	皮带控制系统 自动配料系统	磨选控制系统 烧结机控制系统
一级 基础数据采集	皮带秤　轨道衡　汽车衡　水份分析仪　浓度计　流量计 粒度仪　品位仪　智能水表　数字电表　压力传感器　温度传感器	部分数据 手工录入

图 2　鞍钢矿业管理系统（AMS）数字矿山架构

2013 年，鞍钢矿业在已有的"数字化矿山"建设成果的基础上，响应国家两化深度融合战略要求，以"五品联动"矿冶系统工程理论为指导，以落实和支撑企业发展战略为首任，结合物联网、云计算、大数据等新一代信息技术的研究探索成果，进一步提出了"智慧化矿山"建设规划。即在已有工业自动化、信息化的基础上，通过物联网技术、大数据技术、智能管理与智能控制技术等先进信息技术与矿山生产过程的深度融合，实现矿山生产管理的智能化、智慧化。自 2015 年起，鞍钢矿业先后成立了"智慧矿山协同创新中心""冶金矿山智能制造工程技术研究中心""智能工业数据解析与优化协同创新中心"等机构，通过"产学研用"模式开展矿山智能化建设研究与应用实践，制定矿山行业标准，推广成熟方案，从而引领行业发展方向，力争通过智能制造的实施，变生产型企业为经营型企业，提升铁矿山企业的核心竞争力，达到信息技术改造传统产业的目标，从而为企业及社会带来巨大的社会效益和经济效益。

鞍钢矿业智慧矿山的核心目标：在智能工厂层面，通过生产线的智能化改造，实现设备装备水平的提升。通过控制模型的优化，实现更为透彻的感知、更为智慧的决策、更为快速的响应。在智能生产层面，通过数据的积累，形成优化控制模型，打造智慧生产管控平台动态调控生产组织模式，实现生产线间的整体联动，从而优化生产组织。在智能管理层面，通过知识积累，形成知识库，在保证业务规范、高效、协同的基础上，实现生产经营过程智慧决策，从而保证整体效益最大化。在智能服务层面，通过智能服务平台，运用资源共享理念，实现企业价值最大化。在智能运维层面，通过信息管理的标准化，保证信息安全与智能设备的可靠运行。鞍钢矿业智慧矿山架构如图 3 所示。

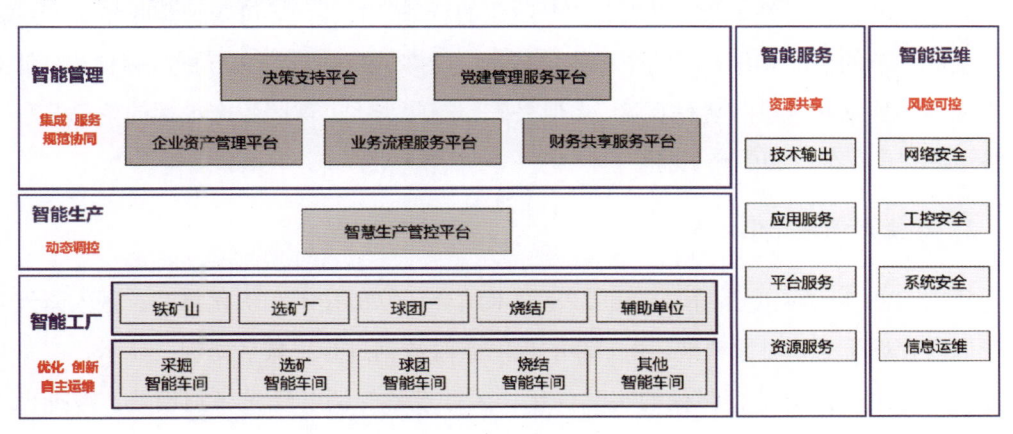

图 3　鞍钢矿业智慧矿山架构

1. 开创矿业智能生产新模式

鞍钢矿业为实现从采场矿石出矿到成品输出全过程的智能管控，深入运用"五品联动"模式，在保证安全的基础上，达到准时化生产的目标，开创矿业智能生产新模式，将先进的信息技术与矿山工程、管理理念、管理方式和管理手段紧密结合起来，实现计划、生产、运输物流、库存全过程的信息化管理。鞍钢矿业智能生产平台建设结构如图 4 所示。

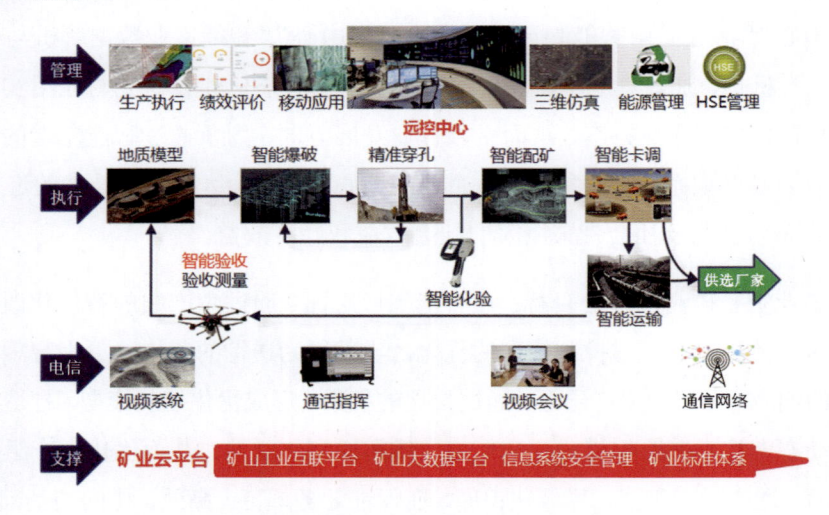

图 4　鞍钢矿业智能生产平台建设结构

1）在生产排程优化方面

通过生产执行系统（MES）和多个专业化的智能管控系统，可管理和收集生产过程中各生产环节的生产实绩，跟踪记录物流过程，能够清晰地查询和分析库存信息，针对生产现场的异常状况进行优化调度，实现采矿、选矿、烧结、球团生产过程的信息共享，最终达到"0 库存"的生产目标。

2）在生产调度优化方面

建立 GPS 智能调度系统，采用 GPS 技术结合计算机技术和优化算法，融入露天矿生产调度管理思想，对原料装、运、卸的生产实时数据进行采集、处理、显示、控制与管理。通过生产汽车运行路径的实时优化、运行设备的调度优先级别设置、数据自动采集统计、车流规划等功能，实现矿山生产物流的实时智能调度。

在采矿生产环节，依托牙轮钻穿孔定位系统、GPS 智能调度系统、油耗管控系统等专业化子系统，建立了采矿生产智能实时优化系统，实现了对穿孔、爆破、铲装、运输、破碎等生产环节的全程监控。采用矿石物料跟踪技术并融合深度学习图像处理技术、选矿过程强化学习技术、嵌入式边缘计算技术、位置服务技术等智能技术，形成了基于矿石物料基因的矿石物料跟踪技术，实现矿石物料的时空状态实时跟踪，支撑生产过程产品物流的经济运行，降低生产成本，实现精益化管理。

在选矿生产环节，依托管控一体化平台、调度集中控制监控系统，按系统显示多维度的流程过程、工艺参数及自动给出的最优参数建议与统计分析和异常情况预警，可对选矿生产全过程进行监控及流程过程与工艺参数监控调整优化；烧、球生产环节，依托管控一体化平台全流程跟踪系统运行状况，建立了生产配料优化系统，并能实时监控配料情况，使其处于最优状态。

3）实现一体化数字采掘

鞍钢矿业以矿山综合地质信息系统（GIS）为核心，通过采掘目标数字化、作业设备数字化及作业人员数字化，利用信息化平台，接收管理系统的计划、执行调度，同时完成各现地生产的数据采集、报警、执行回馈、作业量统计等，相互间数据无缝对接，在平台完成统计、绩效构成管理闭环。平台从三维数字地质出发，贯穿计划、钻孔、爆破、铲装、运输、验收，管理采矿生产各流程的具体作业调度及环节监控，通过实现地质信息管理、生产计划执行、爆破设计执行、数字验收执行，牙轮、电铲、矿车智能化调度指挥，构建自动智能综合质量配矿、自动调度的采场新运作模式，开创了矿业采掘的新变革。

2. 实现设备资产智能化管理

鞍钢矿业的生产工序主要涵盖采矿、选矿、烧结、球团等业务，使用的核心装备包括破碎机、球磨机、磁选机、浮选机、压滤机、烧结机、链篦机、回转窑等，在引进高性能设备的同时，鞍钢矿业不断加强设备智能化改造，推动工业化与信息化融合，引进智能技术，以设备在线监控为核心，运用设备感知、远程监控、数据分析等技术，掌握设备实时状态与劣化趋势，降低故障率，提高设备利用效率。

在开展生产设备智能管控方面，主要按照五个层级开展。顶层的管控一体化系统与 EAM 设备资产管控平台，作为设备状态监控与管理的核心信息化系统，向下依次可分为工厂级、车间级、生产过程监控及底层的数据采集。鞍钢矿业设备状态采集、监测平台界面如图 5 所示。

图 5 鞍钢矿业设备状态采集、监测平台界面

1）设备状态在线采集

截至 2021 年，在鞍山及弓长岭地区 12 个主要生产厂矿已部署 12 万个自控实时数据采集点，通过自动化仪器仪表、自控系统将各类传感器采集到的温度、振动、压力、流量、浓度、粒度、电流、转速等设备状态参数实时上传，集中存储在管控一体化系统实时动态数据库中，装备本身也具备数据存储、处理与趋势分析功能，通过云端存储与边缘计算相结合的方式，生成实时生产状态信息，指挥生产经营工作。

2）设备远程监测与控制

鞍钢矿业选矿生产现场大型设备现均已实现远程状态实时监测、操作和可视化编程功能，设备操作界面友好，依托控制系统可完全实现远程集中控制。在实现设备状态采集、远程监测与控制等功能的基础上，数据上升至企业管控层级，即管控一体化系统。将底层采集到的数据进行云端存储，同时对厂矿层级生产画面进行绘制与发布，为公司、基层厂矿各级用户对现场生产状况的实时掌控提供信息平台支撑，同时以移动互联网平台为载体，实现生产数据移动端可视功能，提高了管理效率。

3）故障诊断与预警

在设备状态信息采集的基础上，鞍钢矿业在着重提升设备数据分析及预测性维护方面也开展了相关工作。建立设备故障诊断与信息预警机制，依托矿业公司 EAM 设备资产管控平台,针对大型关键设备建立"设备故障知识库",并形成定修模型,完善设备故障诊断与状态预警能力。在设备数据采集与故障诊断的基础上,结合设备定修计划,实现对设备停机状态的精细化管理。管控一体化系统可自动判断并记录生产线设备非计划性停机时间与故障原因,指导优化定修模型,防止隐患事故化。

依托管控一体化系统,使设备状态与定修计划结合,自动统计设备技术经济指标,如定修执行率、作业率与故障率等。

另外,利用移动互联网平台,在保证信息安全的基础上,当设备产生故障或预警时,可通过鞍钢矿业信息发布平台,定点将实时告警信息推送至设备负责人,大大提高设备故障响应的及时率。

4) 设备数据分析与预测性维护

依托智慧矿山建设,鞍山矿业设备管理通过利用信息化平台数据积累和数据分析,逐渐由"状态维修"向"预测性维修"模式转变。

例如,鞍山矿业对现有 3 条球团产线回转窑运行温度、正压工作时间、产品粒度构成、配料配比及成品量等信息,建立综合计算模型,对结圈量进行预测,当达到预警值时,及时提示安排生产排块及检修计划。

在衬板预知维护方面,衬板作为破碎机、球磨机需频繁更换的易损、易耗部位,直接影响设备作业效率。目前,上述设备可持续测量衬板磨损量,根据作业时间、处理量、衬板磨损情况及历史更换数据,预测衬板作业寿命,提高衬板寿命利用效率与设备处理量。

在主抽风机预测性维护方面,通过在线监测系统,现场对风机转子等核心设备进行 24 小时不间断的监测和诊断分析。随时监测和评估设备运行状态,提早发现设备早期故障隐患,及时发出建立在标准化基础上的分级远程预警和报警信息提示,为后续设备状态评估、故障分析提供信息和数据。

3. 开展供应链端到端流程平台化管理新模式

鞍钢矿业借助"端到端"管理理念,依托企业已有的工业化与信息化建设成果,完成供应链管理环节平台化的建设,完善供应链"端到端"流程平台化管理模式,解决供应链全流程管理环节的重要细节问题，满足工业化生产活动的管理要求，达到"智慧采购管控"的管理目标。破除供应链管理环境中的局部"信息孤岛"现象，打通业务管理流程间及业务部门之间的高效信息交互渠道，优化完善供应链需求端到服务提供端之间的高速信息桥梁。建立从供应商关系管理、采购寻源管理、招投标管理、战略采购、采购执行、评价管理、数据挖掘到关键指标智能展示的多部门、全流程的"端到端"平台管理模式。满足企业的风险管理需求，同时满足与适应企业现在与未来的全供应链管理扩展需求，创新管理手段，为企业供应链管理提供一个高效、透明、合规、完善、统一的运营与监控平台。通过完善供应链全流程的管理细节，使企业的全供应链管理更好地服务于企业的工业化生产活动，根据工业化生产活动工艺变化，不断地改善供应链管理活动，形成两化融合发展的良性循环。

1) 打造供应链端平台，提高信息化/自动化的业务支持程度

鞍山矿业物资采购管理系统基于 SAP 和 SRM 采购管理平台构建，并通过互联网与供应商实现招标业务衔接，将采购、生产、仓储等信息系统进行集成。建立采购需求预测模型，由专业人员对建议数据进行再评估后，生成最终需求预测数据，用户再利用 MRP 采购计划模型自动生成采购计划，并实现了采购风险监控并及时预警。实现需求计划处理、采购订单签订、库存物资实时管理、采购方案编制等全流程业务管理，实现与财务、生产、维修等业务的高度集成。

2) 建立高效、安全的仓储体系

鞍山矿业库房采用手持机操作完成物料入库、出库作业，手持机采集的物料出入库数据通过 SAP 系统与财务系统集成，同步生成财务凭证。依据生产、维修需求及库存数据，对物料进行配送，通过 GPS 设备对配送过程进行实时跟踪，确保配送过程的及时性、准确性和安全性。

3) 建立快速物流网络体系

鞍钢矿业内部物流管理由质量计量管理系统承担，该系统主要分为质量、计量、运输 3 个部分，为生产过程管理提供全方位的支持。运输管理从接收 ERP 运输合同开始，将运输物流中的合同信息、物料信息、判定信息等数据单据化、业务处理流程化，通过建立运输单据触发生成计量单据和化验单据，结合质量计量管理系统自身对包括汽车衡器、轨道衡器等衡器数据的采集、汇总，化验指标的收集，形成鞍钢矿业产品物流网络管理。

4. 打造大数据管控与服务体系

鞍钢矿业建立数据仓库的总体目标是以鞍钢矿业生产、管理、经营为核心，研发全流程大数据采集、大数据管理技术，建设数据仓库；研发大数据服务与数据应用技术，形成大数据标准规范，结合鞍钢矿业生产管理具体需求，形成大数据应用示范。

1） 大数据存储技术研究与矿业数据仓库建设

针对鞍钢矿业实际应用需求，围绕矿山生产全流程，完成矿山生产实时数据采集与已有数据资源的集成。开展选矿生产过程实时数据采集、时空数据整合、大数据管理技术研究；整合采选全流程生产与管理数据，建设数据资产化体系，建立数据资产化的基本标准，让不同生产单元、不同工序的数据形成规范化数据资产；制定冶金矿山行业数据标准规范，完成鞍钢矿业数据仓库建设，建立数据资产访问和共享机制，搭建数据资产基础管理平台。

2） 标准体系与框架建设

建立矿业数据标准，用标准引领大数据中心建设。矿业大数据中心数据涉及人、机器、资源互联互通，各种终端设备、应用软件之间的数据信息交换、识别、处理、维护等必须基于一套标准化的体系。标准化和参考架构先行是数据中心建设的基础，同时，标准化工作在未来应用中具有重要的引领作用，利用标准化推进大数据的应用服务。

建立集成数据仓库，实现对业务数据的整合、融合、深度开发，提供专业报表生成、查询、分析功能，为专业管理人员提供有效的数据分析手段，有助于形成数字化思维方式，进行精细化管理。以此为主要支撑，形成了矿业公司"两化融合"的新型能力，即生产、设备隐患在线管控和精细化管理能力，是国内黑色冶金矿山企业率先尝试。

3） 大数据处理技术研究与数据服务平台建设

在矿业数据快速增长的背景下，数据处理系统需要逐渐替换、升级、迭代传统的通用技术，追求专用化的架构和处理技术，研发面向典型应用的大规模、高通量、低成本、强扩展的专用化系统。例如，研究实时计算技术，包括 Storm 容错的分布式实时计算系统、Dremel 交互式分析计算引擎。在 Hadoop 的基础上，全面分析 Storm、Drill、Impala、TEZ/Stinger、Presto、Spark/Shark 等计算技术，建立矿业数据生态环境，形成适合矿业数据特点的计算框架和专用化的软件系统。对采集到的数据进行分析和整合，形成具有价值的信息，并采用直观、合理的方式予以展示，从而形成可定制服务平台。研究数据服务共性技术，形成矿业行业信息服务平台，为鞍钢矿业提供数据支撑。

建设大数据服务平台。规划设计大数据中心基础硬件与软件设施；设计大数据仓库，进行数据装载与数据质量管理。根据数据服务需求，研究数据服务平台，形成可定制的数据服务支撑技术。

4）大数据计算技术研究与示范应用服务

针对鞍钢矿业生产、设备、安全、能源等关键应用，研究在线学习、事件发现等大数据计算技术。结合主体生产流程，进行大数据内容上的分析与计算。利用采矿/选矿生产主题对数据进行有效表达、解释和学习。使用更加复杂的模型来更有效地学习数据表征及解释数据。

鞍钢矿业在大数据基础上，整合矿业勘探开发、采矿生产、选矿生产等生产环节，以及设备、安全能源、企业经营管理的知识库；整合国内外矿业资源，基于大数据的知识计算建立知识搜索、知识计算与知识服务平台。

在工业互联网环境下，设备和设备、人和设备、人和人之间结成的关系网络承载着生产与经营管理信息的传播，成为生产协调和优化的重要载体。例如，研究工业社会媒体计算，分析工业社会网络信息传播的内在机理与管理机制，研究工业社会媒体中的信息检索与挖掘（包括工业事件的发现、生产协调关系的挖掘、设备管理模式的挖掘等），形成鞍钢矿业的大数据典型应用。

数据仓库的应用，强化了运营系统的应用，同时为信息资源的再利用、进一步深度开发和扩展功能提供技术平台，进而为企业信息化、数字化铺路搭桥。

7.2.3 实施成效

鞍钢矿业信息化工作坚持以国家两化深度融合为主线，以落实和支撑企业发展战略为首任，以建设"智慧矿山"为目标，依靠创新驱动，变生产型企业为经营型企业，达到信息技术改造传统产业的目标，最终提升铁矿山企业的核心竞争力，实现绿色、安全、智能化生产。

据 2021 年数据统计，通过开展智能制造建设，矿业采选生产效率及设备利用率分别提高了 2.0%、92.4%，企业运营成本降低了 2.2%。参考鞍钢矿业智能制造成果，带动了冶金矿山行业的信息化应用水平和整体竞争实力的大幅提升，驱动了传统产业的可持续健康发展。

7.3 经验复制推广

鞍钢矿业智能制造项目具有自主创新、关键技术突破和技术集成应用与产业化示范的特点，创新性地使用新一代信息技术和智能技术，通过重新审视冶金矿山主体生产过程中的关键问题来提高企业效益，促进矿山企业创新发展。对冶金行业国内外企业有着很好的示范作用。

7.3.1 经验内部推广

鞍钢矿业的智能生产新模式已在下属的 8 个选矿厂、1 个烧结厂、2 个球团厂、5 座辅料矿山完成了深度推广。在内部扩展过程中，主要通过广泛开展需求调研，对现有软硬技术平台集成打包进行基本的客户化推广出售，在满足信息安全的前提下结合移动互联网平台，实现采矿、选矿、烧结和球团生产过程的移动可视及实时接收设备告警信息等技术手段，在满足项目目标的同时，也满足了子企业的个性化需求，保证了平台推广的深度及广度，目前该平台在各子企业运行情况良好。

7.3.2 经验外部推广

鞍钢矿业将领先技术重点研发实现成果共享，已将整体方案成功复制至鞍钢集团投资（澳大利亚）有限公司下属子公司卡拉拉矿业有限公司，实现对卡拉拉矿业有限公司集团化管控的管理理念的有效落地，带动了行业升级。

针对外资企业开展智能平台推广还属首次，推广过程中在保障卡拉拉矿业有限公司网络、硬件设备等基础设施建设过程信息安全的基础上，将智能平台进行业务层面的推广。在生产执行、设备管控、经营采购管理等业务层面，考虑到卡拉拉矿业有限公司业务管理的特点、设备的自动化水平，并结合澳洲法律条款，借助相关管理理念与技术手段，对现有系统进行基本的客制化后，完成了推广实施。

7.4 体会与建议

鞍钢矿业作为我国主要铁矿资源基地，解决贫铁矿的高效开发利用问题，对于提高铁矿石自给率，保障国家铁矿资源与产业经济安全有着举足轻重的作用。当前，在矿山企业内部受铁矿石原材料品质波动、大型复杂设备效率变化、能耗高、产品质量波动等因素影响，生产存在很大的不确定性。与此同时，产品质量、产量、能源消耗、设备效率、成本等因素相互耦合，共同制约矿山企业的经济效益。面对行业问题，转型升级与结构调整已经成为冶金矿山企业发展的必然。

7.4.1 体会

鞍钢矿业在进行智能制造转型初期，将重点放在推动各业务的专业管理系统建设方面，缺乏全集团的整体规划与顶层设计，导致集团公司及各子企业信息化规划自成体系，大多采用"烟囱式"建设模式。于是鞍钢矿业在经历信息化的基础建设阶段后，先后制定《数字矿山建设规划》《智慧矿山建设规划》，指导鞍钢矿业智能制造的转型之路。

矿山生产现场环境恶劣，对自动化仪器设备影响较大，导致自动化水平低下、人机协同生产能力差，也导致了智能制造初期阶段未能够充分发挥物联网、大数据、人工智能等先进信息技术的作用，未能形成高效的信息共享及跨领域协同机制。为解决这一问题，鞍钢矿业向国内外市场寻求技术支撑，寻求高精尖自动化仪器，突破了矿山行业智能发展中的瓶颈。

智能制造转型不仅仅限于高新技术的应用，也是一场文化与组织的变革。鞍钢矿业在开展智能制造最重要的起步阶段，首先开展的就是意识和认知的转型。意识和认知的转型，关键在于企业"一把手"认知的转型，"一把手"认知的高度和深度决定了企业发展的速度，也决定了企业智能发展的成败。

7.4.2 建议

冶金矿山企业工业生产环境相对恶劣，生产现场受自然环境约束比较大，信息化水平起点普遍较低，相比其他制造行业推进智能制造的实施难度较大，所以企业要想推进智能制造取得实效，应当通过智能制造现状评估、业务流程和工艺流程梳理、需求调研与诊断、整体规划及落地 5 个步骤稳步实施，推进具体的项目，不要盲目求大而全。要注重对每个智能制造项目明确其 KPI 指标，在测度关键绩效指标的基础上，评估是否达到预期目标。智能制造要取得实效，需要清晰的思路、明确的目标、高层的引领、专业的团队和高度的执行力。

智能制造转型工作十分复杂且个性化，相关技术在不断演进，企业本身也是动态变化的，智能制造评估体系和规划方法论也还处于不断完善的过程中，智能制造的推进是一个长期的过程。因此，企业推进智能制造需要寻找专业的合作伙伴，从培训、现状评估、规划，到具体的数字化工厂仿真、生产线设计，再到建设工控网络，并建立工控安全体系，实现 IT 与 OT 系统的集成。

案例 8　中车青岛四方机车车辆股份有限公司

智能制造助力高速动车组关键零部件制造水平提升

中车青岛四方机车车辆股份有限公司以高速动车组核心部件——转向架车间为实施载体，以关键制造环节智能化为核心，以互联网络为支撑，研发适用于轨道交通装备行业的先进制造技术和装备，实现了高速动车组转向架的智能制造。通过智能装备、智能物流、制造执行系统（MES）、运营决策系统的集成应用，实现转向架生产过程的优化控制、智能调度、状态监控、质量管控，增强生产过程透明度，提高生产效率、提升产品质量，打造生产效率高、产品质量好、制造柔性高且满足多品种并行生产、个性化产品定制的转向架智能制造模式。

8.1 企业简介

8.1.1 企业基本情况

中车青岛四方机车车辆股份有限公司（以下简称"中车青岛四方"）是中国中车股份有限公司的控股子公司，是中国高速动车组产业化基地、国内地铁/轻轨车辆定点生产厂家、铁路高档客车的主导设计制造企业、国家轨道交通装备产品重要出口基地、中国高速动车组产业技术创新联盟主发起单位和国家级高新技术企业。中车青岛四方注册资本为 40.04 亿元，现有总资产 519 亿元，2019 年销售收入 442 亿元。中车青岛四方的主营业务包括高速列车、地铁/轻轨车辆、高档铁路客车和内燃动车组等高端轨道交通客运装备产品的研发、制造、检修和服务。中车青岛四方现拥有生产线 40 余条，主要生产设备 3200 余台，大型数控设备 330 余台。目前，中车青岛四方已具备年产高速动车组 1440 辆、检修高速动车组 2400 辆、地铁/轻轨车辆 800 辆、高档客车及内燃动车组 300 辆的生产能力。

8.1.2 所属行业及特点

按照我国国民经济行业分类（GB/T 4754—2017）标准，中车青岛四方属于铁路、船舶、航空航天和其他运输设备制造业大类（代码 37），铁路运输设备制造中类（代码 371），高铁车组制造小类（代码 3711）。

高速动车组的研制是一项庞大而复杂的系统工程,涉及通信、电力电子、材料化工、机械制造、自动控制等多个技术领域，具有技术含量高、知识技术密集，体现多学科和多领域高精尖技术等特点，具有高附加值，处于价值链顶端。

高速动车组采用订单式、中小批量生产方式，其结构非常复杂，主要由车体（起承载作用）、走行装置（如转向架）、动力装置（如牵引、制动、电气装置）、空调、设备、辅助供电等多个部分组成。其中，转向架是高速动车组的核心部件，也是体现技术创新和能力水平的关键零部件。转向架由构架、轮轴、车轮、一系悬挂、二系悬挂、轴箱等部分组成。除一系悬挂等部件需要第三方提供之外，构架、轮轴、车轮、二系悬挂、轴箱等部分都由主机厂生产。衡量高速动车组研制水平的关键指标是安全性、平稳性、舒适性和可靠性等，而转向架的制造能力是决定高速动车组研制水平的关键。

8.1.3　智能制造亮点及模式总结

1. 应用大型高档数控机床和重载机器人，提升关键零部件制造水平

为解决传统制造模式下转向架关键零部件——构架和轮轴产品质量一致性差、制造成本高等问题，中车青岛四方通过分析主要工艺流程，对关键工序进行了智能化改造。通过研发自动组焊、打磨、加工、喷涂、人机交互、条码技术、自动异常监控等工艺，实现构架和轮轴的自动化上下料、加工、焊接、喷涂，生产效率提升20%~30%。在轴承压装、转向架装配工序，研制应用精密重载装配机器人、六轴搬运机器人，攻克了机器人吊装与精准移送、零部件自寻位精确定位、自动检测与调整等难题，实现了基于机器人的零部件精准自动装配，生产效率提升约60%。

2. 研发智能传感与控制装备，提高关键装备利用率

为了降低构架焊缝打磨、构架清洗、轴承压装等工序的制造成本，改善作业环境，中车青岛四方研制了多种智能传感与控制装备，包括11套焊接工序、32套加工组装工序、65套轮轴工序、73套检修工序，通过智能传感与控制装备替代人工完成复杂的生产作业。为了提高构架加工设备利用率，将数控龙门加工中心、检测设备联网集成，应用RFID实现构架型号自动识别，研发数据采集与控制系统控制数控程序自动下载及删除、工作台自动交换、设备自动启停，实时监测主轴负载，出现异常实时报警，实现了构架加工一人多机控制，生产效率提高约10%。

3. 研制智能检测与装配装备，全面提升关键工序的效率和质量

为了解决装配和检测工序工作量大、检测结果易受测量人员技能水平影响的问题，中车青岛四方开展了智能检测及装配装备的研制。通过智能装备集成视觉识别技术，轴承检测、转向架落成工序实现轴承自动抓取、转向架自动落成，生产效率提高约10%；基于传感器、工业网络，以及转向架螺栓扭矩、齿轮箱轴承温度、转向架关键尺寸检测等工序实现了检测结果在线实时监控、系统自动防错技术的全面应用，切实提升产品质量保障能力。轴承检测工序采用激光测试、视觉识别、振动频谱和大数据分析技术，配合智能装备应用，改变了传统人工检测、人工识别缺陷、人工装配方式，实现轴承故障诊断精准度提升约60%、装配效率提升约30%以上。

8.2 智能制造项目建设

8.2.1 项目背景

随着我国铁路和城市轨道交通建设进程的加快，路网规模迅速扩大，产品技术不断升级，系统集成度逐步提高，轨道交通运营方式向网络化和多样化发展，对轨道交通的安全性、可靠性提出了更高的要求。

中车青岛四方正处于结构调整、转型升级的关键时期。实施智能制造项目前，中车青岛四方生产转向架的基本方式为单机生产、手工组装，自动化程度低，生产效率不高，生产过程柔性差；生产方式过多依赖于工人的操作技能，质检大多靠人工，物料配送通过电话催料，现场数据靠人工采集与小票统计，生产计划靠人工传达；各信息系统相互独立，业务流程没有打通，数据需要人工多次录入系统；制造现场设备数控化率较低，以人工生产线为主，生产效率不高，产品质量保证成本较高。中车青岛四方通过建设智能车间，一方面，可大大降低生产过程中对人的技能依赖，生产出更高品质的产品；另一方面，可大幅提高劳动生产率，加快产品创新速度，提高产品质量和附加值，加快企业转型，显著增强企业核心竞争力。"智慧四方2025"愿景如图1所示。

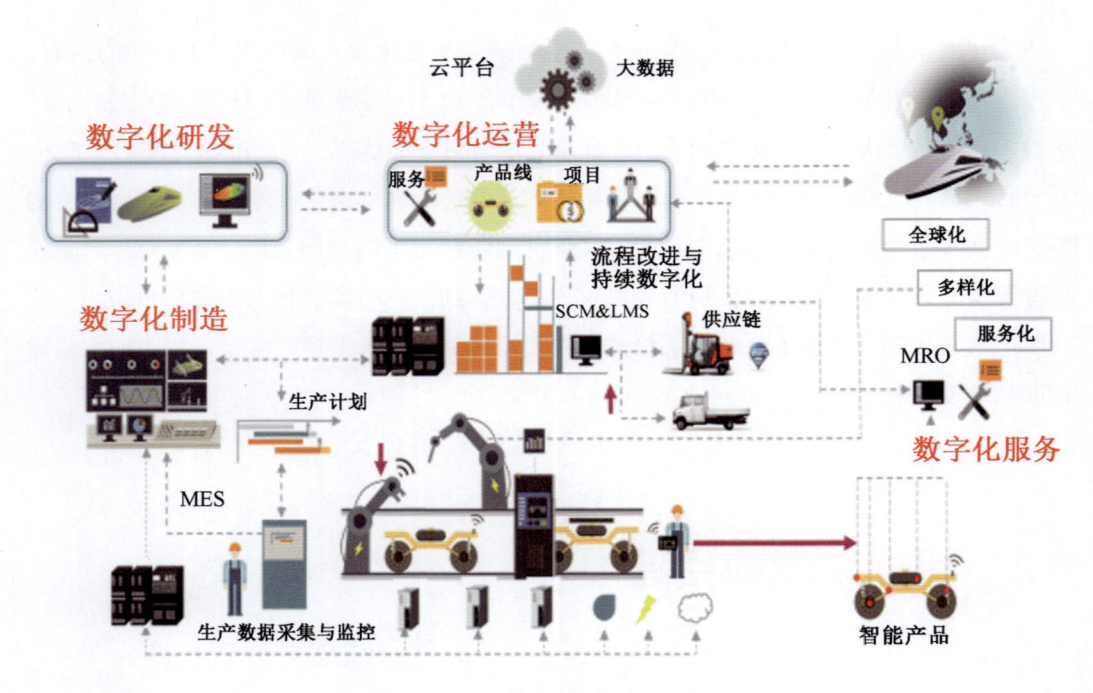

图 1 "智慧四方 2025" 愿景

8.2.2 实施路径

中车青岛四方为了解决劳动力密集、生产效率低、工作量大、产品质量保障成本高等问题，选取最具代表性的转向架制造开展智能制造试点、打造数字化车间，试点成功后再逐步推广，最终建成了轨道交通装备数字化工厂。

转向架是高速动车组的关键零部件，其制造涵盖了加工、焊接、装配等多种工艺类型，具有批量、单件、流水线等多种生产组织方式。中车青岛四方智能制造以转向架为落脚点，实现转向架产品的数字化设计、数字化制造、数字化运营、数字化服务的智能制造新模式。中车青岛四方转向架智能车间整体框架如图 2 所示。

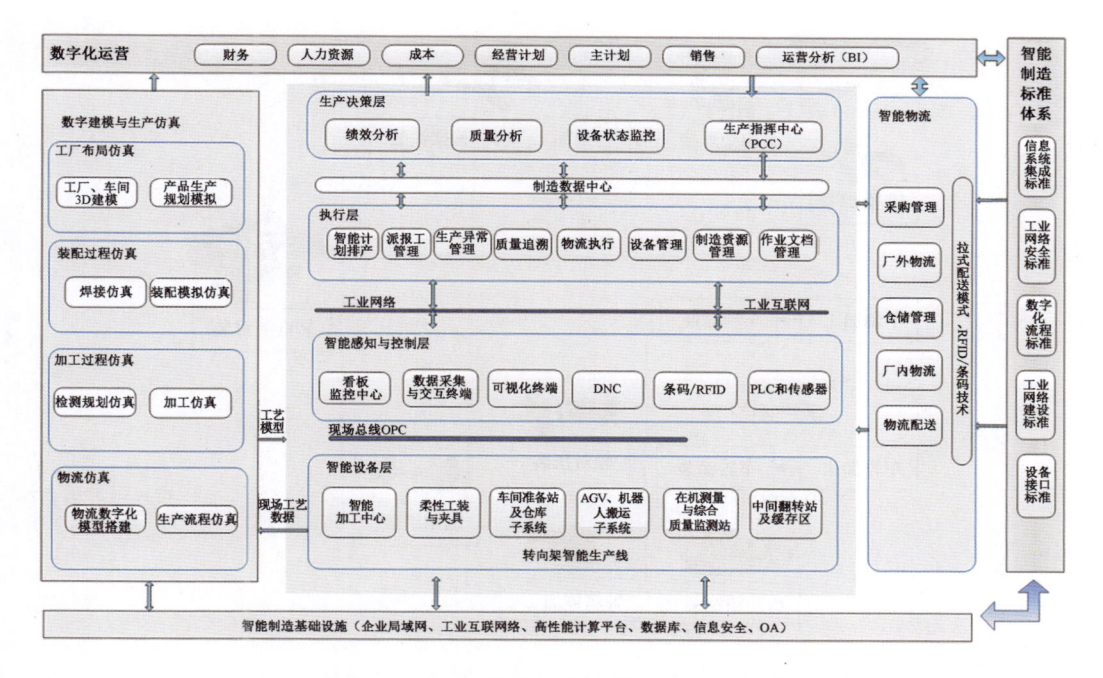

图 2　中车青岛四方转向架智能车间整体框架

中车青岛四方转向架智能车间建设内容包括以下 4 个方面。

1. 应用虚实互映的数字化建模与生产仿真，缩短转向架研发周期

为了实现在三维虚拟环境中，对转向架的加工制造、装配、测试、生产规划等进行模拟，使技术人员可以在一个虚拟的环境中对未来的过程进行预分析，中车青岛四方将数字化制造技术用于转向架的制造过程，通过对厂房等主要资源的三维建模，建立公司的数字化车间虚拟环境，实现了生产系统的运行仿真，优化工艺布局，提高制造资源利用率。数字化车间虚拟环境的建立，为产品设计与工艺设计并行提供了基础，为虚拟装配、工艺仿真等提供了三维数据模型。

2. 进行转向架关键工序智能化改造，实现并行和个性化生产

中车青岛四方转向架智能制造属于典型的离散制造，工艺主要有加工、焊接、装配、试验，其制造工艺流程如图 3 所示。

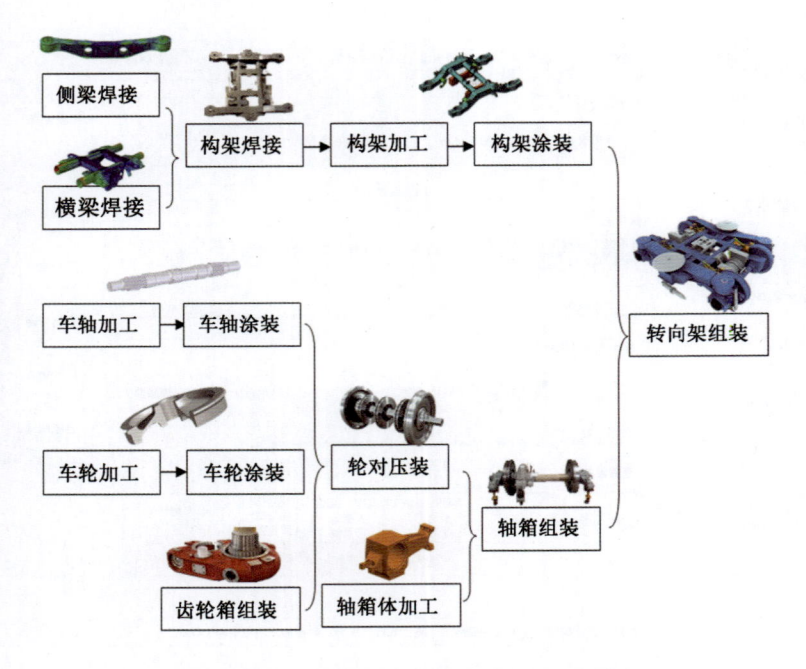

图 3 中车青岛四方转向架制造工艺流程

根据转向架制造主要工艺流程分析，结合工艺特点，对转向架关键工序进行智能化改造，以构架焊接、轮对加工组装、转向架组装智能化、自动生产线为载体，提升智能设备利用率，提高高速列车转向架制造技术水平，应用智能物流、自动加工、自动组装、自动焊接、人机交互、条码技术、自动异常监控等技术，集成 MES、运维大数据平台（MRO）、企业资源计划（ERP）等上层系统，采用高级计划排产，结合实时生产过程监控，对人、机、料、法、环等生产要素进行管理和调度，构建生产效率高、自动化程度高、高度柔性化的转向架数字化车间，满足公司多品种产品并行生产、个性化产品定制的需求。智能化生产线建设情况如下。

1）提升构架组焊磨测多工艺复合生产线管理效率

焊接质量是焊接构架的核心，轨道交通行业是以 EN15085 焊接体系要求为基础的，对人员、装备、材料、工艺、环境检验等 22 个要素进行分类管控。由于管控内容繁多，传统的管理模式较为烦琐且效率不高，急需借助智能装备与新一代信息技术进行管理提升。因此，中车青岛四方建设了功能更加先进的第 3 条构架组焊磨测一体化柔性生产线。该生产线主要由焊接生产线控制系统、物流自动输送（AGV）系统、自动组装系统、自动焊接系统、自动打磨系统、自动检测系统组成，在产品数据管理（PDM）系统中采用离线编程模式，经焊接机器人仿真、物流仿真验证后，将数控程序传输至设备。控制系统接收 MES 信息，按工位分配计划，统计计划执行情况，实时显示生产线动态、工位状态、异常、零部件所在位置等。AGV 系统将自动组装机器人，自动焊接机器人，自动打磨机器人，自动检测系统、缓冲台、人工台位等集成，实现按节拍自动流转。焊接自动预组系统由两台机器人组成，配合完成侧梁自动组装。侧梁自动组装系统为无人作业环境，应用机器人进行物料传输，能实现连续、不间断自动上下料。上料系统配置自动扫码设备，识别车型并自动调用组装程序。该生产线建成后，与原生产线相比，人员成本降低 30%、效率提高 33%。中车青岛四方构架柔性生产线如图 4 所示。

图 4 中车青岛四方构架柔性生产线

2）提升轴承检测线单位面积利用率及制造水平

为了提升转向架轴承检测工序的质量、效率及单位面积利用率，自动选配最优参数的零部件进行组装，中车青岛四方建设了轨道交通行业首条智能化轴承多场多指标自动检测生产线，用于高速动车组转向架轴承的分解、清洗、检测、压装等。通过配置具备自动化的轴承升降、翻转、抓取等功能的输送系统，将轴承检测流水线上的各设备有序地衔接起来，减少了轴承检测过程的周转时间，提高了生产效率。轴承智能料库在轴承存入时，输入轴承的相关尺寸信息，待需用时，直接操纵控制系统自动选出符合要求的轴承进行匹配，大大缩短了人工选配的时间，并能保证正确率。项目建成后，作业场地需求降低 50%，检测效率提升 20%。中车青岛四方轴承自动检测生产线如图 5 所示。

图 5 中车青岛四方轴承自动检测生产线

3）减少轴箱组装作业人员搬运量，提升轴箱组装技术水平

此步，轴箱组装以人工搬运和天车吊运为主。为改变这手中作业方式，中车青岛四方进行了轴箱组装过程 AGV、机器人应用研究，建设了行业首条智能化轴箱组装生产线，通过"轮对"物流输送系统将各工序及设备进行有序衔接。轮对物流输送系统通过在各工位增设传感器和自动运输装置，实现轮对的安全、高效输送。生产线采用机器人搬运轴承进行自动安装，自动搬运预组机器人的主要功能是自动抓取轴承并识别，判断安装位置，实现轴承自动搬运及预组。通过计算机辅助装配（CAA）系统记录、卡控组装过程，实现扭矩的在线监测和控制，装配过程全流程质量控制，物料、生产等信息的自动采集。该生产线建成后，工作人员搬运工量减少 80%、生产效率提升 20%。中车青岛四方轴承自动搬运预组机器人如图 6 所示。

图 6 中车青岛四方轴承自动搬运预组机器人

4）实现转向架组装由"地摊式"作业向"流水线"作业的改变

针对此前转向架组装线以人力为主的机械化生产方式——作业时间长、人力依赖程度高、作业质量主要由作业人员决定、质量管控手段单一的"地摊式"组装作业方式，中车青岛四方研制了转向架"组装—落成—检测"一体化生产线。该生产线主要由构架输送系统、零部件立体料库、构架立体料库、转向架自动落成系统、转向架自动检测及调整系统、扭矩控制系统、CAA 系统、生产线控制系统等组成。构架输送系统采用 10 套重载 AGV 系统，建成两条首尾衔接的环形转向架组装流水线，并将 1 个零部件立体料库和 1 个构架立体料库与流水线无缝集成；通过扭矩控制系统和 CAA 系统，实现了转向架组装过程的系统卡控和数据采集。项目实施后，用工成本降低 15%，生产效率提升约 20%，降低了部分特殊作业的作业强度，对特殊作业员工的需求降低。中车青岛四方转向架一体化生产线如图 7 所示。

图 7 中车青岛四方转向架一体化生产线

此步，由于构架检修与轮对检修周期相差 11 天，导致构架检修完成后，需要轮对组成完成检修才能组装转向架；待检修构架需要摆放在厂房内或运输至厂外存放，占用较大范围的厂房面积及较高的物流成本。为了解决构架与轮对检修周期不匹配、构架存放问题，中车青岛四方建成了轨道交通装备制造企业首座大载重、多库位的智能立体构架存储料库，库房总长度约 90m、宽度约 12m、高度约 7.4m，共计 156 个库位，单个库位承载约 8t，主要用于存放已安装完零部件待转向架落成的构架。库房使用托盘实现构架的存储，并在每个托盘上安装 RFID，实现信息自动采集。智能立体构架存储料库系统集成高精度定位、视觉识别、在线监测等先进技术，实现构架自动仓储、自动流转、智能选配，并与后工序自动装配柔性对接，取消厂内繁杂的汽运、吊装作业，每年可节约运输及仓储费用约 500 万元。中车青岛四方智能立体构架存储料库如图 8 所示。

图 8　中车青岛四方智能立体构架存储料库

3. 探索物联新技术，提高构架加工设备利用率

此前，构架加工工序是转向架生产的瓶颈工序，虽已配置多台高档数控加工中心，但是每台设备仍需配置 2 名作业人员进行程序调取、刀具参数输入、加工过程质量检查等作业，导致设备利用效率较低，存在极大的安全隐患。为了充分发挥数控加工中心潜能，提升构架加工效率，中车青岛四方开展了基于物联技术的加工装备智能化提升研究工作。通过对智能感知、机床联网、集中控制、刀具管理、人机交互、系统集成、视觉识别等技术的研究应用，实现大型设备离散加工智能制造；掌握构架加工数字化集成技术，实现一人多机控制；通过研究以视觉模式识别技术为基础的构架防错技术，建立自动防错告警系统，采集不同种类构架的特征点信息，在指定位置安装图像采集设备，分析比对采集到的数据以达到自动防错的目的；通过机床联网、RFID 在线自动识别、设备自动控制技术研究应用，实现系统自动识别构架、自动调用数控程序、自动交换工作台、自动加工、设备在线监控、人机实时交互、三坐标检测数据自动读取、加工过程数据实时采集、自动形成质量报表；利用采集的加工过程数据，实时统计分析 CPK 和质

量趋势，利用数据改进工艺参数。操作者仅负责简单的上下料操作，复杂操作均由系统和设备自动控制，从而保障构架加工质量，达到设备利用率提升约 15%、人员数量降低 50% 的目标。中车青岛四方构架加工 RFID 识别系统配置如图 9 所示。

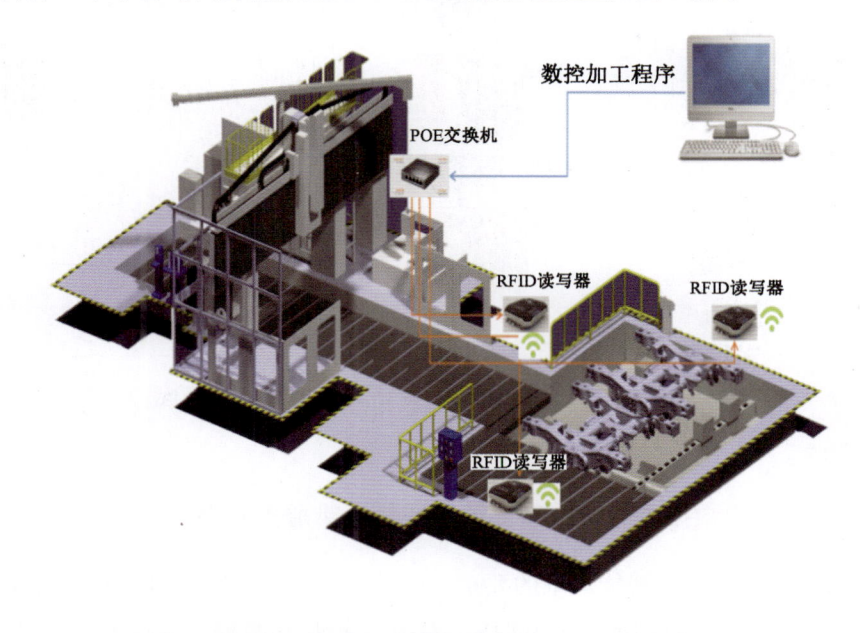

图 9　中车青岛四方构架加工 RFID 识别系统配置

4. 实现五大信息系统的集成，打通全生命周期数据链和业务链

此前，打通数据链是实现智能制造互联互通的核心，从前的 PDM、ERP、MES、质量管理系统（QMS）、MRO 五大系统各自独立运行，数据不能共享，需要技术人员手动输入，存在效率低且质量得不到保证的问题。据统计，中车青岛四方因"信息孤岛"问题导致技术人员工作量增加了 30%。目前，通过对各系统的接口开发，中车青岛四方已实现上述五大核心系统互联互通，PDM 可以将研发的图纸、物料、BOM、工艺文件、工艺路径、工作中心等数据直接传入 ERP、MES；制造过程数据从 MES 直接传入 QMS。通过 PDM、MES、ERP、MRO、QMS 等信息系统的建设与集成，中车青岛四方实现了以 BOM 为核心的数据贯通和以业务为核心的流程贯通，建立全生命周期产品信息统一平台。中车青岛四方"五大信息系统集成"关系如图 10 所示。

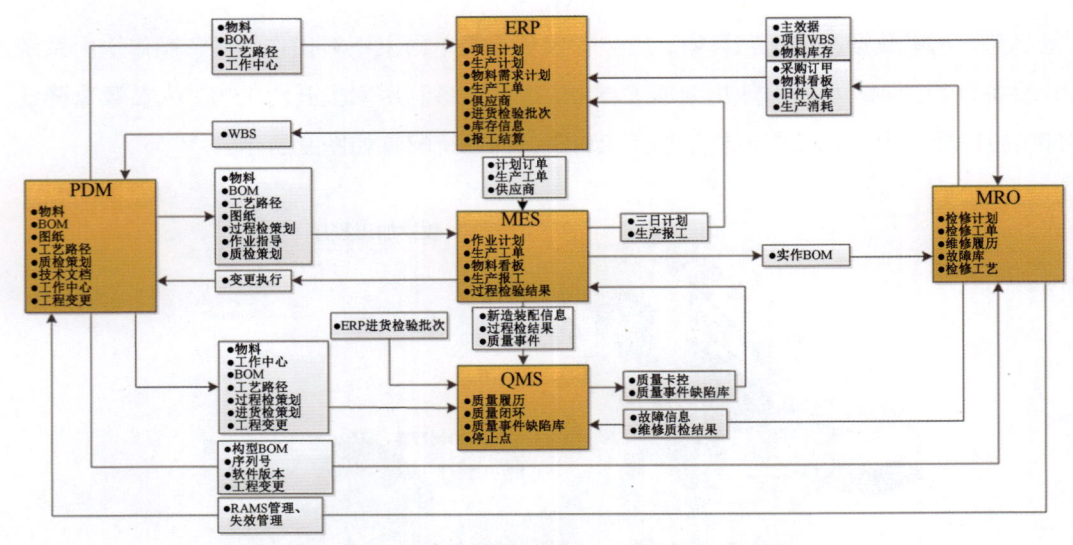

图 10　中车青岛四方"五大信息系统"集成关系

5. 建立运维大数据系统，提升高速动车组运维服务水平

为了满足高速动车组智能运维的要求，中车青岛四方针对运维数据建立了轨道交通装备行业首套运维大数据平台（MRO），采用大数据和数据挖掘技术，实现对故障、检修计划、检修工艺、质检策划、检修生产及物料的精细化管理，达到提高检修质量、保障行车安全、降低检修成本，并为产品设计和工艺技术的改进提供运维数据支持，提升公司服务水平。高速动车组健康大数据平台采用"Hadoop+Spark+关系型数据库"的混搭技术架构，实现对列车健康状况的实时展现和分析挖掘。通过 Web 展示、手机 App 展示、信息推送、ESB 接口等不同的应用形式，为用户提供数据查询交换通道。

8.2.3　实施成效

中车青岛四方通过智能制造项目的实施，极大地改善了转向架的研发、制造、经营、运维等工艺流程，实施成效主要体现在以下 4 个方面。

1. 提高转向架生产过程透明度

此前，公司转向架生产过多依赖于工人的操作技能，质检大多靠人工检测，物料配送通过电话催料，现场数据靠人工采集与小票统计，生产计划靠人工传达。中车青岛四方通过实施智能制造项目，在转向架生产过程中大量采用数控加工中心、机器人、物流输送设备等智能装备，采用 RFID、智能传感、物联网等技术实现数据采集、物料追踪、质量控制；通过信息系统与生产过程的融合，将订单数据、制造数据下发到现场，减少等待时间，使生产效率提升 22.5%；采集生产现场数据发送到生产指挥中心，提高企业生产过程的透明度。

2. 实现虚拟与现实制造的结合，缩短研发设计周期

此前，公司新产品的研发设计通常要经过仿真分析、样车试制、试产等环节，反复的设计变更导致研发周期较长、研制成本较高。中车青岛四方通过实施智能制造项目，建立转向架车间的数字化模型，在虚拟生产环境中进行试生产，对生产线产能、物流路径、工艺装配过程进行验证和优化，将产品研发和生产设计阶段的虚拟仿真和验证技术与企业现实生产和运维过程相融合，提升产品研发和生产设计能力；通过虚拟制造与物理生产的循环迭代，减少生产错误，缩短产品试制周期，降低制造成本，减少返工次数，使产品研制周期缩短 37.2%。

3. 实现信息系统集成优化

此前，公司各信息系统相互独立，业务流程没有打通，数据没有实现真正共享。中车青岛四方通过实施智能制造项目，使 PDM、MES、ERP、MRO、QMS 等主要系统实现了信息集成；实现"企业层—管理层—网络层—感知层—设备层"的垂直集成，基本消除了"信息孤岛"，使公司运营成本降低 23.8%。

4. 装备智能化应用成效显著

此前，公司制造现场设备数控化率较低，以人工生产手段为主，生产效率不高，产品质量难以保证。中车青岛四方通过实施智能制造项目，将自动化和信息化深度融合，利用智能数控加工中心、智能机器人、智能自动装配设备、智能物流输送设备等智能制造装备，全面提升企业自动化、信息化和智能化水平，企业能源利用率提升 10.0%。同时，有效减少人为错误，降低人为风险，不良品率降低 33.0%。

中车青岛四方智能制造实践成效如表 1 所示。

表 1　中车青岛四方智能制造实践成效

探索实践	典型用例	整体成效	
借助信息技术与先进制造技术的融合，实现企业流程再造、智能管控、组织优化，打造复杂装备、离散制造、订单驱动生产的智能制造新模式	智能车间数字化建模与生产仿真	生产效率	提升 22.5%
	引入智能焊接、喷涂生产线		
	搭建数字化研发平台	产品研制周期	缩短 37.2%
	在设备层配置数控加工、焊接、检测等智能设备	不良品率	降低 33.0%
	建立设备数据实时采集控制系统		
	建立产品运维大数据平台	运营成本	降低 23.8%
	引入能源管理系统	能源利用率	提升 10.0%

8.3　经验复制推广

8.3.1　经验内部推广

多品种、高柔性、高质量、离散制造、智能制造的模式，已在中车集团长客股份等多个子公司进行推广、验证并实施。

需求驱动的数字化设计、制造、服务一体化技术，成为中车集团数字化企业建设指导意见的内容，指导各级子公司开展数字化企业建设。

柔性加工的一体化制造装备与技术、多干扰因素下的物流精益化配送和智能调度技术，正在与各子公司进行技术交流及推广。

截至 2021 年，中车青岛四方已建成 3 条构架焊接数字生产线，并且已经向中车集团的 1 级子公司南京浦镇、株洲机车进行了推广，后两者都已建成了功能类似的构架焊接数字生产线，极大地提升了构架焊接能力和质量。

8.3.2　经验外部推广

中车青岛四方的轴箱体加工柔性生产线已向轴箱体毛坯供应商进行推广，极大地提高了供应商的轴箱体毛坯供应效率。

产品二维码的应用已推广至全部供应商，所有零部件到货时全部粘贴二维码，用于零部件的出/入库、上线扫描等。

电动扭矩扳手及 CAA 系统正在向重要零部件供应商进行推广，用于保证外购件产品质量。

8.4　智能制造建设体会和建议

8.4.1　体会

实施转向架智能制造项目是全新的课题，在高铁行业没有成熟经验的情况下，中车青岛四方在探索中前进，总结了 5 点经验做法可供相关企业参考。

（1）重视智能制造的顶层规划，针对实施智能制造的主要任务，分重点、分层次、分环节、由上向下地进行顶层设计。

（2）以精益生产思想进行生产与物流规划。

（3）注重设计与制造等环节的 IT 管理平台建设，做好自动化设备工业网络通信统筹规划。

（4）根据企业实际情况，选择一条生产线、一个车间、一个工厂分层次推进，由点及面，建设成功后再进行推广应用。

（5）智能制造是一个系统工程，要由知名科研院所、高校、企业组成联合体，实现强强联合，进而形成产学研用建设模式。

通过近几年的努力，中车青岛四方初步建成了转向架智能制造工厂，但还有很多地方需要提高。中车青岛四方认为轨道交通行业智能制造后续应该朝着以下 5 个方向发展。

1. 人工智能

采用智能传感、视觉识别、激光扫描、无损检测等技术,实现关键工序单元智能化检测及监测。

2. 机器换人

对焊缝打磨、腻子打磨、油漆喷涂等工序实施"机器换人",降低劳动强度,保障员工职业健康,实现"减员、增效、提质、保安全"的目标。

3. 智慧物流

采用 5G、物联网、人工智能、大数据分析等技术手段,在零部件仓储、分拣配台、智能调度、准时配送方面,提升整个物流系统的智能化水平。

4. 数字孪生

结合生产现场,采用虚拟环境对工艺规划、物流路径、工艺参数进行仿真验证,通过虚拟制造与物理生产的循环迭代,指导技术决策,优化工艺,缩短研制周期,实现快速制造。

5. 大数据分析

对信息系统和生产线的"人、机、料、法、环、测"数据进行统计分析并利用,以驱动生产组织、设备维护、物流配送、工艺改进、质量检验,为数据驱动企业建设提供支撑。

8.4.2 建议

(1)对于离散制造企业尤其是轨道交通企业的智能制造项目建设,国内外可借鉴的经验较少,相关建设指导标准也较少,因此,希望有更多的案例和标准可供借鉴。

（2）在智能制造项目建设过程中，制造设备种类较多，设备采用的信息交互方式和协议各不相同，给智能车间设备信息的互联互通带来了很大的难度。因此，建议把智能车间设备信息的互联互通作为重点。

（3）系统集成是项目成功的关键。智能车间由若干系统组成，要实现企业层、业务层、执行层和设备层的纵向集成，客户、供应商、合作伙伴的整个价值链的横向集成，以及价值链中所有参与者"端到端"的集成都是非常复杂的课题，需要将系统集成作为技术难点，认真研究、精心设计。

中国高铁是"引进、消化吸收、再创新"的代表作，中车青岛四方以"加快建设制造强国，加快发展先进制造业，推动互联网、大数据、人工智能和实体经济深度融合"的部署为指导思想，以国家制造强国战略、中车智造战略为指引，积极承担工业和信息化部、科技部智能制造项目，加快智能工厂建设，对研发、制造、服务、运营等全流程和全产业链实施智能制造，实现智能制造转型；加快推进信息化、网络化、智能化技术与现代制造技术的深度融合,深度开展数据挖掘分析,为产品和运营提供全面数据支撑，在质量、效率、效益、职业健康方面取得突破，不断提高企业的核心竞争力，从而确立中车青岛四方在行业中的领先地位。

案例 9　巨石集团有限公司

基于工业大数据的玻璃纤维数字化工厂建设

巨石集团有限公司依托智能制造创新驱动，引领玻璃纤维行业转型升级和高质量发展，确立了以"管控一体化、生产制造智能化、IT服务智慧化"为基础的信息化建设体系。巨石集团有限公司创新应用核心装备、工艺流程和空间布局的数字化建模，突破了高熔化率窑炉的智能化控制、物流调度系统智能化、拉丝设备智能化升级、玻纤产品自动包装物流等关键技术；建成了玻璃纤维工业大数据中心，实现了传统企业向数字化、网络化、智能化现代企业的发展，在效率、质量、成本方面取得显著收益。

9.1 企业简介

9.1.1 企业基本情况

巨石集团有限公司（以下简称"巨石"），是中国建材股份有限公司（以下简称"中国建材"）玻璃纤维业务的核心企业，以玻璃纤维及制品的生产与销售为主营业务，是我国新材料行业进入资本市场较早、企业规模较大的上市公司之一。巨石在国内的浙江桐乡、江西九江、四川成都建有3个生产基地，还有苏伊士（埃及）、南卡州（美国）2个生产基地与12个海外子公司，产品销往国内近30个省（市、自治区），并远销全球近百个国家和地区，产品年产超过200万吨，出口销量占总销量的50%。

作为世界玻璃纤维的领军企业，巨石多年来一直在规模、技术、市场、效益等方面处于领先水平，先后获评智能制造示范企业、制造业单项冠军企业、国家重点高新技术企业、国家创新型试点企业、全国智能制造试点企业、中国大企业竞争力500强、浙江省"五个一批"重点骨干企业和绿色企业是全国首批两化深度融合示范企业。巨石的研发项目获评国家科学技术进步二等奖、智能制造新模式应用专项；巨石还拥有国家级企业技术中心、全国企业博士后科研工作站。

9.1.2 所属行业及特点

按照我国国民经济行业分类（GB/T 4754—2017）标准，巨石属于非金属矿物制品业大类（代码30）、玻璃纤维和玻璃纤维增强塑料制品制造中类（代码306）、玻璃纤维及制品制造小类（代码3061）。

玻璃纤维行业虽然属于新材料行业，但其生产模式相对传统，"重资产+劳动密集型"一直是该行业的标签，特别是随着玻璃纤维的应用越来越广泛，市场需求不断扩大，对玻璃纤维产量、质量的要求也越来越高。但行业内企业，尤其是国内企业，普遍存在生产工艺流程不标准、资源配置效率低、缺乏创新能力等不足。因此，玻璃纤维行业必须顺应新一轮科技革命和产业变革机遇，加快物联网、大数据等信息技术与制造业融合，加大机器换人及制造执行系统（MES）等应用力度，不断提升生产流程的标准化程度，全面布局数据采集系统，构建一体化管控体系，从而进一步降低生产成本，提高生产效率和生产质量，加快产业转型升级。

9.1.3 智能制造亮点及模式总结

1. 应用数字孪生技术，提升智能化生产水平

巨石智能制造项目结合玻璃纤维智能制造系统架构，对窑炉、拉丝机、络纱机等核心生产设备进行3D仿真建模，在虚拟环境中重现制造工艺全过程、展现产品全生命周期的真实状况，实现生产运营的数字化和智能化。

搭建状态感知、嵌入式计算、网络通信和网络控制等一揽子系统工程，引入全流程物流系统、自运行机器人、低延时5G网络等157项创新应用与技术，建成具有巨石特色的工业互联网时代的智能工厂。

2. 推动工业大数据运营，促进企业数字化转型

巨石建成了玻璃纤维工业大数据中心，实时采集生产线各类管控信息1218项，高效率统计、评估、分析和处理超4万点位数据，总结生产经验算法、应用人工智能预判发展趋势，为管理决策和专家诊断提供数据支撑。

巨石借助数据接入服务（Data Ingestion Service，DIS），集成ERP、MES等系统，破解"自动化孤岛"现象，实现决策层、管理层、执行层、设备层、控制层等内部平台纵向全面贯通，与海关、银行、保险、税务、物流等外部平台无缝衔接，实现运营、制造、控制三位一体，协同制造。

3. 突出节能减排制造理念，形成可持续发展模式

巨石开发了碹顶燃烧节能技术，融合信息技术，建造智能控制的高熔化率窑炉，

不仅提高了生产效率、改善了产品质量，而且使能耗水平大幅下降，每吨纱能耗仅为 0.34 吨标准煤。

9.2 智能制造项目建设

9.2.1 项目背景

首先，玻璃纤维行业整体生产方式相对粗放、产品同质化严重、行业盈利能力不均，制约了中国复合材料的发展，复合材料的应用能力与国际先进水平相比有较大差距。其次，玻璃纤维的生产特点是，大池窑连续化生产，产品种类繁多、工艺复杂，而近年来市场及客户的结构性需求变化越来越快，企业生产计划与客户和市场之间缺乏灵活、高效的信息沟通机制，柔性制造能力有待提升。最后，全球化的发展既需要大量的制造、装备、研发等技术人员给予快速、及时的响应和技术支持，又需要对核心装备、控制、研发机密进行保密和掌控，传统意义上的现场服务和支持将不可能满足需求。因此，综合玻璃纤维行业迫切需要转型升级，提升行业整体竞争能力，加快生产与市场的融合，探索全球化的管控模式，智能制造的建设将是行业转型升级的重要手段和方法。

随着玻璃纤维生产全球化程度的提高，国内相关生产企业在全球建设了多条玻璃纤维生产线。巨石智能制造项目规划三年内完成智能工厂的建设工作，完成企业智能化水平全面提升，工厂总体设计、工程设计、工艺流程及布局均建立较完善的系统模型，设计相关的数据进入企业核心数据库；生产工艺数据自动数采率为95%以上，工厂自动化投用率为90%以上，实时数据库平台与过程控制系统、生产管理系统实现互通集成，制造执行系统（MES）与企业资源计划管理（ERP）系统集成；安全可控的核心智能制造装备得到广泛应用，企业生产效率、能源利用率有较大提升，运营成本、不良品率及产品研制周期进一步降低及缩短，形成部分发明专利及行业相关标准草案。

9.2.2 实施路径

1. 五年规划，战略先行

2015 年以来，巨石以打造"网络化、数字化、智能化"的智能工厂为目标，引入智能制造技术和绿色发展理念，投资百亿元，在浙江桐乡建造智能制造基地，规划建设 6 条智能制造生产线。其中，基地在智能化方面的投资高达 5.43 亿元，于 2017 年 10 月开工建设，2019 年 9 月全部建成投产。巨石智能制造生产线布局如图 1 所示。

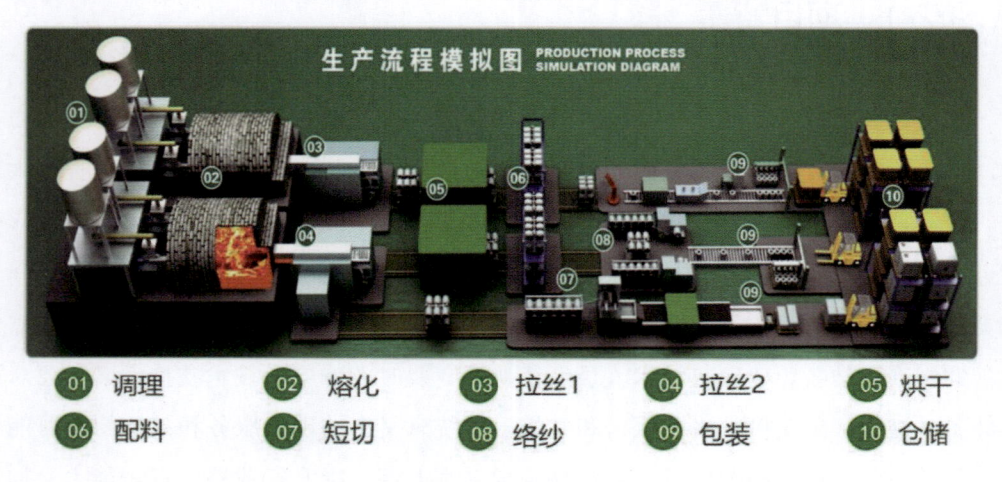

01 调理　02 熔化　03 拉丝1　04 拉丝2　05 烘干
06 配料　07 短切　08 络纱　09 包装　10 仓储

图 1　巨石智能制造生产线布局

2. 构建项目组织架构，保障项目有序推进

为保障项目有序、高效地推进，巨石对项目高度重视，成立项目领导小组，围绕项目总体目标和工作任务，研究制订总体执行计划，分解项目任务。从资金管理、管理协调、质量控制、技术研发、进度控制、跟踪总结 6 个方面建立了有效的运行机制。项目领导小组组织架构如图 2 所示。

在人员配置方面，巨石视技术创新能力为企业发展的核心竞争力，在充分发挥现有人才优势注重培养自有技术人员的同时，引进和聘用了一大批资深的技术人才，并牵头与北京机械工业自动化研究所、西门子公司等具备成熟技术的机构和厂商联合成立技术中心，实现了"产学研用"的全面合作。

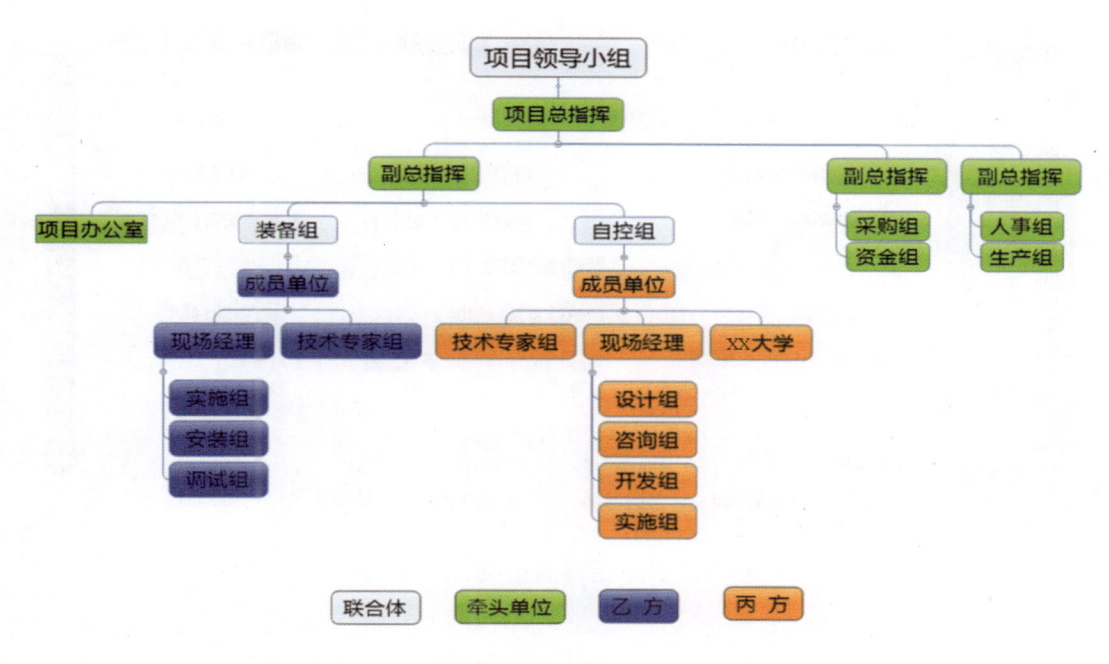

图 2　巨石智能制造项目领导小组组织架构

3. 依托顶层设计，构建智能制造技术架构

巨石玻璃纤维数字化工厂项目以二分厂 202 线作为样板线，以"部署 MES 框架""多系统深度集成""大数据深入应用"三个智能制造阶段为顶层设计思路进行建设，从计划源头、过程协同、设备底层、资源优化、质量控制、决策支持、持续优化 7 个方面着手实现"七维"智能制造，这 7 个方面涵盖了工业生产、经营的重要环节，实现全面的精细化、精准化、自动化、信息化、智能化管理与控制，通过底层设备的互联互通、基于大数据分析的决策支持、可视化展现等技术手段，实现生产准备过程中的透明化协同管理、生产设备智能化的互联互通、智能化的生产资源管理、智能化的决策支持、3D 建模及仿真优化，从而全方位达到智能化的管理与控制。巨石智能制造项目的技术架构如图 3 所示。

巨石的智能制造项目在建设过程中，涉及范围广、系统结构复杂、设备类型繁多，巨石作为项目建设方，充分利用自身对玻璃纤维行业的生产经验优势与技术联合单位充分合作，针对关键工艺开发与系统集成建设所涉及的各项核心难点问题，在基于大原则条件不变的前提下，制定分项研究子课题，明确攻关关键点，层层分解落实。

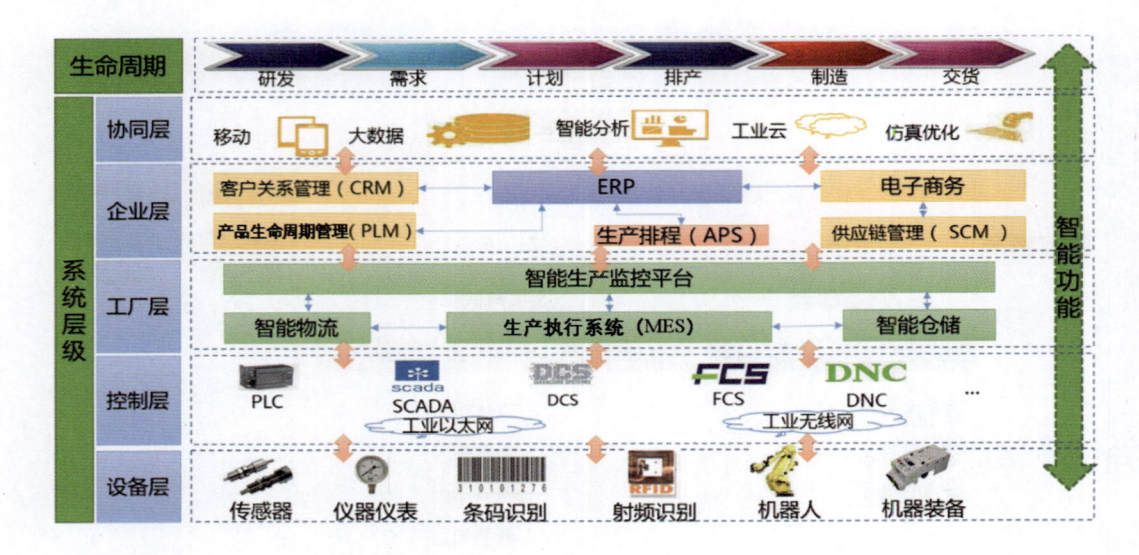

图3 巨石集团智能制造项目的技术架构

4. 研发玻璃纤维生产核心技术装备及系统

1) 设计覆盖生产全流程的智能物流输送线

巨石结合自身玻璃纤维生产经验，配合生产线结构及生产工艺，自主设计并建设的智能物流输送线（见图4）是贯穿整个玻璃纤维智能生产线的核心装备，通过全自动智能化调度突破了产能扩容、效率提升、强度降低等诸多生产系统瓶颈。智能物流输送线主要由拉丝物流输送系统、原丝自动分配系统、炉前后智能小车系统、立体库存储系统、直接纱包装调度系统、小板链传送分拣系统、小车周转返空系统、智能化视觉识别系统、中央控制调度系统组成，打通各个工序，实现了产品从"原丝—烘制—络纱—检测—包装—入库"的全流程自动输送，并可根据产品工艺执行对应的生产操作，使整体运转效率提升28.6%。

同时，巨石在关键区域设置的人机界面及对应的辅助操作控制终端，实现了现场故障查询处理。通过工业互联网技术的配合，维护人员可通过远程终端，在车间的任意区域内实现对现场设备的故障监控和诊断。

2) 研发基于碹顶燃烧技术的智能控制高熔化率窑炉

作为玻璃纤维生产的核心装备，传统窑炉受工艺限制，存在熔化部面积小、熔化率低、能耗极高的问题，能源成本一直在玻璃纤维生产成本中占据很大比例。

图 4 巨石智能物流输送线

巨石自研的基于碹顶燃烧技术的智能控制高熔化率窑炉（见图 5），采用全新的窑炉和通路设计结构，利用增强玻璃液对流，提高燃烧效率和玻璃液质量；优化大碹角度和结构，使胸墙高度下降将近 50.0%、熔化部面积减少 28.1%、熔化率提高到 3.0T/D×M2 以上；综合平衡窑炉各部位的寿命，加强保温，降低能耗，使窑炉寿命提高 25.0%。

图 5 巨石智能控制高熔化率窑炉

3) 建立基于实时消耗的智能投料生产模式

连续性生产是玻璃纤维行业的一大特色，巨石智能制造项目通过自动化料库与智能配料系统的集成，配合输送管道、智能仪表，实现对窑头料仓的状态监测；根据原料消耗情况，自动完成按工艺配料、投料等工序，实现对储罐状态数据的实时监控、消耗的趋势预测；通过 MES 实时反馈原丝质量检查、拉丝机开机率等数据，智能调整各种原料成分比例，保证生产 24 小时投料的稳定运行。巨石智能配料系统如图 6 所示。

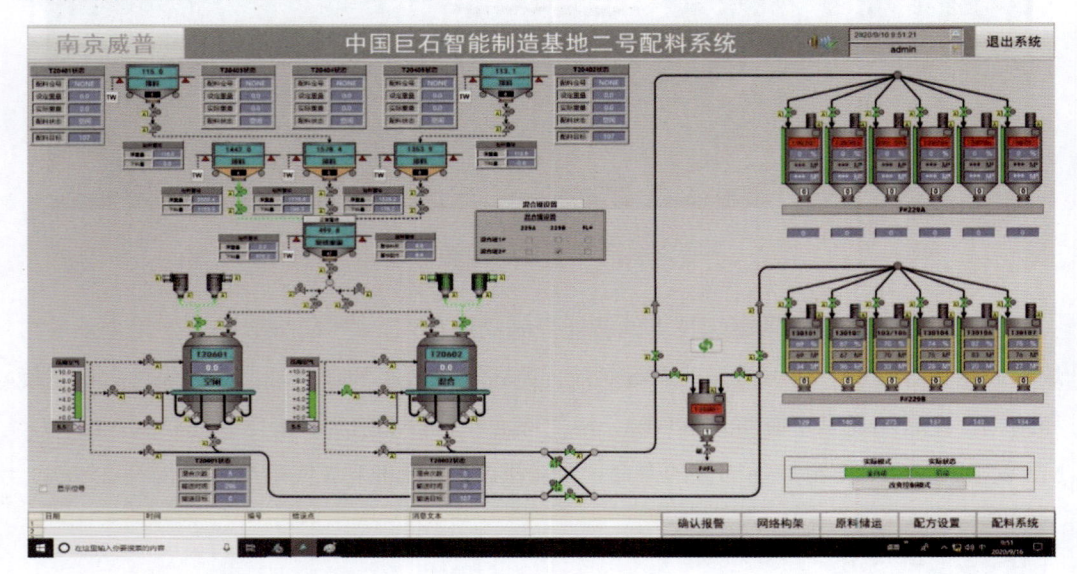

图 6 巨石智能配料系统示意

4) 打造基于个性化定制的工艺数字化平台

巨石玻璃纤维生产工艺的管理模式由集团统一管控，通过工艺数字化平台（见图 7）下发，各生产基地自上而下地执行管理模式，建立了以拉丝、烘制、络纱、短切、检装为基础的工艺数据模板（其中拉丝工艺路线如图 8 所示），并在此基础上进行工艺参数和 BOM 数据填充，以不同的工艺关键字进行特点识别，打通了生产制造执行与自动化的数据交互通路，最终确立了以产品、生产线、客户三要素为分组条件的、面向客户的定制化工艺路径模式。

巨石针对客户的定制化工艺生产模式，在确定产品和客户的条件下，以数字化工艺进行生产规划，在工厂、生产线、工序、生产装备、工艺参数的数字化模型的基础上，由 MES 统一对产品的工艺路线、工序安排、制造设备进行数据绑定；通过数字化模型对工艺方案进行分析，统一量产与研发的多种工艺生产并存，得到最优的工艺规划方案，使工厂的生产模式向标准化的工艺建模方向发展。

图 7　巨石工艺数字化平台示意

图 8　巨石拉丝工艺路线示意

5. 开展基于主数据共享的信息系统集成

巨石以主数据管理（MDG）系统为基础，遵循建设原则中的五个统一标准，即"统一软件架构""统一数据平台""统一报表工具""统一编码规则""统一展示风格"，通过 ERP 系统、MES、WMS、质量系统、SRM 系统、CRM 系统的集成，从拉丝、短切等各工段及公用车间的控制系统中实时采集数据，以及从订单、计划、排产、质量等相关体系中采集数据，生成实时数据和关系数据，建立工厂、产品、工艺模型，直接从这些系统中读取销售、生产、设备、能耗、质量数据，并对各控制系统进行综合组态，实现生产集中监控、销售订单全过程跟踪、生产进度全程跟踪、生产调度优化排程、产品质量管理追溯，并对生产计划、质量、产量、能耗、物耗、设备、工艺等异常情况监控报警，以提高生产管理效率，改善生产质量；全面提升企业的资源配置优化、操作自动化、实时在线优化、生产管理精细化和智能决策科学化水平。巨石智能制造系统集成架构如图9所示。

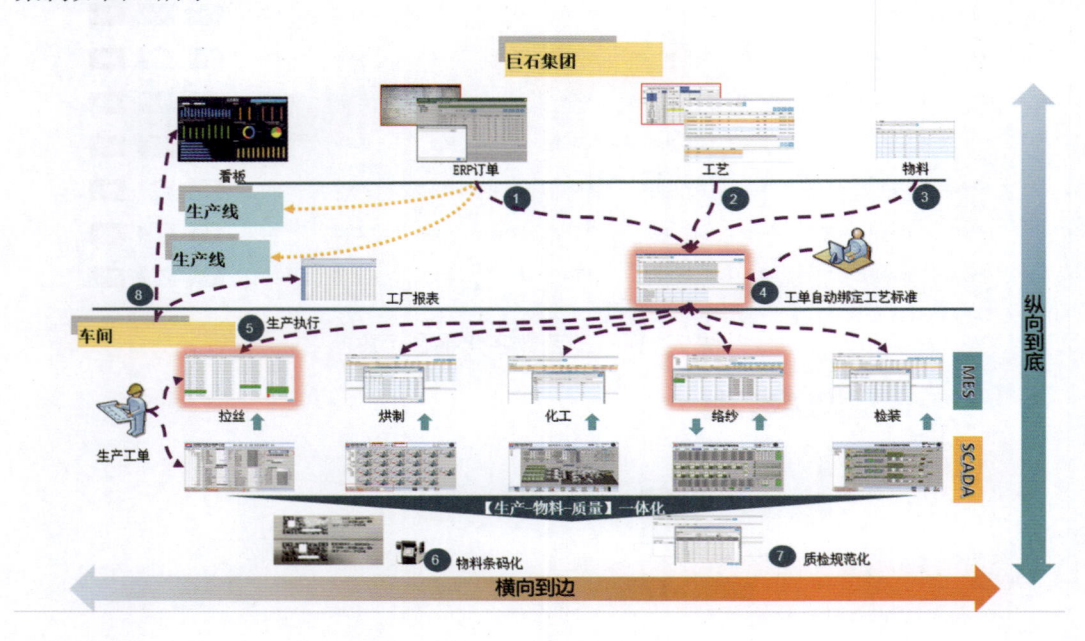

图 9　巨石智能制造系统集成架构

6. 发挥头部企业优势，开展全产业链上下游协同模式

身为玻璃纤维行业的头部企业，巨石一直致力于探索如何利用自身优势，促进上下游企业形成资源的流动和信息的共享，共同打造合作、开放、共赢的资源互通平台，促进全产业链的融合发展。巨石玻璃纤维产业链现状如图10所示。

目前，巨石通过SRM系统与上游核心大型工艺商开展系统对接，实现采购需求的数字化对接，采购进度实时可见，采购及时率可动态跟踪，物资到货可实时推送。同时，巨石配合基于国产商用密码的电子签章技术，实现采购合同的电子化，显著提高了双方的运营效率，尤其是在 2020 年国内新冠肺炎疫情发生后的复工复产期间，优势凸显。巨石 SRM 系统与供应商集成流程如图 11 所示。

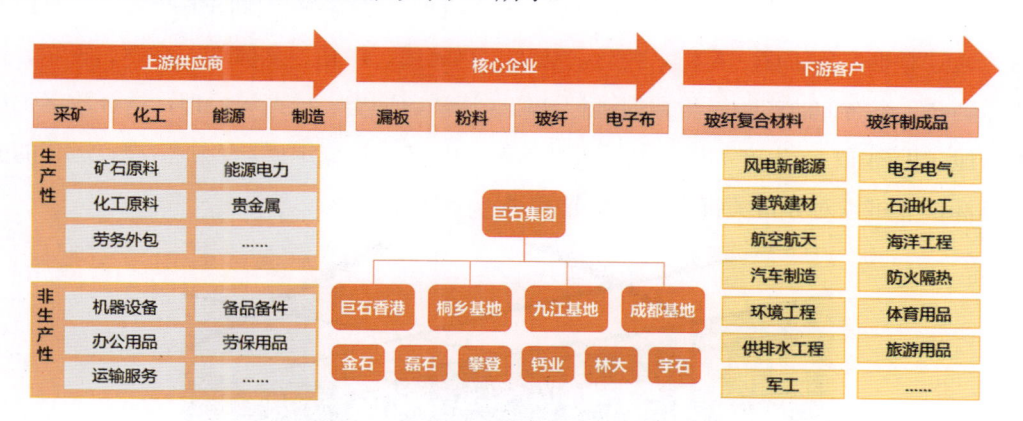

图 10　巨石玻璃纤维产业链现状

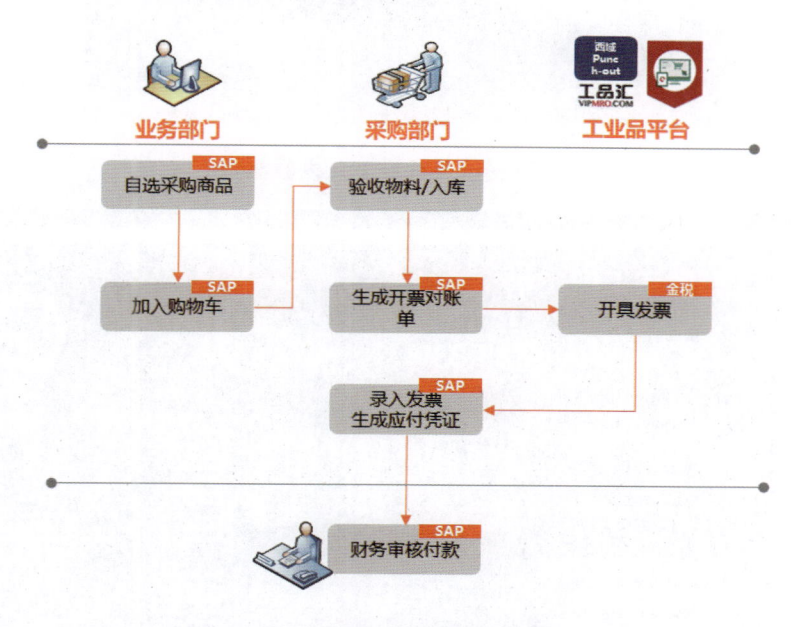

图 11　巨石 SRM 系统与供应商集成流程

巨石与重要客户实现产品数据对接，客户直接扫描产品包装上的二维码即可查看该产品的批次、型号、质量等相关信息，并且形成相关标准 API 接口，后续可支持客户接入。同时，巨石与物流公司、海关系统的数据打通，实现了物流信息实时传输、报关数据精准发送，极大地提高了业务的快速响应能力。

7. 建立基于大数据技术的全流程工业大数据中心

巨石玻璃纤维工业大数据中心（见图 12）是一个覆盖整个集团生产运营的监控平台，通过对生产各工序（窑炉、拉丝、化工、物流线、烘箱、立体库、络纱、短切、检装、制毡、织布）的实时采集数据进行抽取、清洗、聚类、挖掘等处理，结合数字工厂驾驶舱（见图 13）、生产关键数据看板（见图 14）等，形象地展示企业生产、运营的关键指标，并可以对异常关键指标做预警和进一步分析。

图 12 巨石玻璃纤维工业大数据中心

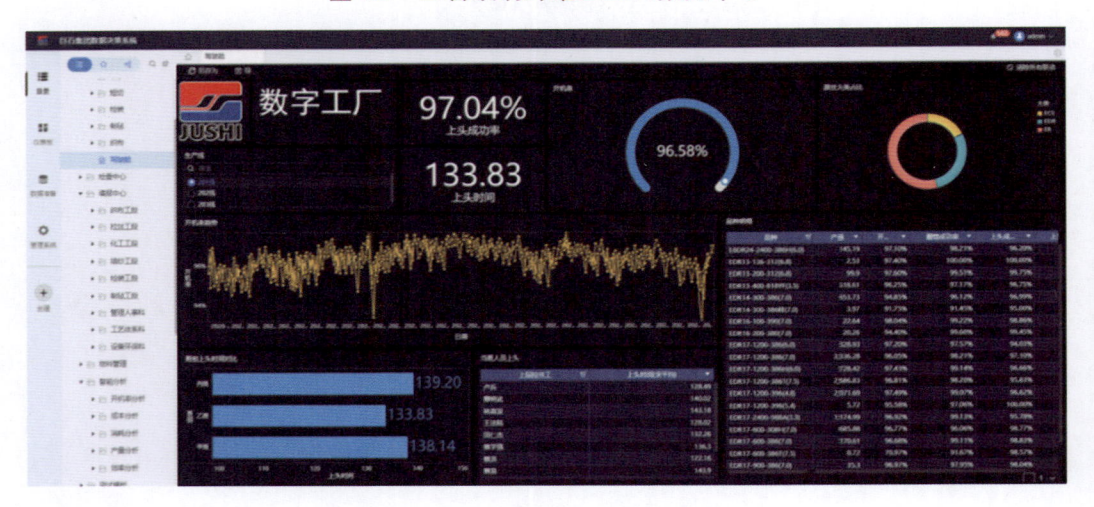

图 13 巨石数字工厂驾驶舱示意

巨石通过对 ERP、MES、QM 等系统的数据整合挖掘，直观监测企业运营情况，实现销售订单全过程跟踪、生产进度全程跟踪、产品质量全流程追溯，从而全面提升企业的资源配置优化、生产管理精细化和智能决策科学化水平，为集团各级管理层的决策提供数据支撑。巨石应收账款资金分析、销售关键指标如图 15、图 16 所示。

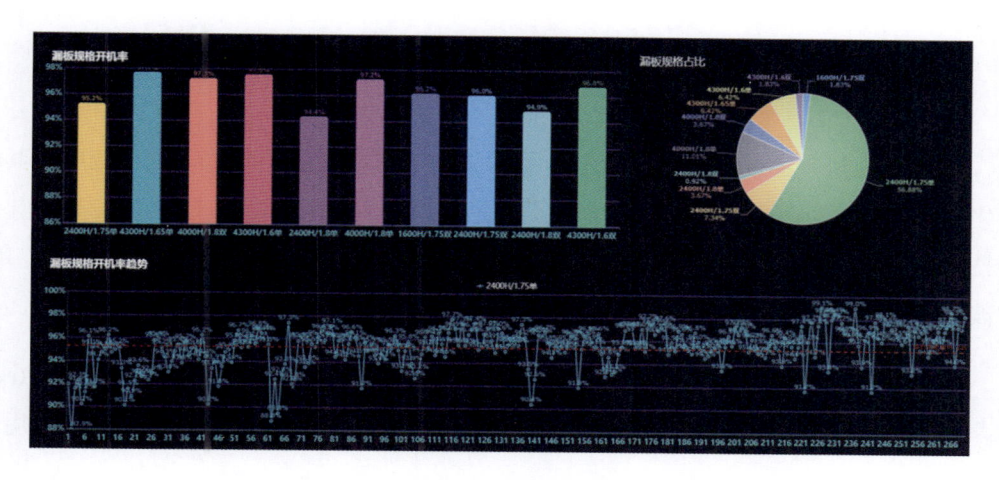

图 14　巨石生产关键数据看板示意

图 15　巨石应收账款资金分析示意

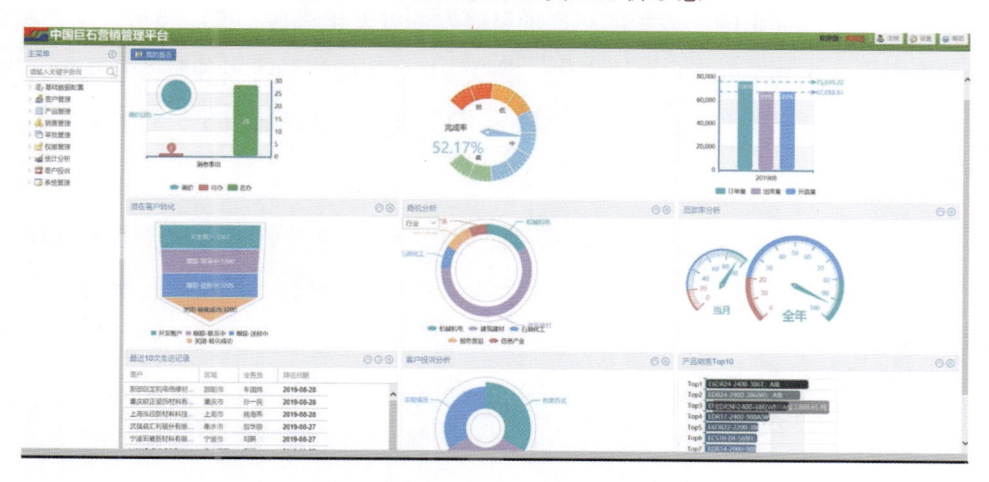

图 16　巨石销售关键指标示意

9.2.3 实施成效

巨石智能制造项目的建设包含了一系列先进的新型智能装备的研制和应用，其信息化和大数据分析等新一代信息技术应用都是创新型应用，形成了以网络化、数字化等新技术为基础，面向订单的高效生产新模式，支撑玻璃纤维企业运营和管理模式变革，对玻璃纤维两化深度融合发展起到引领和示范作用。

巨石智能制造项目在生产运营方面实现了五大综合指标：生产效率提高45.0%，运营成本降低20.4%，产品研制周期缩短48.2%，不良品率降低21.9%，能源利用率提高24.3%。

巨石智能制造项目在技术方面完成了智能工厂总体设计、工艺流程的数字化建模及工厂互联互通网络架构与信息模型；实现了生产工艺仿真与优化、生产流程实时数据采集与可视化；建立了玻璃纤维工业大数据中心，实现现场数据与生产管理软件信息集成。

9.3 经验复制推广

作为国内玻璃纤维行业领军企业，巨石智能制造项目的完工，对国内乃至国际玻璃纤维行业产生了深远影响。该智能制造项目研发的智能化设备、产品模型、工艺模型、工业数据中心、大数据分析、在线优化、虚拟仿真、智能协调等多种装备及系统，均为行业内其他企业树立了新的标杆，使玻璃纤维制造行业的智能能力和制造水平再上一个新台阶，成为行业内的榜样。

特别是巨石集团旗下子公司，均已参照该智能制造项目的模式和经验积极对自身工厂进行智能化改造。其中，智能物流输送线、自动打印贴标机等在巨石集团子公司的应用获得使用单位广泛好评。

9.4 智能制造建设体会与建议

9.4.1 体会

在探索智能制造的过程中，企业往往有着丰富的行业经验而苦于不懂得智能制造的相关技术和理论，服务商在智能制造专业技术上有丰富的经验和理论基础但却对行业知识知之甚少。故在项目实施初期，各方需要经过相当长的一段时间的碰撞与融合才能将各方优势形成互补，为项目建设服务。

因此，企业一方面与服务商在建立长期合作的基础上，通过协议、补充条款等进一步明确对项目组成员的要求，最大限度保障成员的稳定性，以便前期的知识积累在后期推广过程中得到更快捷的复制及优化；另一方面，企业要在内部进一步完善人才激励机制，通过待遇提升、岗位调整、职务升迁、职业规划、荣誉奖励等各种措施，根据工作表现及对项目贡献的不同，对前期参与项目的人员进行不同级别的奖励，留住通过项目建设所培养出的优秀人才，为项目后续推广储备资源。

9.4.2 建议

玻璃纤维材料作为新型无机非金属材料，是理想的金属材料替代品，广泛应用于交通运输、建筑、基础设施建设、电子电气等产业，通常作为复合材料中的增强材料、电绝缘材料和绝热保温材料、电路基板等，在国民经济中发挥着不可替代的作用。因此，在持续推动玻璃纤维生产智能制造的同时，如何开展"玻璃纤维下游制品深加工领域的智能制造建设"将是一个新的课题。

1. 产学研用联合，开展玻璃纤维下游制品深加工领域的智能制造建设

随着玻璃纤维产品应用领域的进一步扩大，下游制品对玻璃纤维产品的个性化需求越来越强烈，传统的常规性能的玻璃纤维产品已无法满足市场需求。

建议国内主要玻璃纤维下游制品的生产企业，联合科研机构、高校和供应商，建立产业层面的工艺数据映射联动平台，这样既能保证各自工艺及核心技术的保密性，又能实现下游制品工艺参数与上游玻璃纤维生产工艺参数的对标映射，根据下游工艺需求的数据变化，对上游产品在研发设计、生产制造等环节进行实时调整；充分发挥产学研用的资源整合优势，形成用户需求的深度挖掘、实时感知、快速响应和及时满足的产业链柔性生产模式。

2. 探索引入金融资本，推动玻璃纤维全产业链发展

智能制造作为中国制造业转型升级的新方向、新趋势，应不断响应市场需求变化，除了传统层面的技术创新之外，应该进行组织方式创新、模式创新。例如，处于产业链链主地位的头部企业，可尝试与银行金融平台合作探索开发供应链金融协同方案，开展企业信息系统与银行金融平台的数据集成，可基于核心企业与上下游企业之间的真实交易，为供应链上下游企业提供开具电子票据、融资、交易结算、现金管理等一揽子综合金融服务，借助金融资本的力量推动整个玻璃纤维行业的快速发展。

案例 10　无锡小天鹅电器有限公司

基于工业装备互联的家用电器智能工厂

　　围绕基于工业互联网时代的家用电器智能工厂建设,无锡小天鹅电器有限公司建立了面向生产过程的透明化数字孪生系统,实现了柔性制造环节的精细化管理,实现了从需求到服务、从线上到线下、从上游到下游的全价值链数字化驱动,打造了"T+3"的柔性敏捷交付模式,将产品供货周期缩短 50% 以上,显著提升了企业面向市场的快速响应能力和产品交付速度,建成了具有设备自动化、生产透明化、物流智能化、管理移动化、决策数据化、产品物联化的"六化"特征的智能制造新模式。

10.1 企业简介

10.1.1 企业基本情况

无锡小天鹅电器有限公司（以下简称"无锡小天鹅"）是中国早期生产和经营洗衣机的家电行业龙头企业，是世界上极少数同时制造全自动波轮、滚筒、搅拌式全种类洗衣机的企业，在产销量、质量、技术方面长期处于优势地位，其国内市场份额、产品出口量和出口额稳居行业前列。

无锡小天鹅拥有国家认定企业技术中心、国家级实验室，研发团队达 1000 人，硕士、博士学历人员占比达 33%，累计申请专利、专有技术所有权等知识产权 5000 多项。公司拥有国际领先变频技术、智能驱动控制核心技术，研发全球物联网洗衣机；拥有国际一流的制造装备和制造人才，2019 年获吴文俊人工智能科技进步奖，获评省级示范智能车间、江苏省四星级上云企业，2019 年通过国家智能制造成熟度能力四级评估，2020 年被认定为国家智能制造标杆企业。

10.1.2 所属行业及特点

按照我国国民经济行业分类（GB/T 4754—2017）标准，无锡小天鹅属于电气机械和器材制造业大类（代码 38）、家用电力器具制造中类（代码 385）、家用清洁卫生电器具制造小类（代码 3855）。

随着社会生活品质的提升，消费者对家电产品的功能要求逐步提高，中国洗衣机产业的市场和社会需求将以节能、健康舒适、呵护衣物为主。在此基础上，智能化、网络化将成为新型洗衣机领域和洗衣机关联领域的主要拓展方向。从产业发展方向来看，制造技术升级将成为推动行业持续发展的重要方向。未来，从洗衣机产品的可定制化状态到整机设计技术的提升，到跨产业技术的合作创新，再到环境友好型创新，实现对能耗的降低、耗材的减少将成为整个产业的主要发展目标。

10.1.3　智能制造亮点及模式总结

1. 满足定制化设计的数字化研发体系

无锡小天鹅通过应用产品数据管理（PDM）系统、数字化工艺管理（DPM）系统、产品设计试验仿真及个性化产品物料清单（BOM）选配等，提高设计数据共享，建立数字化设计知识库，促进并行设计及协同研发，满足对用户的个性化定制的快速响应；同时，综合使用多学科的知识，发挥交叉学科的优势，使用计算机辅助设计和仿真工具、计算流体力学（CFD）仿真技术、拓扑优化技术，实现产品动力学建模和优化，保证洗衣机在高效性能、节能降耗及高速运转工况下的高可靠性。

2. 满足生产透明化的管理平台

无锡小天鹅在生产过程中设置了上万个信息采集点，通过数据采集装备智联宝、射频识别、条码识别、视频采集、音频采集和传感器等，采集包括采购、生产、能源消耗、设备状态等各类数据。同时，通过数字孪生工厂、生产线、设备的建设，实现了生产要素的仿真建模、生产状况的同步监测及生产节拍的控制优化。

3. 满足柔性制造的信息系统集成应用

无锡小天鹅基于六大运营系统——PLM、ERP、MES、APS、CRM、SRM 的集成应用，打通智能洗衣机生产的研发、市场、计划、采购、制造、销售、物流、服务和财务等业务流程，供应商、客户等上下游企业可通过平台与工厂进行信息与资源的即时共享、传递与交互，支持无锡小天鹅端到端的核心价值链高效运作。

4. 满足客户订单"T+3"产供销新模式

为实现客户订单的快速交付，需要从研发端、制造端、供应链与营销端4个方面入手，互相协调、调整适应。无锡小天鹅通过建立新型的产销模式，以智能排产和供应链协同为主要抓手，基于信息系统的有力支持，由上下游供应链共同合作完成快速交付的目标，实现对市场的敏捷响应。

5. 满足电器互联的用户智能化服务

在电器互联智能化服务方面，无锡小天鹅智能洗衣机搭载了联网终端模块，使用户通过移动端 App 便捷进行联网操作，实现对电器的远程监测。通过"地动仪"客户大数据分析系统，无锡小天鹅准确定位目标用户群体，提炼用户特征，可以直观快速地了解客户、熟悉客户和认知客户，不仅能为新产品研发和现有产品优化提供参考，还可为营销人员提供有力的数据分析支持。

10.2 智能制造项目建设

10.2.1 项目背景

随着经济全球化的快速发展，全球洗衣机年需求量已超过 1 亿台，全球洗衣机保有量已超过 10 亿台。当前，洗衣机市场销量增长趋缓，受到新企业不断加入及销售模式变化等多种因素影响，行业竞争日趋激烈和复杂。在此态势下，洗衣机生产企业想要占领市场制高点就需加快由传统制造模式向智能制造模式的转变。

以前，洗衣机企业普遍受困于制造装备技术和管理模式落后、制造柔性差、研发和交付周期长等问题。信息采集方式落后，制造执行系统（MES）相对独立，"信息孤岛"现象存在较多，难以实现车间级互联互通，信息化区域在整个工厂中的覆盖率不足 40%，产品的研制周期长达 9 个月，供货周期达 28 天。

为了满足市场对智能洗衣机产品种类越来越多和小批量的订单需求，传统家电制造模式需要转型升级：以消费需求为方向，研发适应市场的新型智能产品，在制造过程中推进柔性化和快速交付，提升市场响应速度，在销售终端建立数据反馈机制，以产品为媒介，将工厂和客户紧密联系在一起。

无锡小天鹅作为制造洗衣机产品的知名企业，深刻认识到，必须依靠数字化、智能化的科技革命持续推动企业的制造模式变革，以期实现以低成本、高效率来响应消费者高度定制化的需求。因此，工厂围绕"用户导向、业务驱动、数据驱动、管理创新"的方针，通过移动互联、大数据、智能制造等新技术的应用，打造具有设备自动化、生产透明化、物流智能化、管理移动化、决策数据化、产品物联化的"六化"特征的小天鹅智能制造新模式。

10.2.2 实施路径

1. 开展智能工厂总体规划

无锡小天鹅工厂将云计算、大数据、物联网、人工智能等新一代信息技术与先进的制造技术相结合，推动以供给为导向转为以客户需求为导向；围绕感知、控制、决策、执行四大关键环节，通过数据的纵向与横向拉通，实现"消费端—供应端—制造端"的端到端集成，促进业务流程与组织结构的重组，为智能工厂的实现奠定基础。无锡小天鹅智能工厂项目总体规划如图 1 所示。

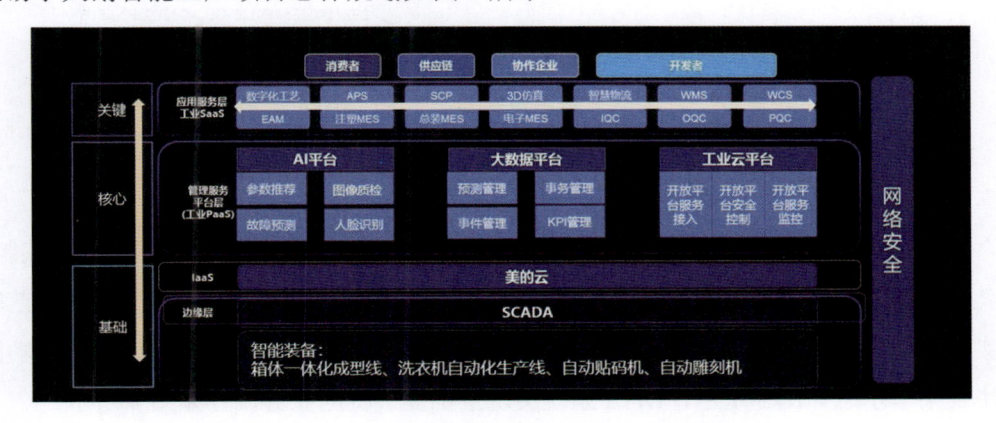

图 1　无锡小天鹅智能工厂项目总体规划

2. 建立基于个性化定制的数字化设计体系

1）产品数据管理（PDM）系统集成应用

针对无锡小天鹅产品型号多、零配件多、设计工作繁杂、更新换代快、研发周期短的特点，建立统一的 PDM 系统以解决日益庞杂的设计文件管理工作，采用统一的软件接口、建立共享数据库与产品规范化设计流程，深度集成 CAD、CAE、CAM、CAPP 等不同的设计应用软件所产生的大量数据，提高数据共享程度、数据传递速度、业务数据集成度，提高产品设计的速度、缩短研发周期。无锡小天鹅产品模块化设计知识库示意如图 2 所示。

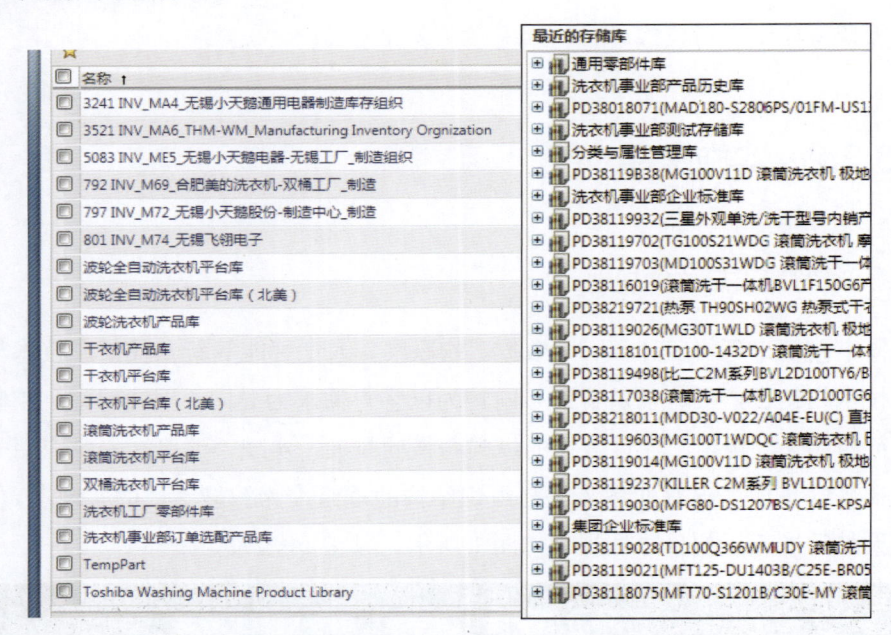

图 2　无锡小天鹅产品模块化设计知识库示意

2）数字化工艺管理（DPM）系统业务协同

无锡小天鹅应用 DPM 系统，实现工艺计划、作业指导书等工艺数据的线上编制；与其他核心系统互联，实现电子化和结构化的工艺数据同步、流转；通过数字化工艺驱动实现 APS 精准排产、MES 投射、设备参数切换等功能。无锡小天鹅 DPM 系统功能模块及菜单示意如图 3 所示，DPM 系统实现全价值链协同业务流程如图 4 所示。

3）产品设计试验仿真

无锡小天鹅引进仿生学设计、拓扑优化设计、动力学仿真、流体仿真、参数优化等技术，减少不必要的产品试制，提高产品性能和质量，新产品升级周期缩短 30%以上。无锡小天鹅设计仿真示意如图 5 所示。

图 3 无锡小天鹅 DPM 系统功能模块及菜单示意

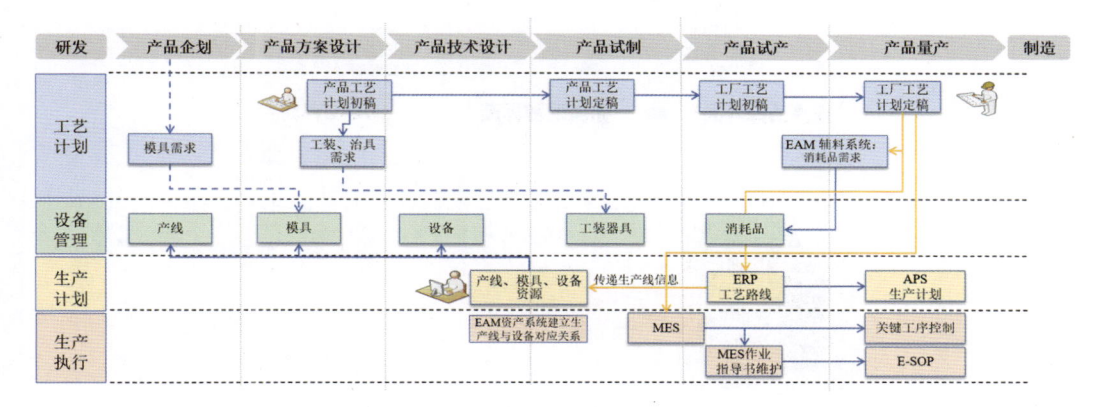

图 4 无锡小天鹅 DPM 系统实现全价值链协同业务流程

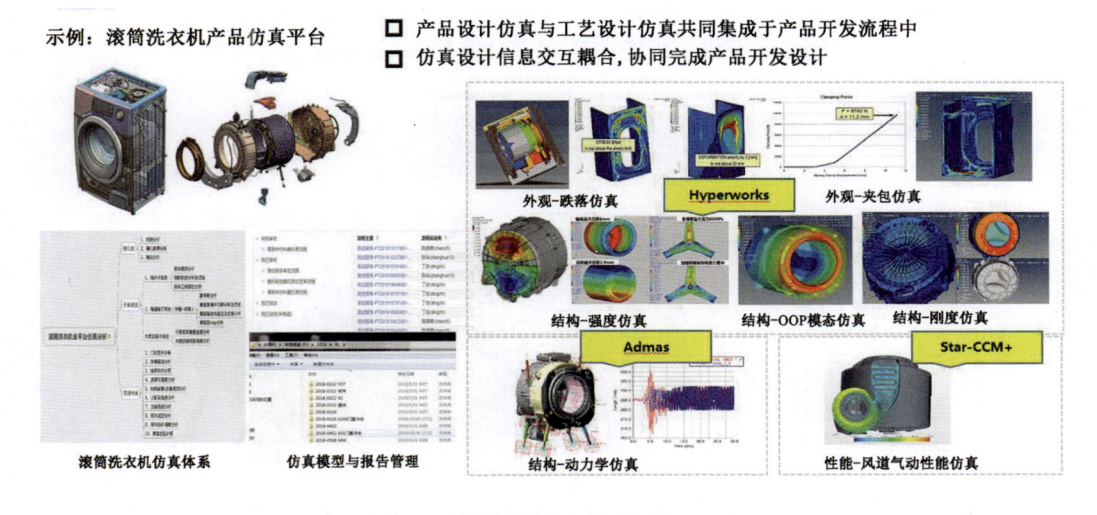

图 5 无锡小天鹅设计仿真示意

4) 个性化产品 BOM 选配

为满足终端用户对产品的定制化需求，无锡小天鹅将洗衣机产品进行模块化、参数化设计，将产品分为 5 大模块、26 个子模块部件。产品研发系统与外部销售系统对接，当外部销售系统配置相应功能后，内部系统可快速基于产品系列化超级 BOM 自动生成选配后的制造 BOM，用于生产下达。无锡小天鹅个性化产品选配实现原理示意、基于超级 BOM 生成制造 BOM 示意、个性化定制产品的选配入口示意分别如图 6、图 7、图 8 所示。

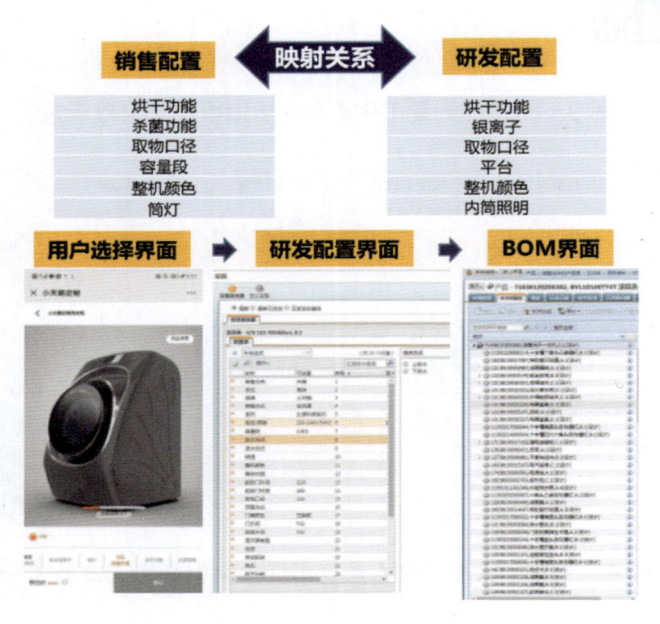

图 6　无锡小天鹅个性化产品选配实现原理示意

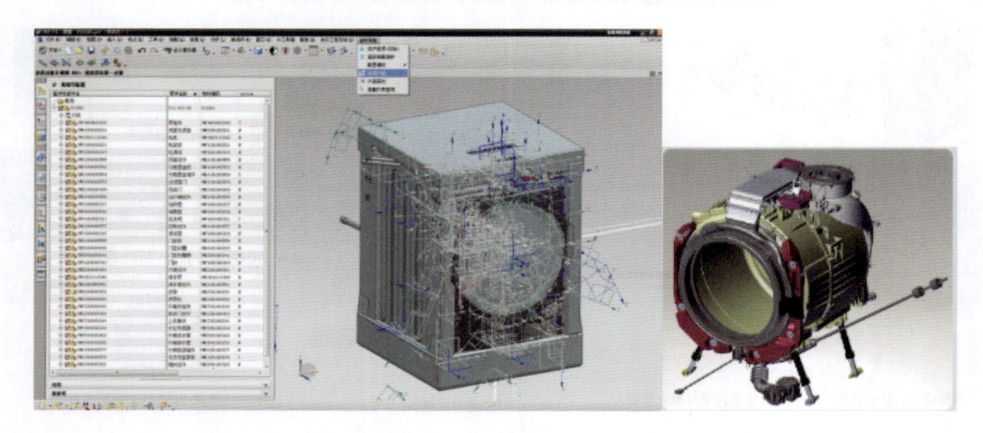

图 7　无锡小天鹅基于超级 BOM 生成制造 BOM 示意

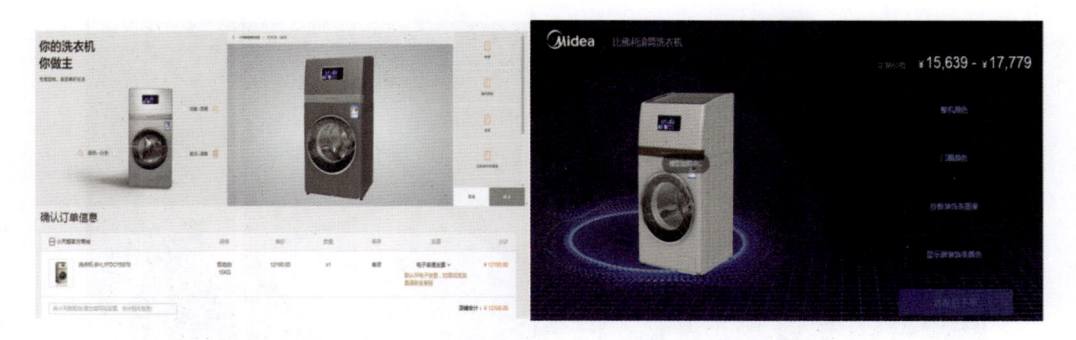

图 8　无锡小天鹅个性化定制产品的选配入口示意

3. 建立基于生产透明化的生产管理平台

无锡小天鹅工厂建立的 SCADA 系统采用了"云—边—端"三级架构,通过"分布式部署+云平台"的方式实现美的集团各地区工厂的设备数据采集及下行控制功能,针对不同工业通信协议进行设备驱动微服务开发、协议归一处理,对下游业务系统提供统一的设备数据交互接口,再结合 EAM、MES、QMS、工业人工智能、工业大数据等具体业务应用系统的联机应用场景,深度挖掘设备联机业务价值。

为解决生产制造过程中的复杂问题,无锡小天鹅在虚拟制造环境下,应用面向对象的仿真建模方法建立制造系统模型,利用仿真技术对制造系统的运行性能进行分析与评价。无锡小天鹅通过"工厂数字孪生"(见图 9)、"生产线数字孪生"(见图 10)、"设备数字孪生"(见图 11)系统的建设,已实现仿真建模、生产状况的同步监测及生产节拍的控制优化;通过设备数字孪生技术,采集设备关键性能参数,实时监控设备运行,并基于运行数据进行预测性分析,降低设备非计划停机率。无锡小天鹅钣金分厂小时产出看板示意如图 12 所示。

4. 开展基于数据驱动的柔性制造信息系统集成

无锡小天鹅启动"632"项目,即(六大运营系统、三大管理平台及两大技术平台)(见图 13),对主要业务系统进行重建或升级,并大力推动智能制造和大数据分析平台建设;通过"632"项目实现了流程统一、数据规范统一,达到了全流程拉通、全业务覆盖的目标。

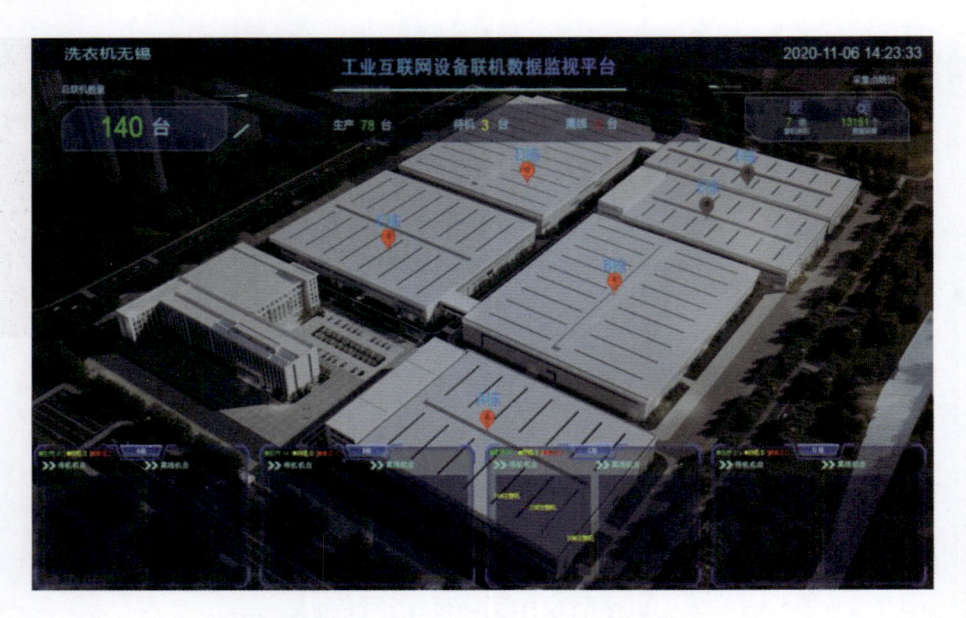

图9 无锡小天鹅"工厂数字孪生"系统建设示意

图10 无锡小天鹅"生产线数字孪生"系统建设示意

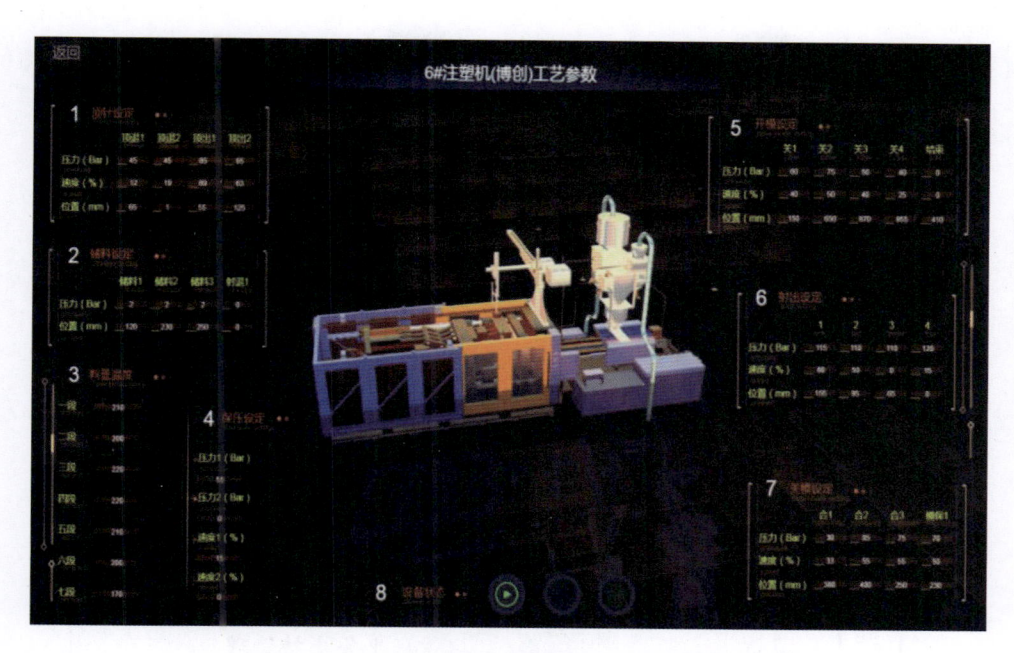

图 11　无锡小天鹅"设备数字孪生"系统建设示意

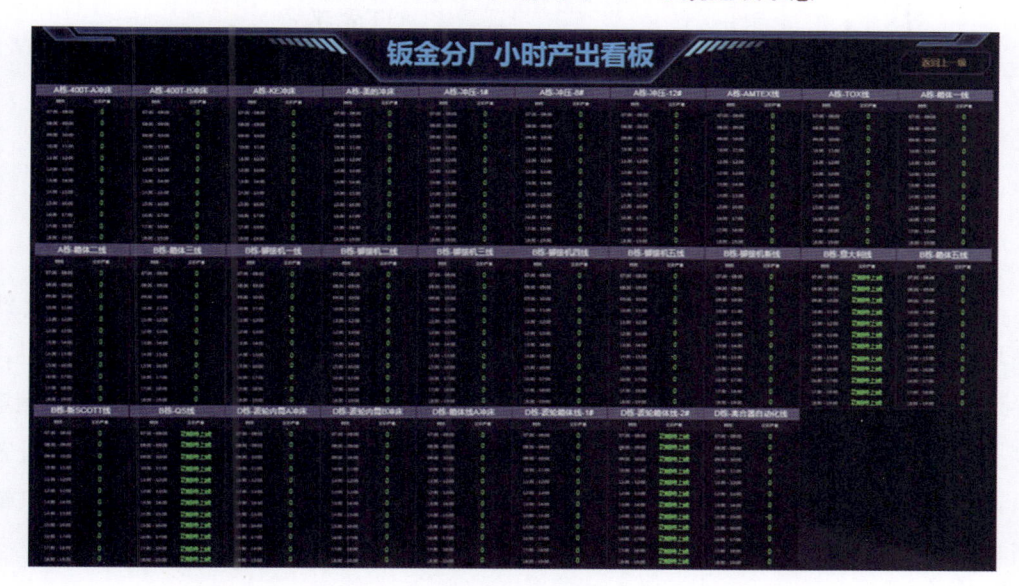

图 12　无锡小天鹅钣金分厂小时产出看板示意

无锡小天鹅六大运营系统拉通了智能洗衣机制造的市场、研发、计划、采购、生产、销售、服务和财务等业务流程，上下游企业（包括供应商、客户等）可以通过平台进行信息与资源的即时共享、传递与披露，支持无锡小天鹅端到端的核心价值链高效运作，形成基本满足智能洗衣机高效率、高品质、高协同的柔性生产方式。

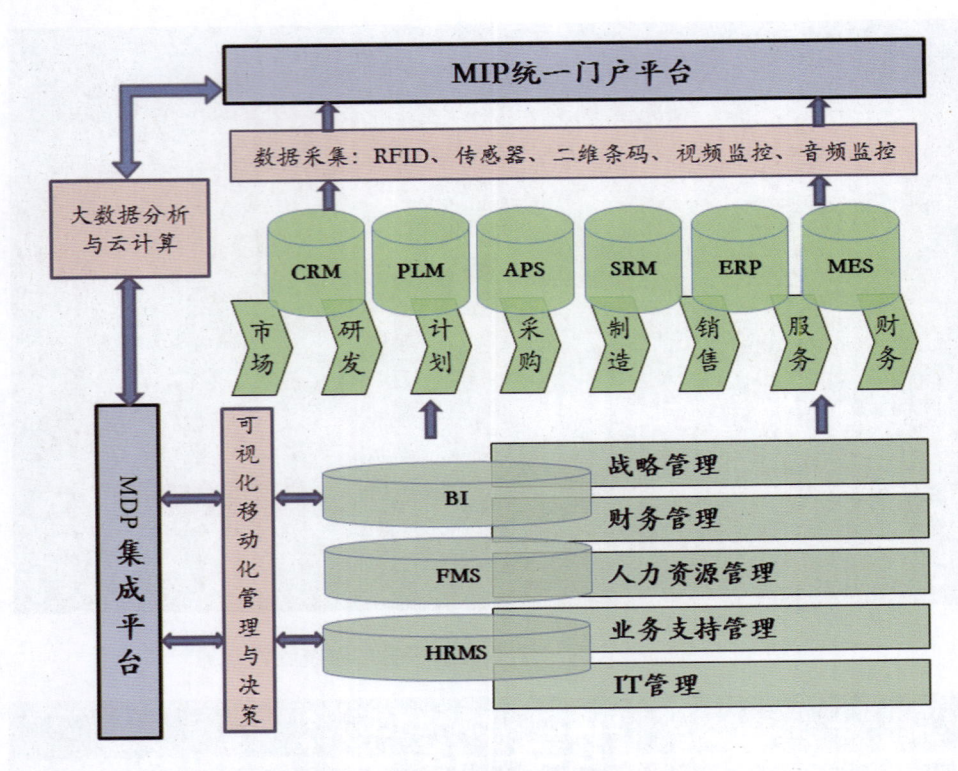

图 13 无锡小天鹅 "632" 项目

5. 打造基于订单驱动的 "T+3" 产供销新模式

由于客户对产品的差异化和定制化的需求越来越明显，传统的储备订单模式无法满足市场变化需要；成品仓储面积过大，导致产生大量库存租金；预测订单准确性不足，导致库存呆滞；供应商物料提前期长，产生部分物料呆滞；订单交付周期长，客户满意度不足。基于公司效率驱动的发展战略，要实现供货保障和生产效率的提升，推进客户订单制模式势在必行。因此，无锡小天鹅打造了基于客户订单制的 "T+3" 产供销新模式。

"T+3" 是一种自客户下单开始（T 周期），经过生产物料组织周期（"T+1" 周期），洗衣机成品生产周期（"T+2" 周期），物流发货及到货周期（"T+3" 周期），给予客户订单满足的订单快速交付模式。"T+3" 应用 VSM 为指导思想，围绕订单到工单（自制、外协）拉通的逻辑，固化 20 个关键的交付业务节点。通过 "T+3" 模式，无锡小天鹅提升了接单环节和排产环节的作业效率，减少了无效重复，降低了业务处理人员的工作强

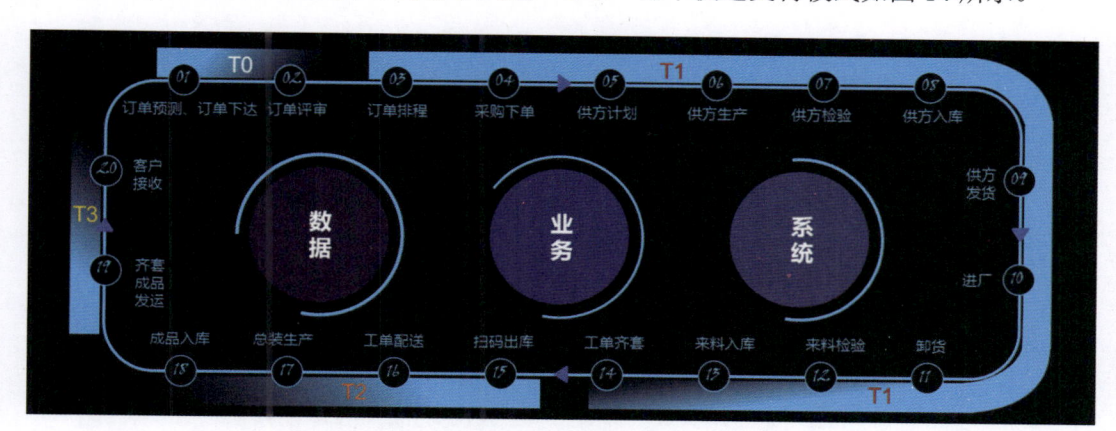

度，实现了工作品质的提升。无锡小天鹅"T+3"订单快速交付模式如图14所示。

图14 无锡小天鹅"T+3"订单快速交付模式

同时，无锡小天鹅构建了SRM系统实现协同供应链管理，以需求信息拉动供应链环节，提高工厂的生产预测能力、供应商的及时供货能力，降低库存，提高在途运输能力建设。无锡小天鹅供应链物料供应信息共享流程如图15所示。

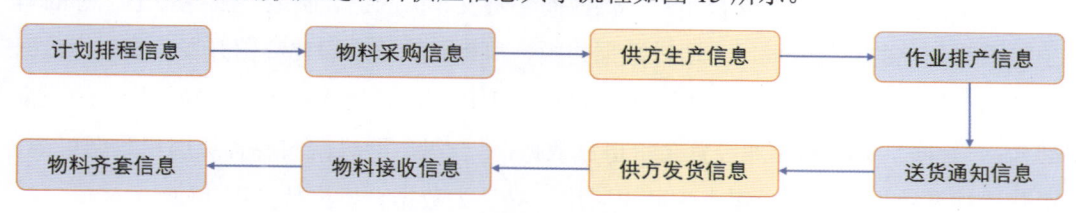

图15 无锡小天鹅供应链物料供应信息共享

6. 开展基于互联电器数据分析的用户个性化服务

无锡小天鹅"地动仪"大数据分析平台是基于互联电器运行大数据建立的，旨在提升小天鹅产品力的智能系统，涵盖电器监控、用户特征、用户标签、用户价值四大模块，通过互联网家用电器数据采集，来完成用户画像构建的工作，能够清晰地给出用户的消费或使用特征。该平台通过用户标签特征和应用数据建立目标需求和用户之间的模型，处理形成分析报告，为产品研制优化与营销提供决策参考。无锡小天鹅"地动仪"大数据分析平台功能模块如图16所示。

此外，通过深度的数据分析和挖掘，无锡小天鹅"地动仪"大数据分析平台能够准确定位目标用户群体，提炼客户的特征，并以标签的形式展现，通过用户标签，企业可

智能制造探索与实践——智能制造标杆企业案例汇编(一)

以直观、快速地了解客户、熟悉客户及认知客户,全方位满足小天鹅产品内销推广的需求。

图 16　无锡小天鹅"地动仪"大数据分析平台功能模块

7. 实现基于大数据的全价值链集成优化

无锡小天鹅采用数字主线技术,将各类信息化系统及来自产品的运行数据结合起来,形成全量数据模型,支持用户、供应商、研发、供应链、制造、服务等全生态的基于需求和角色的应用。同时,通过数据建模、和智能算法来深化应用开发,实现"数据—信息—知识"的数据正向、逆向追溯价值最大化应用,最终实现"一横一纵"的分析架构:"一横"即横向拉通经营全价值链数据,"一纵"即纵向实现各级用户数据可视、经营透视及数据驱动。无锡小天鹅"一横一纵"大数据分析框架如图17所示。

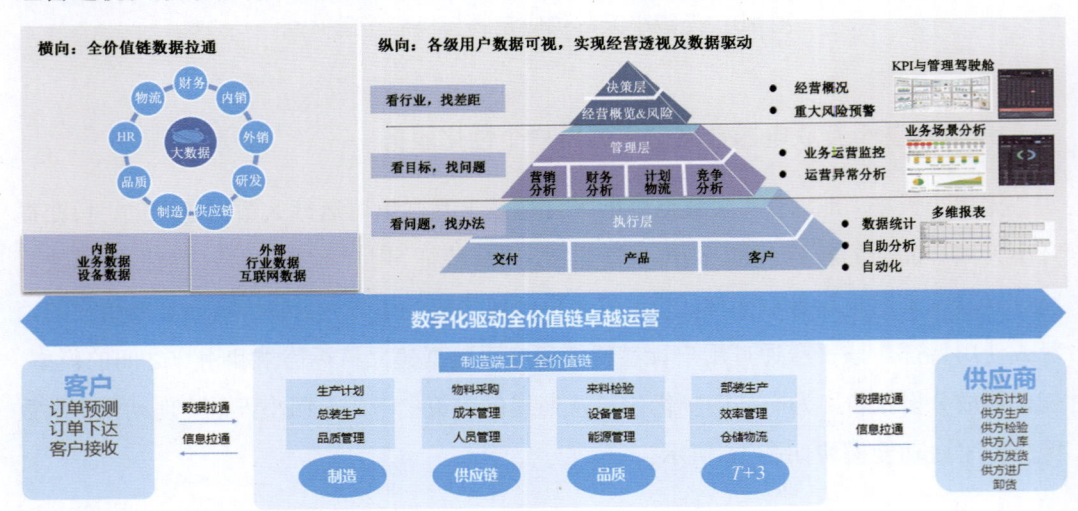

图 17　无锡小天鹅"一横一纵"大数据分析框架

同时，无锡小天鹅以经营为导向，驱动系统、岗位、人员对业务数据进行整合提炼，构建工业大数据指标实时管理运营体系；通过流程指标事件的告警、跟踪、监督和闭环管理驱动过程指标的改善。无锡小天鹅运营指标体系及全流程事件管理如图 18 所示。

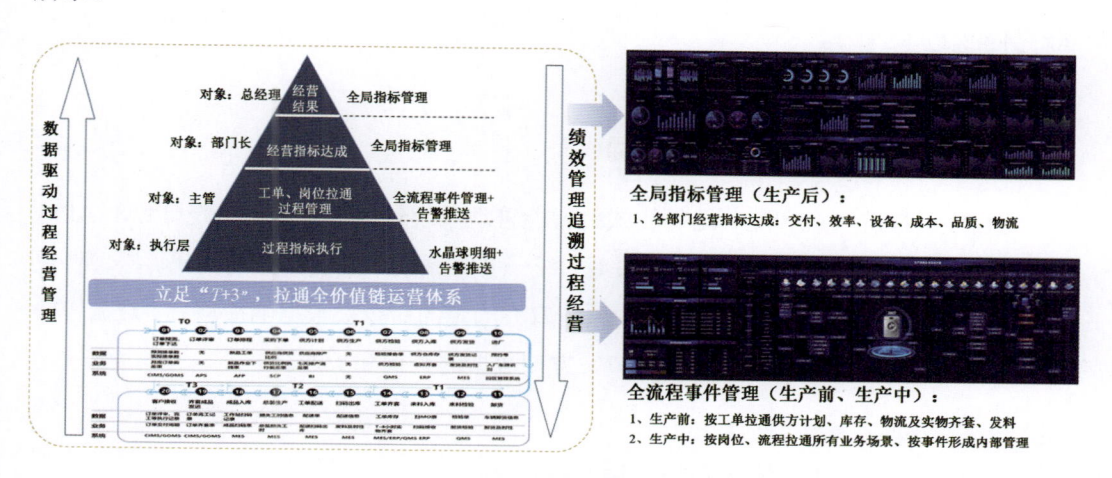

图 18　无锡小天鹅运营指标体系及全流程事件管理

在一致的数据口径来源基础上，无锡小天鹅通过"制造驾驶舱"的方式，实现用数据指导经营，快速响应业务需求，随时随地了解经营概况。无锡小天鹅制造驾驶舱示意图如图 19 所示。

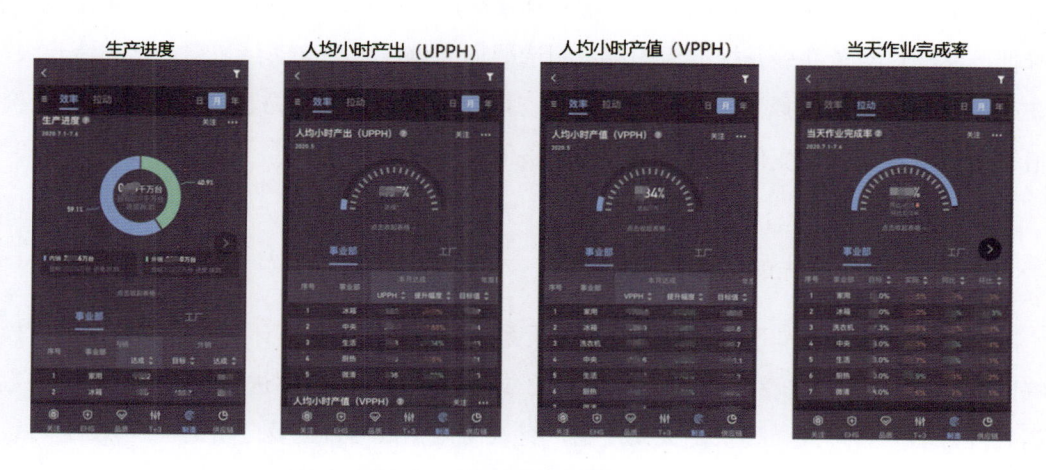

图 19　无锡小天鹅"制造驾驶舱"示意图

10.2.3　实施成效

无锡小天鹅通过智能制造工厂项目实施，实现生产效率提升 20%以上，运营成本降低 20%以上，产品研制周期缩短 25%以上，不良品率降低 21%以上，能源利用率提升 3%以上。

1. 企业核心管理系统全流程打通

无锡小天鹅洗衣机智能制造新模式的智能管理系统包括六大运营系统（PLM、APS、SRM、ERP、MES 和 CRM）。项目建设时，统一各分系统中同类数据的编码、接口协议及存储方式。接口协议规定了所连接的系统双方约定的命令及数据响应格式、数据校验方式，通过统一的物料编码、数据接口，方便数据的查询和拉通。

2. 建立面向市场的快速新型产销方式

传统的家电产销方式为大批量、先产后销，这种产销方式具有库存量巨大、资金运转效率低、市场响应速度慢的缺点。无锡小天鹅旨在建立新型的产销方式，推行下线直发，减少中转等中间环节，从而加快周转并提升市场竞争力。销售端引导客户转变意识，强化"勤进快销"，加强订单及库存管理；供应端引入优质资源改善供应布局，对物料进行分类管理并确保及时供应；研发端持续精简产品型号，加强通用化、模块化设计，降低产品物料数量并提升标准化程度；制造端加大柔性化、自动化和精益化制造升级，在产品设计阶段积极参与以提高可制造性。通过建立新型产销方式，无锡小天鹅在全价值链上快速响应市场变化，从而提升公司整体竞争力。

3. 建立行业领先的大数据分析系统

无锡小天鹅"水晶"球经营大数据分析系统涵盖了财务、审计、内销和外销四大模块的数据，该分析系统对跨平台、跨单元的数据访问和处理效率进行了提升，同时在数据处理方面为管理人员提供了极大便利，有效简化了数据查询及分析的流程及工作量，降低了数据使用的时间成本，进一步挖掘和释放了数据的价值。

"地动仪"大数据分析平台是无锡小天鹅基于全国各地的用户及第三方数据建立的

大数据分析平台。根据所积累的数据，无锡小天鹅可以对用户进行分群，准确圈定潜在购买者的地域、范围、人数和喜好等特征，为新产品的研发和现有产品的优化提供参考，同时做出市场容量的地域和总数评估，为营销人员提供有力的数据分析支持，为公司战略布局提供参考。

4. 智能装备集成应用与柔性数字化车间建设

无锡小天鹅"柔性数字化车间"不仅是各类智能制造设备的简单组合，还是智能装备、物流、控制及计算机技术的有机结合体。该车间以产品工艺路线为基础，通过单体设备制造或多设备协同完成制造任务；智能装备的集成还应该考虑模块化的设计，几个特定的装备集成在一起，可以完成推广性强的任务，在车间改造或者建设新生产线时可以打包复制，体现模块化的特点。

车间中的物流布局应与生产相结合，尽量减少物流运输距离，同时配备无人搬运小车等活动物流设备，通过智能调度算法为工位及时补料，保证生产正常进行。所有数控装备应具备程序库，在生产换型或混流生产时候，MES 根据生产任务自动调用不同程序，让智能设备执行不同的工作，实现柔性化生产。

10.3 经验复制推广

无锡小天鹅实施智能制造的成功经验已被美的集团的国内 30 多家工厂复制与推广，将供应链、工厂、客户和用户连接到一起，用数据驱动业务模式变革。其中最典型的变化是"T+3"以销定产，通过智能排产、供应商协同和下线直发快速应对市场变化。

"T+3"将整个产品生产周期分为客户下单、备料、生产、物流到货四个环节，每个环节的实现周期不超过 3 天，"T+3"为理想状态下产品全部生产周期所需的时间。目前，美的集团南沙工厂已经实现了这一目标，订单备料周期从最长 4 天缩短为 4 小时，空调内销的交付周期从过去的 20 多天缩短到最快 3 天，外销交付周期最快 24 天，60%的产品实现了由生产线直发客户。

10.4 智能制造建设体会与建议

10.4.1 体会

智能制造建设远不仅是拥抱和应用新技术，而是运用数字化技术赋能整个企业，涵盖产品全生命周期、全价值链，需要企业战略乃至组织文化的转型，给企业重新注入数字化基因。通过数字技术使企业变得更高效，从而实现业务增长。为实现这一目标，无锡小天鹅做了充分的准备和积极的探索。

1. 战略先行，建立清晰的智能制造愿景

以智能互联产品为核心，推行"智能家居+智能制造"的"双智"战略，不断提升企业竞争优势，扩大竞争边界；在战略层面，将数字化战略与企业愿景及业务战略进行衔接，完美实现制造业数字化转型；虽然引用了多种数字化技术，但是始终围绕企业产品和用户选择数字化的方向。

2. 激活创新，构建数字化底层能力

智能互联的产品是传统制造企业和软件开发能力结合的产物，这种结合要求企业在整条价值链上具备新的组织、技能、工作方式和文化。在组织层面，企业推行组织平台化变革，引入创新机制、激活创新活力，坚持打造自身研发能力，并推行产品经理工作模式，确保将技术与业务融合，更好地收集、整合及分析数据，从数据中获得最大价值，促进各部门以更开放的心态进行协同。

3. 持续完善，实现数据驱动运营

企业管理层深刻认识到智能制造是一个创新和迭代的过程，需要持续关注项目的进展、定期总结经验教训、及时纠偏，直面实施过程中出现的问题，并让所有的问题得到及时的反馈和快速处理,从而形成闭环。同时,利用数据整合处理和数据仓库等多种大数据技术,结合算法、机理模型的积累,形成以数据为中心驱动企业各价值链环节决策及风险管控预警。

10.4.2 建议

洗衣机行业在经历了高速增量化发展的 10 年而面临增长性转型,因此未来的 5~10 年,洗衣机行业需要致力于产业制造升级、重塑用户体验和绿色发展,这将成为洗衣机行业从单纯的功能化引导向完善的用户家居体验转变的重要环节。因此,要从以下着力点推进数字化转型。

1. 聚焦用户需求,搭建 C2M 反向定制平台

随着社会的不断发展,产品的用户圈层呈现出多样化的特点,建立 C2M(从顾客到厂商)反向定制平台,引入用户参与生产全流程,依托平台实现需求数据在研发设计、生产制造、物流销售等环节的流通,形成企业对用户需求的深度挖掘、实时感知、快速响应和及时满足的能力。

2. 聚焦生产过程,实现数据实时反馈及分析

通过对智能设备群、生产线、车间等工业现场部署具备边缘计算能力的智能终端及搭建工业互联网平台,对生产数据进行实时分析与反馈,实现人、机、料、法、环等生产制造要素的有机融合。应用数据驱动人机协作、优化决策,提升生产制造链的透明化和智能化水平。

3. 聚焦产业层面,发挥数据价值最大化

通过建立开放的数据共享机制,满足用户、供应商、研发、供应链、制造、服务等全生态的数据应用需求,实现供需信息、制造资源、创新资源的汇聚,推动产业链上下游资源优化配置与协同,形成新模式、新业态和新的利润增长点。

案例 11　华润三九医药股份有限公司

中药智能制造新模式探索

华润三九医药股份有限公司以"引领中药智造"为愿景，建设中药数字化工厂，实现了种植、生产、仓储、质量、设备等制药全产业链的数字化管理，以及生产过程智能化和经营决策智慧化。通过云计算、区块链等技术开展全网络协同中药智能制造新模式应用，基于数字孪生技术建立了全车间仿真模型，为制造关键环节提供决策支持，有效解决了传统医药企业产能瓶颈。

11.1 企业简介

11.1.1 企业基本情况

华润三九医药股份有限公司（以下简称"华润三九"）是大型国有企业控股的医药上市公司，主要从事医药产品的研发、生产、销售及相关健康服务。2008 年以来，华润三九多次荣获中国上市公司"金牛百强""价值百强"，以及"最受投资者尊重的百强上市公司""中国医药上市公司竞争力 20 强""最具科技创新力中药企业""中国医药上市公司最具投资价值 10 强"，曾获得中国企业"最佳环境责任奖"、中国医药上市公司竞争力"EHS 社会责任大奖"、医药上市企业"社会责任奖"及"鹏城减废卓越企业"等荣誉。

结合振兴中医药、制造强国等国家战略，华润三九大力推进"十三五"规划并逐步落地，在医药行业环境不断变化的背景下，公司主动寻求转型升级，深化管理创新，细化业务战略相关举措，优化产品结构，打造业务线优势。为达成"十三五"规划目标，华润三九通过"打造差异化产品，实现品牌升级、打造中药大品种、打造升级版传统中药解决方案、掌控核心药材，升级中药智造、整合行业优质资源"，力争市场份额跻身中国制药行业前列。华润三九在"十三五"规划中期迈入了"百亿平台"。公司抓住消费升级、国民健康意识提升以及慢性病管理需求增加的机遇，战胜行业与市场的挑战，OTC（非处方药）、配方颗粒、抗感染业务快速发展，在国际化合作、优化产品结构等方面取得较大成果，业绩持续保持高于行业平均增速的良好增长态势。

11.1.2 所属行业及特点

按照我国国民经济行业分类（GB/T 4754—2017）标准，华润三九医药股份有限公司属于医药制造业大类（代码27），医药制造中类（代码274），中成药生产小类（代码2740）。

中国老龄化程度持续加深，需要着力解决污染问题并缓解人们生活压力的增加。目前，国内呼吸系统疾病、心脑血管疾病和恶性肿瘤为代表的慢性病发生比率逐年上升。医疗资源稀缺是一个全球性问题，而我国医疗资源分配不均导致利用率偏低，进一步加深了医疗资源紧张的状况。新型冠状病毒肺炎及不可预知的疾病有可能使人类社会进入"常态化防疫"的阶段，防疫物资和健康保健类药品需求成为常态需求。

从政策来看，国家从制度上明确鼓励医药产业研发及创新的方向。从市场来看，降低采购药品价格，提高药品市场占有率，有利于医保基金为创新药腾出空间，促进用药保障质量和水平进一步提高，减轻参保人员药品费用负担，提升医保资金的使用效益，有利于促进我国医药产业创新发展。在市场和政策双轮驱动下，我国医药行业将迎来快速发展。

在新的格局下，医药制造行业呈现四大趋势：一是日益提升的行业集中度。医药制造行业集中度不断提升，头部企业纷纷扩张规模和延伸产业链，产业由"多、小、散"布局逐渐走向集团化、基地化和集约化。二是急需提升的研发创新能力。随着医药行业创新政策法规体系逐步完善，我国药企研发投入持续增长，越来越多的大型制药企业开始从仿制药向创新药转型。三是产品以健康为中心，从以"治疗"为中心向以"健康"为中心转变，促使企业与消费者建立更紧密的联系，以满足不同人群对预防、保健、治疗、康复多层次全周期的需求。四是数据驱动的卓越运营，利用人工智能、大数据、物联网、区块链等新技术，将经验转化为数据，实现辅助决策，优化业务运营。在外部市场、政策牵引以及内部运营、协同提升的驱动下，华润三九将通过中药智造升级推动业务高质量发展。

11.1.3　智能制造亮点及模式总结

1. 打造基于多工厂的全网络协同中药智能制造新模式

为满足上下游工厂高效协同、决策支持管理等需求，建设了全网络协同的制造云平台，通过系统集成与各基地单元建立紧密交互渠道，实现对生产运营状况的感知、优化和产能调配。全网络协同中药智能制造新模式构建基于产能约束的"一个计划"协同能力，拉通销售预测、需求计划、采购计划、生产计划，实现动态最优计划管理，有效提升了生产运营效率和设备使用率。协同制造架构如图1所示。

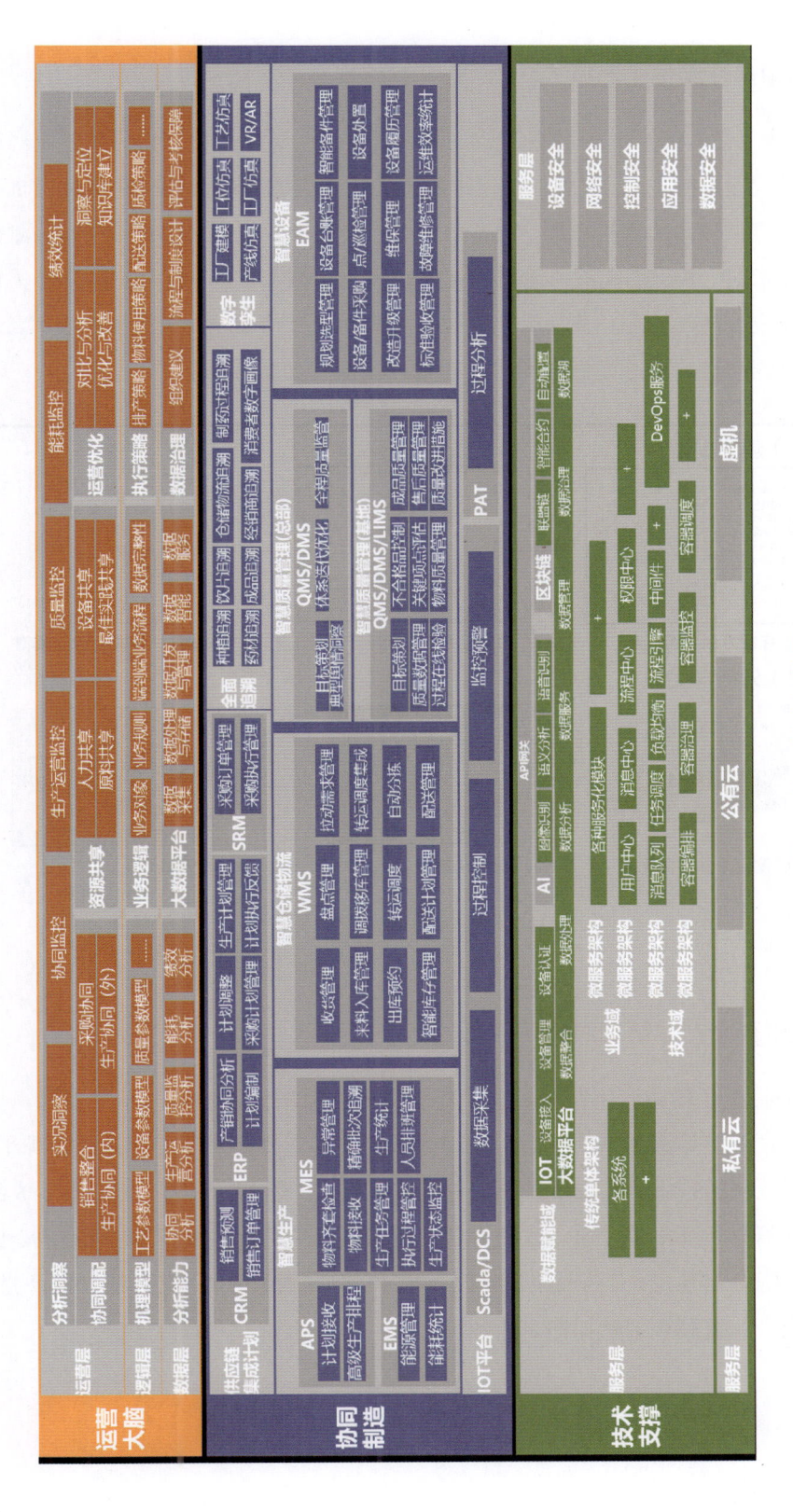

图 1 协同制造架构图

2. 打造中药连续性生产模式

"连续制造工艺"经过近 20 年的发展，已逐渐成为化学药品和生物药品领域药品制造的新趋势。过程分析技术（PAT）是连续制造的核心技术基础，是医药行业由批次生产向连续性生产突破的关键技术之一，有助于缩短质量检验周期，近红外在线监测技术是过程分析技术的一种。华润三九运用近红外在线监测技术，实现核心产品生产关键工序中多种关键成分同时监测，及时反馈实时监测数据分析结果，提高了生产效率，以满足未来高强度连续稳定生产高标准要求。在线监测流程如图 2 所示。

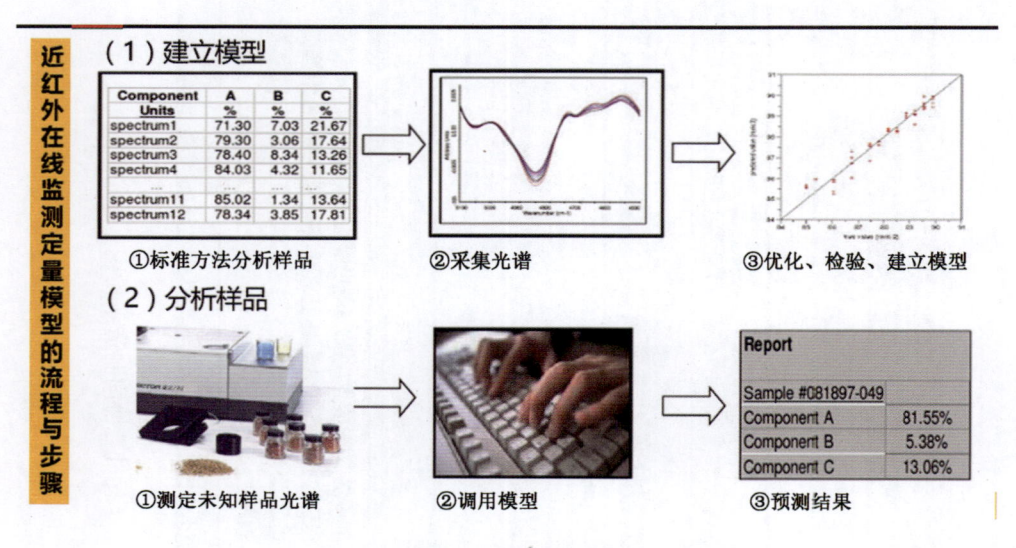

图 2　在线监测流程

3. 打造中药全产业链溯源体系

国家药品监督管理局近年发布了关于药品信息化追溯体系建设的相关要求，提出要基于中药全产业链追溯体系的打造，运用区块链技术，搭建中药全产业链溯源平台。华润三九应用区块链技术，实现了种子、种苗、原药材、药材、饮片、提取物、成品的产业链条上的信息验证；通过强化追溯信息互通共享，实现全品种、全过程追溯，促进药品质量安全综合治理，提升药品质量安全保障水平，向消费者展现"可感知的质量"。区块链中药全产业链溯源架构如图 3 所示。

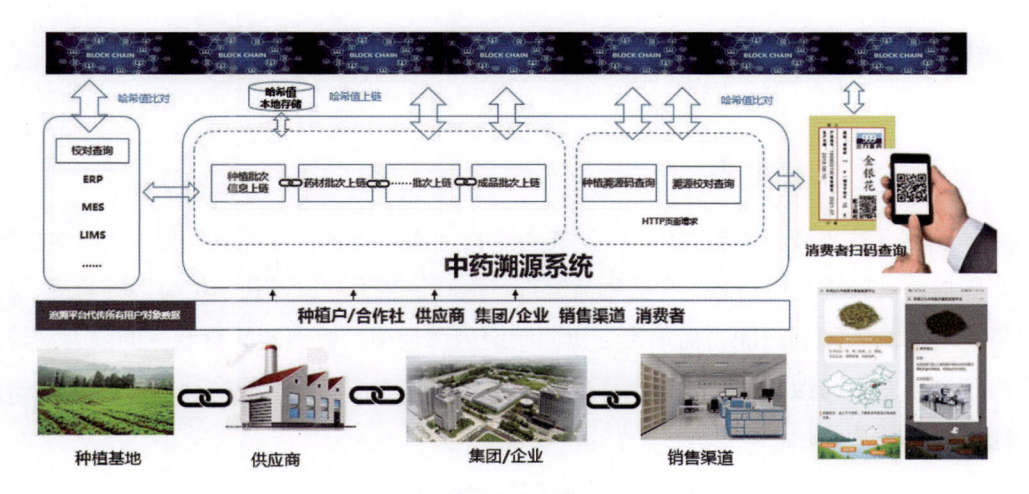

图 3　区块链中药全产业链溯源架构

11.2　智能制造项目建设

11.2.1　项目背景

近年来，消费升级带来了高附加值产品需求的增长，而我国消费者和客户群数字化程度较高，对药品企业的研发、生产、质量、销售等方面的要求也日益提高。药品各关键制造工序分布在全国各地的不同工厂、工厂间工序协同效率亟须优化。为了提高生产效率，制药企业均在积极探索连续制造模式在中药行业的应用。为了响应国家政策要求，提升药品质量，建设药品追溯体系也是迫在眉睫，为此华润三九开展多项中药智能制造新模式的探索与示范。

华润三九作为中药现代化转型领域的先行者之一，大力推进转型创新，积极实施"升级中药智造"战略举措，打造新的竞争优势。华润三九以"生产运营大脑"为载体，实现了内外部网络实时协同生产，最大化资源利用，提升了快速响应能力，运用在线监测、数字孪生等创新技术，探索大品种连续制造及多品种（规）敏捷柔性制造模式，提高生产效率；同时，为了打造中药全产业链体系，运用区块链技术并搭建中药溯源平台，以用户为核心，打造消费者可感知的质量场景。

11.2.2 实施路径

1. 顶层规划

华润三九注重智能制造顶层规划，把握"自上而下设计、自下而上集成"的实施策略，坚持以供应链集成计划、仓储物流管理、生产工艺管理、设备全生命周期管理、质量管理五大场景端到端能力需求推导协同制造应用架构，实现架构对业务的强力支撑，同时识别创新点与改善点，充分发挥新技术应用对"智能制造"的推动作用。华润三九智能制造顶层规划如图4所示。

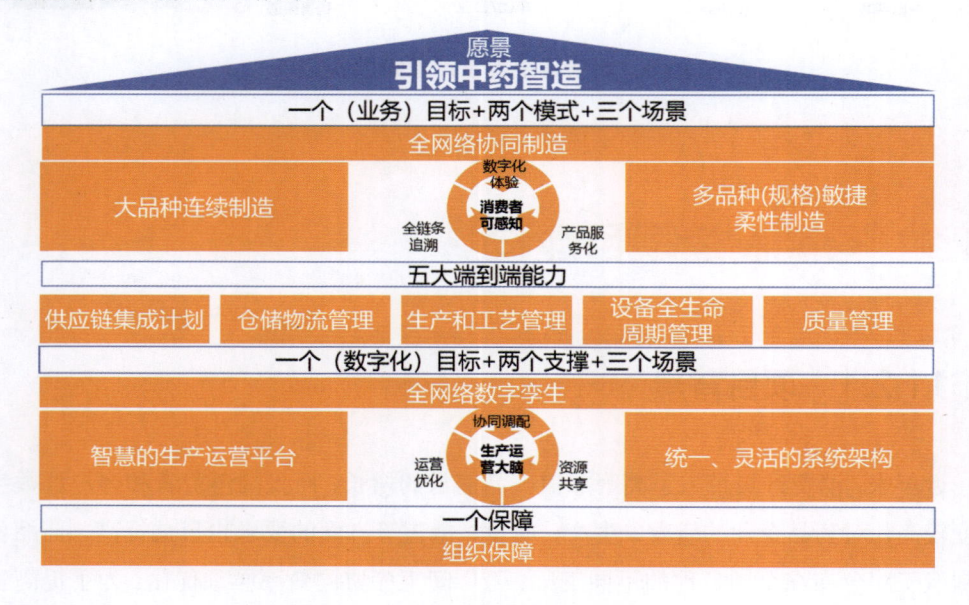

图4 华润三九智能制造顶层规划

华润三九智能制造的总体愿景是致力于成为中药行业智能制造模式、标准和技术的引领者。总体目标是以"生产运营大脑"为载体，实现内外部网络实时协同生产，最大化资源利用，提升快速响应能力；通过全网络协同模式实现大品种连续制造，降低成本、提升效率；实现多品种敏捷柔性制造达到原料供给、生产快速切换，灵活应对市场变化。华润三九采取"三步走"的智能制造建设策略。

1) 完成制造全过程设备的自动化升级

为满足制药过程中的无菌生产要求，降低生产环境带来的风险，华润三九引入AGV、在线监测、高清视觉等技术，实现灭菌设备、贴标、包装、外包、自动码垛设备的自动化升级，打造标准化、自动化的无菌生产环境。通过制造全过程设备的自动化升级，不仅提高了生产过程可控性，从提取、制剂、物料输送、包装、仓储等各环节促进效率提升，而且减少了工作人员和周边环境对药品生产过程的污染。生产自动化升级规划如图5所示。

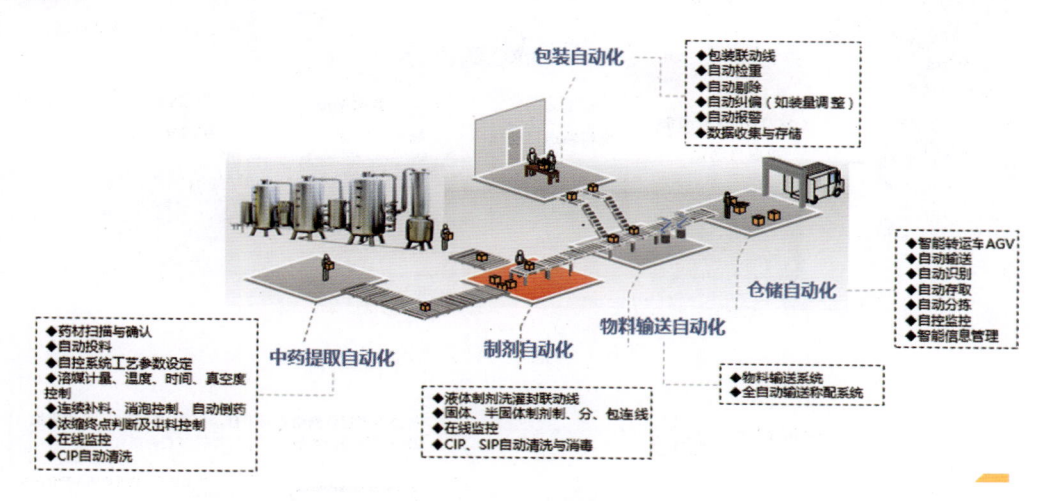

图5　生产自动化升级规划

2) 实现生产要素和过程的全面信息化管控

为解决业务和设备数据信息孤岛问题，华润三九结合智能制造整体规划，根据五大场景端到端能力需求，以药品生产制造为核心，建设数据采集监控系统，采用统一工业集成技术标准，通过企业资源计划管理、能源管理等业务系统建设，推动人、机、料、法、环全面信息化管控，实现横向业务和纵向设备的集成打通，有效推动工业化和信息化高度融合。信息化升级规划如图6所示。

3) 建设基于工业大数据的分析决策能力

为挖掘现场数据资源，满足对市场需求的快速响应，华润三九引入数字孪生等新技术，通过全网络协同制造云平台的建设，构建以产能调配、运营优化、资源协同为核心的生产运营大脑的业务场景，打造实时可视、分析模拟及决策能力，实现公司内外协同高效生产及公司级生产运营协同与资源的最优分配。运营大脑的知识沉淀和优化决策功能，有助于实现更高效的生产和更精益的运营。生产运营大脑运行原理如图7所示。

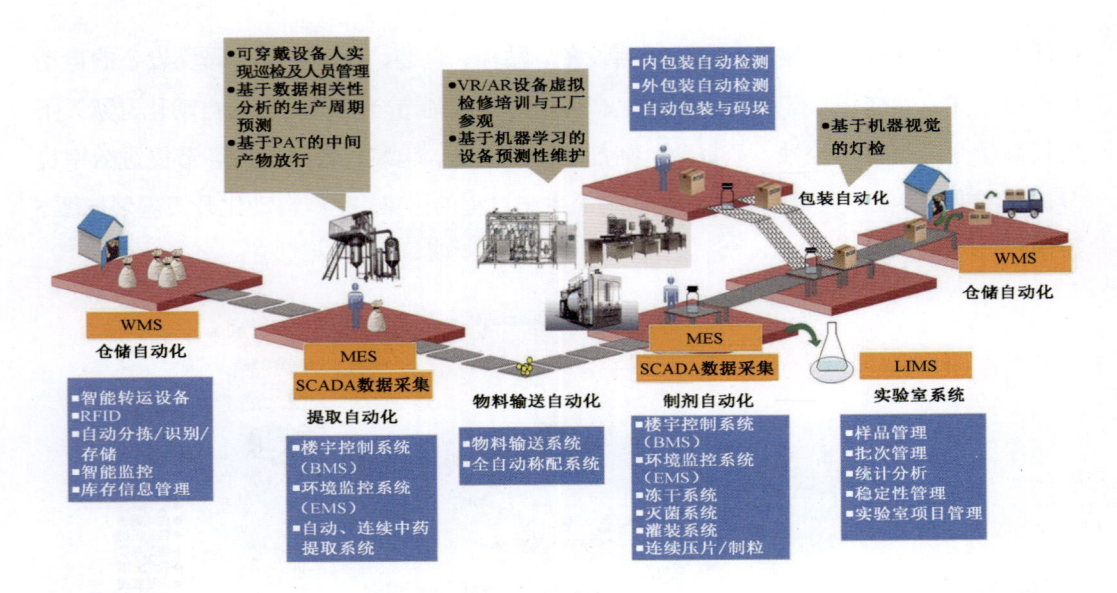

图 6　信息化升级规划

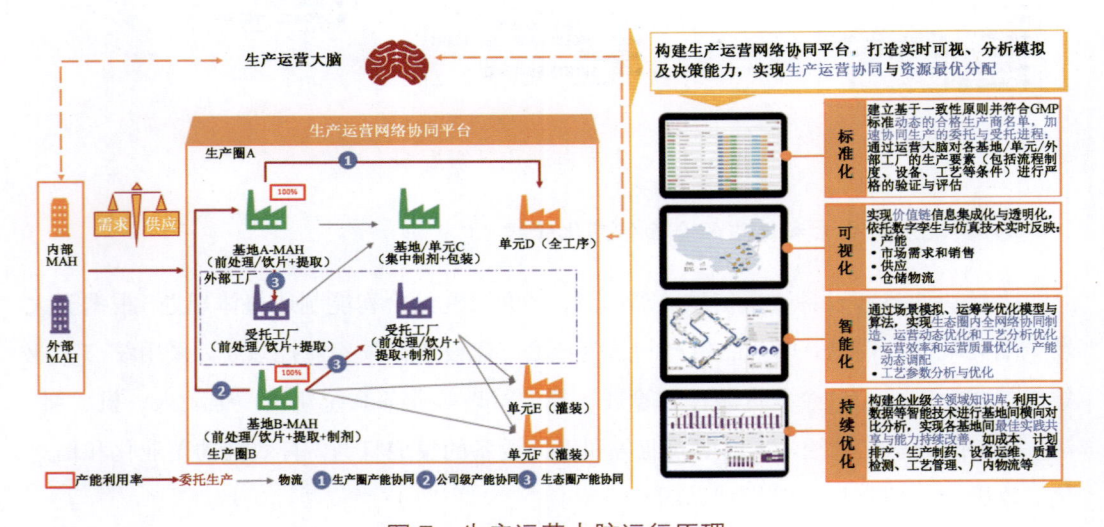

图 7　生产运营大脑运行原理

2. 实施内容

在智能制造建设中，自动化是基础，信息化是重点，智能化是远景，提质增效是目标。华润三九智能制造建设内容包括：运用区块链、云架构、数字孪生、在线监测等新一代信息技术，围绕"中药智造升级"的企业愿景目标，构建中药全产业链溯源体系，推进中药全网络协同云制造，实现车间可视化和实时预警，提高生产效率，保障产品质量。其主要内容包括以下4个方面。

1) 实时在线监测，推动工艺技术优化升级

华润三九通过近红外在线监测技术，实现核心产品生产关键工序中多种关键成分同时监测，及时反馈实时监测数据分析结果，达到药品生产质量的即时监控，有效提升药品品质，为中药连续生产，过程控制放行提供大量数据基础，提升智能化工艺装备过程质量控制能力，提高生产效率。

同时将近红外在线监测技术与智能控制技术相结合，通过监测数据评价与反馈工艺水平，建立与优化基于药品在质量、效益最优的生产控制，推动工艺技术优化升级，进而确保药品批次内和批次间质量的一致性。推动连续生产模式落地，提高生产效率的同时，保障产品质量。

2) 通过中药全网络协同云制造，提升跨区域工厂协同管理能力

通过探索中药全网络协同云制造新模式，以云平台为载体，提供包括计算、存储、网络、安全等多个服务产品类别，安全、可靠、高效的云计算服务，实现了多工厂关键工序自动排程、上下游工厂信息共享、异常反馈，固化了排产逻辑、生产线产能。全网络协同云制造模式下，华润三九实现了生产任务管理、生产SOP、称量电子批记录等功能，通过无线技术链接操作终端、称量设备，让业务操作移动化和便捷化。

华润三九在计算架构设计上，严格要求客户业务安全稳定第一。在整个云计算架构体系上，实现架构对业务的强力支撑，同时识别创新点与改善点，充分发挥新技术应用对"智能制造"的推动作用。结合以安全和精确为特点的稳态模式和以体验和敏捷为特点的敏态模式，实现了协同制造技术架构搭建，从应用、数据、网络、工控、基础设施、云等6个方面构建工业安全架构，同时面向未来中药智造，逐步构建云安全架构。

基于云架构等技术，华润三九推进中药全网络协同云制造，提升了跨区域工厂协同管理能力，实现了产能调节、资源优化。中药协同云制造规划如图8所示。

3) 构建中药全产业链溯源体系，打通产业链上下游

随着工业互联网在我国开展建设，企业的生产方式、质量管理思路也在发生变革，供应链协同、优化资源配置、质量全面管理的需求也越来越迫切，企业需要跟踪了解中药全产业链的各个阶段信息，便于产品质量的分析和追溯。然而中药在全产业链中的各类信息数据，存储在 ERP、MES、WMS、LIMS 等各类系统中，急需利用企业自定义的产品编码实现对中药全产业链过程数据的采集和监控。

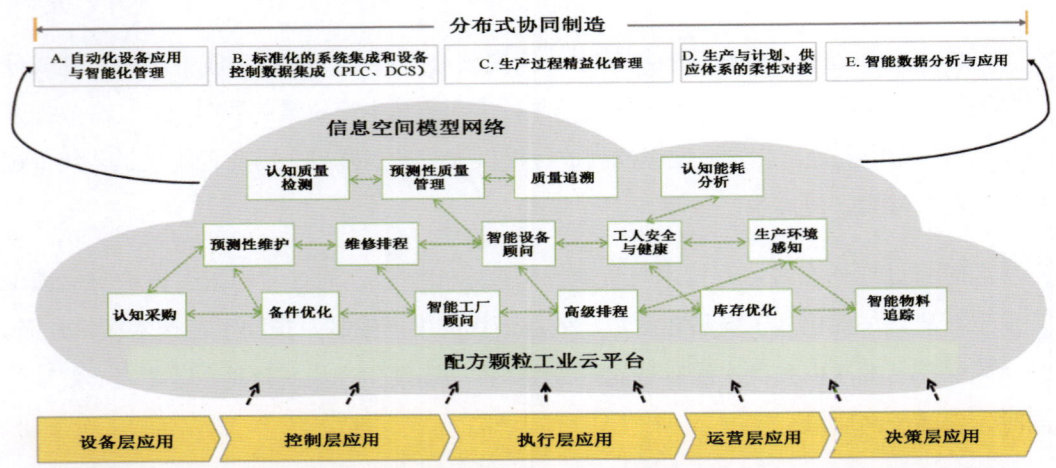

图 8　中药协同云制造规划

华润三九通过区块链的技术，实现生产链条确定上链的信息验证，其中参与的主体有种植户\合作社、供应商、集团\企业，计划后期扩展至渠道商、零售终端、消费者。基于区块链技术加持，中药全产业链溯源平台各环节的业务数据将更加安全可靠，为未来追溯体系完善打下坚实基础。通过建立中药全产业链溯源平台，整合产业链上下游各节点，突破以"药品制造"为视角的业务模式，推动生产制造从中药材种植到药品消费全业务环节的全产业链打通，实现从中药种子到成品加工全过程实现信息可查询、流向可跟踪、质量可追溯，构建"以患者为中心"的制造新模式。中药溯源规划如图 9 所示。

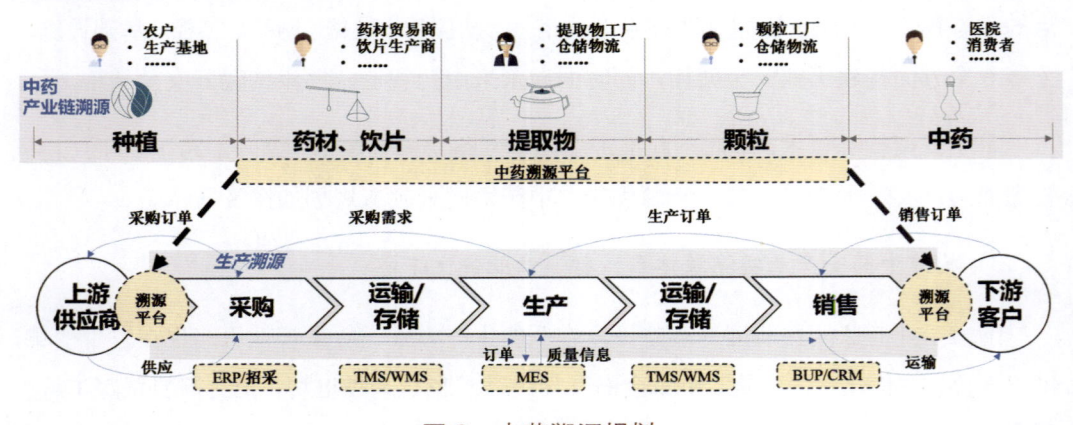

图 9　中药溯源规划

4）引入数字孪生技术，提升工厂可视化综合管理能力

以数字孪生技术为核心，华润三九通过建设工厂生产仿真、集中数据归集、智能远程运维、虚拟培训等能力，形成可开放共享、安全稳定的数字化平台。该数字化平台能够汇集数据采集、数据建模、虚拟仿真、标准接口等组件，通过构建数字化通用的规范、规则、方法，形成平台的资源集聚能力、组件管理能力、知识共享能力和软件分发能力。

华润三九基于工厂生产实时仿真，实时采集车间设备生产信息及生产过程大数据，通过数据建模、形成生产逻辑，实现生产过程实时分析预警和生产设备自动控制，提升现场生产效率，提高综合管理水平。通过运用数字孪生技术，实施获取各工厂生产过程数据，使整个生产过程可视化、标准化，解决了因传统中药生产过程工艺控制不稳定而导致批次间产品质量不稳定的难题。数字孪生应用案例如图10所示。

图 10 数字孪生应用案例

11.2.3　实施成效

通过全网络协同制造云平台建设，系统集成与各基地单元建立紧密交互渠道。运用数字孪生技术，华润三九实现了对生产运营状况的感知、优化和产能调配，生产效率提升20%；通过资源优化，运营成本降低20%；通过区块链追溯系统建设及全网络协同平台质量管理，首检不良品率从0.4%降低到0.3%，首检不良品率降低25%；通过全网络协同云平台数据采集分析管理，能耗从0.0026降低到0.0023，单位产值能耗降低12%。同时，通过与合作单位一起取得了10项专利技术、6项软件著作权，发表了6篇论文，并承接了大量标准的研究。智能制造实施成效如表1所示。

表1 智能制造实施成效

探索实践	典型用例	整体成效	探索实践
建设中药数字化工厂,实现了原材料、生产、仓储、质量、设备等制药全产业链数字化管理,以及生产过程智能化和经营决策智慧化;通过云计算和大数据技术开展中药全网络协同制造新模式应用,基于数字孪生技术建立了全车间仿真模型,为制造关键环节提供决策支持,有效解决了传统医药行业产能瓶颈	基于数字孪生技术建立全车间仿真模型	生产效率	提升20%
	协同集团数据中心,共建基础架构云,提供稳定高效地基	运营成本	降低20%
		单位产值能耗	降低12%
	从制造各关键环节进行自动化设备升级改造,在线监测技术应用	首检不良品率	降低25%

11.3 经验复制推广

医药行业属于国家强监管行业,在智能制造的建设过程中相对滞后于其他行业。结合中药产业当前的特点,面向我国中药行业的智能化生产需求与市场特点,深入贯彻落实《医药工业发展规划指南》和《中医药发展战略规划纲要》。华润三九的智能制造项目中探索的整体解决方案、重点技术应用方案、重点场景应用方案在行业中有很强的借鉴意义和推广价值,也得到了相关方的认可。

1. 协同云平台促进解决方案推广

通过集团统一协同云制造平台的搭建,云计算、数字孪生等技术已在观澜基地成功实施。基于前期实施经验和技术基础,华润三九通过云平台将相关的方案快速推广到华润金蟾等生产工厂进行应用。随着推广工厂的增加,将有效增加工业数据的积累,持续优化集团生产资源的调配。随着上下游工厂的逐步推广实施,持续改善全制造流程各关键工序环节的协同生产效率。

2. 连续生产模式示范

连续生产技术是药品制造行业未来的发展趋势之一,越来越多的制药企业开始对连续生产进行探索和研究，在线监测技术的成功落地，是连续生产技术的一次关键创新尝试。通过观澜基地中药产品在制剂、包装、仓储、质量等多个环节的自动化升级和在线监测应用，形成药品连续生产案例；通过在线监测及相关生产设备数据的逐步积累，未来可以将实施经验和技术积累快速推广到如华润金蟾等工厂，为集团其他中药产品生产模式探索提供示范作用。

11.4 智能制造建设体会与建议

11.4.1 体会

1. 新技术在医药领域的落地需要循序渐进

随着现代信息技术的不断发展，云计算、大数据、区块链、人工智能、物联网、5G等技术孕育而生，新技术如何结合医药行业特性改变商业模式成为当今热门的课题。由于新技术的应用缺少同行业成功案例支持，存在很多的不确定性，所以在落地实施前，需要全面评估核心应用场景、投资汇报、技术成熟度、试点策略等多方面要素，结合技术的特性，经过调研考察和反复研讨，论证出如基于区块链的中药溯源系统、基于云计算的中药协同制造模式、基于物联网的数字孪生等场景，只有这样才能把新技术应用的风险控制在相对合理的范围。

2. 试点范围选择，管理基础是关键

实施智能制造是一项系统性的工程，不是一蹴而就的，统筹规划、分步实施，自动化、信息化、智能化必须循序推进才能取得效果。项目试点范围的选定很大程度决定项目效果和成败。基于以往经验，管理水平较好、自动化程度较高的制药车间或工厂更容易实现信息化升级，所以在选择试点车间或工厂时，应优先选择管理基础较好、业务流程体系规范的车间或工厂。成功实施后，优秀案例也将从管理、自动化、信息化全方面成为标杆车间/工厂，推广到集团内部其他生产单元。

11.4.2　建议

1. 智能制造推进，组织保障是关键

基于药品制造行业安全防护要求高等特点，建议建立创新委员会进行统一领导，联合业务、信息、财务等部门对创新项目进行全面评审决策，客观分析投资回报，识别风险，共同推动中药智造升级。

智能制造是全行业的方向，人才需求量非常大，医药行业创新人才更为稀缺，企业需要重视既懂药品制造、又熟悉智能化实施手段的复合型人才培养。同时，智能制造相关建设建议由 IT、OT 人员共同组建推动组织，结合各类人才长处，提升智能制造项目实施效果，提高项目成功率。

2. 中药传统领域更应该重视数据积累和分析

药品制造行业数据较为分散，沉淀在各项业务底层的数据和信息并没有被充分挖掘和分析，包括产品生产过程信息、质量信息、能源消耗信息等。行业应该重视数据积累和分析，通过将各类信息进行清洗和集成，应用信息系统手段可视化展现，做到信息流与业务流的同步性、一致性。随着信息透明度的提升，将发现各项业务隐藏的问题，取得更好的实施效果。

案例 12　青岛海尔特种制冷电器有限公司

基于大规模定制模式的海尔中德冰箱互联工厂

青岛海尔特种制冷电器有限公司探索智能制造互联工厂新模式，以用户为中心，由大规模制造向大规模个性化定制转型，利用卡奥斯 COSMOPlat 工业互联网平台赋能，围绕特种制冷冰箱的定制、研发、采购、生产、物流、服务全流程，建设信息化、数字化集成系统，实现了用户定制直达工厂、订单自动匹配和准时交付、生产全流程追溯可视、产品质量实时监控和产品性能的分析优化，有效提升了用户体验、产品品质和生产效率，智能制造综合应用效果显著。

12.1 企业简介

12.1.1 企业基本情况

海尔中德冰箱互联工厂（以下简称"海尔中德冰箱"）位于青岛市中德生态园，工厂占地面积为10万平方米，主要生产法式、对开、T形等超大型高端智能冰箱产品。基于卡奥斯COSMOPlat工业互联网平台赋能和海尔工业智能研究院的技术支持，海尔特种制冷电器有限公司围绕特种制冷冰箱的定制、研发、采购等全流程，建设信息化、数字化集成系统，实现了用户定制直达工厂、订单自动匹配和准时交付、生产全流程追溯可视、产品质量实时监控，以及产品性能的分析优化，有效提升了用户体验、产品品质和生产效率。

海尔中德冰箱互联工厂现有一条智能总装线、五个智能模块加工区、九套智慧物流系统，可以实现10类场景5G技术应用、36类人工智能（AI）装配及检测场景应用；柔性化生产可以快速满足11类个性模块1000多种用户定制方案；可以实现500个关键工序参数数字化采集全覆盖。在模块化制造、智能化制造及数字化质量管控等方面，处于行业领先地位。

12.1.2 所属行业及特点

按照我国国民经济行业分类（GB/T 4754—2017）标准，海尔特种制冷电器属于电气机械和器材制造业大类（代码38），家用电力器具制造中类（代码385），家用制冷电器具制造小类（代码3851）。

家电行业生产特点为小批量、多品种、装配式，大多从外部厂家采购材料和生产部件进行组装；产品系列化、多元化，注重技术创新，产品更新换代快，强调产品的序列号管理；销售渠道和方式多样化、体系化，销售业务种类较多；强调成本管理与成本控制，大多采用定额法进行成本计算与控制，强化内部管理、降低耗费；存货品种多、数量大，并且变化快，材料核算复杂，库存管理任务繁重；强调售后和跟踪，多设立区域性维修服务机构等。目前家电行业现状主要表现在产业高度集中、技术密集、产品更新快、大批量专业化生产等方面。

（1）产业高度集中：随着家用电器行业的发展，逐渐形成一批产业集团，在行业中居于垄断地位，起着支配作用。

（2）技术密集：家用电器是新材料、新工业、新技术的综合体现，各相关行业的新材料、新工艺、新技术很快在家用电器产品上得到应用。

（3）产品更新快：市场竞争激烈，促进企业不断开发新产品，更新换代，以新取胜。

（4）大批量专业化生产：零部件实行专业化生产，总装厂实现生产连续化、自动化，生产规模一般为年产几十万台，人均生产率高。

12.1.3　智能制造亮点及模式总结

1. 根据多样化需求，打造全流程与用户零距离互联的大规模定制模式

通过智能产品收集用户体验信息并持续交互，了解前端的用户需求和用户使用过程中的体验情况，通过信息大数据的分析，对产品进行更好的升级和迭代。在海尔冰箱工厂，用户在社群交互的需求信息，如某区域用户对冰箱制冰制水的功能需求、母婴群体对储藏温度的严苛需求等，这些需求信息可以直接到达设计小微、制造小微、物流、供应商等。让每个环节都和用户零距离互动，随时接收用户的需求，让用户和全流程互联，打破企业原来封闭的界限，企业的上下游及所有资源都与用户连在一起，实现企业与用户的零距离交互，满足用户的最佳体验。

2. 通过信息化驱动，实现智能工厂的全要素互联

通过数据的贯通，连接制造端的上下游，对数据和信息进行整合和分析，从而实现智能化驱动，实现整条供应链精准的生产协同，从而敏捷高效地满足多样的市场需求。运用人工智能与制造技术的结合，通过物联网对工厂内部参与产品制造的人、机、料、法、环等全要素进行互联，结合大数据、云计算、5G、虚拟制造等数字化、智能化技术，实现对生产过程的深度感知、智慧决策、精准控制等功能，达到对制造的高效、高质量的管控一体化。机器人搬运、智能运输、柔性线体、智能生产设备投入，通过智能管理系统人机互动、虚拟仿真技术应用，推进"智能生产"实施。系统通过连接每一台产品，实时获取运行参数，通过数据分析与挖掘技术完成对设备的远程监控和预防性维护，提升设备的运行效率，可跨行业帮助企业实现从订单到生产再到交付的全流程的制造管理，实现生产过程信息即时反馈和实时沟通协作。

3. 通过数字化生产模式，实现高效的生产制造

人、机、物、料等实现了基础信息化，通过数字化系统完成信息化的获取，从而输出指导生产的数字化模式。在协同制造方面，可以有效实现工序间的数字化效率竞比，线体可以实现数字化生产线平衡（LOB），同时各类清单信息和异常报警都可以通过数字化管控。在质量精细化方面，组建了工厂的质量实验室（TESWEB），相关过程数据在云端存储，重点关键参数异常推送。物料输送方面，创新实现了 3D 立体物流模式，物料通过自动输送线（FSD）和 RFID 移载小车等形式进行精准智能匹配，不仅取消了线边库存，而且能够有效防错。

12.2　智能制造项目建设

12.2.1　项目背景

随着数字工业革命的到来，先进制造技术与模式不断创新和涌现。市场已悄然从产品主导转移为用户需求主导，消费者会寻找商品间的细微差别，并将这种差别延伸为个人的独特性。传统的大规模制造企业已经不能满足用户的需求，海尔较早地意识到在制造端要推进传统工厂的快速迭代升级，更意识到一方面要加快对传统工厂的改造、快速迭代升级，另一方面，新工厂建设要有高起点，目标就是建设互联工厂，实现大规模与个性化定制相融合。海尔中德冰箱互联工厂是海尔第 12 个互联工厂样板，通过智能制

造、高端工艺技术及智能互联能力（内外互联、信息互联、虚实互联）的建设，让用户的定制需求在全流程可视化，海尔中德冰箱互联工厂将被打造成为大批量定制化冰箱的示范生产基地，成为全球引领的冰箱工厂。

12.2.2 实施路径

海尔中德冰箱互联工厂是卡奥斯COSMOPlat工业互联网平台赋能打造的第12家互联工厂。对外，互联工厂是一个贯穿企业全流程的敏捷复杂系统，它构建了一个用户交互的网络空间，通过联全要素、联网器、联全流程实现与用户的零距离，给予用户最佳体验，最终实现产销合一；对内，海尔特种制冷电器互联工厂作为首家智能+5G技术超大高端冰箱互联工厂，联合海尔工业智能研究院，在人工智能、5G、虚拟/增强现实等先进技术的赋能下，重新定义全球高端冰箱的制造模式，并作为海尔互联工厂样板标杆，在整个海尔集团内部广泛推广。

海尔中德冰箱互联工厂快速落地的具体实施路径可以总结为高精度指引下的高效率。它们之间的关系是相互融合、相互促进的，先抓住用户的精准需求，由精准需求驱动高效率，即用户价值越大，企业价值越大。海尔中德冰箱互联工厂的"三联""三化"如图1所示。

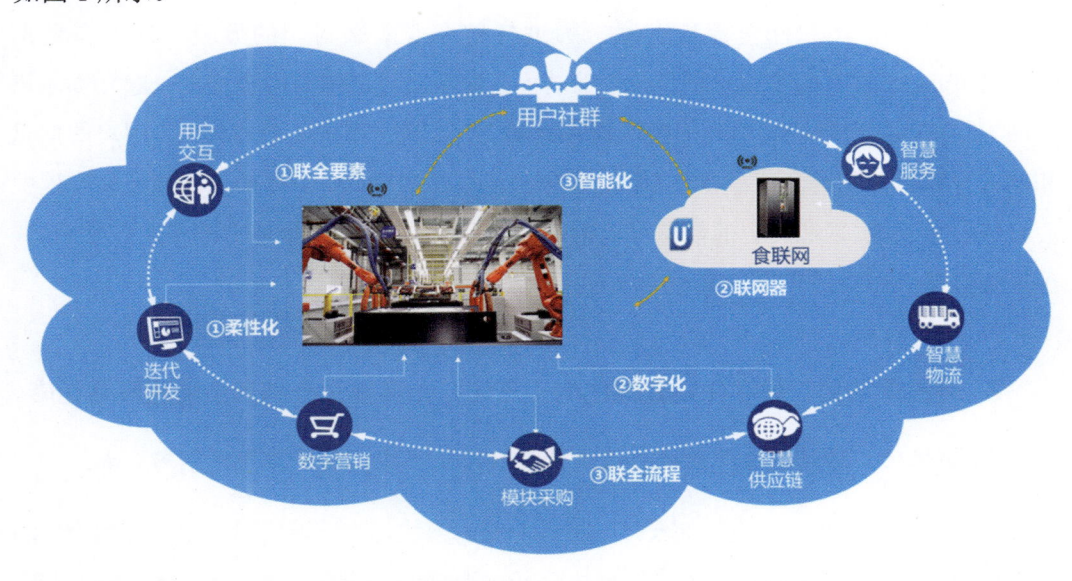

图1 海尔中德冰箱互联工厂的"三联""三化"

1. 通过联全要素、联网器、联全流程的"三联",实现对用户需求的精准把控

1) 联全要素

联全要素即工厂的人、机、料、法、环等要素的互联互通,并能和用户零距离互联。互联工厂为了满足用户全流程参与的体验,打造了工厂全要素与用户互联的能力,即通过 MES、SCADA、ERP 等系统对数据的采集和集成,让特种冰箱制造相关的人、机、料、法、环等要素从底层的传感器到吸附、发泡等关键设备,再到车间、网络、系统等之间实现互联互通、高效协同,并与用户订单系统互相关联。由原来的按计划生产转向为用户生产,让生产线上的每台冰箱都有用户信息。每一台定制的冰箱都知道"应该被送到哪里、何时被送达、如何被定制加工……",用户定制订单生产全过程透明可视,用户通过 PC 端或手机端可实时查询。

2) 联网器

海尔在网络化时代,让所有的家电产品都能联网,能够和用户进行直接交互。通过智能产品(网器)收集用户体验信息并持续交互,了解前端的用户需求和用户使用过程中的体验情况,通过信息大数据的分析,对产品进行更好的升级和迭代。

3) 联全流程

联全流程即用户和全流程互联,通过打破企业原来封闭的界限,通过卡奥斯 COSMOPlat 平台下的各项子平台让企业的上下游所有资源都与用户连在一起,以冰箱产品为导引,实现围绕着用户的全流程零距离交互,满足用户的最佳体验。用户的信息和需求可以直接到达全流程各个节点。原来的流程是串联的,信息传递周期长且过程中会造成信息衰减。现在用户的信息可以实时到达每一个环节,每个环节都和用户零距离,可以随时接收用户的需求,实现用户最佳体验。

2. 通过柔性化、数字化、智能化的"三化",实现生产制造全流程高效运转

1) 柔性化,通过模块化设计打造柔性自动化生产线,满足多样化市场需求

一方面,产品通过模块化的设计,将零件变为模块,通过模块的自由配置组合,满足用户的多样化需求。在平台上进行通用化和标准化的工作,区分出不变模块和可变模块,开放给资源和用户进行交互定制迭代。例如,冰箱原来有 312 个零部件,现在归纳

为 23 个模块，通过模块可以组合出 450 多种产品来满足用户需求。此外，模块化设计使得采购的方式发生变化，传统企业的采购体系是设计零部件、采购零部件，很难适应大规模定制的需求；模块化采购体系是成套设计、成套采购。海尔要求供应商从零部件供应商转化为模块供货商，事先参与到模块设计的过程中。

另一方面，为了满足用户个性化需求，生产线也由原来单一的长流水线生产方式变成模块化组装线和柔性化单元线，解决了大规模生产和个性化定制的矛盾。并且工厂采用模块化布局，分为三大子模块（系统模块、电器件模块、结构模块），每个模块的加工环境资源共享。运用智能 SPS（智能功率开关）物料配送系统，使线体长度缩短 50%。如门体加工工序采用模块化一个流布局，工序间颠覆了传统的工装车储存、人拉车模式，实现箱门体自动匹配，效率提升 25%；又如箱体工序，通过建设 U 壳柔性折弯成型生产线，可同时生产 8 个不同型号的产品，进行智能存储、自动铆接，贴覆质量视频检测等，全程自动化、生产无人化。柔性自动化生产线如图 2 所示。

图 2 柔性自动化生产线

互联工厂的柔性自动化不是简单的"机器换人"。互联工厂的自动化是在标准化接口体系基础上进行软硬一体化集成的智能柔性自动化，它的特点是高效、柔性、集成、互联、智能。同时，互联工厂标准化的设备接口体系支持设备可快速扩展升级，实现柔性化生产，以应对产品迭代升级对生产线柔性、效率提升的影响。

2)数字化,以 COSMO-IM(智能制造系统)为核心集成 ERP、PLM、APS、MES、WMS 五大系统

通过数字化集成让整个工厂变成一个智能系统,实现人—人、人—机、机—物、机—机等的互联互通,自动响应用户订单需求。用户下达订单以后会通过 COSMO-IM(智能制造系统)自动匹配到生产线、设备等。用户订单对应的生产效率不一样,传统工厂按照生产计划制定节拍,设备节拍由人工调节;互联工厂前端把用户的订单需求和工厂的生产线、设备连接起来,用户订单下达以后,通过 ERP、APS、MES 等系统的集成,使生产线、设备自动匹配订单、自动排产。同时强化互联工厂数字化架构,打通设备层、执行层、控制层、管理层、企业层之间的信息传递,实现工厂、线体、设备、工位等订单、质量、效率等信息的透明可视;通过交互、设计、制造、物流等产品全周期的数字化,实现产品全生命周期的信息透明可视,以更快的速度、更高的效率、更好的柔性满足用户需求。如冰箱箱体成型,可根据用户不同需求同时生产 8 个不同型号的产品,进行智能存储、自动铆接、贴覆质量视频检测等;全程自动化、生产无人化;半成品采用集存运输,实现关键物料防差错,用户可全流程生产信息追溯。

3)智能化,通过新一代人工智能、5G、大数据、物联网技术的应用,实现工厂人机物的互联互通,实现企业端到端的信息融合,提升企业先进制造能力

基于机器视觉的智能外观检测示意如图 3 所示。

图 3 基于机器视觉的智能外观检测示意

作为首家智能+5G技术超大高端冰箱互联工厂，AI、5G等技术在海尔中德冰箱互联工厂主要在以下几个场景进行了实践。

（1）5G实验基地

把生产创新中心作为工厂的一个5G实验基地，5G结合AR（增强现实）与VR（虚拟现实），所实施的项目在5G实验基地进行验证。5G实验基地建设在车间内，以工厂可应用范围作为实验方向，在5G实验基地测试、模拟工厂。在此区域验证的主要项目有5G结合AR、VR，5G机器视觉，5G应用于8kbps视频传输，5G应用于机器人控制，5G应用于安防，5G应用于远程维修，5G应用于工厂大数据等，验证合格应用于工厂。

（2）智能视觉检测

在冰箱的生产过程中，外观检测工位是瓶颈工位，生产节拍达40秒/台，员工劳动强度大，检出率为92%，使市场出现一些负面反馈。在对现场问题进行统计分析后，海尔聚集一流资源，开发了冰箱外观视觉自动检测系统，该系统通过对合格产品智能学习的方法对冰箱外观进行在线质量检测，检测内容包括印刷品、门体不平不齐、外观精细化等问题，有效提升了冰箱产品质量及效率。采用5G+外观视觉自动检测技术替代人工后，自动检测节拍提升50%以上，检出率≥99.5%。不良信息可视化，不仅提高了生产质量和效率，还提升了用户满意度。

（3）AR安防

为了加强工厂的安全管控，尤其是对人员的管控，利用5G技术，使用AR安防人脸识别，针对车间内人员以及内外不明人员，可迅速发现可疑人员，预警报警。另外，自动识别安全帽佩戴情况，发现异常即报警提示。

（4）AR远程协作

5G技术应用于AR远程协作维修，在线共享专家，出现如发泡、吸附等瓶颈设备问题后即连线专家快速处理，与国外共同讨论关键设备问题，节省出差费用，节省时间成本。

12.2.3 实施成效

海尔工业智能研究院将海尔在智能制造探索过程中的知识不断进行积累和沉淀，形成了 328 项标准、87 步方法论、56 个手册，并沉淀在卡奥斯 COSMOPlat 工业互联网平台上，支持互联工厂样板持续迭代。

1. 经济效益

通过智能制造的实施，能够提升生产效率 26.7%以上，缩短产品研制周期 31.6%以上，提升能源利用率 12.6%以上；有效控制生产过程中的不良品的产生，降低不良品率 25.4%以上，提高材料综合利用率，降低制造成本，企业综合运营成本降低 22.5%以上。此外，项目实施后可有效降低在库库存资金占用和在制品物资资金占用，降低库存资金占用 10.0%以上，有效节约财务成本。智能制造的实施成效如表 1 所示。

表 1　智能制造的实施成效

项　目	实施成效
生产效率	提升 26.7%
产品研制周期	缩短 31.6%
能源利用率	提升 12.6%
不良品率	降低 25.4%
企业综合运营成本	降低 22.5%
库存资金占用	降低 10.0%

2. 社会效益

智能制造的实施形成了一套冰箱智能制造解决方案，可以有效地帮助行业解决现有问题，对冰箱行业产生良好的示范效应，提升行业数字化、智能化制造水平，带动冰箱企业升级改造以提高生产效率、提升产品质量，更好地满足冰箱行业快速发展的需求，进一步提升我国高端冰箱制造企业的国际竞争力，促进行业发展。

12.3 经验复制推广

目前，海尔特种制冷电器作为海尔互联工厂样板标杆，不仅在冰冷、洗涤、空调、热水器、厨电等海尔国内产业间推广复制，更在美国、泰国、俄罗斯等国家及区域进行全球复制，实现由中国引领到全球引领。以用户为核心的海尔大规模定制模式不仅解决了"如何实现智能制造"，更重要的是解决了"智造为谁"的问题。通过社群交互，用户能够全流程参与设计、生产、销售全过程，在产品生产前就知道用户是谁。海尔作为一个开放的平台让这种模式不仅仅局限于本行业，而是形成了可快速复制的模式和路径，能够快速实现跨区域、跨行业的复制，助力中国企业转型升级，促进中国制造业并实体经济的转型升级。

另外，作为开放的平台，卡奥斯 COSMOPlat 形成了可快速复制的模式和路径，能够快速实现跨区域、跨行业的复制，助力中国企业转型升级，促进中国制造业以及实体经济的转型升级。

12.4 智能制造建设体会与建议

12.4.1 体会

家电制造业的转型升级不仅仅是生产线的升级，更是智能化的变革。云计算、物联网、大数据等新的信息技术与现代制造业不断融合，以及时间敏感网络、边缘计算等新型网络技术的应用，为家电制造业的产业智能化提供了技术支撑，智能互联工厂应运而生，家电制造业踏上"智能制造"的进化之路。智能制造不是对某一领域的里程碑式技术进行突破，也不是简单地用信息技术改造传统制造业，是生产组织方式和商业模式的创新与变革。我们理解，在物联网时代，企业应该打造的是一个平台，这个平台不是企业独家创造出来的，它必须是自主创新和开放式创新相结合、联合产业链的合作伙伴共同打造的开放式平台。这其中，海尔的"人单合一"管理模式的组织保障是智能制造转型的根基，海尔的智能制造实践成果就是组织创新与商业模式创新相结合的集中体现。互联工厂使是"人单合一"模式在制造端的实践与创新，通过充分拉近与用户的距离，坚持以用户为中心的制造理念，实现员工最大价值。

12.4.2 建议

用户多样化、个性化、碎片化的需求给传统的家电行业带来严峻挑战，互联网、3D打印等高科技技术也给家电行业带来了巨大冲击。建议相关家电行业企业可以借鉴本项目的经验模式，积极推进互联工厂建设，从大规模制造向大规模定制转型，提升企业敏捷性，快速响应市场多样性需求，将全球资源无障碍进入平台，吸引全球一流资源，引入更多具有竞争力的创新技术，持续创新、迭代，推动提升行业创新能力，推动产业链升级。

案例 13　宁德时代新能源科技股份有限公司

专"芯"致"智"，宁德时代智能工厂实践与创新

围绕新能源行业和企业自身特点制定智能制造战略，宁德时代新能源科技股份有限公司在项目管理、成本控制、生产效率等经营管理方面实现精益管控。在生产作业过程中，采用了大量自动化设备和信息化系统，自动化程度达95%，实时质量控制点超过3600个，以集成化的方式实现了生产过程的实时监控、工艺参数的实时优化和产品质量的精确追溯。通过建立统一的大数据分析平台，研发并应用多种算法模型，实现对研发、制造、服务等活动的智能化决策支撑。

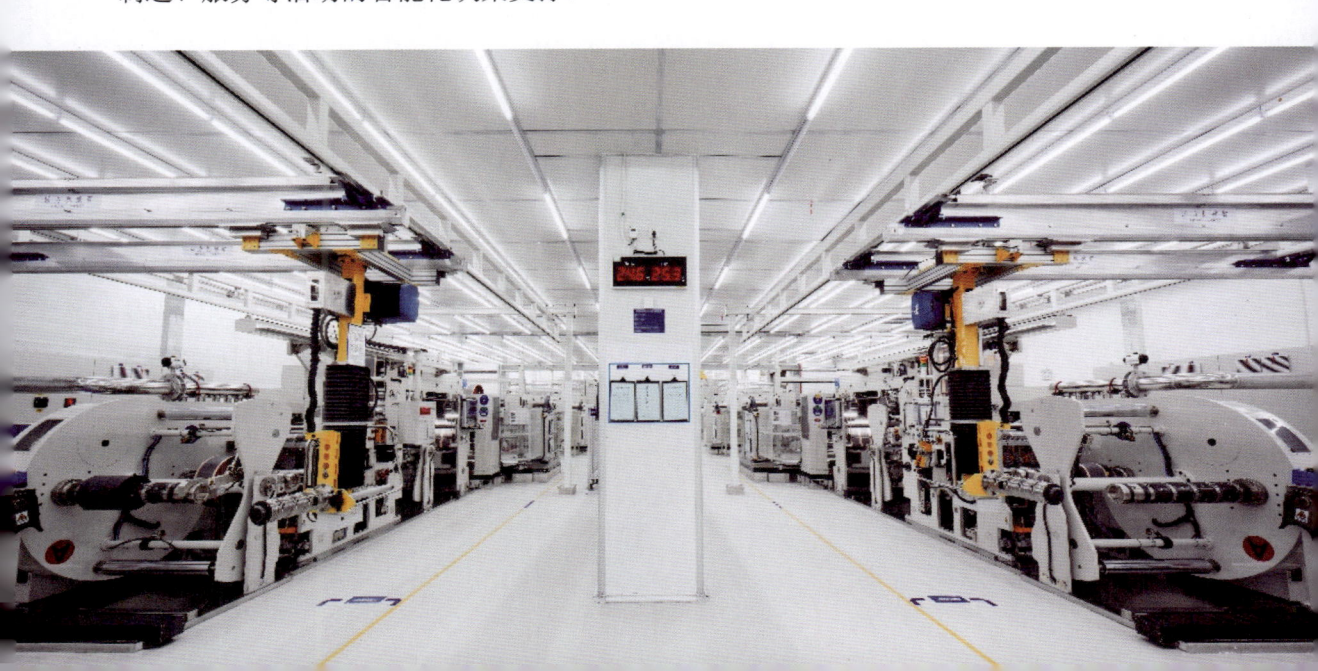

13.1　企业简介

13.1.1　企业基本情况

宁德时代新能源科技股份有限公司（以下简称"德宁时代"）是全球领先的锂离子电池研发制造公司，公司专注于新能源汽车动力电池系统、储能系统的研发、生产和销售，致力于为全球新能源应用提供一流解决方案。2018年6月，公司在深圳证券交易所上市，股票代码300750。

截至2019年年底，宁德时代共有26775名员工，总部位于中国福建省宁德市。宁德时代深耕国内，在福建宁德、江苏溧阳、青海西宁、四川宜宾和广东肇庆布局了电池生产制造基地；积极拓展海外，首个海外工厂落户于德国图林根州埃尔福特，同时在德国慕尼黑、法国巴黎、日本横滨、美国底特律等地设有子公司。

宁德时代的发展目标是以先进电池和风光水等可再生能源的高效电力系统，替代传统化石能源为主的固定和移动能源系统，并以电动化+智能化为核心，实现市场应用的集成创新。为此持续在材料体系、系统结构、极限制造以及商业模式四重维度突破创新。

宁德时代重视研发投入。2019年研发费用为29.9亿元，同比增长50%，研发人员共有5364名，其中，博士143名，硕士及以上学历占比超过39%。研发能力涵盖材料研发、产品研发、工程设计、测试分析、智能制造、信息系统、项目管理等各个领域。宁德时代拥有电化学储能技术国家工程研究中心、福建省锂电池企业重点实验室、中国合格评定国家认可委员会（CNAS）认证的测试验证中心，设立了"博士后科研工作站""福建省院士专家工作站"，正在建设致力于新能源前沿技术研发的宁德时代21C创新实验室。宁德时代在坚持自主研发的同时，积极与国内外知名企业、高校和科研院所建立深度合作关系，主导和参与制订或修订超过50项国内外标准。截至2019年年底，宁德时代拥有授权及正在申请的国内外专利合计5397项。

13.1.2　所属行业及特点

按照我国国民经济行业分类（GB/T 4754—2017）标准，宁德时代属于电气机械和器材制造业（代码38），电池制造中类（代码384），锂离子电池制造小类（代码3841）。

锂电池产业作为中国"十二五"和"十三五"期间重点发展的新能源、新能源汽车和新材料三大产业中的交叉产业，国家出台了一系列支持锂电池产业的政策，直接带动中国锂电池市场在 2015—2019 年保持高速增长。2019 年，我国锂电池产量 157.22 亿只，同比增长 12.40%，2020 年 1~3 月，我国锂电池产量为 27.17 亿只。锂电池凭借输出电压高、比能量高、容量和能量转换效率高、自放电率低、循环寿命长、无记忆效应等优点成为目前动力电池的主流产品。我国锂电池产量的逐年增加，主要受益于新能源汽车和动力电池出货量增长，符合节能减排、低碳绿色的可持续发展方向。锂电池行业在制造方面有安全和质量要求较高、工艺过程较为复杂、自动化设备多、生产数据量大、生产速度快等特点。另外，高性能锂电池也面临着一致性差、生产效率低等困境，生产制造能力仍无法满足巨大的市场需求。

13.1.3　智能制造亮点及模式总结

宁德时代根据锂电池行业和企业自身特点制定智能制造战略，通过精益化、数字化和智能化相结合的方式进行实践探索，实现提质、降本和增效的目的。在锂电池生产制造过程中针对万米级的极片长度、亚微米级的精度控制、秒级的电芯生产速度、毫秒级的数据处理以及多场耦合的复杂制程，率先应用孔隙自由构筑的高速双层涂敷和亚微米级智能调控卷绕等技术，开发了具备自主产权 AI 多级"云—边—端"联动缺陷检测系统，通过和设备互动形成加工参数的全线正反向反馈机制，使产品一致性达到了 CPK2.0 以上，并对全程 3000 多个质量控制点进行缺陷检控，缺陷率控制到 9σ 的 PPB 级水平。

1. 自研装备，协同合作，建设更适合行业特点的自动化基础

针对制程工艺的复杂性、自主研发高速分散搅拌系统、高速双层多面多层挤压式涂布机、极片辊压设备、高速模切机、极耳焊接机等关键技术装备，提高了产品性能的一致性，保证生产效率的稳定性和数据的多样性。设备研发过程中与供应商通力合作，为供应商提供技术支持，保持信息互通，实现互惠互利达成双赢，打破国外垄断。

2. 夯实数据基础，让智能"有据可依"

针对智能生产纵向集成需求，研究工艺、设备、质量等元数据模型，研发多协议解析引擎、数据预处理和转换引擎技术，开发了多源异构数据采集平台，实现多主题数据融合；建立了电池制造生产线数据通信标准规范；打造了基于边缘智能和大数据云架构技术，实现数据分层汇聚与治理；建立了精准、高效的动力电池制造数据平台。

3. 数字孪生技术助力智能研发

在智能研发设计能力方面，宁德时代秉持先进的研发理念，构建了开发迭代体系，应用数字孪生技术，建立大量的产品仿真设计模型和工具链，打造了智能化研发设计环境。同时，对样品线的生产过程做到全系统管理，实现从需求到验证的全程打通，并通过产品生命周期管理（PLM）系统对研发数据进行全生命周期管理。

4. AI 技术让智能制造真正智能

以机器视觉在生产过程中的姿态控制、信息追溯、质量检测等环节的大规模运用为基础，将传统的数字图像处理和人工智能检测技术相融合，在产品在线缺陷检测领域发挥了重要作用。可实现直接在设备端完成图像采集和图像处理，并通过训练后的人工智能模型完成缺陷盘点，及时发现缺陷产品，极大地提高了全过程产品质量控制水平和良品率。

13.2　智能制造项目建设

13.2.1　项目背景

锂电池产业作为我国重点发展的新能源、新能源汽车和新材料三大产业中的交叉产业，在我国经济社会发展中发挥着重要作用。锂电池是目前动力电池的主流产品，但是，因行业产品本身的特点，如产品工艺复杂、制造流程长、管控点多、数据量巨大、对检测手段多样化的需求强烈、海量数据的价值没有被完全挖掘并发挥等，都是锂电池企业面临的主要问题。

1. 制造工艺复杂，监测数据点多

高端动力锂电池制造工艺复杂，质量影响因素极多，设备监测手段、质量寻因方法、新品工艺优化模型欠缺；缺乏智能管控技术，导致质量一致性差，生产效率低。

2. 制造系统复杂，数据实时采集难度高

多源异构数据类型导致通信效率低，数据平台管理困难，所采集海量制造过程数据难以用于制造过程优化、控制和决策。

3. 数据组成复杂，数据价值挖掘难度高

多物理场耦合、多尺度控形/控性工艺过程内在科学规律不清晰，上下游生产线和关键设备在连续和离散混合制造系统中的线性、非线性以及随机动态机制不明确，无法快速、有效地解决新品生产线重组验证、工艺验证等问题，导致生产效率低、成本高。对于可重构、大规模、定制化的制造模式，缺少有效的系统科学分析方法和系统性能特征评价手段。

锂电池行业存在的以上制造问题，无法通过传统手段优化，也没有现有样本可参照，只能通过应用智能制造的新技术、新理念，有针对性地去解决行业难题。同时，基于动力电池的安全可控性和全生命周期管理，如何实现智能服务、挖掘新业务形态，也是动力电池生产商从激烈竞争中突围、获得持续竞争优势和占领市场的重要课题。

针对上述问题，宁德时代把通过智能制造体系建设获得可持续的竞争优势，作为实现企业战略目标的必然策略，以期提高产品的技术水平和附加价值，提高企业对市场和个性化需求的响应能力，提高运营效率，降低成本，提升产品和服务的质量。

13.2.2 实施路径

1. 宁德时代智能制造发展历程

作为动力电池龙头企业,从 2011 年发展至今,宁德时代智能制造战略已经完成了三个阶段的升级跃迁。宁德时代智能制造发展历程如图 1 所示。

图 1　宁德时代智能制造发展历程

1)"自动化"阶段(2011—2013 年)

在这一阶段,宁德时代主要在自动化水平,包括设备自动化、生产线自动化、物流自动化、仓储自动化等方面进行快速提升。逐渐建立起工程设计、测试验证、工艺制造等制造流程完善体系。在积累专业知识、丰富实践经验的同时,培育起一批拥有先进制造潜力的自动化装备供应商,与之共同成长。

2)"自动化+系统化"阶段(2014—2017 年)

2014 年被称为"SAP 应用元年",动力电池规模化制造需求提升。宁德时代开始陆续导入软件巨头 SAP 的企业管理系统(ERP)、供应商关系管理(SRM)和客户关系管理(CRM)系统。2015 年,"物联网应用元年"开启,大量产品生命周期管理(PLM)应用软件被动力电池企业导入应用,设备端的大量数据开始逐渐上线。同年,宁德时代开启了 CPS(CATL Production System)体系建设,着手建立起大数据平台,搭建物联网体系,并部署私有云和公有云平台,为后面的大数据分析和智能化导入奠定了良好的系统基础。

3)"数字化+智能化"阶段(2017年至今)

2017—2018年,宁德时代启动数据管理分析相关工作,包括数据管理、数据应用、数据分析,以及切入实际的生产线和工艺优化上,这在生产过程中发挥了极大的作用。开始尝试使用AI来解决锂电池制造难题,并在2019年取得了成功,AI应用开始在动力电池制造渗透。宁德时代开始关注如何基于导入的制造大数据,利用先进算法对设备进行智能维护,对生产线智能排程,以及对质量智能管控。2019年以来,宁德时代已经尝试在生产线上推广5G技术、AI技术、自学习技术、图像识别、视频流智能监控技术等。

宁德时代实施智能制造的最终目的是探索通过产品、设备和信息化的高度结合,合理优化企业内部生产组织和管理流程,实现符合自身实际的企业可持续发展路径与方法。

2. 智能制造实施总体规划

宁德时代智能制造的总体技术路线分为三个部分。

第一部分,在研发设计方面,采用数字化三维设计、模拟仿真技术进行产品设计,并且导入PLM系统进行全生命周期的数据管理。

第二部分,在生产线智能化方面,针对设备开发和生产线建设,坚持关键技术国产化的路线,导入三维仿真、在线检测、智能化物流等技术,推动生产线的智能化水平。

第三部分,在信息化架构方面,通过制定标准化的设备导入规范,建立互联互通的工业网络,建立覆盖全生产要素的制造执行系统,实现全生产过程的数据采集、信息追溯、状态检测和防呆控制,确保生产过程的成本节约、安全可控、精益高效和质量一致。在此基础上,通过集成研发、设计、供应链和售后服务系统,驱动全价值链的集成和优化。

3. 自动化建设:锂电池智能装备自主研发可控

锂电池独特的电化学特性对整个制作过程提出了高一致性标准,要求每一道工序的设备都具备高精度和稳定性。

关键技术研发设备包括高速分散搅拌系统、高速双层多面多层挤压式涂布机、极片辊压设备、高速模切机、高速预分切机及分切机、极耳焊接机、激光焊接机、注液机、气密性检测机、全自动化成系统、自动干燥线、极片立体仓库、装配段物流线、烘烤炉段智能物流线、模组组件及底板涂胶机、模组侧缝冷金属焊接机。

宁德时代研发了高速双面多层挤压式涂布机，该装备采用放卷及裁切机构、主牵引机构、涂布装置、真空吸附装置、气浮式烘箱、后牵引机构、收卷及裁切机构、CCD宽度方向检测单元和智能测厚系统等结构；同时开发了相应的以太网总线运动控制系统，能够自动驱动各功能部件协调动作，将制成的浆料均匀地涂覆在金属箔的表面，并自动烘干形成正负极极片。该装备技术性能达到国际领先水平，已打破国外垄断，可替代进口。

宁德时代采用自主研发及与合作伙伴联合研发相结合的方式，不断提升生产线自动化率，将经验、工艺沉淀到自动化设备和系统中，把异常因素降到最低，铸就极高一致性的产品。

4. 系统化建设：高效的企业运作和全流程信息化管理

宁德时代制定了清晰的信息系统战略规划，通过构建信息系统来达成如下目标：

- 通过在各个层面有效地利用信息与知识促使 CATL 保持竞争优势并实现战略目标。

- 通过业务流程创新和信息技术创新来提高市场、销售、研发、运营和售后的效率。

- 通过为员工提供知识共享和协同能力，使他们能够交付符合预期的结果。

- 通过对产品全生命周期的数据收集和分析，提供及时的、有预见性的服务以超越客户期望。

宁德时代在制造信息系统方面，重点打造了 4 个层面的集成和协同。宁德时代制造信息系统如图 2 所示。

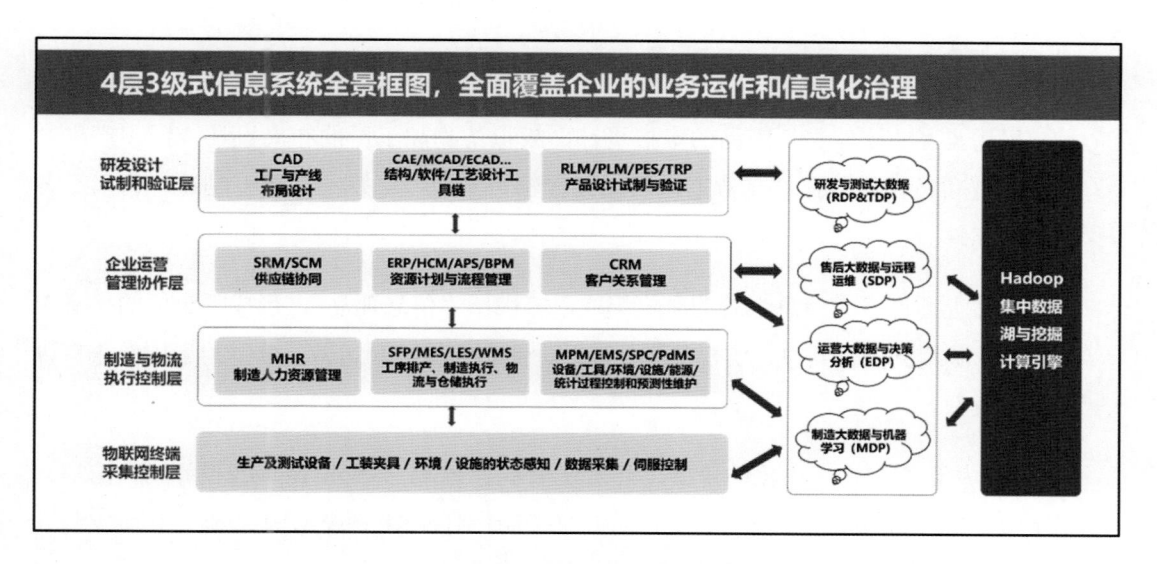

图 2 宁德时代制造信息系统

1) 物联网终端采集控制层，实现基础数据采集准确完整

宁德时代针对锂电池行业制造系统复杂、设备数量大、数据通信缺少规范标准、多源异构数据类型导致通信效率低、数据平台管理困难等问题，研究基于 OPC UA 的多源异构数据采集技术，开发了自主知识产权的统一数据采集平台，建立了电池制造生产线数据通信标准规范，同时借鉴互联网行业数据总线技术，打造了锂电流数据总线，解决了海量生产数据高速、并发传输问题，满足了各层级信息系统对实时、时序数据进行并发处理的需求。

2) 制造与物流执行控制层，助力制造现场各要素数据互通

以制造现场管理为核心的"人、机、具、料、法、环、能"全生产要素的集成。该层面包括 MES、LES、WMS、MHR、FIS、EMS、PDMS，以及它们与制造大数据平台 MDP、E-Mail、移动 App 的集成处理。其中隐含的基础是构建在整个物联网和互联网环境下，制造过程中人、设备、物联终端和信息系统的集成和交互关系。

3) 企业运营管理协作层，打通运营前后端整体价值链

以 ERP 为核心打造的，面向从需求、设计，一直到销售、服务的全价值链要素的集成。企业运营管理协作层是制造与物流执行控制层面向整个企业价值链的延展，在整个价值链上建立以质量、效率、成本为核心的卓越管理体系。

4）研发设计试制和验证层，集成各系统实现信息互通和资源共享

采用 CAX 软件进行产品的虚拟设计、模拟仿真和工厂的布局设计，同步产生数字化模型和设计元数据，元数据进行纵向传输，实现"研发—工程—制造—售后"各环节的闭环。

整体上通过各大信息系统的有机集成，打破了"信息孤岛"，形成了全面的信息连通，使资源达到充分共享，实现集中、高效、便利的管理和运营，典型的运用场景有以下 3 个方面。

（1）从研发制造一体化的角度拉动研发端基于 PLM 实现 E-BOM（设计物料清单）到 M-BOM（制造物料清单）的转化，并直接同步到 ERP 系统，从而确保从研发到计划，从计划到制造的信息一致化。

（2）从供应链制造一体化的角度，促进 ERP 仓储物流的拉动式配送和供应物流的准时制生产方式（JIT）。同时，要求供应商将基于单个包装的条码打印精确化，优化仓储和上料作业。对需要做单件追溯用的原材料（如模组用 PCBA 板、线束隔离板），还可由软件配置管理（SCM）平台直接导入数据，并最终集成到生产大数据平台。

（3）从服务制造一体化的角度，促进运营和服务过程基于条码数据的一致化追溯和质量预测。

5. 数字化建设：生产全过程质量溯源

宁德时代重视数据的应用，并把数字化建设独立于系统建设，成立了专门的大数据团队进行数据治理和价值变现工作。

针对动力电池制造过程中海量数据整合成本高、质量差、建模困难等突出问题，宁德时代研究边缘侧多源异构数据采集与融合技术，攻克海量数据环境下半结构化、非结构化数据自动采集技术，重点解决多种信息的泛在感知和互联互通，实现生产现场采集、分析、管理、控制的垂直一体化集成，极大提升极片制造中的混料、涂布工艺、辊压-模切连续过程，以及卷绕、组装、烘烤、注液、化成等离散过程并存的复合工艺流程中的异构数据融合程度，通过在关键工艺环节实现数字化集成来实现动力电池制造的智能化改造。

针对电池制造全过程，宁德时代从来料、设备、工艺及制造环境等多个方面出发，对影响电池产品质量的各类因素进行分析，探究各类因素间的关联性及关联程度。基于分层赋时 Petri 网等方法，对电池生产过程中各类状态的变迁进行融合建模，实现对各类质量因素的跨工艺、多因素、变尺度分析，构建动力电池生产过程质量数据空间，实现对产品生产全过程的质量溯源。

6. 智能化建设：最大化技术价值

宁德时代的智能化建设立足现场实际需求，围绕智能物流、数字孪生、大数据、人工智能、APS 高级排产、机器学习、5G 技术等的实际应用展开建设，并基于大量网络技术应用，对信息安全系统建设的关注度也同步提升至最高水平。

1) 数字孪生技术实现全局产品设计与仿真

宁德时代基于三维模型的产品设计与仿真，建立产品数据管理（PDM）系统。PDM 系统集成 CAX 软件等设计工具，由各模块设计工程师同步在线进行产品的三维设计工作。从概念设计到详细设计，PDM 系统完整地保留了开发过程中所有三维模型，在统一的数字设计环境内，仿真工程师借助 CAE 软件对三维模型虚拟样机进行模拟验证，求解最优设计方案。基于三维模型驱动生成的物料清单（BOM）和技术文件自动同步到 ERP/MES 系统，支持产品生产。PDM 系统构建了研发协同管理平台，基于三维模型的产品设计和仿真，减少了产品开发过程中对物理样机的需求，从而缩短研发周期，降低研发成本，保证产品质量。

当前，宁德时代基于产品仿真技术的应用已经广泛运用在电芯极片膨胀仿真、电芯机械结构仿真、模组膨胀力仿真、电池包振动与冲击仿真、电池包挤压仿真等场景。

2) 智能化物流管理提升生产效率

工厂生产线的效率在很大程度上受物流系统智能化程度的制约。宁德时代根据锂电池生产的特点，使用 AGV、机器人、立体仓库、RFID 等智能化技术，提高了物流系统的自动化、信息化、智能化水平，有效提高了生产线效率。在整个物流体系中，形成了极片车间立体仓库、装配段物流线、烘烤炉段智能物流线、原材料仓的智能立体仓库及成品仓库的智能立体仓库等特色应用。

物流系统的智能化特点如下：

（1）AGV 小车自动获知已经分切的极片卷的位置，并智能规划路线，将极片卷运输到缓存区的空托盘上。

（2）滚筒线在获知托盘装满极片卷后，自动将托盘传输到升降机内，升降机将托盘提升到立体仓库内。

（3）立体仓库对托盘智能排配位置，并指导滚筒线和 RGV 小车将托盘堆放到指定的货架上。

3）基于物联网进行远程监测

产品销售出库并不代表销售的终结，产品的运营和服务从价值链的角度来看，即是产品价值的延伸，这离不开数据和流程的支撑。对新能源应用而言，不论是新能源汽车，还是储能电站，都存在运营状态监控及持续运维的问题。与之对应，就延展出远程运维监控大数据平台。

通过在制造过程中植入针对电池系统（新能源汽车和储能电站）的 T-BOX 终端，可以直接收集 BMS（电池管理系统）采集到的关于电池系统的售后运行状态数据，在达到特定阈值或条件时直接触发对应的异常报警，并建立基于已知模型对电池系统的预测性维护（PDMS）。同时，也打通了制造过程和售后过程的大数据对接。

4）借力大数据和人工智能技术实现创新

无论是产品维度的 MES，还是设备设施和工装夹具、仪器仪表维度的 TPM 系统，都面临着大量数据的快速采集和存储。例如，MES 存在大量的非结构化数据（如工件的照片），在线系统存在在线数据容量的限制。

宁德时代以 MES、TPM 和 MHR 等系统为基础，引入 LAMBDA 大数据架构，打造出制造系统大数据平台（MDP）。

在各个业务系统（MES、TPM、MHR）的数据通过 ETL 工具集成到制造系统大数据平台后，可根据集成的制造系统数据库进行集中式数据分析和通用数据挖掘功能的开发。

在 MDP 上，通过引入典型化的人工智能技术框架（如 TensorFlow），宁德时代还将其定义为公司的数据洞察和创新平台,并在产品/设备加工参数的关联分析和优化分析、基于机器视觉的产品缺陷分析、设备的预测性维护等领域展开具体和实质化的运用。

13.2.3 实施成效

2017 年 3 月,为了提升公司智能制造水平,探索锂电池行业智能制造之路,CATL 认真研读了工业和信息化部发布的《中国智能制造能力成熟度白皮书》,并完全参照其标准优化智能制造布局,在后续历年的成熟度评分中取得了 2017 年 3.38 分、2018 年 4.08 分、2019 年 4.56 分的优异成绩,成熟度逐步提升。

宁德时代以制造为核心,有效地驱动了研发制造一体化、制造供应链一体化、制造服务一体化,并在实践中得到了验证,取得了生产效率提升 56%产品研制周期缩短 50%、运营成本降低 21%、不良品率降低 75%、资源综合利用率提升 24%等良好效果。同时,宁德时代的智能制造实践,也对国家、社会与行业提供了有价值的参考。智能制造探索实践和整体成效如表 1 所示。

表 1 智能制造探索实践和整体成效

探索实践	整体成效	
以制造为核心,有效地驱动了研发制造一体化、制造供应链一体化、制造服务一体化	生产效率	提升 56%
	产品研制周期	缩短 50%
	运营成本	降低 21%
	不良品率	降低 75%
	资源综合利用率	提升 24%
	设备国产化率	实现 90%以上

宁德时代取得了智能制造相关关键技术的一定突破,实现了工艺设备的网络化自动检测、监控,达到生产过程的可视化;针对各制造工序自主开发的多项特色工艺及设备,具有一定的技术领先性,使得动力电池行业数字化车间的自动化程度和生产效率大幅度提高;取得的专利、标准、软件著作权等技术成果,能够有效支撑生产线量产等方面的推广应用,为行业的数字化车间、智能工厂建设做出积极贡献。

推进锂电池行业的智能制造,有利于加快提升我国电动汽车用锂电池制造水平,解决电动汽车发展中存在的动力电池瓶颈问题,进一步提升我国锂电池及相关产业的科技创新能力和产业竞争力。此外，由于锂电池主要用于新能源（电动）汽车，推广锂电池全生命周期智能管理方案，有利于节能减排，实现经济、节能环保效益相统一，有利于我国新能源、新材料等战略性新兴产业的发展，对经济、节能、环保、社会效益明显。

13.3　经验复制推广

宁德时代的集团集中管理运营各基地协同运作的管理模式下，各基地间信息互通，经验传递道路通畅；新项目的快速上线机制、成熟项目的执行标准化管控，是促使宁德时代智能制造应用能够高效推广的支撑基础。

13.3.1　针对新型技术建立项目推广网络

新项目复制推广采用中心协调资源进行前期开发、试点、验证；中心指导各基地专人跟进项目落地进展，PMO集中跟踪项目进展，项目团队集体KPI管理，实现了高效的推广效果。

13.3.2　将已成熟项目进行快速标准化

为规范已成熟的项目在新基地建设过程中的提前导入，建立了一套智能制造项目执行标准，将相关标准直接加入到新基地建设参照的标准规范文件中作为单独的智能制造数字化建设模块；并做到实时更新；使经验快速固化并定义为基础建设内容，使新建设的基地与已运营基地站在同一起跑线上。

13.3.3　内部推广案例

宁德时代以智能制造实施总体规划为基础，建设了具有数字化、网络化、精益化、智能化特征的新一代锂电池智能工厂，推动了智能制造新模式应用，并在宁德时代各子公司的智能制造工厂建设中实现了模型的快速复制和迭代优化。目前已建设并推广的子公司与合资公司包括江苏时代、青海时代、时代上汽等，在推广与建设过程中，不断升华原有智能制造应用成果，并总结出一套可复制推广的经验理念。

1) 自主化关键装备

联合优势关键设备供应商进行合作开发，设备国产化率 90%以上。

2) 数字化仿真模拟

对产品设计、工厂布局、工艺设计进行数字化模拟，从而提前预知风险，缩短研制周期。

3) 标准化终端集成

规范所有人员、设备、传感器的数据采集方式，以及设备和信息系统间的通信和请求交互模型，以简单有效的方式实现生产要素间的互联互通。

4) 全程化状态监测

对产品参数、状态的检查贯穿在生产全程，避免无效作业和流动，实现精益化生产。

5) 分级式质量管控

发挥设备和系统对质量防呆的优势，在单工序和工序间形成多重控制，保证产品质量的一致性。

6) 智能化平台支撑

建立测试、制造、售后等云平台，在大数据框架下实现对设备、产品、设施的预测性维护，以及对设备工艺参数的自动化调优，形成闭环生产反馈。

7) 产品级远程运维

通过售后大数据平台，实时收集运行中的电池数据，实现电池实时监控、故障诊断和预防性维护。

13.4 智能制造建设体会与建议

13.4.1 体会

锂电池生产是典型的离散型制造业，其中电池制造的前工序膜卷制造有部分流程行业的特点，除此之外的电池制造、装配、模组封装都是典型的离散制造。需要通过推进智能制造、建设智能工厂，从组织结构设计、经营管理流程、产品研发设计、生产制造、仓储物流设计、生产线设备等各方面实现自动化的系统集成、系统管理，促使企业的业务开展与生产系统相辅相成、互相促进，以取得更好的经济与社会效益。宁德时代通过智能化改造取得的效果，除了战略落地、项目实施过程中领导重视、系统谋划、全员参与、狠抓落实等具有普遍意义的经验和体会外，抓住重点、难点集中突破，抓住共性要素以点带面非常重要。

同时，宁德时代智能工厂的规划和建设紧扣制造强国战略，其经验和做法中具有行业典型意义，能作为智能制造技术的模板、为汽车整车和零部件行业，以及其他相关行业的智能制造实践提供有价值的参考。

13.4.2 建议

1. 大规模批量生产和小规模订制产品灵活转换

为提高排产、生产的柔性，各生产线均可以根据产品模式的不同灵活切换，充分利用现有产能生产不同工艺的产品。例如，动力锂电池生产数据化车间完成不同类型电池产品的生产和组装，可根据不同客户要求，其生产的锂电池产品按电池容量大小、工艺规格与要求能细分为多种产品类型；生产线除了大批量制造的主流产品之外，还能为客户定制所需的实验类产品，从而有效满足用户的需求。

2. 标准化的工艺流程管理和产品质量管理

在新能源行业，一般是将单个电池组装成硬壳电池（电池包）后，装载到新能源汽车整车、储能设备使用。因此，在单体电池、电池包设计生产等方面，具有实现标准化工艺流程管理的基础，能够实现标准化与个性化相统一。例如，可以围绕磷酸铁锂化学体系，实现超长循环寿命和贮存寿命，或实现高能量密度、高功率密度的需求，通过优化设计、工艺、排产，将数字化车间生产的锂离子方形电池，根据客户要求将电池组装成不同的模组，再封装成电池包。基于这一特点，可以在产品制造的不同阶段，严格明确详细的工艺路线、配方数据、工艺参数，并将生产数据自动化写入生产设备，从而在实现标准化的工艺流程管理和产品质量管理的基础上，满足不同用户的个性化需求。

3. 数字化的仓储、物料和供应链管理

确保数据的完整性、准确性、唯一性，是实现智能工厂、智能制造的必然要求。要以数据治理为抓手，重视仓储、物料和供应链数据的源头管理。其中，在仓储与物料管理中，产品与物料应按照 ISO 体系相关文件规定的物料编码规则进行编码，产品和物料的存放过程都实现数字化管理；在供应链管理中，通过 SRM/SNC 等信息系统将供应商、客户等信息纳入大供应链管理体系中，从而确保智能工厂、智能制造体系的高效顺畅运转。

4. 建立高效的企业管理机制

在自动化、信息化、数字化、智能化的过程中解决研发、生产制造、企业管理的瓶颈问题，使管理与业务创新的战略目标变为可分解、可考核、可衡量的具体目标与任务，在取得提升生产效率、缩短产品研制周期、降低运营成本等效果的同时，切实提高企业管理的整体水平。

案例 14　上汽大通汽车有限公司

上汽大通 C2B 模式打造智能制造标杆工厂

为应对全球消费者日益增长的个性化需求,上汽大通汽车有限公司(以下简称"上汽大通")秉承"定制化、智能化、国际化、年轻化"品牌理念,积极探索并实践汽车行业的 C2B 大规模个性化智能定制模式,以用户需求为中心驱动整个制造体系智能化升级。上汽大通从车型的开发阶段开始让用户深度参与全过程,并且打通了产品、用户需求、制造过程中的数据壁垒,能够准确响应应用户定制的个性化需求,最终实现企业的全价值链数字化在线。

14.1 企业简介

14.1.1 企业基本情况

上汽大通是上海汽车集团股份有限公司的全资子公司，成立于 2011 年 4 月 8 日，原名为上海汽车商用车有限公司，2015 年 11 月 5 日更名为上汽大通汽车有限公司。公司总部位于上海市杨浦区军工路 2500 号，注册资本为 58.2 亿元人民币。上汽大通下设无锡分公司、南京分公司、上海临港分公司、上汽大通房车科技有限公司、无锡申联专用汽车有限公司及上汽大通汽车销售服务有限公司，并设有两个智能研发中心、两个海外制造基地、四个国内智能制造基地。目前，上汽大通主要业务包括"MAXUS"品牌的 MPV、SUV、宽体轻客、皮卡、房车等商乘并举的产品组合，以及各类改装车的研发、生产和销售，正积极推进互联网汽车的商业化，并开展智能驾驶等技术研究和产业化探索。

作为上汽集团旗下的国际汽车品牌，上汽大通销量持续快速增长，其产品服务于 APEC 峰会、G20 峰会、上合组织峰会、青奥会、博鳌亚洲论坛等国际级高规格会议。上汽大通积极扩展海外市场，全球经销网络初步建立完成，形成了五大核心市场，产品覆盖全球 45 个国家和地区，澳大利亚、新西兰、英国、爱尔兰等成为海外销售的主要国家，上汽大通正成为走向世界的中国品牌。

14.1.2 所属行业及特点

按照我国国民经济行业分类（GB/T 4754—2017），上汽大通属于汽车制造业行业大类（代码 36），汽车整车制造行业中类（代码 361），汽柴油车整车制造行业小类（代码 3611）。

中国汽车产业经过近 30 年的快速发展，汽车企业基于 B2C 模式的产品技术和用户服务越来越进入同质化阶段，消费者已经不满足于企业按照统一的模式来生产同一类产品，现在的消费者更强调个性化消费，"把汽车作为个人的情感寄托和生活的伙伴"，所以定制生产今后是一个大趋势。此外，汽车在向移动智能终端、储能单元和数字空间转变，智能互联和数据共享将使汽车成为更为丰富的生态空间。在这样的情况下，传统的营销与互联网的营销模式也在结合，单纯的以线下 4S 店的方式营销已经受到了一些挑战，线上线下的融合使汽车营销也进入智能化、数据化的新模式。

14.1.3 智能制造亮点及模式总结

1. 洞察用户需求，打通运营与制造过程中的数据壁垒

在 C2B 智能定制模式下，通过互联网平台进行数字化运营，吸引用户参与到整车"定义、设计、验证、选配、定价和改进"的全流程，提炼与分析用户行为数据，推动新产品开发及产品迭代；同时通过上汽大通的"蜘蛛智选"平台，打通产品、用户需求、制造过程中的数据壁垒，准确响应用户定制的个性化需求，实现企业的全价值链数字化在线。

2. 建设研发制造一体化体系，实现交付需求的快速响应

基于智能营销、智能研发、智能供应链、智能质量等业务数字化改造和用户交互体验技术提升，上汽大通对 C2B 时代的数字化工厂体系化持续地建设和升级，实现了所有系列车型的大规模个性化定制，还通过数字平台打造了价值链（营销、研发、制造、供应链）的互联互通，形成新的竞争优势，创造新的企业价值。

3. 建立供应链数据共享平台，实现跨企业的敏捷协同

C2B 个性化定制生产模式对混线生产切换速度和频率提出更高要求，需要整个供应链的协同。上汽大通通过建立供应链数据共享平台，能够支持多种相似产品的混线生产和装配，灵活调整工艺，适应大批量、多品种的生产模式，实现敏捷协同制造。

14.2 智能制造项目建设

14.2.1 项目背景

随着时代发展，用户需求呈现出多元化特征，车企痛点也愈加突出，主要如下。

（1）C 端：在"线上解决一切"的大环境下，传统的 4S 店已经无法通过层层冗长复杂的代理反馈，真正了解到消费者的需求与喜好。

（2）B 端：巨大的供应商网络逐渐让车企难以转型，不仅使价值链条被无限拉长，还有愈演愈烈的趋势。

所以，寻求一种同时能够解决 C 端和 B 端痛点的新商业模式，变得尤为紧迫。

面对上述问题，上汽大通率先提出了"用户驱动"的理念，提供具有全球竞争力的汽车产品和生活服务，以"为用户创造价值"为公司愿景，突出了用户驱动的核心，明确了以用户为中心，通过数字化直联，让用户参与全价值链的数据化互动和决策，形成有温度的相互认可关系，为消费者打造定制化的产品和服务。

14.2.2 实施路径

1. 建立以 C2B 为核心的转型战略和组织架构

上汽大通坚持以 C2B 为核心，围绕客户进行企业数字化转型，以满足与用户高质量互动、满足用户个性化需求、与用户形成有温度的相互认可关系为目标，进行企业数字化转型系统的架构设计。上汽大通数字化业务转型架构如图 1 所示。

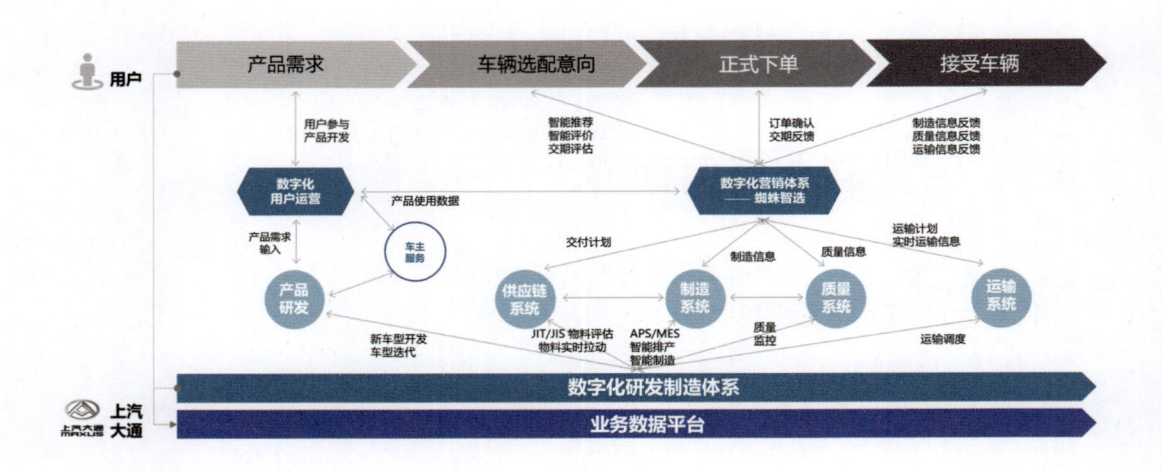

图 1　上汽大通数字化业务转型架构

从企业组织架构层面，上汽大通原有职能化部门组织结构转化成以用户为中心的组织结构，需要数字化、智能化来驱动流程变化。上汽大通对组织流程进行了再造，将逐级汇报的科层结构组织转变为以用户为中心的流程型组织。以数字化应用覆盖业务场景、以敏捷团队作为推动主体，信息和数据在企业内快速流动，员工可即时参与到企业的运作和管理进程中，以员工为驱动力，提升企业整体的业务运营和服务能力，最终达成"我的平台我做主"的平台愿景，不仅为企业员工，更为外部合作伙伴和用户赋能增值。上汽大通组织转型架构如图 2 所示。

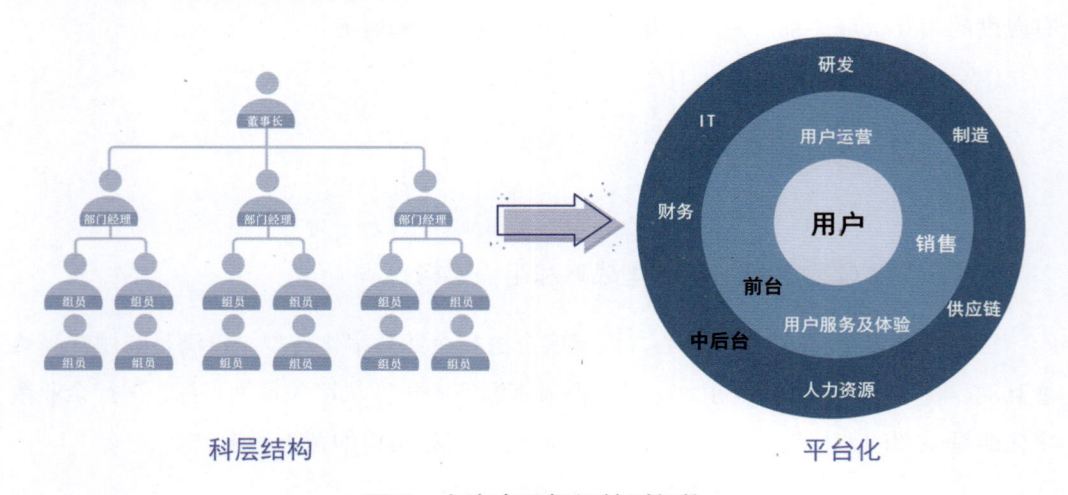

图 2　上汽大通组织转型架构

2. 建立以用户为中心的开放式运营平台

1) 定义用户参与范围,重视产品配套服务属性

针对整车产品研发过程,公司基于产品化运营思维建设了数字化用户运营体系,成为与用户进行直联互动的触点,使包含"车型定义""设计开发""汽车试验""用户反馈""用户定价""蜘蛛智选"六大阶段的 C2B 战略可以真正落地。用户参与研发示意如图 3 所示。

图 3 用户参与研发示意

针对整车产品使用过程,建设上线了上汽大通 MAXUS App、微信小程序等用户触点,实现实时车辆使用指导、维修保养提醒,帮助用户及时寻找到符合用户要求的服务站,并实现维修保养过程的透明化,让用户更加便捷和放心地使用上汽大通产品。服务直联用户示意如图 4 所示。

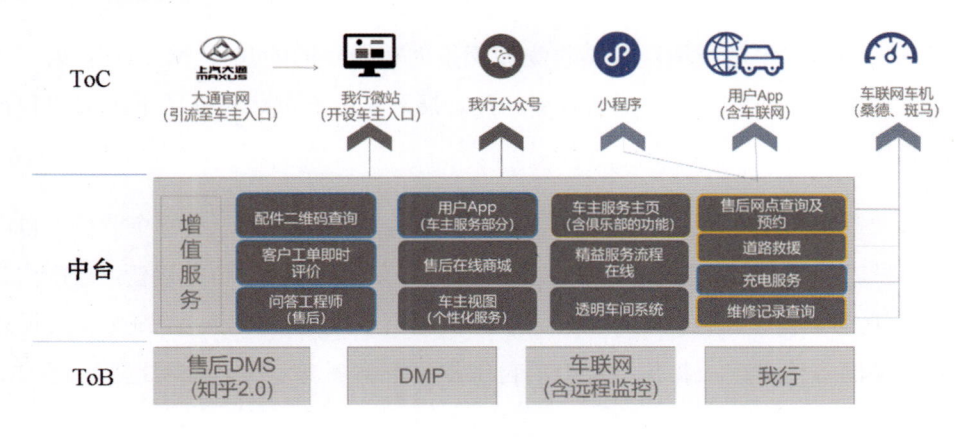

图 4 服务直联用户示意

2)铺设开放式设计路径,满足个性化设计需求

为了快速实现用户个性化产品需求的设计,上汽大通搭建了 3DE 生态开放的在线数字研发环境,充分调动内部和外部资源。3DE 设计在线平台如图 5 所示。

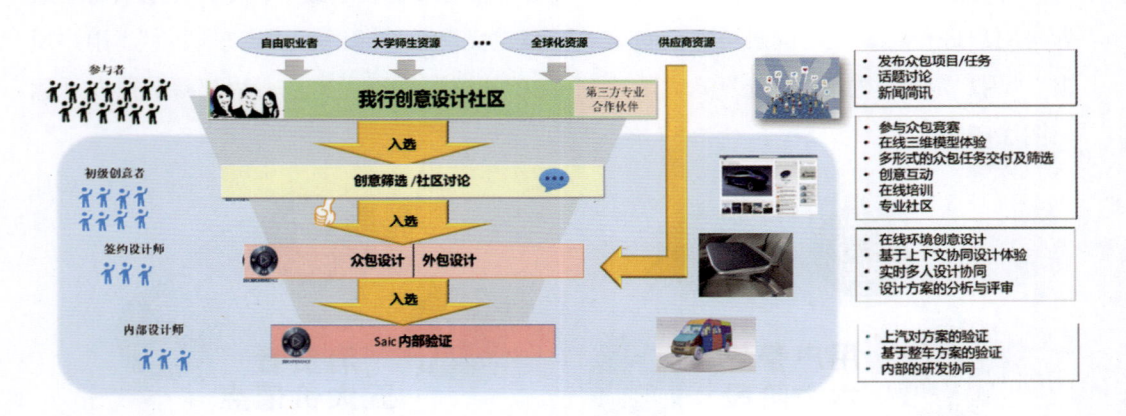

图 5 3DE 设计在线平台

(1) 为非专业用户提供可视化参与产品设计过程的工具,并通过运营聚集参与人员,从而提升开发效率、缩短开发周期。

(2) 通过外部设计资源的加入,以众包的方式快速实现用户个性化产品需求的设计,并推进采购在线的众筹模块落地,促成众包众筹生态化。

(3) 为外部设计师同步参与产品设计提供技术平台支持和设计验证优化工具。

3)挖掘自媒体网络价值,实现自动用户积累

上汽大通建立了基于用户数据收集和积累为初始目的的我行 MAXUS 数字化平台,从我行自媒体开始,通过不断吸引粉丝、展示企业产品,建立了上汽大通我行自媒体的宣传能力。

上汽大通还通过目前主流的微信、微博等 38 个自媒体平台,进行企业员工自产内容的发布推广,各平台用户总数已突破 700 万。依靠自主开发、自主运营、自产内容的 C2B 我行互动平台和周边自媒体生态,上汽大通可以不完全依赖于传统媒体渠道进行品牌和产品的宣传推广,将传播渠道的自主权牢牢掌握在手中。全网运营示意如图 6 所示。

图 6 全网运营示意

3. 建设满足客户定制化需求的研发制造一体化体系

1) 打造移动端选配器,创新订单实现模式

上汽大通建设打造了提供公司全车型用户自定义选配功能的"蜘蛛智选"平台。蜘蛛智选-直观展示产品功能如图 7 所示。通过支持智能选配、互动选配、极客选配、现车选配等多种选配模式,告别"线上看车,线下购车"的传统方式的同时,实现适应不同类型用户的使用习惯。通过提供从选配到下单、支付、排产、制造、发运直至提车的全流程在线跟踪,让用户获得全新的移动购物体验。为丰富感官效果,手机移动端搭载业界领先的 3D 展示,实现用户实时观看和对比自己所选配置的实车效果。

图 7 蜘蛛智选-直观展示产品功能

同时在研发制造体系中,建立全新整车开发流程以支持 C2B 车型全配置开发。通过蜘蛛智选平台打通营销体系与研发制造体系的数据链,建立企业级配置器统一进行数据管理（基于配置级工程数据、市场数据、价格体系统一管理），通过工程、企业配置、制造、物流、销售、财务系统高度集成，端到端流程贯通一单一车按单定制，实现对单辆车的成本管控。蜘蛛智选-打通营销和研发制造体系如图 8 所示。

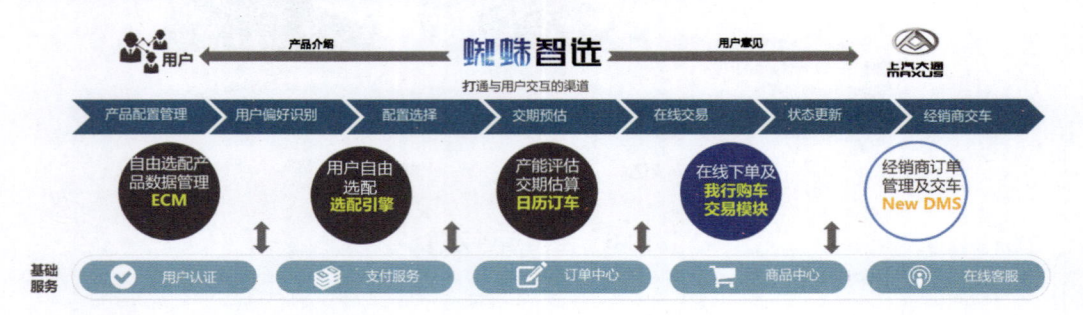

图 8　蜘蛛智选-打通营销和研发制造体系

2）建设企业级配置总库，贯通配置数据至各业务系统

为提供全息化配置 BOM 数据，匹配智能化配置数据服务，拓展至全球化配置管理方案，建设企业配置管理平台（ECM），统一配置总库，实现覆盖满足客户个性化需求的各种配置。ECM 总库数据贯通工程配置、断点控制、价格配置、市场配置、客户选车、物料/公告等各业务环节，在实现配置数据源统一的同时，将配置数据与下游各系统有效衔接，传递至各业务系统（GBOM、PDM、SAP、MES 等）。通过高效的配置管理器及其计算服务，支撑企业全业务链的产品配置应用，以应对海量用户配置需求。ECM 企业配置管理平台如图 9 所示。

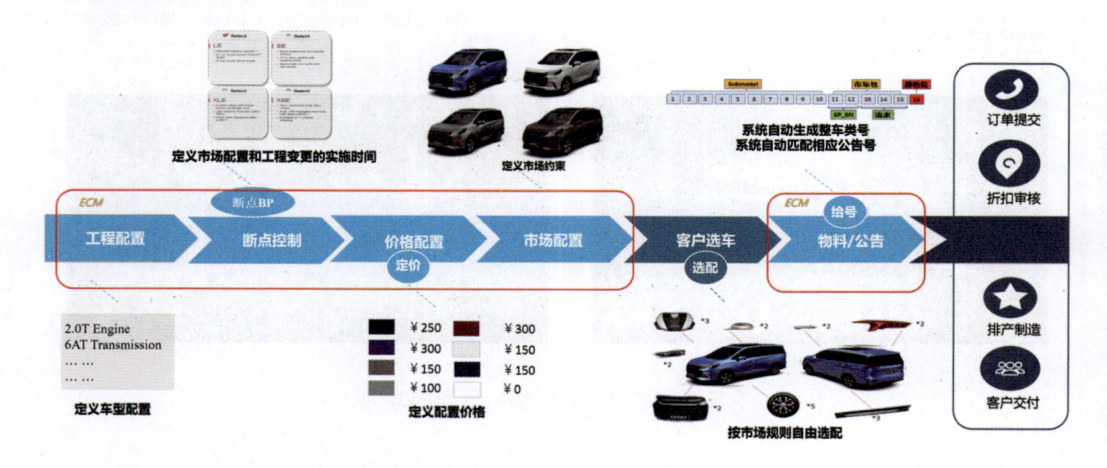

图 9　ECM 企业配置管理平台

3）实现订单信息全透明化，优化内部排产、排程

为了实现订单交付期的自由度及灵活性，建立日历订车模式。可以把订单、产能、排产计划、制造过程、运输的数据上线，用户可以对车辆进行全生命周期的跟踪，包括下单、排产、车身制造、油漆制造、总装制造、入成品车库、发运、在途路径跟踪等，有效获知全过程信息，实现交付透明。日历订车示意如图 10 所示。

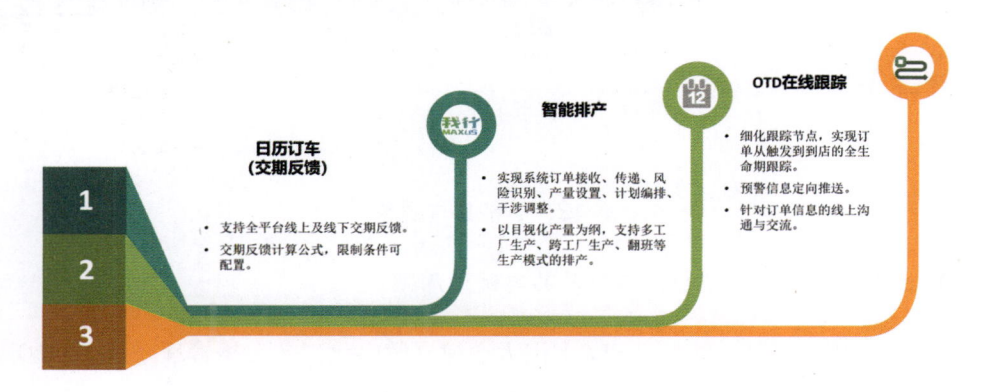

图 10　日历订车示意

在智能排产方面，用户订单下达即进入生产准备阶段，订单信息从销售端传递至 OTD 后，会综合 SAP、MES、WMS、SCM 等系统中的订单交期、产能、限制条件、物料供应等信息，通过复杂的算法，初步排定日生产计划。随后，通过 APS 智能排程系统根据限制条件、JPH、制造工位排出各车间最优生产序列。通过两段式的排产模型，能够做到权衡各约束和限制条件，获得最优解。智能排产流程和智能排程流程分别如图 11、图 12 所示。

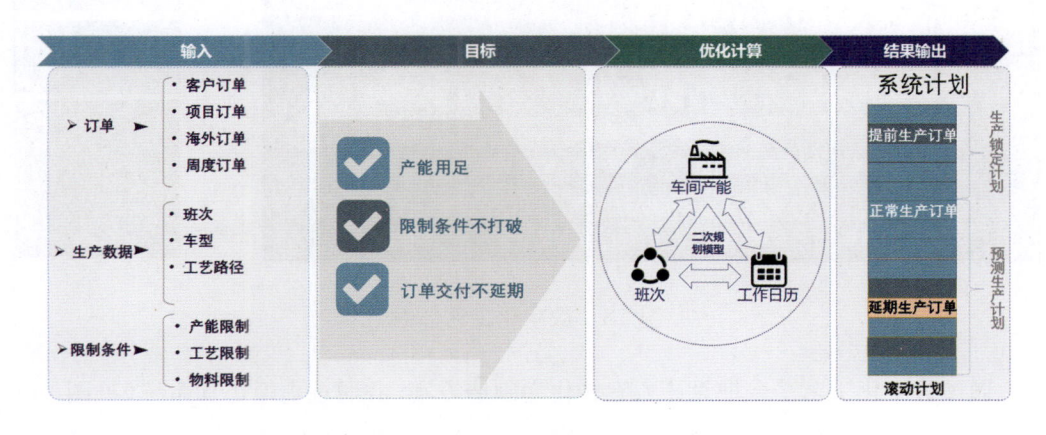

图 11　智能排产流程

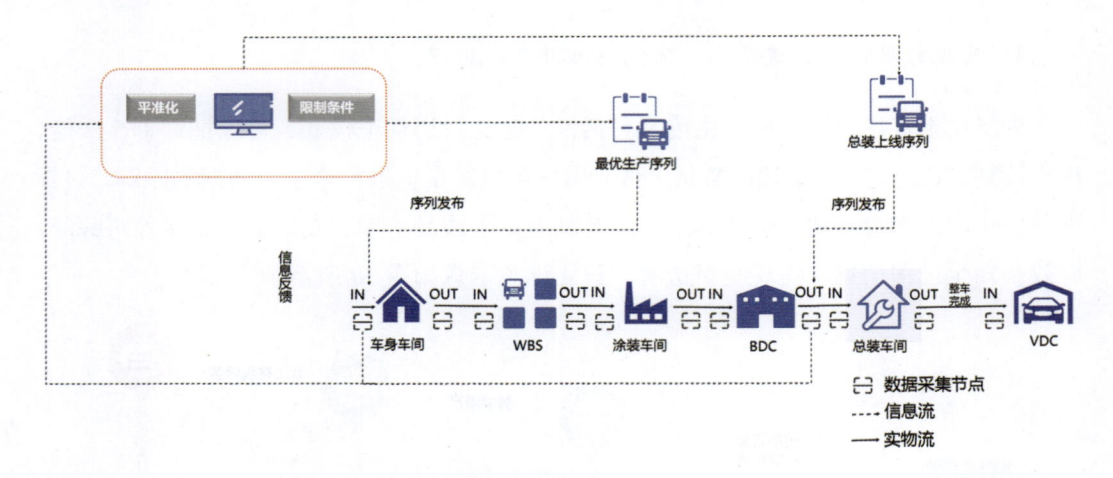

图 12　智能排程流程

4）推广数字化工艺平台，缩短产品与制造周期

为了满足用户个性化定制要求，上汽大通建立数字化工艺在线管理系统，实现现场可视化工艺指导，同时将系统推广至全系列车型使用；引入虚拟仿真平台，提升制造数字化，从工位入手，实现设计和工艺的数字化验证，减少实物造车问题，提升效率；进一步提升制造的柔性化，为交付需求的快速响应提供保障。数字化工艺体系如图 13 所示。

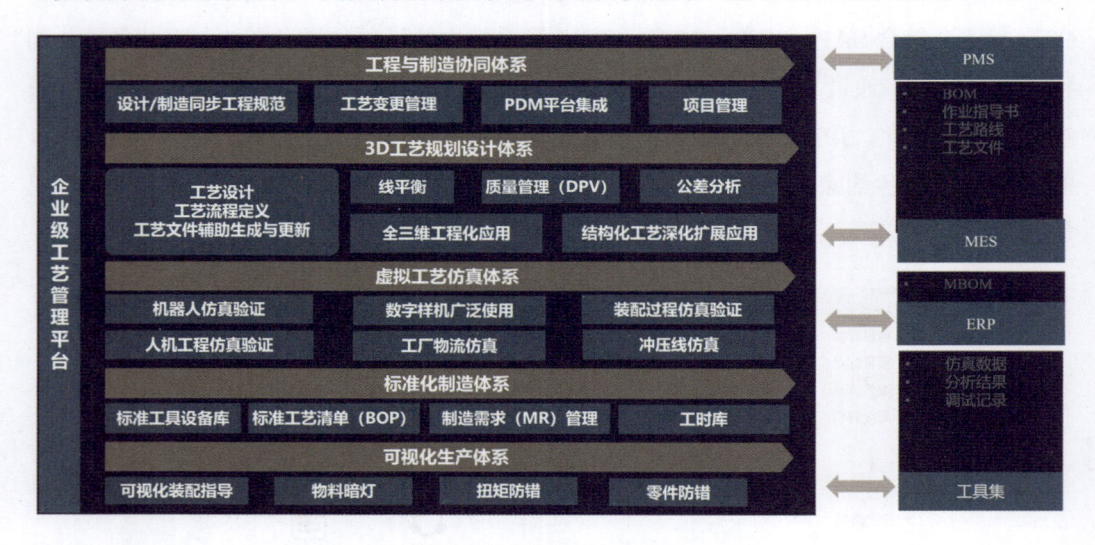

图 13　数字化工艺体系

通过数字化工艺平台把设计方案转化为制造方案，并通过虚拟仿真系统（见图 14）反复验证设计方案的可行性和经济性，验证合格后再形成作业标准，传送到 MES 系统。

MES 系统会根据生产计划的安排，把当前车辆的作业工艺发送到 IMAP 系统。而现场作业员则通过 IMAP 系统获取当前车辆的工艺说明，按单组装，从而提高效率，降低错装风险。IMAP 操作界面如图 15 所示。

图 14　虚拟仿真系统

图 15　IMAP 操作界面

5）完善柔性智能化生产，升级定制化制造策略

在用户参与选择交车日期的场景下，现场操作人员和质检人员工作任务防错同样是制造难点。上汽大通从 OTD 闭环入手，统一数据口径及指标定义，通过 OTD 数据打穿传统跨部门业务流程。用户在下单时即可获知 OTD 交期日期，数字化生产线同步接收并进行排产，确保个性化产品的制造得以快速响应和实现。从排产、制造工艺及智能质量保证系统方面，确保个性化产品的制造得以快速响应和实现。在整车制造中，现场的装配工人、自动化设备及生产对象整车精准协同，准确地将每一个客户订单的工艺信息、车辆配置信息及物料信息高效、准确地传递到制造现场，完成客户与每一个制造单元的直连，为大规模定制化生产建立基础。数字化工位打通了"产品数据—工艺开发—现场工艺指导"全过程的数据传输，能够快速响应工程更改，以可视化的方式指导现场装配，提升装配准确性。每辆车靠近工位的时候，工位屏幕上会告知现场操作人员每辆车的安装零件及制造工艺。

此外，在 C2B 模式下，对于成千上万种的配置需求，靠常规的防错手段远远不够。上汽大通通过智能设备、AR 影像识别、AI 智能识别技术等的综合应用，建立了生产线上的生产防错与纠正系统（见图 16），结合实物特征和生产序列，实现了对 C2B 重点零件错误的自动分析预警，并给出智能的解决方案，对整个纠正过程进行追溯管理，实现实时校验订单需求、线上物料、生产序列、线上车辆的对应关系。

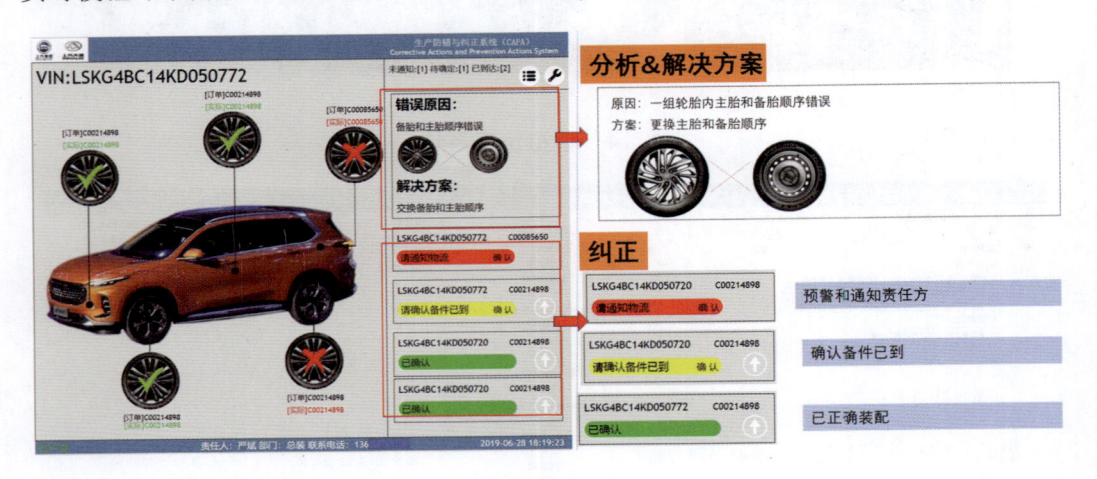

图 16　生产防错与纠正系统

6）创新配置清单扫码质检模式，保障车辆与订单的一致性

上汽大通创新性地将车辆配置信息与法规件相关字段以 UC 配置约束进行绑定，通过系统自动识别车辆特征值组合生成法规件清单。同时还将车辆配置信息以可视化的方式呈现出来，方便维修人员进行车辆检查并记录，指导返修人员返修，实现了车辆质量管理的创新。

在质量控制过程中，制造质量管理系统（见图 17）能够提供每台车的主体配置信息，质保检验人员按照配置清单就可进行功能性检测和目视化检查，整车通过质量检验后入库。物流人员通过扫描 VIN 码就能立刻匹配用户订单与车辆信息，每台车还将通过车载 GPS 或者运输人员的手机进行全球定位，上汽大通还专门打造了 App 平台帮助物流管理人员实时查看车辆位置和运输进展，以确保信息及时回传，并监控任何意外状况。这一整套数字化措施保障了产品从生产到物流再到交付的准确性，即便每台车都有上百个零部件不同，依旧能够保障交付车辆与订单需求的一致性。

扫码　　　　　　　　匹配订单信息　　　　　　　车辆配置列表

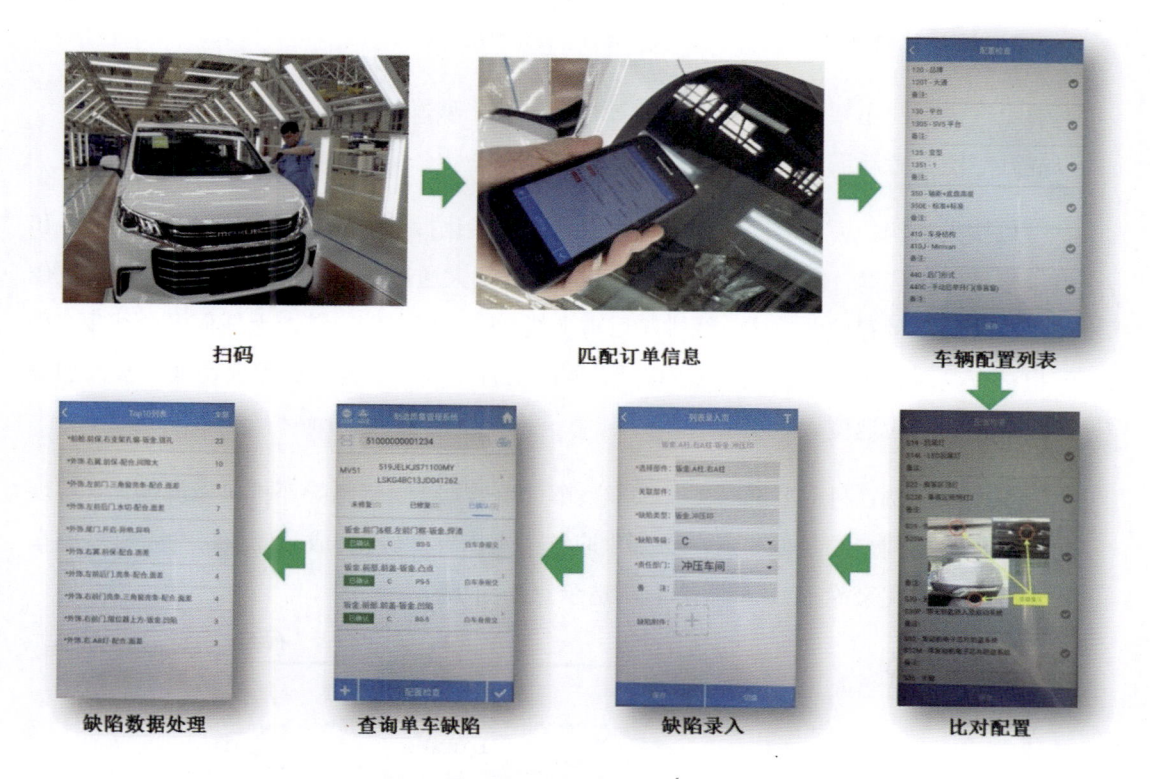

缺陷数据处理　　　　查询单车缺陷　　　　　　缺陷录入　　　　　　　　比对配置

图 17　制造质量管理系统

4. 打造敏捷协同的供应链

1）打造共享数据平台，实现跨企业实时互联互通

在传统的信息化场景下，主机厂的订单、预测数据仅向一级供应商发布，下层级供应商信息传递迟滞，导致备货延迟、错误。上汽大通打造实时的、跨企业的、互联互通的共享数据平台，把用户在"蜘蛛智选"上的选配数据，包括上汽大通及其一二级供应商企业内的 BOM 数据、库存数据和生产情况数据等，实时共享到统一的数据平台，最大程度减少供货提前期，避免"牛鞭效应"。智能供应链数据在线平台，打通主机厂和多级供应商之间的信息渠道，确保信息及时透明，提高供应链数据准确性，指导供应链有效备货；对能级强的供应商通过供应链协同方式进行直联，提高供货效率；对能级低的供应商通过提供系统平台和工具帮助其构建能力。在这个新数据化场景下，实现数据实时性和维度大幅超越传统模式。

2）设计独特协同供应方式，提升物料供应响应效率

上汽大通与主要供应商协作，通过推进模块化项目，实现产品模块化设计、生产，以提升对消费者新需求的响应效率。

以线束为例，从工程设计开始将线束进行模块化拆分，车身生产时，把相应车号和模块号发给供应商，供应商按单生产，送货到上汽大通后线束单件按车辆存放，打破传统按零件号品种存放的方式，经排序后再上线。确保整个供应链上无任何多余线束，每一根都有其对应车辆，做到"零库存"。同时工程更改不必再考虑库存切换，极大加快工程开发的响应速度。

以座椅为例，利用主机厂实时共享整车订单数据，直接指导座椅供应商生产，实现与主机厂整车同步的零件生产，做到供应链"零库存"（所有成品库存都与主机厂整车一一匹配，无冗余库存）。座椅分布制造示意如图18所示。

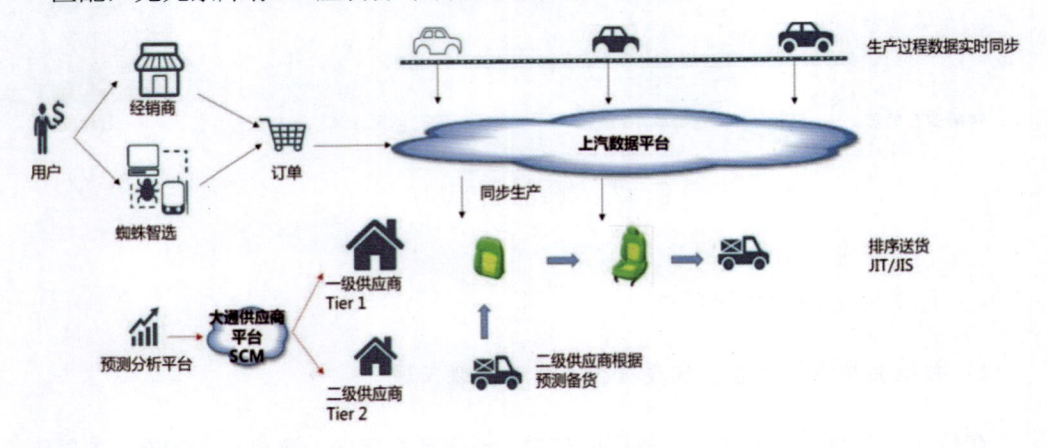

图18 座椅分布制造示意

14.2.3 实施成效

工程模块化设计能力大幅提升，支持产品全配置管理，形成大规模可配置的产品策略，覆盖80%的客户定制化需求；建立了以用户为中心的交互平台，精准描述用户画像，提高转化率，降低营销CPS，产品CPS同比降低20%。

通过大数据分析，建立订单与工厂生产状态的实时匹配，提高库存订单方式的订单满足率至 76%；建立智能生产管理系统，形成柔性化在线制造能力，使库存减少 54%。

销量稳步上升，持续保持 60%以上的复合增长率，特别是进入 2019 年以来，实现了连续 11 个月的单月销量逆市增长，累计销量同比增长 39%。上汽大通智能制造项目实施成效如表 1 所示。

表 1 上汽大通智能制造项目实施成效

探索实践	典型用例	整体成效
上汽大通针对大规模定制化展开了新模式探索，利用一体化数字主线，该工厂对从客户到供应商的端到端价值链实行数字化改造，在提高销量的同时降低成本	以用户为中心的交互平台	单车营销成本降低 20%
	大数据分析	按订单生产提升至 76%
	智能生产管理系统	库存减少 54%
	整车销量	销量同比增长 39%

此外，端到端的"标杆工厂"开发了各种解决方案来创造以用户为中心的差异化体验，实现从用户到供应商端到端的数字化价值链，从而提高了销售并降低了成本。一方面，客户可以使用网络应用程序定制和下单，随后便可追踪生产状态。另一方面，上汽大通会根据客户订单需求，通过企业内部贯穿用户、经销商、主机厂和供应商的数据一体化平台与柔性制造体系来实现汽车的定制化。自动化智能工程系统能够鉴别数千种配置，以得出最终方案。而智能质量保证系统则会持续贯穿整车生产全流程，以保证客户需求。

14.3 经验复制推广

上汽大通 C2B 模式通过模板化的实施方式，从无锡基地的制造业务实践出发，复制推广到了南京、无锡、溧阳、临港 4 个基地的制造业务。建设形成的 C 端应用方案"我行 MAXUS""蜘蛛智选"等数字化解决方案，已快速复制到跃进、红岩等企业，推进了相关企业的数字化创新。此外，上汽大通南京工厂从 2019 年以来，接待前来学习考察的团队近 200 次，包含了国营、民营、合资、外资企业人员及政府人员，为各行各业 C2B 业务转型起到良好的示范作用。

14.4 智能创造建设体会与建议

14.4.1 体会

变革和创新并非一蹴而就，C2B 数字化转型的模式创新既是企业生产供应模式的全新变革，也是营销模式的重构，在"新四化"已形成共识的汽车行业内，上汽大通正在探索自我颠覆、自我创新之路。

1. 传统的产销平衡转变为订单式精准匹配

汽车行业属于重资产行业，习惯了库存订单的产销平衡管理模式，转型为终端定制化订单的模式容易打乱生产节拍，一旦订单不足导致停产，就会造成巨大损失。针对这一挑战，上汽大通根据高度定制化的用户真实订单排产，打破了以往库存计划的生产模式，完全松绑经销商常年来的库存高压之束缚，使其能够专注于挖掘用户需求，更好地服务用户。

2. 高层推动实现组织与流程转型

汽车行业属于长业务链行业，改革牵一发而动全身，内外部管理难度很大。在推动组织与流程转型方面，上汽大通认为：内部意识和组织的变革先行，针对深度定制化的供应链转型是一个复杂而庞大的系统工程，若没有思想意识上的统一，就很难在行动上协调一致。上汽大通供应链的改造围绕"蜘蛛智选"展开，并成立了"C2B"和"蜘蛛智选"两个项目小组，由企业高管亲自担任组长。分别从销售、采购、物流、生产、交付环节展开，梳理从订单到交付的业务流程，打通全业务链的信息系统，对生产线进行智能化改造，应用并推广块化设计和分布生产的模式，最终形成了以用户为中心的供应链体系。这一过程虽然难度极大，但上汽大通抓住最关键的要素——坚持 C2B 创新的大方向，坚持与用户互动、接收反馈、快速迭代，在高层的亲自参与和推动下，克服了很多困难，实现了组织与流程的转型及再造。

14.4.2 建议

从汽车整车制造行业整体来看，现阶段，以有限溢价满足用户个性化的用车需求，让用户愿意为个性化定制买单，会在一定程度上增强企业的竞争力。然而由于技术的限制，特别是小批量快速制造并没有达到大规模商用的成本临界点，在整车本身的个性化制造道路上，各主机厂还有很大的提升空间。

企业数字化转型探索过程，对于汽车行业具有一定的启示和借鉴意义：在"互联网+"时代背景下，随着消费者对汽车产品的青睐和出行需求，人与车这两条主线（包括用户与整车设计、用户与整车营销、用户与整车制造、用户与整车售后）会呈现出比以往更多的交叉点。那么打通订单与生产环节，实现按订单生产与配送，并允许客户跟踪订单的各环节，成为汽车生产模式的重大变革，因而整个研发体系、生产体系、营销体系、售后体系都需要进行数字化改造。企业可通过多样化的运营方式，让用户参与进来，通过数字化的手段对客群进行精准画像，并输入到整车设计开发流程中，在成本可控的边界内做最大程度的定制化开发。

案例 15　潍柴动力股份有限公司

发动机行业全业务域
智能制造实践

潍柴动力股份有限公司（以下简称"潍柴"）通过智能制造整体战略布局，构建了较为全面的研发、生产、运维体系，建立了企业级的统一数据中心，信息覆盖率达到92%，实现了集团、分/子公司信息系统和第三方的数据共享。通过应用 IRDS 智能快速设计系统、PDM 产品数据管理系统、WPM 工艺设计系统，实现了基于知识库的产品设计和工艺设计。基于自主研发的 ECU 模块，开发了智能测控及标定系统，实现了发动机数据采集、状态监控、寿命及故障预测等功能，为用户提供了优质的售后服务及增值服务。

15.1 企业简介

15.1.1 企业基本情况

潍柴成立于 2002 年，经多年发展，2018 年实现营业收入 1592.56 亿元、净利润 86.58 亿元。公司致力于打造具备品质、技术和成本三大核心竞争力的产品，成功构筑起了动力总成（发动机、变速箱、车桥、液压）、汽车业务、工程机械、智能物流、豪华游艇、金融与服务等产业板块协同发展的格局，拥有"潍柴动力发动机""法士特变速器""汉德车桥""陕汽重卡""林德液压"等品牌。

潍柴拥有内燃机可靠性国家重点实验室、国家商用汽车动力系统总成工程技术研究中心、国家商用汽车及工程机械新能源动力系统产业创新战略联盟、国家专业化众创空间等研发平台，设有"院士工作站""博士后工作站"等研究基地，建有国家智能制造示范基地。在中国潍坊、上海、西安、重庆、扬州等地建有研发中心，并在美国、德国、日本设立了前沿技术创新中心，搭建起了全球协同研发平台，确保企业技术水平始终紧跟世界前沿。

15.1.2 所属行业及特点

按照我国国民经济行业分类（GB/T 4754—2017）标准，潍柴属于汽车制造业大类（代码 36），汽车用发动机制造中类（代码 362），汽车用发动机制造小类（代码 3620）。

潍柴生产的发动机涉及客车、重卡、工程机械、发电设备等机械装备，产品包含 600 余个零部件、5000 多个订货号。公司业务覆盖发动机研发、生产、供应链、销售和服务等全生命周期，其中，生产过程涉及加工、装配、成套、试车等环节，工艺流程复杂多变，生产线具有大批量、多品种柔性混线生产特征。

15.1.3 智能制造亮点及模式总结

潍柴从 2014 年流程信息化项目开始，通过实施智能制造整体战略布局，实现业务与 IT 的高度融合，创造了多个智能制造方面的亮点。

1. 打造精益化智能工厂

打造基于潍柴特色的 WPS 生产管理体系，梳理指标 70 余项，覆盖分厂、生产线、班组、工序等管理层级，直观展示生产运行情况，实现生产过程透明化、管理可视化、移动化、云化，形成以精益为导向的智能生产系统。通过物联网技术，实现设备互联互通，现场设备状态数据统一收集，消除设备信息"孤岛"，同时进行大数据应用，开展设备健康监测及预防性维护；通过增加传感器、设备改造等方式实现生产过程中 153 项数据的实时采集与可视化展示，并进行实时的动态监控，实现 2D/3D 可视化。基于数据基础，通过实施 WPS 精益管理，提升了车间生产线效率，降低了设备维护成本。

2. 构建数字化智慧研发平台

运用数字化快速建模设计、虚拟开发仿真和基于物联网的智能测控系统，建立以 PDM 为核心的智能研发平台，打造端到端的智慧研发体系，实现设计、仿真、试验一体化，支撑潍柴集团六国十二地研发机构高效协同，通过"数字化、信息化、智能化"技术应用使潍柴新产品开发平均周期大幅缩短，提高了产品竞争力。

3. 建立基于智慧仓储的物流体系

通过建立先进的自动化立体仓库，实现从采购入库、存拣一体到拉动出库的全过程物料流转自动化，采用大数据分析技术实现仓储数据动态可视化，优化仓库布局、分拣规则、人员配置等，提升配送执行效率，配送准确率达到 100%，形成高效的智能仓储配送体系，有效支持企业大规模定制和柔性化生产。

4. 实现服务型制造转型

建设发动机的车联网——潍柴智慧云平台，实现"人、车、平台"三位一体，打通采购、供应链、生产、营销、服务等各环节壁垒，通过大数据分析实现故障预警、远程智能化主动服务，目前已接入重卡、公交车、校车、工程机械等多种车辆，持续提升用户体验。开展营销服务管理，支撑企业开启商业模式转变。

15.2 智能制造项目建设

15.2.1 项目背景

1. 行业背景

柴油发动机作为中间件，广泛配套在汽车、农业机械、工程机械、船舶和备用电站装备等产品中。面对复杂多变的服役工况和日益增加的个性化定制需求，以潍柴为代表的发动机行业企业迫切需要提升运营质量和效益，加快企业向产品服务化、智能化转型升级。

2. 行业问题

发动机行业整体智能制造水平过于薄弱，距离流程型智能制造要求尚有一定差距，具体表现在以下几个方面。

1) 企业高层认识不足

智能制造是企业战略级任务，是典型的一把手工程，需要培养全员的智能制造意识，建立和完善推进机制。

2) 缺乏业务与信息化统筹

面对各业务的信息化建设需求，信息化部门通常优先满足最迫切和最核心的业务，从而忽略了业务的完整性。

3) 系统集成能力不足

企业开展智能制造往往起始于"烟囱式"的信息化系统建设，众多的信息化系统导致大量重复建设、数据难以共享等问题的出现。

4) 重产品轻服务

企业考核通常以产品的产量和销量作为重要的衡量指标，缺乏对智能服务类指标的考核，导致企业仍然只重视产品，阻碍了从产品到服务的转型。

3. 发展目标

1) 形成全员参与的氛围

从高层领导到普通员工，都要具备智能制造意识，主动参与智能制造建设。

2) IT与业务流程融合

以业务需求为导向，建立四级业务流程，重视IT对业务的覆盖程度和支持能力，提高全业务域信息化水平。

3) 实现业务协同

积极推进全集团一盘棋，打通研发、生产、供应链、销售和服务等各环节。

15.2.2 实施路径

1. 战略规划

潍柴将打造"产品竞争力、成本竞争力、品质竞争力"三个核心竞争力作为企业的核心战略举措，并长期以产品交付的质量、服务及客户体验为考核目标，依托良好的品牌形象去构建潍柴的商业模式。潍柴智能制造总体目标如图1所示。

潍柴智能制造的总体目标是以整车整机为龙头，以动力系统为核心，成为全球领先、拥有核心技术、可持续发展的国际化工业装备企业集团。

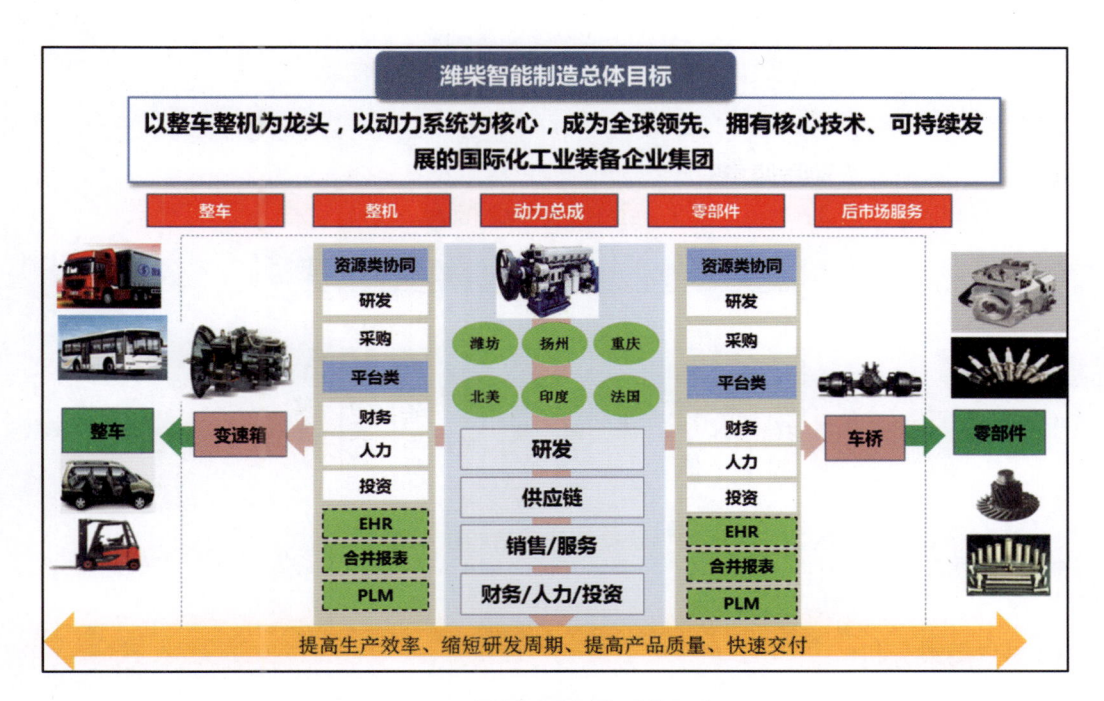

图 1 潍柴智能制造总体目标

近期目标：未来 5 年提升发动机板块的运营精细化和管控协同能力，并将其作为集团内的管理高地。

中期目标：实现集团内产业链上下游管控协同，降成本、提效率、增强产品匹配性与缩短研发周期。

远期目标：将潍柴集团的产业链模式在全产业链推广示范，提升全产业链协同增效。

2. 人员组织设置

自国家推行信息化与工业化深度融合以来，企业成立了由企业最高管理者直接负责管理的智能制造战略推进委员会，同时负责企业两化融合及智能制造工作，重要职责是把握工作推进关键环节，指导部署重大决策。

企业管理与信息化部作为企业智能制造战略的落地执行部门，负责推进企业 IT 规划项目，以保证企业信息化建设及智能制造的方针、目标等与企业战略保持一致，同时推进企业各个环节的业务流程优化，提升信息化对各业务环节的支持力度。潍柴智能制造组织架构如图 2 所示。

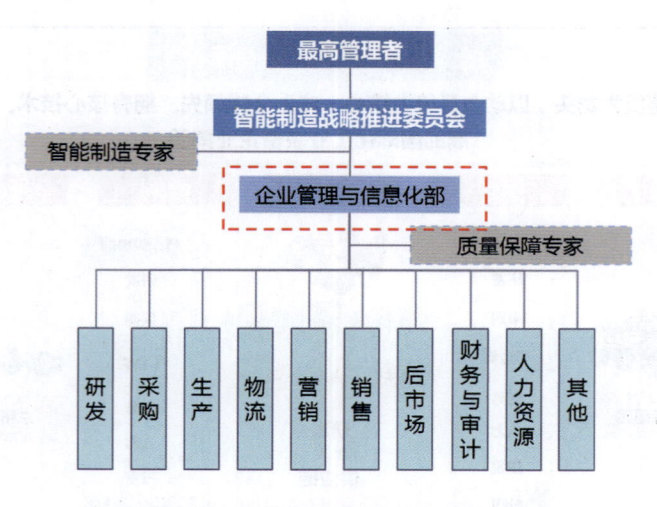

图 2　潍柴智能制造组织架构

3. 需求分析

潍柴最近几年高速发展成为世界级的发动机生产企业，但是在发动机全生命周期管理过程中面临一系列问题，急需解决。

一是各研发环节衔接难，急需构建一体化的协同研发生态圈，打破"烟囱式"系统建设模式，实现研发知识共享，实现全球协同研发。二是产品生产、质量数据目前对设计、工艺指导能力不足，急需通过产品全生命周期中研发到生产过程数据的集成，提升产品设计能力以及生产过程控制水平。三是当前产品运维成本过高、便捷度低，急需提高远程运维水平，提高客户满意度。四是产品增值服务不够，急需开展服务化延伸业务，为客户提供更优质的增值服务。

4. 总体规划

总体规划选取潍柴动力一号工厂作为智能制造示范场所，利用信息物理融合、云计算、大数据等新一代信息技术，建立以工业通信网络为基础、以装备智能化为核心的智能车间，研发以 ECU 为核心的系列智能产品；建设全球智能协同云制造平台、智能管理与决策分析平台、智能故障诊断与服务平台，培育以网络协同、柔性敏捷制造、智能服务等为特征的智能制造新模式；探索智能制造新业态，低成本、高效率、高质量地满足客户个性化需求，为客户创造超预期的价值。潍柴智能制造总体规划框架如图 3 所示。

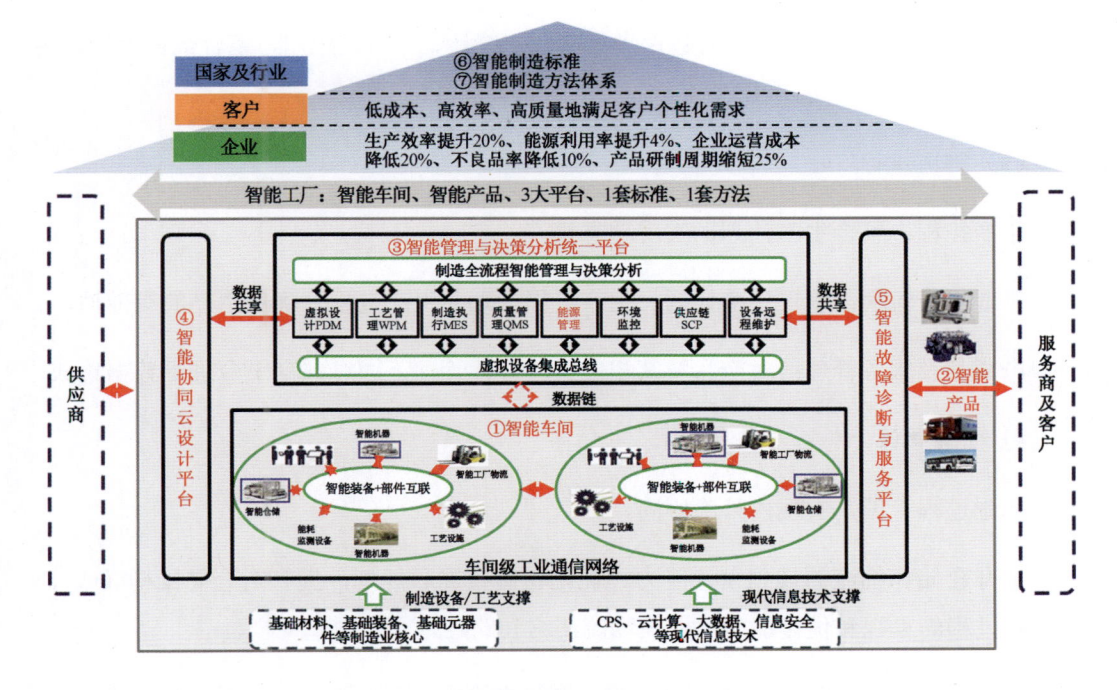

图 3 潍柴智能制造总体规划框架

5．详细设计

1）生产制造

（1）制造战略

制造战略的制定：明确制造战略和业务分析，制定产能规划和资本战略。

生产网络与供应链网络：实现灵活的产能配置与生产网络的灵活性、合理性。

采购与外包决策：制定明确的采购策略，制订协同生产计划。

（2）制造运作及管理

质量管理：通过六西格玛的应用，对质量进行控制，实现运营与管理数据的整合。

持续改进：明确持续改进的战略、流程及应用领域，识别问题，完善改进流程。

生产资产维护：对数据资产、库存资产及设备资产进行管理，制定预防性策略。

数据、指标的绩效管理：对数据进行获取、统计、分析及应用，整合数据系统，实现制造的灵活性。

（3）制造执行

生产排程：整合生产计划，实现动态排产。

管理生产流程：管理生产计划、生产流程规划、生产过程，确保生产的有效性。

产成品及服务管理：对产品及其相关材料进行管理，通过共享平台进行数据集成。

2）仓储物流

加强过程管理，实现内外部协同。

提升仓储和物流的规划设计能力。优化仓储布局和规划，提升对仓储结构/布局、收发存过程的重视和优化能力；提高物流网络和路径。

提高信息化/自动化的业务支持程度。提升物流/信息流同步；提升基于单据/配送指令的厂内物流驱动，通过单据驱动出入库业务，降低人工操作错误的可能；提升工装容器的系统化支持，提高管理精细化水平；降低人工操作比例，提高效率，通过系统化实现安全库存计算、自动按照投放比例分配采购订单等工作。

6. 试点实施

1）WP9/WP10 柔性混线生产线改造升级

在既有 WP10 二气门刚性生产线的基础上，引入 WP9 柴油机的专用拧紧工具、标准工具、工装、工位器具等装备，在现有加工线、装配线关键工位的装备中嵌入具有可感知、可采集、可传输的智能化嵌入式芯片，使关键工位的装备可实时感知生产线上流转的产品系列。

2）数据互联互通网络系统建设

为保证工业大数据采集和传输的实时、准确及高效，进而为基于大数据的企业综合管控平台提供数据基础，建设了智能工厂底层装备信息数据采集互联互通网络系统。

（1）工业大数据采集及设备互联互通升级建设

研发智能网关设备，通过提供制造业现场生产设备的信息集成与协议转换能力，实现不同设备或者管理控制系统的联通，构建现场通信协议仓库，提高工业大数据采集和设备互联互通能力。

（2）工业互联网升级建设

对现有工业互联网进行智能化升级改造，具体包括工业 PON 网络的建设和架设园区 LTE 网络等。

3）搭建工业大数据综合分析决策平台

建立企业级统一的大数据存储、建模、分析、决策平台，各业务环节均可在此平台通过大数据和云计算等技术，将采集的数据进行大数据分析、建模；该平台同时可与现有信息系统集成应用。

7. 效果验证

1）生产装备/生产线智能化升级改造

通过新增智能化装备，改造现有装备，实现了生产线的柔性化升级。生产线可根据生产的产品型号自动更换工艺设备和工艺参数；同时通过质量检测装备的升级改造，对产品制造的全过程实施质量监控，提高了产品质量的一致性。除此之外，通过对设备的监控也实现了设备的预防性维护，减少不必要的维护费用。

2）工业云服务平台建设

潍柴工业云服务平台由供应商协同研发平台、发动机智慧云平台和大数据分析决策平台三部分组成，实现了企业级统一的大数据云平台，为开展智能制造系统建设提供了数据支撑。

3）关键短板装备

研究利用实时数据采集、数据统计及数据可视化等技术，对发动机生产过程中使用数控机床、工业机器人、自动化生产线、装配线、线上线下检测、整机测试等关键设备进行了信息化升级改造。

15.2.3 实施成效

通过智能制造的实施,企业各项指标均有明显提升。整体实施成效如表 1 所示。

表 1 整体实施成效

序号	指标名称	计算公式	整体成效
1	装备联网率	SCADA 或 DCS 等控制层相连的装备台数/装备总台数×100%	36.9%
2	应用工业机器人、数控机床、自动化单元的(装置)数占生产设备总数的比例	—	70.0%
3	库存周转率	该期间的出库总金额/该期间的平均库存金额×100%	17.5%
4	不良品率	(试车返工降低率×0.2+零公里故障降低率×0.1+产品质量提升率×0.7)×100%	0.3%
5	设备可动率	(每班次实际开机时数-设备异常时间)/每班次实际开机时数×100%	99.4%
6	产品研制周期缩短率	(1-建设后产品研制周期/建设前产品研制周期)×100%	25.0%
7	车间生产运营成本降低率	产品单台设计成本降低率×0.75+储备资金占有率×0.2+百元销售收入质量成本降低率×0.05	37.3%
8	人均生产效率提高率	(订单及时交付提升率+计划预排产时间提升率+产品在线时间降低率+生产节拍降低率)/4	41.3%

15.3 经验复制推广

潍柴利用本埠信息化优势,对重庆、扬州等分/子公司进行云制造部署。分/子公司无须购买任何软硬件产品,也不需要部署信息化平台,其可利用本埠的信息平台来满足所有业务需求。后续,潍柴通过租赁等方式进行收费,降低其他公司信息化投入,帮助企业节约成本。

支撑百万级产品的个性化定制需求。在潍柴现有产品运营能力的基础上,扩展远程运维水平,借助潍柴在发动机市场的地位,并借助多家关联的整车企业,为公共安全和远程运维提供云服务。

潍柴搭建了"互联网+"协同制造云服务架构,通过改造完善潍柴动力现有的信息化系统,并利用本埠信息化优势,面向企业内部和产业链形成了四个云服务体系,在集团内部和产业链范围推广。

15.4 智能制造建设体会与建议

15.4.1 体会

要始终坚持如下三大原则。

1. "一把手"工程原则

面对变革所带来的改变，上至决策层，下到普通一线工人都面临着调整和重新适应的危机。针对如此大的挑战，高层管理者首先要做到以身作则，亲自参与，带头接受智能制造的思想理念和管理应用；其次对智能制造相关项目重点调度，确保项目顺利推广；再次对智能制造这一新事物，在"高标准、严要求"的原则下给予宽松的实施环境，允许实施过程中的错误，给以不断改进、不断提升的机会。

2. 战略一致性原则

智能制造的开展意在支撑企业集团化、国际化的发展战略，推进精益理念，打造潍柴集团"产品竞争力、成本竞争力、品质竞争力"三个核心竞争力，助推企业由制造型企业向服务型制造企业转型。在推进智能制造工作的伊始，潍柴集团就将该工作提升到战略高度，作为潍柴集团每年都需要打赢的硬仗之一大力推动。

3. 坚决贯彻全员参与原则

集团上下所有员工统一了对智能制造的认识，在智能制造推进工作中要求全员参与，将该工作作为企业全体员工的事而不仅是信息化部门的事来对待，做到每位责任者不管职位高低，凡是涉及自己的就要积极对待，主动推动。同时，将集团的信息化工作绩效纳入企业内部年度考核进行管理，有力推动了集团信息化的发展。

面对新形势、新科技、新要求，潍柴提出要打造"自主创新+开放创新+工匠创新+基础研究创新"四位一体新科技创新体系，尤其是利用新技术来加快创新速度，挖掘数字化创新应用。为此，潍柴建立创新管理机制，持续开展智能制造相关技术创新和管理创新，定期召开科技创新奖励大会，评选并重金奖励优秀科技创新项目及管理创新项目，调动员工的创新积极性，营造万马奔腾的创新生态。

15.4.2 建议

1. 重视行业标准建设

编制出台国家商用车备件编码、ECU 传输通信协议标准、发动机制造关键技术装备通信协议标准等行业专用标准，夯实行业智能制造发展基础。

2. 重视产业链协同发展

建立由龙头企业牵头的行业智能制造创新联盟，打造全球网络化协同制造平台，形成行业示范，带动行业网络协同制造发展。

3. 对接国家重大战略

主动对接"一带一路"等国家重大倡议，逐步实现产业有序转移和梯次发展，推动企业"走出去"，扩大国际影响力。

案例16　博世汽车部件（苏州）有限公司

数据驱动的汽车零部件智造之路

博世汽车部件（苏州）有限公司着力打造数据驱动模式下的汽车部件智能工厂，基于从供应商到客户的信息互联，实现产品价值链的全流程透明化。通过数据平台集成并储存作业过程中产生的数据，采用数据可视化和数据分析手段对流程进行优化。使用人工智能和大数据分析技术实现质量精进，导入人工智能图像识别进行产品质量自动诊断。全面的信息共享，保证员工始终在合适的时间、确切的地点进行正确的操作。通过智能制造实践，实现直接生产效率提升15%和间接生产效率提升10%。

16.1 企业简介

16.1.1 企业基本情况

博世汽车部件（苏州）有限公司（以下简称"博世苏州"）是世界百强企业罗伯特·博世集团的全资子公司。公司创立于1999年8月，现为博世全球最大的研发和制造中心之一。截至2020年底，博世苏州公司拥有员工9000余人，在苏州有3个工厂和2个办公室地点，在常州、南京、深圳和上海拥有四家分公司。博世作为全球最大的智能交通技术供应商，通过博世苏州为国内汽车行业客户提供全面的创新产品和服务。同时，博世苏州通过其在工业版块的产品和服务，助力中国制造业智能化水平的提升。

博世苏州由汽车电子、底盘控制系统、智能驾驶与控制、两轮车及运动车辆、智能制造解决方案、博世互联工业，及跨业务合作平台7个事业部组成。公司专业研发及生产汽车电控单元，制动防抱死系统ABS，电子稳定程序ESP®等汽车零部件，提供车辆安全、舒适及驾驶辅助系统，互联化自动化驾驶系统解决方案，以及智能传感器、物联网产品、工业4.0软硬件整体解决方案等。博世苏州现有研发专家2222人，不仅致力于本地产品的研发，也向博世全球的子公司输出研发服务。

16.1.2 所属行业及特点

按照国民经济行业分类（GB/T 4754—2017）标准，博世汽车部件（苏州）有限公司属于汽车制造业大类（代码36），汽车零部件及配件制造中类（代码367），汽车零部件及配件制造小类（代码3670）。

汽车零部件产品具备高可靠性、高精度等特性要求，生产制造工艺较为复杂，产品家族庞大且制造生命周期较短，汽车零部件供应商需不断提升自身制造制备技术及产品方案设计能力，缩短产品更新迭代周期，提高柔性生产能力以此来满足客户的定制化要求。同时，汽车零部件行业属于资金密集型行业，对生产设备的要求较高，高端零部件产品的生产，我们国家仍需要从国外引进关键制造工艺和检验过程的设备，生产线的组装也需要国外供应商的支持，国内的汽车零部件企业需投入大量资金用于设备改造及设备维修。

汽车零部件行业与下游整车行业存在着密不可分的关联，受其波动影响，具有一定的周期性特征。汽车行业目前有很多变局，例如汽车行业"新四化"，包括智能化、网联化、电动化，共享化等变革，这些都让汽车工业有很多开拓的地方，也给汽车零部件行业很大的空间作转型升级和技术革新。

16.1.3　智能制造亮点及模式总结

为提升行业竞争力，提高生产效率，降低生产成本，博世苏州汽车电子工厂从2013年开始实施智能制造。2016年，在从无到有的传感器测试车间对数字化展开初步探索，并成功应用到电控单元制造车间；2017年，再次成功将成果复制到常州武进分公司。博世苏州汽车电子工厂凭借系统且全面的数字化转型战略、高可用高可复制应用及全面体系的数字化人才发展策略的特征，依托博世集团"双元"战略（博世即为"工业4.0"解决方案的实践者，也是解决方案的供应商），进行充分的智能化转型。

1. 业务模块集成互联化

1）智能补料系统

前道生产机器自动计算物料消耗并根据生产计划自动触发送料请求，生产调度和物料配送实现机器自动叫料和协作机器人（AGV）运送，实现在合适的时间由协作机器人（AGV）物料车自动将正确的物料以正确的数量运送到正确的地点。车间内的自动化和智能设备实现了100%联网，生产执行系统（NEXEED MES）与企业资源管理系统（ERP）互联，真正做到实物流与信息流的实时匹配，从而实现前道生产线自动化水平达到100%。

2）供需自主计划

就厂内最大的价值流产品举例，目前已经实现了全价值链的信息互通。工厂物流部门与客户和供应商之间建立电子信号连接，从而大大减少接收/发送需求的计划工作。得到的需求信息会通过企业资源管理系统（ERP），并经过博世集团自主研发的自动排产软件（Niv Plus），根据既定规则，导出均衡的生产计划给到后道组装。后道组装根据计划进行生产，并在前后道之间的半成品超市拉取半成品。半成品超市通过半成品库存管理软件（iStock）进行管控，一旦半成品被取用，系统自动在企业资源管理系统（ERP）中进行扣账，当实际库存达到设定的最小值时，系统会自动通过电子看板在生产计划系统（ePlan）中进行生产排队。生产计划系统（ePlan）根据精益生产规则，当生产排队信号的累积到设定值时，自动生成生产计划订单，触发产线生产。

2. 业务流程智能化

1) 打造数据驱动模式下的智能工厂应用场景

基于前期业务数据化成果，开展数据互联化和数据业务化，将数据转化为可读取的信息并对业务产生增值。通过数据驱动和大数据分析来改善和精益现有的业务流程。通过数字化转型在工厂各层级各领域的驱动，将供应商端到客户端的信息打通，在数据平台集成并储存生产过程中产生的数据，从而实现产品价值链的全流程透明化。通过人工智能技术和大数据分析实现质量精进和信息共享，保证员工始终在合适的时间、确切的地点进行正确的操作。

2) AI 技术对工艺流程进行优化改善

将人工智能（AI）系统中机器视觉和图像识别技术引入光学自动检测机器（AOI），辅助人工智能（AI）系统的判断以此降低误判率，代替人工作业，从而实现自动化智能化和更精准的判断所建立的机器视觉图像识别模型分担了90%人工复查工作量。

3) 5G 技术融合场景运用

利用 5G 超高速、超大连接及超低时延的关键能力和万物互联的应用场景，进行 5G 在生产制造量产领域的试点。基于现有生产执行系统（Nexeed MES），利用 5G 技术实现去中心化的生产过程中各环节的数据集成，将生产执行系统（Nexeed MES）和生产设备的进一步融合，实现高效的端对端的通信，真正做到实物流与信息流的实时漫游匹配，减少自动化设备在系统通信方面损失的产能。利用 5G 超带宽、低延迟特性，借助增强现实（AR）、混合现实（MR）技术解决人机互联问题。通过 5G+物联网（IoT）传感器的形式，以低设备改造成本来获取更完善的数据，实现生产线"无感"改造。

4) 大数据分析应用

建立基于过程参数的预测模型进行检测流程优化，以降低不良品率。在组装工站，通过大数据平台进行基于最终组装各个过程步骤的数据分析和挖掘，以此来识别压入失败的根本原因并用清晰的图形化界面将信息传递到相关负责人。依托工业互联网平台，综合运用数据采集与集成应用、建模分析与优化等技术，将业务和信息技术融合，实现制造系统各层级优化，以及产品生产、工厂资产管理和商业运营的流程数字化。

16.2 智能制造项目建设

16.2.1 项目背景

我国汽车零部件行业存在集中度低、竞争激烈的特点。越来越多的国内生产厂商进入零部件行业也使得行业竞争程度有所提高，行业竞争带来的销售收入降低将影响企业的盈利能力。

此外，当前汽车电子产品的工艺复杂度不断提高，从最早期的车载无线电、电子点火装置到如今的安全控制系统、动力控制系统、自动驾驶辅助系统等多种机电一体化单元的组合，系统的集成程度和设计的复杂度不断提高，不仅对研发，生产的业务水平带来了新的挑战，同时，对企业自身的数字化转型，也提出了迫切的要求。从外部来看，错综复杂的客户消费需求促进了市场的快速演变，与此同时，云计算、大数据、5G等新型互联网技术也催生了汽车产业和IT产业的迅速融合，因此当前的汽车企业不断地趋向低碳化、物联化及智能化。从内部来看，我们仍然面临成本与质量持续优化的考验，我们需要在利润空间日趋收窄，产品交期逐渐缩短，需求波动愈发频繁的情势下时刻保持一席之地的竞争力。我们必须利用先进的工业互联网技术，对企业自身进行数字化转型升级，赋能价值链，寻求突破的契机。基于此，博世苏州汽车电子工厂开启了数字化转型之路。

博世苏州汽车电子工厂不仅不断推动技术革新、巩固自身研发能力和生产能力，在业务上实现突破性的绩效指标（KPI）提升，提高行业竞争力；而且，不断挑战极限、勇于突破，设立了通过数字化、互联化和智能化三步走实现"数据驱动型工厂"的愿景，通过智能制造有效产生、收集和利用数据，加强系统集成和增强流程透明化和辅助决策，进而助力工厂提高生产效率，灵活安排资源，优化产品服务，挖掘新的业务增长点，最终达到让客户满意和工厂绩效创造新高。

16.2.2　实施路径

1. 业务梳理

首先，基于不同的业务环节，将数据驱动的工厂愿景进行了横向和竖向的拆解。横向针对工厂业务环节进行拆解，竖向针对每个环节的工作内容进行细分。概括来讲，在竖向的业务环节中，细化了针对该环节需要达到的目标。例如，在收货环节，要达成在供应商和工厂收货仓之间实现信息互联，完成自主收货和运输，基于数据分析实现收货流程优化，以及通过机器学习实现自主决策。在横向的各环节之间，在信息层，致力于打造各个业务环节之间的信息互联和透明，以及基于大数据分析的流程优化。在物料层，致力于实现自主的物料补给和运输。

2. 设定数据驱动工厂愿景

以此业务梳理为基础，博世苏州汽车电子工厂设定了推动实现具有数据指导、自主行为发生和自适应流程的数据驱动工厂的愿景。首先在供应链端，目标是打造从供应商端到公司内部生产，以及交付到客户端的整体信息及流程透明化，与前端供应商及后端客户积极打造实时交互的信息。移动互联网、云计算的日渐成熟，让各行各业都具备了收集、传输及处理大数据的能力。原材料或产品实体与互联网中的数据一一对应，数据信息的流动伴随着物料的流动，全部生产借助数据指导规划，驱动运转，供应链信息趋于透明；在排产和销售方面，实现以产线柔性制造为基础，需求为驱动，依托大数据分析预测市场及客户订单量，实现小批次多品种高度个性化的订单快速生产。并且拉动前端智能排产计划；对于在运输端，公司计划实现自动物料供给及智能运输；在制程工艺方面，实现实时工艺过程监控及预警处理、机器学习和决策，实现设备预测性保养和维护。并基于大数据分析及人工智能优化工艺流程，提升生产质量并节约成本。以上流程目标借助实时虚拟与现实的镜像也就是数字孪生手段，对产品制造的所有环节进行虚拟仿真，从而提高企业全产品生命周期制造的生产效率。

3. 确立三步走战略目标

实现该愿景，公司秉承三步走战略。第一步是数字化。没有数据就无法实现智能制造数字化的目的。除了收集数据之外，也是为了将业务流程更加透明，为项目实施打下坚实的数据基础。第二步是互联化。基于数字化的基础，开始考虑业务流程的集成和互联、系统之间的互连，以及数据的互通共享。为此，公司花费巨大精力建造数据平台，着力打造"重中台、轻前台"的企业IT架构来支持数据驱动工厂的目标。第三步是智能化。有了数据，还需要将数据转变为有价值的信息来辅助决策和驱动自主行为的发生。利用辅助大数据分析和人工智能（AI）的工具实现了流程优化、问题解决和预测分析。

4. 实施内容

基于数据驱动工厂的愿景和战略目标，博世苏州汽车智能工厂实施内容包括以下方面。

1）建立完整的数字化转型组织架构

首先，工厂建立了完整的数字化转型组织架构，这些架构区别于已有职能体系架构，是工厂数字化转型的虚拟组织。

（1）互联解决方案审核委员会（CCT）

互联解决方案审核委员会由工厂内部各主要职能部门的代表组成，每两周组织一次例会来进行各部门数据驱动和智能制造信息分享及收集工厂层面的需求。

（2）互联解决方案决策委员会（IDB）

互联解决方案决策委员会由工厂最高管理层和各重要职能部门的总监组成，每个月进行评估及决策工厂数字化转型项目的执行与否，每半年都会进行基于数字化转型战略和四个维度的研讨会并总体规划、统筹安排接下来的工作重点。

（3）厂内数据管家组

厂内数据管家组由工厂内主要职能部门的数据代表组成，作为主要的沟通桥梁推动工厂内部数据标准化的方针和数据治理的意识，参与定义数据标准化规则和策略，确保数据治理规则的具体实施，以保障数据资产的有效管理、控制和使用。

（4）厂内数据工程组

厂内数据工程组由工厂内 IT 部门重要成员构成，将会从技术层面来支持平台架构和数据管道的可行性和稳定性。

（5）厂内数据分析组

厂内数据分析组由工厂数据分析专家和部门重要工艺流程负责人构成，从大数据分析、算法、建模等方面进行问题解决。

最后，为实现工厂各层级数据驱动理念的普及及全员数据驱动思维意识的转换，工厂将智能制造转型过程中的所有有关信息进行公开透明，建立了完整的信息集成平台，可供工厂各层级方便查找。通过微信公众号及邮件的形式定期分享相关新闻；在工厂学院部门开设多种相关基础培训；定期举办工厂级大型活动，例如"数据时代"等来提升全员数据驱动思维意识。

2）打造快速响应的柔性化产线

部署启用快速响应系统（Andon），系统出现故障时实现自动或手动请求支持或紧急停止生产线。报错信息通过手环发送报警给到维护人员，并通过问题快速解决系统得以问题快速排查，第一时间获得解决方案。以此实现生产线性能的可视化，设备维护保养效率最大化。产线实现换型和生产节拍的自动监测和测算，按线体、班次或产品生成变更报告，支持针对不同换型类型和节拍时间的偏差检测和根本原因分析。产线设备通过数据采集，数据标准化后进行数据分析，如智能割板机项目，预测割板刀具的磨损情况，提前预警更换。

3）实现信息和数据协同

在平台层，博世苏州汽车电子工厂遵守并使用博世集团数据湖（RED Lake）架构和规范。在数据源底层，基于 ETL（用来描述将数据从来源端经过抽取、转换、加载至目标端的数据集成过程）链接企业资源管理系统（SAP ERP），生产执行系统（Nexeed MES），以及物联网（IoT）组件数据。在数据湖（RED Lake）中，又分为未加工数据层、核心数据层和数据集市。其中，在数据集市中，写入标准的绩效指标（KPI）逻辑或特殊模型结果，便于上层的数据消费层中各种应用或业务分析直接调用数据集市中提前整理成型的结果，实现数据最优获取及互联。

在数据层，博世苏州汽车电子工厂核心数据存储是在工厂级数据仓库 ODS（Operational Data Store），存储的是短期会被调用的"热数据"，主要包括生产执行系统（Nexeed MES），工厂各种 I4.0 应用系统，设备日志，各个部门的一些结构化和半结构化的文档数据。数据仓库（ODS）主要用于数据量相对较少，实时性相对较高的报告，监控类系统，及实时反馈预警系统等应用场景。在采集数据传输到数据仓库（ODS）平台的时候，厂内数据工程组会根据数据源的不同类型，实时性和格式的要求，选择不同的工具，例如采集关系型数据库和结构化文件的数据，像生产执行系统（Nexeed MES）的中央查询数据库（OLAP），"工业 4.0"应用系统的数据库时使用 Informatica（数据管理平台插件）；对于像设备 PLC 错误信息的收集，我们会用 Web Scada 通过 OPC 通信协议采集可编程逻辑控制器（PLC）端口传输的数据。数据仓库（ODS）的数据会通过可视化工具 tableau，power BI 来展现工厂的绩效指标（KPI）报表。

4）实现基于 5G 的内网升级

在 2019 年，博世苏州汽车电子工厂就开始启动 5G 在生产制造领域的试点。以安全气囊控制单元后道组装 9 线为试点线，总共部署 5G AAU 5613 型号基站 3 个、pRRU 5936 型号室分 4 套，覆盖区域 PS 组装线，面积 1500m^2，接入 5G 终端（UE）四信 NR100 共计 3 台。通过测试，5G 区域覆盖情况为：5G 信号强度-80.98dbm，最大下行速率 964Mbps，平均下行速率 950.12Mbps，最大上行速率 116Mbps，平均上行速率 92Mbps，平均时延 9ms，被测区域 5G 网络覆盖水平达到了行业应用的关键指标要求。

此项目共分为三阶段实施，第一阶段基于中国电信 5G 网络实现面向生产执行系统（Nexeed MES）的接入功能，第二阶段通过 5G+MEC 来完成 5G 和博世内网的融合，并同步开展第三阶段，验证更多 5G 在工业生产中的应用技术案例。

（1）扩大设备数据采集范围和保证数据时效

利用 5G 技术，在不改动设备的情形下，加装物联传感器（IoT sensor），采集更多设备信息来辅助数据分析,从而实现工艺优化。由于新的先进性设备自身节拍时间已实现小秒数(例如 2.3s 级别),对于生产数据获取的实时性和数据传输的有效性要求非常高。传统的 IT 平均处理时间(平均 300ms)已经无法满足高速自动化生产线的进一步智能制造升级改造,项目试点中的 5G+物联网传感器(IoT sensor)解决方案一方面保障了高频率实时且稳定的数据传输,为先进的数据分析及深度学习提供接近真实场景的数据样本,提高了分析结果的准确率。

(2)基于以上手段获取的数据基础,对生产设备运行状态进行实时监控、进行故障自动报警和诊断分析

利用 5G 超带宽、低延迟特性,借助增强现实(AR)、混合现实(MR)技术实现人机互联快速问题解决。对于设备故障管理和优化,通过 5G 网络下的数据实时性采集,同时运用三维人机交互 3D-HMI 技术完成设备故障的在线诊断与预警。实现设备故障虚拟 3D 定位。即当设备发生故障时,故障组件可以在虚拟 3D 中高亮并快速定位,缩短技术员排查故障的时间。采用远程真 3D 视角监控设备运动,掌握产线运行状态,实现虚拟现实动作同步。可以在虚拟组件上配置多种信息(组件文档,物料信息,工程信息),实现组件相关信息的快捷查看。博世苏州汽车电子工厂计划在 2021 年年底通过对历史运行数据的汇集与故障数据收集,训练故障预测模型,实现厂内设备的预测性维护。

16.2.3　实施成效

通过智能制造实践,博世苏州汽车电子工厂利用自身的经验优势和标准化流程,构建适用于全球不同工厂的标准化工业 App,特别是在生产作业数字化、生产设备自管理、物流配送智能化、生产管理透明化等方面取得了显著的成效:

- 生产制造成本降低 15%,营运成本降低 12.6%。
- 产品质量表现提升 10%,不良品率降低 7.9%。
- 在示范区域实现了直接生产效率提升 15%和间接生产效率提升 10%的成就。
- 在利用"工业 4.0"改造后实施自主叫料系统后,24 小时运转的一条防抱死制

动系统（ABS）电控单元表面贴装生产线能节省 20%的人力投入。同时，由于贴片机在何时需要多少物料有了更精确的预估数据，用于此的物料库存也得以降低 50%。

- 特定制程设计周期缩短 20%。

- 装备联网率实现 100%。

- 设备利用率实现 86.7%。

- 引入 5G 边缘计算之后，生产执行系统（Nexeed MES）稳定性高达 99.999%，满足通信要求，下载速率达到 1Gbps，上传速率达到 90Mbps。

- 生产执行系统（Nexeed MES）生产数据采集应用场景每条通信报文的时长都在 20ms 以内，收发成功率 100%，可以满足生产执行系统（Nexeed MES）生产系统的通信要求的同时将实验区域安全气囊产品的节拍时间由原来的 12s 降低到 10.5s，整体产线产能提升大约 10%。线边零件部件库存降低了 50%。IT 系统故障引起的生产线停线为零。直接或者间接的收益大约 200 万元每年。

16.3 经验复制推广

工厂采取从点（试点）到线（一条生产线），由线到面（整个车间和其他工厂）的改进方法，逐步将数字化试点成功的项目推广到整个工厂和其他兄弟工厂。目前，工厂共对集团内部推广 50 余套自身验证成功的智能制造解决方案。例如，基于生产执行系统（Nexeed MES）数据自动测算节拍时间，自动化日常生产的节拍时间管理和优化的《制造节拍自动管理系统》已经成为全球博世汽车电子工厂的标准解决方案，在全球 10 余家博世工厂进行推广。同样成为全球博世汽车电子工厂标准解决方案并在全球博世汽车电子工厂进行推广的还有《实时自主物料补给系统》。该系统在给设备上料时扫描录入物料料号和数量，通过自动从设备记录中抓取的作业节拍时间，并且互联生产计划系统和物料清单（BOM）信息，系统计算实时物料消耗并估算应叫料时间。在给定的时间提前量到达时，系统将物料需求自动发送给仓库进行备料。物料补给则由协作机器人

（AGV）自动运输至线边，全程实现物料自助式补给，极大地减少了在线物料管理成本和在线库存成本。

在人员能力和人员资质管理方面，研发《互联蓝领共赋"能"系统》，助力工厂轻松完成和管理近 4000 名员工的培训计划，技能评估以及培训记录的更新，消除因人员技能不匹配而产生的生产问题，将员工资质和技能管理效率提升 50%以上。目前，博世全球已经有超过 10 家工厂在使用该系统。

16.4 体会与建议

16.4.1 体会

从尝试初期开始，博世就认为，智能制造并非一蹴而就、大刀阔斧的革命，而是渐进式的演变。博世也是按部就班地逐步推进数据驱动工厂的进程。

在初期的几年中，除了在不断促进企业组织及意识的提升以及 IT 数据基建架设基础上，以践行者身份，进行多地多点的试点项目，通过实践快速确定最具推广性的方式之外；还非常注重实现工厂内部的垂直互联，从实现初步的价值链的互联起步，最终实现全价值链以及更广范围内的水平互联。同时加强企业数字化人才的培养和持续性发展，确保业务与技术的同步推进。通过前期的实践经验的积累，目前工厂内部智能制造理念的普及度、成熟度以及组织架构、企业文化的沉淀，包括人员能力都得到了极大的提升。从 2019 年开始，博世苏州汽车电子工厂结合企业架构的方法论和标准，通过对业务层架构、信息和数据层架构、应用架构和技术架构的重新整合和部署，体系化的将业务和信息技术融合，将工厂内信息技术的发展与业务战略和目标同步，最终将信息技术融合成业务功能，来支持"数据驱动型"的智慧工厂建设。

16.4.2 建议

基于博世苏州汽车电子工厂在智能制造领域近 8 年的探索，在汽车零部件及配件制造行业智能制造实施推广上,有以下几点建议。

1. 充分分析客户需求与自身状况,探索并制定革新路径

基础较薄弱的制造企业,应优先考虑连通机械、生产线等信息,优化生产流程、改变质量等,实现低成本,高创收。基础较好的制造企业,应抓战略,立组织,创技术,重人才,坚持技术赋能业务的指导理念,重视内外合作,鼓励并推动传统制造的突破性改革。

2. 踏实创新,总结推广

从实际需求分析入手,综合的整体考虑长短期规划,需要从确定的目标和可执行的项目开始,这将限制成本和资源投入,考虑投入产出是否合理,"长规划,短实施",明确目标,分步实现。实施数据驱动型智能制造转型的必要条件要求是实现标准化的精益流程和允许不同系统数据交换的信息技术基础。只有在根据精益原则进行标准化和精简化的项目中,才能达到最大的效果。打造数据驱动需要针对每种情况量身定制解决方案。因此,数字化项目应从基于经验的标准化方法开始,如"数字运营评估",该方法将系统地确定初始情况以及精益原则和智能制造需要填补的空白。并且成功的变革不是通过单独的突破性解决方案实现的,它需要不同解决方案的协调互动。企业在自身的实践中学习成长的同时,提炼经验和验证成熟的方案,与同行业或相似行业伙伴分享,不断优化。

3. 开展行业内的合作实现共同提升

随着工业互联网的发展,各企业终将实现全生态人机互联下的业务贯通,依靠人工智能及价值链间的大数据优化,激发生产力,重构工业体系,更快速,更安全,环保且经济地将中国制造提升到全新高度,在百家争鸣的同时,绽放协同合作、资源共享的璀璨花朵。

案例 17　丹佛斯（天津）有限公司

压缩机生产制造全生命周期协同制造平台

丹佛斯（天津）有限公司（以下简称"丹佛斯"）依据集团数字化战略和应用新一代信息技术，重点构建了商用压缩机生产制造全生命周期协同制造平台。通过应用协同制造平台进行产品研发及工艺设计，生产过程中所有人员、工艺和设备信息等生产资源数据均实现自动采集和精确追溯。基于近100%的数控化设备，以及机器人和机器视觉的全自动检测系统，形成了高度柔性的自动化生产模式。5年内，丹佛斯取得了生产效率年均提高15%、客户抱怨年均降低20%和生产报废成本年均降低15%的显著成果，具有行业示范引领作用。

17.1 企业简介

17.1.1 企业基本情况

丹佛斯成立于 1996 年，目前在天津市武清开发区已建立两家工厂、四个事业部，主要生产压缩机、阀类产品等，是丹佛斯在中国的独资生产厂，占地 15 万平方米。丹佛斯拥有良好的创新能力，自 2008 年获得"国家级高新技术企业"资质以来，通过不断创新发展，陆续被评定为"天津市企业技术中心""天津市重点实验室""天津市科技领军企业"。

丹佛斯商用压缩机事业部坐落于丹佛斯武清工厂，在大中小型涡旋压缩机的研发及生产方面，处于国际市场中前沿位置，受到业界高度认可，研发的产品多次获得国家制冷展创新产品奖。

2019 年，丹佛斯商用压缩机武清工厂被达沃斯论坛暨世界经济论坛评选"灯塔工厂"；在天津市发布的"智造十条"政策的支持下，丹佛斯商用压缩机武清工厂获得天津市的"智能制造试点示范"称号；入选"智能制造标杆企业（第二批）"名单。

17.1.2 所属行业及特点

按照国民经济行业分类（GB/T 4754—2017）标准，丹佛斯商用压缩机工厂属于通用设备制造业行业大类（代码 34），泵、阀门、压缩机及类似机械制造中类（代码 344），气体压缩机械制造小类（代码 3442）。

丹佛斯商用压缩机武清工厂的主要产品是涡旋压缩机。涡旋压缩机是 1980 年后才发展起来的一种新型容积式压缩机，其具有效率高、体积小、质量轻、噪声低、结构简单且运行平稳等特点，被广泛用于空气压缩和制冷空调（包括热泵）用制冷系统中，市场需求日益增长。

涡旋压缩机，其涡旋盘型线技术要求高（设计难度大），加工难度大（生产工艺复杂、设备投入大、加工工艺难度高、工件复杂），导致涡旋压缩机生产厂是高投入、高技术的工厂。而中型的涡旋制冷压缩机（单机制冷量超过100千瓦），全球只有数家制造企业可以生产，属于技术密集型企业。

全封闭涡旋压缩机（如图1所示）内置耐氟的电动机作为热源或者冷源，为生产、生活或存储环境保证温度，提供合适的环境条件。在工厂车间、医院、商场、超市、计算中心等场合均有应用。

图 1　全封闭涡旋压缩机

17.1.3　智能制造亮点及模式总结

丹佛斯商用压缩机武清工厂依据集团数字化战略和应用新一代信息技术，重点构建了压缩机生产制造全生命周期协同制造平台。通过应用协同制造平台进行产品研发及工艺设计，压缩机生产过程中所有人员、工艺和设备信息等生产资源数据均实现自动采集和精确追溯。该工厂基于近100%的数控化设备，以及机器人和机器视觉的全自动检测系统，形成了高度柔性的自动化生产模式，五年内公司取得了生产效率年均提高15%、客户抱怨年均降低20%和生产报废成本年均降低15%的显著成果，具有行业示范引领作用。

1. 构建智慧研发体系，打造全生命周期数字化产品研发解决方案

丹佛斯坚持在中国自主开发新技术，依托已有的数字化设计和管理工具、先进的工程仿真软件、基于云平台的物联网和数字孪生模型，建立了以"智慧研发"为核心的全生命周期数字化产品研发解决方案，实现了产品设计的参数化和模块化、工程仿真的智能化、产品设计的定制化和轻量化、产品的远程维护和预防性维护，设计迭代周期缩短40%~50%，原型机制作和测试费用减少40%以上。

2. 建立智能过程质量控制系统，实现全过程数字化可追溯

产品主要零部件均包含二维码，存储了型号、批号等原材料数据。这些数据与生产信息一起连接到压缩机的序列号，以便进行质量跟踪。通过各类型传感器与数字化工具、防错装置和互锁系统的集成，构成智能过程质量控制系统，能够自动在线检测及合格判断，达到了设计、工艺、制造、检验等信息的动态协同。

3. 创新自动化解决方案，实现高度柔性的自动化生产

基于数控化设备，以及机器人和机器视觉的全自动检测系统，形成了高度柔性的自动化生产模式。通过焊接机器人、机加工机器人、转配机器人、螺栓紧固机器人、搬运机器人等与各种传感器、视觉判断系统、数字化防呆系统的集成，组成一系列的自动化解决方案，有效解决了企业的安全、劳动强度、生产效率、质量等各种问题。

17.2 智能制造项目建设

17.2.1 项目背景

丹佛斯全球总公司为顺应未来的新商业模式，将数字化作为公司最重要的发展战

略之一。虽然取得了一定的成绩，丹佛斯商用压缩机武清工厂并不是一出生就含着"智"钥匙，而是紧随了天津高质量发展的脚步，在公司总部战略的指引下，由传统制造不断向智能制造升级。2003年成立之初，公司数字化水平很低，连螺丝都靠手工安装，容易造成的漏装错装、损伤脱落等问题。不比大型跨国企业的财力雄厚，丹佛斯商用压缩机武清工厂无法一步到位将全部设备升级。如何在有限投资预算内，进行设备技术改造、实现自动化、实现信息化和数据收集都是公司初期面临的困难。丹佛斯海外压缩机工厂的智能应用并不适用于中国工厂，国内众多工厂里的智能应用也都在摸索阶段，即使有个别的应用案例也无法完全照搬到压缩机工厂，丹佛斯商用压缩机武清工厂面临着中国企业共同的问题。

17.2.2 实施路径

1. 集团战略指引

依托于丹佛斯集团的数字化战略，丹佛斯商用压缩机武清工厂根据"智能制造 系统架"及相关的国家标准进行设计实施，按设备层、单元层、车间层、企业层和协同层的五层架构方案，以工艺集成设计为核心，实现从设计到生产和销售服务的全生命周期闭环管理。丹弗斯集团智能制造总体架构如图2所示。

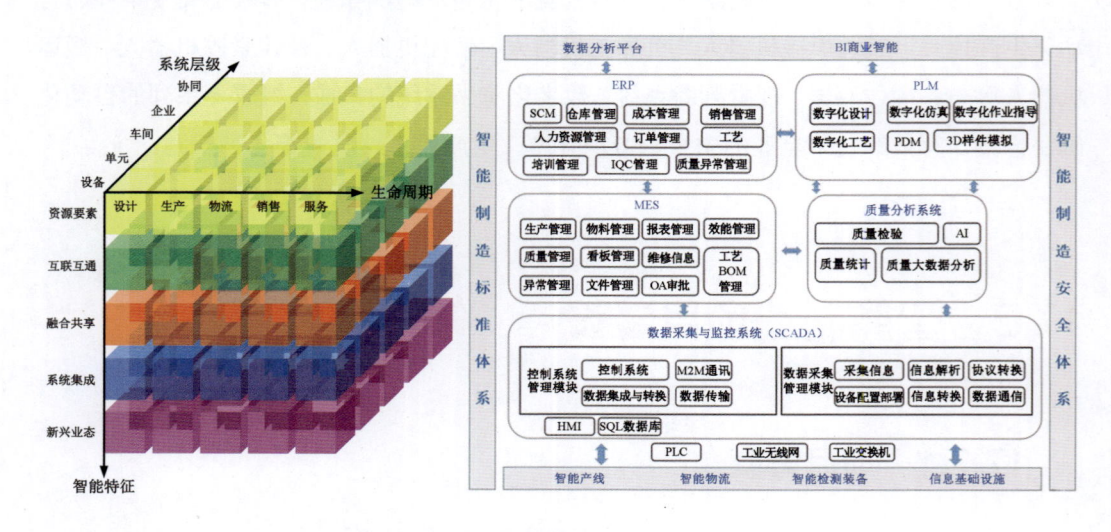

图2 丹弗斯集团智能制造总体架构

2. 全业务系统集成

1)实施 One ERP(一个企业资源计划)项目,全面整合 SAP 系统

丹佛斯 IT 卓力整合企业资源计划。利用 SAP 系统将工厂从生产环节到销售环节全面打通,从生产订单的排产排程、生产过程、物料、质量、出入库等环节实现可视化、可控化,从而解决目前多个工厂使用不同的系统、不同的流程等问题。

2)集中部署 SDWAN 硬件产品,全面打通数据链

SDWAN 产品利用最新的 SDN 技术为丹佛斯工厂提供高质量的网络传输产品解决方案,使工厂不断提升运行流畅度,降低企业成本,提高网络产品使用效率,实现高质量产品的需求。全面打通丹佛斯全球各大产区、销售办公室、数据中心和企业云,实现广域网的最大范围覆盖,不仅大幅度提升了服务配置速度,同时也降低了网络的复杂性和运营成本,并通过多种安全策略、自动化运维告警保证网络安全可靠性。

3)实现数据自动采集,助力大数据分析与挖掘

丹佛斯 IT 与各大运营商深度合作,在车间、仓库、实验室实施各种物流网识别技术,通过各种信息传感器、射频识别技术、全球定位系统、红外感应器、激光扫描器等技术,实时采集任何需要监控、连接、互动的产品并整合进入数据操控系统。将生产过程的每一个环节、设备变成数据终端,全方位采集底层基础数据,并进行更深层面的数据分析与挖掘,从而提高效率、优化运营。

4)开展基于信息安全的设备、测试与防护

采用利用主动式策略扫描称为网络安全扫描工具 Nessus 定期进行全网扫描。第一时间发现并修复系统存在的高危漏洞,在静默状态下自动为系统打上漏洞补丁,不影响生产,不停工不停产,抵御木马病毒侵入。

3. 智慧产品研发

1)产品设计数字化

丹佛斯商用压缩机武清工厂在中国建厂之初,只在中国设立工程部门,随着中国研发中心的设立,中国研发团队的能力大幅提升,为了在中国建立完整的新产品设计能力

并和全球其他工厂保持同样的水平，先后引入了 CAD、PDM 等设计软件，形成了产品设计模块化、三维模型参数化、产品数据管理全球化的全数字化设计能力，并建立了完善的产品设计标准库。

2) 模拟计算软件化

模拟计算，是在过去积累的实验测试数据的基础上，根据新机型的应用要求，对涡旋压缩机材料进行选择，通过力学模型分析，确定新机型的初步选材，再通过样机测试最终确定压缩机设计。丹佛斯在天津建立研发中心之初，并没有设立专门的模拟计算团队，随着新产品开发业务的增多，为了简化设计过程、减少实验量、缩短产品上市时间，开始引进 ANSYS 系列模拟仿真软件。经过十余年的发展，目前已经拥有 ANSYS 的结构、流体、电磁、优化设计、振动噪声、疲劳等模块，已形成完整的模拟计算流程。近年来，又先后开发了拓扑优化分析、振动噪声模拟和疲劳分析等先进的模拟计算方法。

3) 仿真计算平台化

2014 年，丹佛斯商用压缩机中国研发中心与国家超级计算天津中心正式合作，天河仿真云平台对丹佛斯中国研发中心的新产品开发给予强有力的支持。通过国家超级计算天津中心的平台应用，帮助丹佛斯商用压缩机中国研发完成上万项仿真计算。基于天河工业云的仿真云平台，工程仿真部门的工作效率提升了 3～5 倍，计算时间降为原来的 30%～50%。高效可靠的仿真结果以及相对低廉的运行成本，加快了新产品开发周期，加速新产品的落地，对市场以及客户需求的反馈更加敏捷。

4) 产品维护智能化

随着 5G 技术和设备的普及，网络的及时性和传输速度得到了革命性的提升，物联网获得了更强有力的支撑。丹佛斯压缩机尝试运用基于云平台的物联网，对产品的主要运行参数进行实时监控。运行参数异常时，自动进行参数调整和可靠性分析，有效提升产品的可靠性和使用寿命。

经过丹佛斯在中国十几年的探索、积累，目前已经成功进入智慧研发的新阶段，形成了从产品设计、模拟仿真、样品 3D 打印到远程维护的全生命周期数字化产品开发流程：产品设计阶段，利用 CREO 和 PDMLink 实现了 3D 模型设计参数化和产品数据管理全球化，然后进行模拟计算，提前预知产品性能和可靠性，随时进行设计改进和优化，在获得最佳设计方案的基础上，生成 2D 图纸。对于设计阶段的样品，利用 3D 技术进行小批量生产，在实验室进行测试验证。产品的售后维护方面，主要应用 5G、云存储和物联网技术，进行预测性维护。

4. 自动加工装配

1）基于机器视觉的装配自动化解决方案

丹佛斯商用压缩机武清工厂在机器人使用的发展历程中，工程技术人员与自动化供应商协同发展，从行业技术需要出发，根据需求不断引入先进技术解决问题，机器人的应用由单一性焊接机器人，发展到移动式机加工多方位协作机器人、视觉判断系统与机器人完美结合的装配自动化解决方案、视觉判断系统与螺栓自动传输并安装的螺栓装配自动化解决方案等。这些自动化不单纯是采购简单的机器人，而是与机器自我学习的视觉判断系统、传感器与系统协同应用的数字化防呆系统紧密结合，组成了一系列的自动化解决方案，有效解决了企业的安全、劳动强度、生产效率、质量等各种问题。

机器人搬运能够解决安全问题，但是无法解决型号多、安装角度和精度的问题。丹佛斯通过视觉判断系统、传感器与系统协同应用的数字化防呆系统的集成，帮助机器人实现零换型、严格按照工艺要求安装转子。作业员上料时无须考虑转子的位置摆放，照相机拍照后，视觉判断系统自动识别转子平衡块角度及圆心位置，通过机器自我学习，计算出实际角度与标准角度的偏差，传输给机器人需要进行位置补偿的数据，机器人进行位置补偿并夹取转子，按照设定轨迹运行并装配，保证转子安装的角度精度。与此同时把统计过程控制系统接入到加工产线，实现了更高精度的实时控制。每一个工作站通过连锁系统相互连接，确保了每个生产阶段的产品合格率，视觉检测系统使产品质量得到了最高的保证。

2）基于柔性制造的机加自动化解决方案

涡旋机加工车间应用数控机床 NH6300 来加工核心零部件涡旋，具有直线插补、圆弧插补、快速定位、坐标系设定、刀具偏置、循环启动、固定循环、自诊断、程序存储等数控机床应具有的功能。在一次装夹后，可连续完成对零件的铣削、钻孔、镗孔、扩孔、铰孔及攻丝等多种加工工序，在加工过程中可以自动交换刀具和自动刀具检测，同时可以自动读取外部数据，机床状态可实时监控。

如操作加工中心的库卡七轴机器人能够智能测量工件，通过逻辑运算自动涡旋配对提高生产过程的自动化程度应用机器人，提高了劳动生产率，降低了生产成本，实现了工业生产的机械化和自动化。机器人通过逻辑运算自动给机床上料，卧式加工中心通过刀具自动检测传输到机床控制系统进行判断和报警提示，机床通过网络连接时时传输和监控机床运行状态是否正常。当机床完成加工后，机器人接到指令后会自动给机床下料，并通过指令完成自动清洁工件、自动测量工件、自动打标工件、自动刻号、自动码放成品，并进入到下一个循环。整个过程将监控设备与系统，同生产现场的各种传感器、数控机床和工业机器人等生产装备有效的连接起来，实现了互联互通。

5. 智能质量控制

根据质量控制体系要求，压缩机产品在制造过程中，需要对人员、关键零部件以及关键工艺参数进行记录、存档并可以追溯。智能制造转型前，丹佛斯商用压缩机武清工厂的追溯实现靠一张卡片，过程中靠人工完成项记录。智能制造转型后，压缩机的主要零部件均使用二维码，存储了型号、批号等原材料数据。这些数据与生产信息一起连接到压缩机的序列号，以便进行质量跟踪，这对于解决问题和满足客户要求具有非凡的价值。通过接触式位移传感器、激光传感器和颜色传感器等智能硬件，能够自动在线检测及合格判断，达到了设计、工艺、制造、检验等环节的信息动态协同。

生产线安装了温度、压力、重量、扭矩、位置、电气参数等传感器，它们与数字化工具、防错装置和互锁系统协同工作，构成智能过程质量控制系统。丹佛斯商用压缩机武清工厂每一条组装线都是混流生产，每天都有十几个不同型号的产品需要按计划进行切换。自动选型、自动调取程序、自动扫码、按灯取料、自主性在线测量和自动转运等应用都帮助我们实现了柔性化。

17.2.3 实施成效

通过数字化应用，丹佛斯压缩机武清工厂在各项运营指标中都取得了显著成效，具体实施成效如表 1 所示。生产效率年均提高 15%，尤其最近几年的生产效率基本都是靠数字化改善取得的生产节拍降低，节约劳动力、扩充产能，使工厂更加灵活应对市场的变化。运营成本降低 7%，运用数字化技术进行高耗能设备实施监控，按需运行等措施大幅节约能源费用支出。不良品率降低 15%，数字化技术的大量使用，人工智能视觉判断技术、在线监测,数字化防呆,让生产工艺更加稳定,有效提升产品质量。模拟仿真技术应用在产品研发与工艺设计中,以及3D打印大量用于零部件样品、工装夹具样品中,实现产品研制周期缩短40%以上。

表1 具体实施成效

探索实践	典型用例	整体成效	探索实践
在世界经济及发展大趋势下,丹佛斯通过先进技术,构建生产制造全生命周期协同制造平台实现数字化转型与智能制造愿景以降低成本,达到客户预期	组装灵活的自动化线	生产效率	提升15%
	建立数字化操作指导系统	运营成本	降低7%
	人工智能自动目视检查与判断	不良品率	降低15%
	实时数字化检测与质量管理		
	全生命周期的数字化产品研发	产品研制周期	缩短40%

17.3 经验复制推广

17.3.1 经验内部推广

丹佛斯商用压缩机工厂通过建设智能制造标杆项目,形成了高效、绿色、协同、创新的标杆工厂,为丹佛斯集团其他工厂创造了大量的应用场景。丹佛斯上海三年内建立了质量追溯系统、质量监控系统、生产跟踪系统、生产过程控制系统等,有效解决了其过程质量控制问题;丹佛斯浙江两年内建成了质量追溯系统、质量监控系统、生产跟踪系统、生产过程控制系统。

17.3.2 经验外部推广

通过智能制造建设,很多本地智能制造相关的供应商跟丹佛斯一起协同发展,共同成长。例如,天津的先达条码初期与丹佛斯合作时,业务范围局限于条码业务,这十年来与丹佛斯在打造智能工厂的道路上共同进步,已经发展为"成熟的系统集成解决方案公司",业务拓展到了天津诸多知名企业,甚至上海的企业。天津某电气公司,借鉴丹佛斯经验,建立了产品追溯系统、安东系统、生产管理系统。

从 2019 年全年，丹佛斯商用压缩机武清工厂接待了全国各地、国内外上百家企业、上千人次前来参观，带领他们到车间实地考察车间应用场景，分享丹佛斯商用压缩机武清工厂人工智能视觉判断系统与自动化解决方案、数字化防呆互锁等全过程质量控制方法，助力更多企业开展数字化转型。

17.4 体会与建议

17.4.1 体会

丹佛斯商用压缩机武清工厂根据自身发展的经验，结合压缩机的行业特点，总结体会如下。

1. 要从自身需求出发，目标明确

明确的目标才是转型的动力，不是为了建立智能工厂而建立，而是根据自身需求，了解公司的切实需要和痛点，才能利用先进技术，对症下药。以企业价值为导向，全面评估企业的能力水平与需求，量身定制数字化转型战略，规划智能制造愿景和蓝图，制定发展规划路线图，从投资中创造最大价值。

2. 要有强的精益基础

很多专家把智能制造分为三部曲，先是标准制造，然后是精益制造，最后才是智能制造。如果没有坚固的制造基础，盲目斥资建设所谓的智能工厂，徒有先进的机器设备，人员、技能、思想甚至设备维护等跟不上先进的设备，后期容易有很多意料不到的问题。

3. 要借助外力，协同发展

中国已经出现初阶的数字化运营生态圈，其中政府和先进的制造企业扮演者最关键的角色。企业要根据自己的业务类型和区域特色，建立物联网机构和智能制造技术生态圈。

4．要有创新，敢于尝试新技术

打造中国式的智能制造，要兼容并蓄，学会弯道超车。价值来源于创新，在不断创新过程中，提高企业的智能制造成熟度，完善企业的业务圈。

5．要注重人员发展，转变管理架构，培育人员能力

自上而下推动变革，演绎好自己企业独有的数字化转型故事。成就团队，以人为本，加强团队合作的赋能因素。

17.4.2 建议

压缩机是系统的心脏，可靠性和能效始终是关键。真正赢得客户的长期认可的做法，就是抓住客户潜在的真正需求，一切以满足客户需求为目标，不断引入新技术、新人才，大胆创新，引领行业的高质量发展。

建议相关压缩机制造企业积极运用远程技术和多元化智能平台，并通过选型软件、网站等，定期针对不同行业的客户提供定制化技术服务。

建议相关压缩机制造企业积极利用虚拟成像技术应用，为客户提供产品的三维图像，展示产品的安装细节，故障诊断以及更多延伸服务。

建议相关压缩机制造企业继续研发先进的制造技术，加速制造业智能化转型，从而扩大生产产能、提高效率，以保证产品品质和交货期。

案例 18　广东溢达纺织有限公司

面向色织行业的智能制造

广东溢达纺织有限公司以纵向一体化产业链（纺纱、织布、印染、制衣及销售）为基础，构建了涵盖全产业链的信息化、数字化平台，通过智能设备研发与应用，实现全面集成和数据共享。基于三维仿真客户研发平台的协同，建立了以 PDM 为核心的产品全生命周期管理体系，关键核心工艺实现智能优化。通过建立制造管理系统和质量管理系统，实现生产过程和质量监控可视化，极大地提升了整体生产效率和管理水平，为传统产业转型升级树立了良好典范。

18.1 企业简介

18.1.1 企业基本情况

广东溢达纺织有限公司是由香港溢达集团于 1988 年投资设立的大型产品出口型及高新技术型纺织企业，公司业务范围涵盖纺纱、染色、织布、后整理、制衣及辅料，是世界众多知名时装品牌的面料和成衣制造商。

广东溢达纺织有限公司梭织布厂（以下简称"GEW"），是集染纱、梭织及后整一条龙生产的纺织生产基地，年产高档纯棉梭织色织布 1.3 亿余码。工厂始建于 1988 年，建厂伊始，集团就确定下"顾客第一，品质第一，提供优良服务，发展中国纺织工业潜能，使之媲美世界优质产品"的宗旨。高瞻远瞩地提出控制产品质量、提高产品品质的发展战略，并通过不断强化内部管理，推进管理和技术创新与进步来达到与实现既定的方针目标。经过三十多年的艰苦创业和锐意进取，现已发展成为高档纯棉色织布的主要生产商之一，并占据着这一产品的顶端层面。

在致力发展和壮大的同时，为更好地顺应集团可持续发展的需要，在通过 ISO9001 质量管理标准和 ISO14000 环境管理标准认证后，继续在节能减排、绿色产品、可持续发展方面提升：通过了 ISO10012 测量管理体系认证，该认证对组织在产品质量、经营管理、节能降耗、环境监测等方面是否满足标准要求进行审核；通过 ISO14064 温室气体管理体系认证，成为行业中减排先行者；通过 ISO50001 能源管理体系，将节能工作纳入体系管理；随着客户及相关方要求的不断提高，通过了国际环保纺织协会可持续纺织生产认证标准（Step）认证、有机纺织品标准（GOTS/OCS)。从过去更多的关注公司的产品，提升到通盘考虑生产中的副产品控制，对内继续开展好节能增效工作，对外树立良好的企业形象，更好地服务于社会大众，为周边经济和环境做出更大的贡献。

18.1.2 所属行业及特点

按照国民经济行业分类（GB/T 4754—2017）标准，GEW 属于棉织造加工行业（行业代码 C1712），主要以棉纱、混纺纱为主要原料进行机织物的织造加工及印染精加工。

纺织业在我国是一个劳动密集程度高和对外依存度较大的产业。该行业除了具备制造业所共有的特征外，还具有以下特征。

1. 多工序、空间间歇性和时间连续性的大量生产

GEW 的生产工序包括松纱、染色、分/络筒、整经、浆纱、织造、后整和成品检验，多工序、空间间歇性和时间连续性的生产模式决定了公司需要重视前后工序作业的连续、均衡以及工序之间生产的协调性；需要及时掌握半制品和成品的质量信息。

2. 生产设备多且结构复杂

纺织产品的产品质量和生产设备的状态息息相关，即使一个很小的设备故障都会带来大量的次品，因此需要我们在设备的维护和保养方面耗费大量的人力和时间。另外，由于生产设备比多，设备供应商分布在多个国家，每个供应商都有其特有的生产数据接口或通信协议，设备数据采集及统一管理的难度比较大。

3. 劳动密集

行业整体自动化程度偏低，大量的工作需要手工完成。

4. 原材料及产品多样化

其一，原材料及产品多样化使得加工流程和加工工艺多样化，工艺标准化的难度增加。

其二，原材料及产品多样化使得实现自动化生产的难度增加，市场上的标准化自动化工具不能在纺织行业内直接应用，需要根据实际需求定制或自主研发自动化工具。

18.1.3　智能制造亮点及模式总结

GEW 通过网络技术、大数据、物联技术、人工智能、智能预测、仿真技术等的结合应用，实现了工艺和产品设计、计划与调度、生产作业与装备、设备管理、能源管理以及客户服务与产品服务等方面的智能化。

1. 打造基于数字化和织物仿真的工艺设计系统，实现订单工艺信息的统一管理和新产品的快速开发

我们通过信息化实现订单的集中处理和产品的统一跟踪；通过颜色数字化实现颜色的精确传递，减少纱线及人工成本，杜绝颜色传递错误风险；通过织物仿真缩短新产品开发周期。

2. 开发具有动态排产、智能反馈的自优化计划系统，实现排产和调度的最优化设计

通过计划调度优化，制订最优计划、执行最优计划、追踪并反馈执行结果、调整最优计划的整个闭环管理过程。形成可视化的智能调度平台，为调度排产和生产指挥提供全面、准确、及时、直观的信息，并通过指令模拟保证调度指令的可行性。

3. 通过自主研发和引进自动化和智能化设备，提高生产效率及产品质量，缩短生产周期

我们自主研究和引进了自动化/智能化设备、颜色智能化系统、织造可视化系统、智能中央控制、自动配料系统等设备，并通过中央控制系统统一管理和协调，使得上述各模块紧密关联，最终实现整个 GEW 生产作业的智能化。全流程的智能化使得我们的生产效率、产品的质量稳定性及可追溯性都得到极大的提升，同时产品生产周期也得以大幅缩减。

4. 自主研发组态式管控一体的闭式能源管理系统，实现用能信息的可视化及异常用能的快速侦测和报警

通过组态、工控、数据库等技术自主开发能源管理系统，具备实时数据采集、易扩展架构及易于与 W.mis 实现数据交互的特性，可实现能源数据的可视化，对用能异常进行实时诊断和报警，同时为我们开展工艺优化、排产优化、设备改造和节能项目孵化等提供了大数据的支持。

5. 开发和引入基于大数据+3D 技术的客户管理系统，实现对客户的精准服务，提升客户的满意度

在客户服务方面，我们通过 3D 数字化的引入，以及开发流程管理系统，为客户进行定制性开发与服务，大幅减少开发周期，并建立客户授权认证开发人员机制；设计建立全流程的质量控制系统，建立客户对过程质量管控 100%信心；建立完备的客户反馈信息管理与分析改善系统；自营品牌 PYE 引入 CRM 系统，实现对消费者的精细化管理和精准服务。在产品服务方面，我们通过全流程 ERP 系统，实现产品信息全线可追溯；开发仓储系统对产品的存储进行科学管理；开发不合格品管理系统，实现不合格品的信息记录及改善措施记录。

18.2　智能制造项目建设

18.2.1　项目背景

2016 年 9 月 28 日工业和信息化部发布了《纺织工业发展规划（2016—2020 年）》，其重点任务之一为推进纺织智能制造：自动化、数字化、智能化纺织装备开发。加强对高性能纤维、生物基纤维等化纤新材料成套装备、短流程新型纺纱织造装备、新型印染等装备的开发生产，提高装备的生产效率、性能、功能以及自动化、数字化水平。开发纺织新型传感器、智能测量仪表、质量控制与执行系统，推进具有自动感知、智慧决策、自动执行功能的高端智能装备的产业化开发和应用。作为纺织行业的龙头企业，我们深刻地认识到推进智能化建设的必要性，只有持续提升生产的自动化、数字化和智能化，才能将传统行业做的不传统，保持企业的竞争力。

受标准化程度、自动化程度和信息化程度比较低的影响，传统的大规模梭织生产流程中存在诸如信息传递不畅、物料难以精确跟踪、排产难度大等弊端。

对于产品设计环节：①由于缺乏信息系统的支撑，订单信息的传递需要多人操作，浪费人力的同时还会存在订单信息传递错误的风险；另外，订单信息主要以纸张为载体，存在难以存储、查找及无法获取实时信息等问题。②在工艺设计时，由于缺乏大数据的支持，往往类似品种的设计存在差异，造成工艺难以标准化：其一，造成工艺信息日益庞大，管理难度增加；其二，生产过程造成原材料浪费或补做问题；其三，造成产品设计周期比较长、效率低下的问题。

对于计划调度环节：①需要消耗大量的人力盘点物料的消耗情况，同时手工计算预计订单的纱线需求情况，进而做出纱线采购计划，往往会造成库存庞大或急需的纱线不能及时采购的情况；②在做生产排程时，需要面对复杂的订单多参数与设备多参数匹配的数学问题，依靠人工很难实现订单和设备的准确匹配，往往会造成产品质量不稳定、排机不合理拆轴重排、排产不合理造成产能浪费等问题；③信息传递不畅造成的库存积压或紧急赶单的问题。

对于生产作业环节，由于缺乏信息、数据和自动化支持，无法准确对设备效率进行计算，对设备效率的提升改进措施比较零散，没有一个整体的规划，设备效率提升效果不明显。当出现产品质量问题时，由于缺乏生产过程中设备信息和物料信息的支持，质量问题原因的调查耗时耗力，往往也找不到根本原因，对于质量问题的预防非常不利。生产中所需化工料由人工调配，劳动力强度大且容易出错，产品质量的重现性差，由于人工调配过程中变动因素比较多，工艺标准化难以实现。

对于设备管理，由于没有设备关键参数的监控，设备管理人员往往花费更多的精力在出现设备问题后的救火工作上，而无暇顾及设备预防性维护，而设备预防性维护可以提升设备的安全运行效力、延长设备的使用寿命、减少因设备问题造成的质量和安全事故。设备操作人员在进行设备参数设置时，往往根据经验进行，产品质量的波动性比较大。同时，会造成质量对人的经验的依赖，不利于企业的发展。

由于传统梭织生产流程中存在流程冗长、信息不畅、效率不高、质量波动大、工艺标准化难等问题，GEW 团队决定结合信息化、数字化、自动化、大数据和科学的管理方法等先进的技术打造一套涵盖 GEW 生产流程各环节的管理系统，使各生产要素有机地紧密地结合起来，以提升 GEW 的生产效率和产品质量稳定性，减少人力成本、生产物料浪费和能源消耗。

18.2.2 实施路径

通过应用最新的数字化、信息技术、仿真技术、自动化、物联技术等核心技术的融合应用，GEW 在智能信息平台、智能设施和设备、智能能源管理及智能客户服务等方面都取得了显著的成效，本文选取其中一部分较典型的案例来详细阐述 GEW 智能化的实施路径。

1. 智能设备的自主研发

传统纺织制造行业存在劳动密集，业务流程复杂烦琐，现场管理大多数通过人来管理，信息传递、生产任务、运输作业、设备状态检测、生产状态监测都是通过人工来完成，存在信息滞后、生产线不流畅、没有可用数据分析等困难。

要改变传统制造业落后的人工管理带来的各种弊端，就必须通过可视化、智能运输、视觉技术、AI 数据分析等新技术结合生产业务实现生产线智能化管理。以智能物料为例：通过引入基于激光导航的 AGV，同时结合 H5 和 WEB API 技术开发的可视化整经系统，实现经轴的智能运输，整经和浆纱车间实现了智能化管理后节约了 37 人。智能准备制造生产线如图 1 所示。

（1）整经车间生产可视化规划：使生产与工艺信息可视化，提高信息传递的效率和准确性，使整经车间实现信息化管理；

（2）整经轴智能物流运输：结合整经车间可视化实现整经轴自动运输，由智能运输系统实现智能交通运输调度，提高物流效率，节约人工成本；

（3）智能浆纱机：监控浆纱机生产过程的原料和设备异常，利用视觉技术和 AI 算法识别设备运行状态，确保质量稳定；

（4）浆纱机中控：使浆纱生产实现可视化，生产信息流快速传达到每个生产岗位，实现工艺参数自动导入。

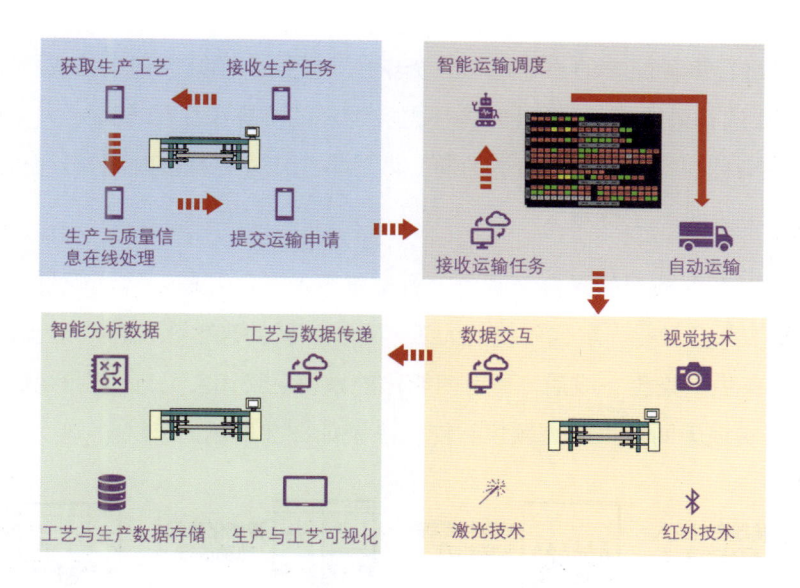

图 1　智能准备制造生产线

2. 颜色智能化系统

在纺织领域，颜色应用行业内，颜色专用品质管理类硬件、软件一直比较昂贵，颜色领域数据的比较、搜索、应用一直都受制于专业软件和专业设备的垄断，无法实现生产中的灵活运用。

颜色数据的存储一直是在颜色硬件设备所在的本地专用电脑硬盘，虽然几套颜色专用品质管理软件，可以临时组建局域数据库使用，但这几台机的颜色品质管理软件必须外购于同一家颜色软件公司，且每台机都需要装一套独立运行，也仅限于安装有同一家专业颜色软件的本地机台才可以使用颜色数据连接，未连接专业颜色品质管理软件的机台和企业人员，一直都无法查看、使用颜色数据，更别提分析颜色数据，利用颜色数据为生产提供价值。

生产色织品的过程，一般包括对纺织品的染色处理。对纺织品染色处理，先需要按照一定的纺织品重量比例，进行溶液制配，将纺织品与配制好的染液放入染缸，按特定的工艺，把纺织品染成一定的目标颜色，纺织品的染色效果与纺织品批次、缸型、浴比等一系列因素相关，故每次对纺织品染色前，都需要根据染色的纺织品批次、目标颜色等确定此次染色所需要的配方。

传统的染色配方确定方式，一般是在计划排缸后按需要染成的目标颜色的染料组合、染料用量进行多种配方的小样模拟大货染色,根据小样染色调出的实物颜色,与目标颜色的距离,选择最接近的实物样,再根据实物样的小样染色配方确定大货染色配方。小样模拟大货染色在操作过程中分为打样、调色两个工序,耗费时间长,而且需要安排打样人员和调色人员,工作量大。

我们通过对颜色数据的采集、颜色大数据应用及颜色互联,实现颜色数据的共享、共用,利用历史颜色数据,取代传统的人工,为客户新的来单颜色自动给出最优化的智能配方,同时在生产染色完成后,利用智能化的系统,取代人工自动判断颜色是否可以放行,使车间实现无间断生产。颜色智能化系统如图2所示。

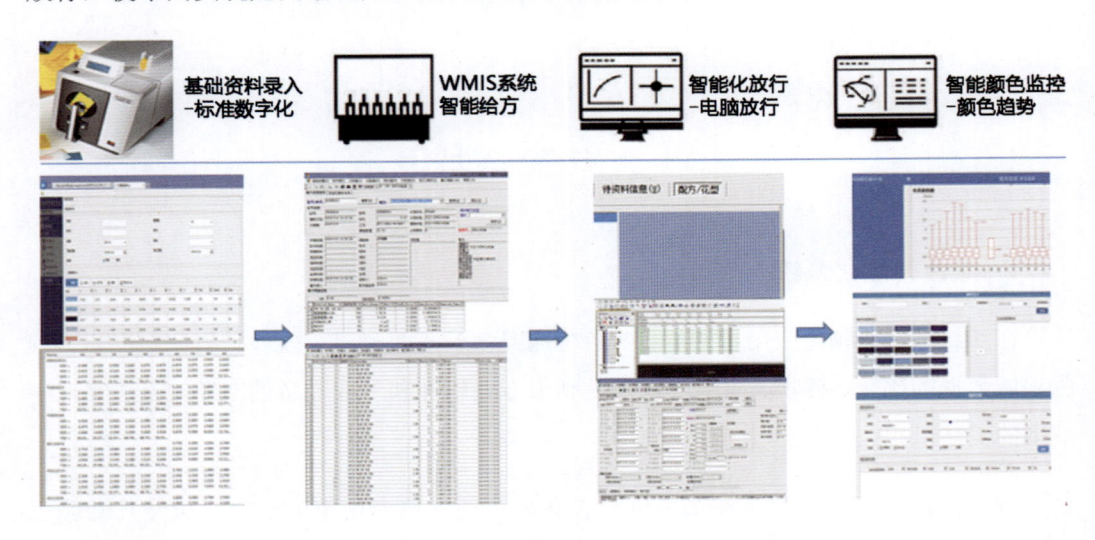

图2 颜色智能化系统

3. 织造可视化系统

由于织造生产品种类型复杂且数量庞大,织造工艺卡记录的品种质量提示种类超过100种以上,而且提示内容内掺杂了大量的其他内容如上机操作提示、剪样、试织信息等,不同岗位的员工需要从中分离出当前生产需要的信息,不仅耗费大量时间,而且不够准确。

在生产过程中调机和操作都依赖于培训和员工记忆,培训的质量和员工的学习记忆能力都直接影响到生产过程质量,存在一定的风险,同时没有系统的操作指引,对岗位的要求也会随着品种的复杂程度而提高,提高了人工成本。

我们通过在织机上加装平板电脑，将原来需要员工大量记忆的信息直观地显示在员工的工作区域，在生产过程中遇到问题，系统可以指引员工操作或者调机；同时，利用平板可及时记录生产过程问题，将信息传递到上下工序，坯布验布可以在系统及时录入验布情况。如果遇到质量问题挡车员工可直接反馈到机修工处调机，从而极大地提高信息传递的速度及准确性，减少质量疵布。织造可视化系统功能点如图3所示。

图 3　织造可视化系统功能点

4. 智能验布

在纺织企业中，所有的布面质量检测全都依靠人眼来完成。人眼长时间工作会产生疲劳，由此会增加疵点漏验的风险和验布效率的降低，同时劳动力成本也呈逐年上升的趋势。

随着视觉技术的发展和应用，如何利用视觉技术替代人眼进行智能检测被提出。经过市场调研，广东溢达纺织有限公司与机器视觉供应商合作，开展高端色织布智能验布的研究。利用视觉检测和数据回归技术，同时利用独特的增强缺陷分类算法，达到疵点检测的目的。

项目过程中如何实现智能验布的高检出率和低过检率是关键，什么规格什么颜色使用什么参数去验布更是难点。项目初期先使用小样对设备性能进行测试，设备性能稳定后再测试大量不同规格和不同颜色的布，获取大量数据去匹配人眼检测与智能检测的差异，通过软件和硬件方面去改善。实施过程中对相机的个数由初期的9个增加到12个，线路也由初期2条线增加到3条线，对系统参数进行调整，软件进行升级，最终实现不同规格不同颜色都有相对应的系统参数。机器视觉平台如图4所示。

图 4　机器视觉平台

智能验布技术的成功运用解放了传统验布对人眼的依赖，其验布效率是人工的 2 倍，一台智能验布机可替代 3 名验布人员，且漏验率只有 0.5%（人工漏验率约 4%）。疵点信息的在线采集及离线解析示意如图 5 所示。

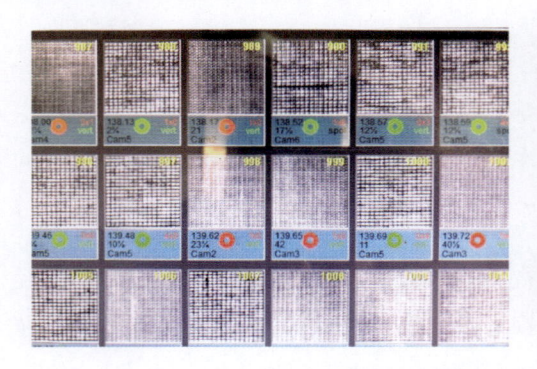

图 5　疵点信息的在线采集及离线解析示意

5. 自动预测面料优质率

优质率是指梭织面料优质品比例，即优质品与总产品的比例。在订单生产之前，需要考虑这个产品的优质品比例，从而在订单开始生产前，确定订单的原料投入数量。例如一个梭织面料的订单量是 1000 米，如果设定这个品种的优质率为 95%，则在计算原料投入时，要投入 1000/0.95=1053 米的原料。

GEW 生产的梭织面料，有几十万个品种，不同的品种，因为其面料特性和生产流程不一样，对应的优质率也不一样。十几年前，GEW 对所有品类，采用一个统一的优质率计算原料投入，随着生产的不断优化和数据采集的不断完善，GEW 开始根据不同产品类型的实际优质率情况，对优质率分类和预测，但是这个预测过程是人工操作的，人工预测优质的弊端有以下几个方面。

（1）分类粗犷，影响优质率的因素较多，但是人工分析的局限性，无法处理太多因子，只能考虑有限的因子数。

（2）预测数据不连续，预测数据以 0.5%为梯度进行分类，与实际存在较大的差异。

（3）预测周期长，因为是人工分析，需要耗用一定的时间，GEW 一年更新一次数据，预测周期长，无法适时反映生产情况，根据生产情况及时调整优质率。

（4）对人的依赖性大，因为预测的优质率，不是直接以实际优质率的计算结果为准，四舍五入到 0.5%，必须要一个质量经验丰富的人进行数据统计和分析，而且还有可能存在经验判断失误的情况。

为了解决以上难题，GEW 利用自身丰富的数据资源优势，结合目前市场上先进的机器学习技术，跟研究机构一起，共同研发出一套自动预测优质率的系统。此系统采用分步法和统计学中较常用的线性回归方法，建立预测模型。系统自动预测优质率，完全不需要人工干预，减少对人的依赖和经验误差；每个月更新一次模型数据，每 5 分钟输出一次预测结果，大大缩短预测周期，同时预测准确度比较高，可以指导生产精确投料，减少原材料浪费。优质率预测数据流如图 6 所示。

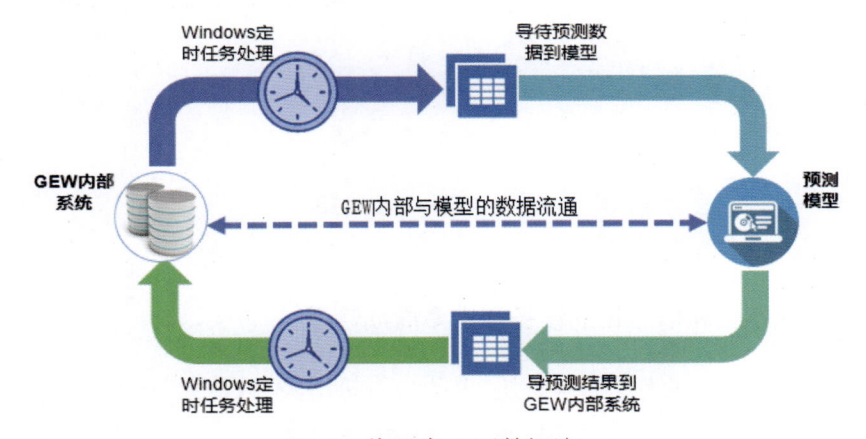

图 6 优质率预测数据流

6. 生产车间智能监控

数码印花车间的生产要在恒温、恒压、恒湿的高要求环境，需要不断地监控车间环境的状态，如果超出设定的标准范围，就需要不断补充洁净冷热空气及雾化的水汽。要实时监控不同厂家的设备运行状态，设备故障导致的生产效率的浪费、产品的质量问题都会对企业造成损失。火灾、易燃易爆物品、粉尘、水管破裂等安全隐患也要时刻预防，一刻也不能松懈。人员的异常操作通常很难去量化和监控，这些对数码印花智能监控系统都是很大的挑战。针对上述问题，广东溢达纺织有限公司研发了数码印花车间的智能监控系统。其解决方案如下：

（1）利用物联网技术将温湿度检测仪连接至中控，利用中控控制自动空调、自动加湿机不断地调整车间温湿度在标准范围；将烟雾报警器与手机相连接监控报警。

（2）嵌入式系统开发程序与工控 PLC 硬件搭建相结合，实现设备联网、数据存储、数据可视化。

（3）利用 AI 技术与高清摄像头结合建立预测模型，对员工的异常动作、车间的异常情况进行监控报警。车间智能监控如图 7 所示。

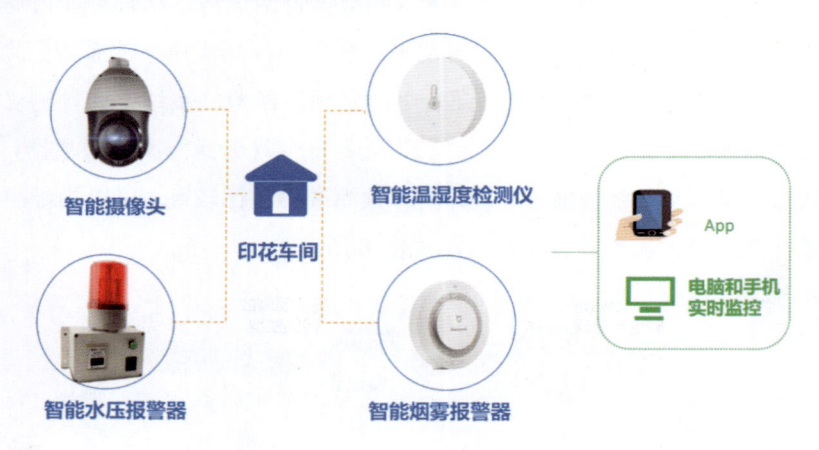

图 7 车间智能监控

7. 基于数字化和信息化的设备全生命周期管理

众所周知，纺织企业基于行业性质，其设备有机型多、数量大、连续化生产的特点。随着企业设备的升级，智能化的不断推进，传统的设备管理手段已经不能满足企业的需求。数字化、智能化、可视化（平台化）是当前设备管理的三大趋势，为了紧跟现代企业发展的需要，我们针对设备管理开展了一场改革与优化。

1）数字化的设备管理

设备作为生产的重要组成部分，设备管理的数字化是智能化的设备管理的基础。然而，设备管理的数字化不仅仅是用传统设备管理软件提供各类信息，如投入使用日期、维修记录、保养记录等内容，不是简单地把零散的信息进行整合。设备管理数字化不能停留在对过去状态的分析，还包含设备的全生命周期管理，应可以实现设备的各类过程信息全程可追溯、信息的内部管理和外部共享，并可与车间业务系统对接，服务于车间生产。基于上述理念，广东溢达纺织有限公司自主开发了智能化设备管理系统EMMS，通过EMMS实现设备全生命周期的监控及管理，同时通过EMMS大数据的支持，实现设备的定期维修保养转变为精准维修保养。EMMS系统界面如图8所示。

图8　EMMS系统界面

2）设备智能化升级和改造

人员是设备管理的重要一环，但如果只是简单的人工数据采集、点检、保养，设备管理数字化的作用将大打折扣，设备智能化升级和改造是实现设备管理智能化的基础。广东溢达纺织有限公司每年都投入专项资金用于设备的持续升级改造。

（1）增加感应器、传感器，实现设备关键运行参数（温度、电压、电流等）数据的实时采集。

（2）鉴于设备分散、监控点多的情况，利用成熟的无线网络和射频技术，结合能源管理系统的现有资源，增设网络节点，实现全方位网络覆盖。

（3）将设备的参数记录通过网络及终端设备进行集成，优化设备的运行监控。设备实现在生产过程中对温度、压力、液位、浓度、速度和张力等重要参数自动记录，形成参数分析曲线自动预警和预测性维护，并可进行远程诊断。无线温度监测系统如图9所示。

图 9　无线温度监测系统

3）搭建设备管理云平台，实现设备管理可视化

在自主研发的基础上，计划引进设备云，寻求与厂商合作，借助其技术力量对目前的系统进行深度开发，搭建设备管理云平台，逐步实现传统设备向云设备的转变，设备工程师可通过连线平台，实现多维、实时、直观的远程设备管理。

依托于实时准确的数据采集技术，检测设备、部件的运行状态，24小时全天候监控，对设备的运行状态和生命周期使用寿命进行统计，对异常设备和接近使用寿命的设备进行预警，对正常设备进行设备整体主动维护和保养。

8. 自主研发组态式管控一体的闭式能源管理系统

经过十余年的持续优化和改善，GEW 的节能工作受到计量不完善、能耗数据手工记录、能耗数据时效性差等因素的制约逐渐进入瓶颈期，为了突破这一瓶颈，广东溢达纺织有限公司自主研发了基于组态、工控、数据库等技术的组态式管控一体的闭式能源管理系统。

1）GEW 能源管理的难点

根据调研及实际开展能源管理过程中遇到的问题，对制约 GEW 能源管理进一步取得突破性发展的因素总结如下：

（1）计量不完善

GB/17167—2006《用能单位能源计量器具配备和管理通则》对用能单位能源计量器具配备和管理做出了基本要求，而在实际的计量过程中，很多重点用能设备并未进行单独计量，在发生用能异常时，由于各设备的用能计量汇总在一起，很难进行有针对性的分析，或者某些设备的用能异常被整体用能非异常掩盖掉而错失改善机会；由于重点用能设备未进行单独计量，很难针对这些设备进行能效的分析和深入研究，品种结构的改变造成的能源消耗的差异难以判断。

（2）能耗数据手工记录

目前的能耗数据主要依靠手工记录。首先，手工记录耗费大量的人力从事简单的重复性工作；其次，由于记录时间因人为因素而导致不固定，或者记录错误，最后得到的结果不能指导操作人员正确使用，甚至会从数据中得到错误的决策，无法达到有效管理的目的。

（3）能源数据时效性差

目前的能耗数据采集由人工现场从计量仪表上读取数据后，手工记录在报表上，然后不定期输入 Excel 表格中进行计算，当用能部门发现能源异常时，发生能源异常的品种、工艺、操作人员的信息都已经发生变更，根据滞后的数据来分析异常发生的原因非常困难，即便可以找到原因并进行改善，能源异常已经发生了一段时间，已经造成能源浪费，因此能源数据时效性差为异常能耗的原因分析及异常问题的及时解决都带来了困扰。

（4）能源项目无法有效测量及持续优化

当生产部门通过现场观察或数据分析发现了节能机会的时候，相关部门可以通过修改操作规程以及实施节能改造项目的手段进行管理升级。当升级完成以后，由于缺乏有效的测量手段，得到的结果是无法精确量化的，当管理手段出台以后，在一段时间内可能收效显著，但是由于不能持续测量，在某些情况下，相关的管理措施可能因为种种原因中止，由于不涉及生产和质量的影响，能耗的影响可能在一段时间内无法被发现。在这种情况下，能源浪费仍然在发生，因此，只有对能耗进行持续有效的监控，能源项目才能持续优化。

2) GEW 能源管理系统（EMS）的特点

（1）实时数据自动采集

能源管理最基本的需求是 EMS 能够随时提供各种情况下实时能源消耗数据和历史能源消耗数据。实时能源消耗数据显示的是当前能源的供应和消耗情况，是 EMS 系统及时发出异常报警的基础，同时也为生产负载管理提供指导；历史能源消耗数据则是 EMS 的基础和核心，所有的分析报告、能源消耗趋势、能源财务数据等都是基于历史数据来进行的。因此，实时数据采集是 GEW 能源管理系统最基本也是最重要的需求，这个需求可以被分解成两个要素：实时性、准确性。

实时性要求所有的被监控的能源仪表都具备通信功能，同时能以设定的频率将能源消耗数据呈现给管理人员，因此整个系统的传输稳定性和软件系统的运行稳定性都要求较高。

准确性要求仪表在检定期内能够保持正常的计量，同时向数据采集服务器传输的数据不会因为外界因素发生畸变，造成记录的能耗数据和实际能耗数据不一致的情况。

（2）EMS 易与 ERP 对接

GEW 已经有成熟的 ERP 系统，生产 ERP 系统经过多年的运行，已经收集了庞大的生产信息数据。另外，GEW 各部门均有可以熟练应用 SQL 进行数据提取和数据分析的人员，EMS 系统数据和 ERP 数据的结合，可以很方便地取得相同时间周期内某个车间、设备、工艺的能效指标 KPI。一是便于清晰了解品种结构等因素对于能耗的影响，二是可以根据历史记录来设置各个团队的能源绩效。

（3）EMS 易扩展

GEW 能源管理系统作为溢达集团能源管理系统除了担负能源管理的功能，未来集团希望能源管理系统可以实现设备的控制功能，因此，GEW 能源管理系统在设计时考虑充分，预留了相关的接口和功能，以便于其他功能的实现。

能源管理系统使得能源数据可视化，为广东溢达纺织有限公司开展工艺优化、排产优化、设备改造和节能项目孵化等提供了大数据的支持。同时，基于不同工序和岗位的不同需求，广东溢达纺织有限公司设置了能耗异常的短信、声光、邮件等报警服务，使得异常用能可以被及时侦测和及时处理。能源管理系统界面如图 10 所示。

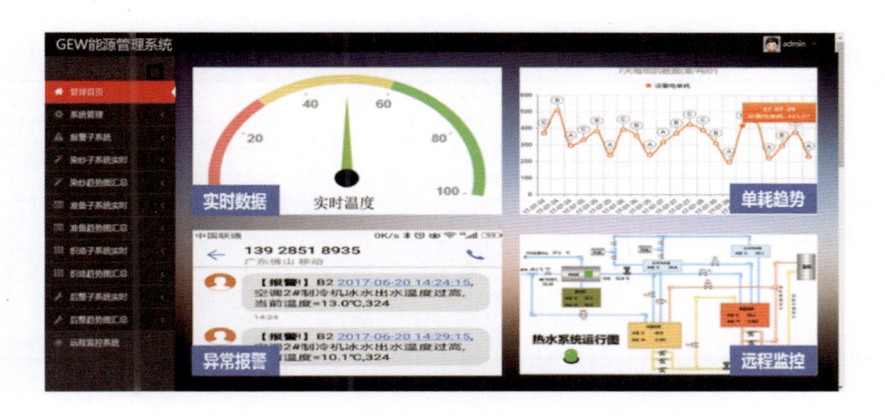

图 10　能源管理系统界面

18.2.3　实施成效

我国正处于从纺织大国向纺织强国迈进的进程，纺织行业正在由传统产业、劳动密集型产业向科技、时尚、先进制造产业转变。GEW 通过近几年的智能化建设，在减少用工成本、提高效率、提升品质、加快市场快速反应等方面都取得了显著的成效。作业过程和设备的智能化可以在提升故障的诊断能力，提高设备的可靠性，减少劳动力成本、改善劳动者工作环境、提升流程稳定性，提升生产效率的同时也为质量的稳定性打下坚实的基础，而且还可以节约设备维修费用，延长设备使用寿命。生产工艺智能化可以在线跟踪产品的状态，保证最优工艺条件。客户服务和产品服务的智能化可以使广东溢达纺织有限公司更好地为客户提供优质服务和优质产品。计划的智能化可以使广东溢达纺织有限公司更加精确地进行排产，缩短订单生产周期。智能制造标杆企业实践成效如表 1 所示。

表 1　智能制造标杆企业实践成效

探索实践	典型用例	整体成效	
以纵向一体化产业链（纺纱、织布、印染、制衣及销售）为基础，构建了涵盖全产业链的信息化、数字化平台，通过智能设备研发与应用，实现全面集成和数据共享。基于三维仿真客户研发平台的协同，建立了以 PDM 为核心的产品全生命周期管理体系，关键核心工艺实现智能优化。通过建立制造管理系统和质量管理系统，实现	数字工艺和织物仿真	生产效率	提升 41%
	开发了具有动态排产、智能反馈的自优化计划系统		
	自主研发和引进自动化和智能化设备，并通过智能化生产管理系统的支撑，实现全流程生产作业的智能化	产品交期	缩短 33%

续表

探索实践	典型用例	整体成效	
生产过程和质量监控可视化，极大地提升了整体生产效率和管理水平，为传统产业智能转型树立了标杆	自主研发基于数字化和信息化的智能设备管理系统，实现设备全生命周期管理	过程损耗率	下降25%
	自主研发组态式管控一体的闭式能源管理系统	能源利用率	提升21%
	打造基于大数据+3D仿真的质量监控和客户服务平台		

18.3　经验复制和推广

（1）将 RFID 在布车定位的成功经验以论文形式在色织年会上分享给同行业其他公司。

（2）利用能源管理系统的大数据，为行业清洁生产评价指标体系提供设备能耗数据的支持。

（3）抓住集团垂直一体化生产链整合的契机，将 GEW 智能信息平台的建设经验推广到全生产链，协助集团打造全产业链的智能信息大平台，以实现产业链的信息共享和资源优化。

（4）将 GEW 在智能计划系统和数字化工艺系统的建设经验推广到针织布厂。

（5）将 GEW 在能源管理系统的开发经验和应用经验分享给新疆纱厂、针织布厂及制衣厂，并协助打造公司级一、二级能源管理系统，及协助开发其他工厂的三级能源管理系统。

18.4 体会与建议

18.4.1 体会

近年来，我国纺织原料、生产用工、环保管理等成本持续上升，客户对订单开发周期和生产交期的要求也越来越严格，企业生存压力不断加大。与此同时，科学技术持续不断的进步又为纺织行业提供了新的发展契机。通过信息化、数字化、大数据等新技术的应用，转变传统生产模式为智能化生产模式是企业保持长久不衰的必然选择，也是企业发展的一条有效途径。

1. 智能化可以带来效率、质量、环境的提升，为企业带来实在的效益

GEW近几年的智能化建设，在工艺与产品设计、计划与调度、生产作业、设备和客户、产品服务等方面都取得了显著成效。智能化是现代纺织企业技术进步的一项重要标志。工艺与产品设计的智能化的优势体现在开发周期的大幅缩短和工艺的标准化。计划与调度的智能化体现在通过订单和生产的精准预测实现订单的顺利生产。生产装备智能化的优势体现在减少用工，降低劳动强度，改善操作人员作业环境，实现环保、节能的绿色发展理念。生产过程智能化的优势体现在提升故障诊断能力，提高设备的可靠性和稳定性，节约维修保养成本。生产工艺智能化可在线跟踪制品状态，保证最优工艺条件，提高工作效率和产品质量。客户和产品服务的智能化体现在客户满意度的提升以及客户对公司和产品的认可。

2. 智能化建设需要全局规划及上下游的密切配合

智能化建设属于系统工程，需要全局规划，同时需要GEW各部门、上下游工序、IT部门、供应商等协同共建。GEW的智能化建设是以整个生产流程为主线，同时涵盖仓储和客户服务，通过现代传感技术、网络技术、虚拟化技术、大数据技术等先进的信息化技术应用，实现纵向、横向和端到端的信息互联，最终实现优质、高产、低消耗的灵活生产。

3. 智能化并非终点，我们要坚持持续发展的态度

虽然目前 GEW 在智能化建设中取得了显著的成效，但是智能化并不是企业发展的终点，而是企业不断提升周期的一个阶段，科学技术的发展是无止境的，今天的智能化很可能成为未来企业的基础能力。智能化不是目的，而是企业创造价值的手段，因此每前进一步，都需要脚踏实地、夯实基础。当然，广东溢达纺织有限公司在不断提升自身智能化建设水平的同时，也会不断地总结经验，为整个纺织行业智能化建设的推进贡献力量。

18.4.2　建议

GEW 在智能化建设的进程中并非一帆风顺的，色织工厂设备数量和类型繁多，一是智能化的投资比较大，二是"数据孤岛"现象普遍存在，互联互通难度比较大。另外针对纺织行业的自动化和智能化技术水平较低，许多设备的智能化需要工厂自主研发。结合广东溢达纺织有限公司在智能化建设过程中遇到的问题，对于色织行业的智能化建设提出以下几点建议。

1. 全局考虑

由于纺织生产的流程比较长，在做智能化建设时必须进行全局考虑，如果只是单一地提升某一个或某几个工序的智能化程度，会造成整个生产节拍被打乱，效率较高的工序会制造较多的 WIP，浪费场地和人力资源。个别工序的智能化程度并不能代表整个企业的智能化程度，因此企业在智能化建设的设计阶段就必须对整个生产流程进行通盘考虑，以免顾此失彼。

2. 标准化的建立

制造企业特别是纺织企业，其制造系统是非常复杂的，由于设备供应商的差别、物

料供应商的差别、企业需求的差别等，造成企业的制造体系千差万别，从而导致企业在推进精益化、信息化、智能化过程中，经历了相当艰苦的阶段，原因是来自多方面的。其中重要的因素之一是标准化基础薄弱。没有标准化作为基础，智能化不仅难以实施，更难以出现成效。希望整个纺织生产链可以在产品规格、包装等方面达成一个共识，迈出行业标准化的第一步。

3. 提升创新能力

由于纺织行业设备比较多，并且自动化和智能化在纺织行业的应用起步比较晚，因此，企业在智能化建设过程中需要的很多设备在市场上根本找不到相应的产品，企业需要不断地提升自主创新能力，通过自主研发或与供应商共同研发，来实现一些非标部件的智能化。另外，通过企业创新来实现一部分关键工序的智能化，如在线疵点检验，为全面智能化建设打下基础。

4. 大数据应用

大数据是智能化建设的非常重要的一个环节，智能化建设完成后，经过不断地积累，会生成庞大的设备、生产、工艺参数等数据群，如果这些数据不能被充分利用，只会造成资源和网络的浪费，而不会产生任何价值；相反地，如果大数据可以得到充分应用，会对企业的工艺优化、质量问题预防、生产优化、设备故障预防等会提供有力的支持。

5. 人才培养

智能化的实施对人的要求更高，需要在工业控制、自动化、数据挖掘和分析等方面都有相应的人才储备。另外，智能化对一线员工的要求也更高，需要企业未雨绸缪，提前做好相应的人才培养和储备以及做好相关知识的普及培训工作。

智能制造是推动我国从制造大国向制造强国转变战略的重要举措，也是建设纺织强国，实现科技、时尚、绿色纺织新定位的重要路径，为深入推进纺织行业智能转型升级做出贡献。未来广东溢达纺织有限公司将依托先进的科学技术，结合自身的创新和研发，不断对广东溢达纺织有限公司的智能系统进行完善和优化，并对行业中阻碍智能化的难题进行攻关，最终实现全面的智能化制造。

案例 19　江苏隆力奇生物科技股份有限公司

化妆品智能工厂建设

江苏隆力奇生物科技股份有限公司（以下简称"隆力奇"），围绕日化美妆细分领域产品核心业务，通过打造柔性化制造能力、研发制造一体化能力，融合 OEM、ODM、OBM 及新零售（电商/直播等）等营销数据精准构建用户画像，打造面向用户的规模化定制平台和产品全生命周期研发平台。一方面，以营销渠道多样化助力品牌知名度的进一步提升及新零售市场的开拓，形成稳定的客户群体；另一方面，通过配方研发、制造、物流等全流程的打通，实现企业内及供应链上协同效率的提升。同时，结合物联网、机器视觉、大数据等形成日化行业产品配方、安全生产等模型，助力未来规模化定制服务的进一步推广。

19.1 企业简介

19.1.1 企业基本情况

隆力奇自 1986 年创建以来，经过 30 余年的耕耘积累，始终以"消费需求"为核心，秉承中国经典和传统的美容养生理念，结合现代生物高科技的研发成果，满足家庭和个人对"健康、美丽、自信"人生的追求目标。隆力奇通过优质的产品和周到的销售服务体系，建立了与消费者之间密切沟通的桥梁，把产品带到千家万户。隆力奇先后获得"中国名牌产品""中国驰名商标""消费者最喜爱的中国品牌""十大最具国际竞争力品牌""中国民营企业品牌竞争力 50 强""第二十届中国美容博览会领衔品牌"。隆力奇牌蛇油膏、隆力奇牌生物酶牙膏、雅璨等 17 个系列的产品荣获"中华人民共和国成立 60 周年成就展"优秀产品奖，隆力奇护手霜连续 10 年在全国市场同类产品中销量第一。

截至目前，隆力奇已在全球拥有五大智能工厂和九大研发基地，围绕日化美妆产品核心业务，打造了大规模柔性化生产的全流程、全链路、智能化生产新模式。

19.1.2 所属行业及特点

按照我国国民经济行业分类（GB/T 4754—2017），隆力奇属于化学原料和化学制品制造业大类（代码 26），日用化学产品制造中类（代码 268）。

日用化学产品制造业（即日化行业）以其技术密集、附加值高、品种繁多和多学科交叉的特点，成为化学工程（特别是轻化学工程）的重要组成部分。现代的日化产品已不再是简单的精细化工产品，而是依托化学工程、分离工程、生物工程、物理化学、生理学、医学、药学、流变学、美学、色彩学、心理学、包装学等领域高新技术成果发展起来的多学科交叉的高新技术产业。

目前，国际巨头的强势进入对中国本土品牌的发展形成强有力的挑战。我国经济的持续发展及城镇化进程的加快给本土企业发展创造了有利条件，本土企业在高度竞争的市场环境中经过艰难成长，在品牌、技术、营销渠道等方面形成了自己的独特优势，并在部分子行业中完成了初步积累，我国日化行业整体处于突破期。

19.1.3　智能制造亮点及模式总结

隆力奇智能工厂建设的总体目标是借助自动化技术、信息技术、智能化技术实现"集成化、精益化、数字化、互联化、智能化"，致力于打通化妆品行业全数据、全链路、全流程智能，建设化妆品智能生产的产业链闭环。截至目前，隆力奇智能工厂已经完成改造智能化生产线 21 条、智能化实验检测生产线 19 条，工厂内如自动计量搅拌混料、灌装、包装打包等智能加工、物流、检验等设备占比 90%以上，设备互联互通率比重已达 84%，良好的智能化基础为隆力奇实现规模个性定制新模式提供了良好的基础。

1. 渠道立体化，实现规模个性化定制服务

隆力奇拥有 OEM、ODM、OBM、新零售（电商/直播等）等 16 大经营销售模块，通过各模块的独立运营不仅构建了一个能够进行彼此之间联系的平台，还构建了区域及用户的精准画像。通过结合智能工厂能力及产品配方库能力，有效支持传统驱动及新零售驱动的立体化，实现规模化、个性化定制服务，满足不同区域气候、不同用户、不同日化创业者对产品的定制需求，如为创业者提供个性化的专属爆品及高端用户单品，为全球客户提供高效专业的一站式定制服务平台，以应对渠道立体化的需求，提升各渠道用户的满意度。

2. 产品配方库协同研发制造一体化，建立柔性制造能力

隆力奇的数字化从研发设计源头接入，引入工业设计管理系统、全要素仿真分析、应用知识库、协同工艺 CAPP、实验室管理应用，同时将研发试验数据有效传递到制造端，如产品数据、加密的配方数据、文档类数据、检验数据等，形成产品配方库，为智能化配方应用、规模定制化提供了良好的基础条件。产品配方库，是研发与制造

之间的有效衔接桥梁，一方面，有效地将研发的配方、参数要求、检验标准等高效且及时推送到生产端，助力生产智能化改造与升级；另一方面，通过将生产的执行实绩反馈到研发端，如配方执行结果、工艺结果、产品质量结果等，促进产品的优化及工艺的优化。

3. 应用集成助力企业高效协同，数据驱动企业协同改善

隆力奇将传统的信息化应用，如营销平台、用友 ERP NC、SRM、MES、WMS、HR 等进行有效集成与打通，构建日化行业的业务指标库，通过业务指标库的建立，辅助各个业务部门建立用数据说话的管理思想，进而帮助企业部门间的有效协同，并通过指标达成形成良性的改善的流程，通过数字化管理持续提升企业协同效率。隆力奇通过信息化集成使"一把手工程"的管理思想更加具体化与落地化，实施"层层一把手"的管理模式，让数据说话、用数据决策、靠数据管理，让各部门一把手能高效地执行。如在财务领域，财务负责人跟进应收、应付、总账等滚动式的指标，预警异常情况，并配合相关部门进行研讨。

19.2 智能制造项目建设

19.2.1 项目背景

随着互联网的发展，线上化妆品销售也稳步增长，近年来，线上化妆品交易额平均每年增长 42.75%。同时，网络营销模式降低了商品流通成本，线上交易正在蚕食传统销售渠道，成为化妆品销售的重要渠道，发展互联网经营模式迫在眉睫。上升的市场规模、较高的品质要求、上升的成本、网络消费模式、消费者个性化需求等的诸多需求和变化，决定了化妆品生产企业必须改变现有经营和制造模式。

1. 通过智能工厂的建设，解决大批量个性化订单处理、智能调度与协同生产的问题

现有的生产订单存在大批量个性化订单需要人工整理、合并再形成生产任务后下

达到车间生产，需要人工干预各生产线生产和过程控制；隆力奇利用智能订单处理系统，通过拆分、整理再合并，形成生产线可执行的生产任务，解决大批量个性化订单处理问题；利用"动态高级计划排程技术"，采用调度环境建模、多种调度算法和能力平衡算法等解决生产调度问题。利用工业以太网和柔性智能生产线装备，解决生产线自动化运行与控制，实现工厂从订单处理（订单收集、拆单、合并整理、任务下达）到生产与发货（生产线生产与管控、产品完工入库、发货配送）全流程连续式、智能化、自动化运行模式。

2. 通过智能工厂的建设，有力支持隆力奇"让数据说话、用数据决策、靠数据管理"数据驱动的管理思路

现有企业管理数据分散在各部门应用系统中，数据不能被有效利用；生产过程数据局限在生产线或加工单元，无法共用，数据可用性低，很难服务于生产过程控制和公司的决策管理。隆力奇通过打通数据传输壁垒，建立了全公司全面共享综合利用的数据通道，实现了基于数据驱动的智能生产管控模式和基于大数据挖掘分析的现代企业决策管理模式。

19.2.2 实施路径

隆力奇深耕日化行业 30 余年，时刻关注日化行业市场发展趋势与动态，同时积极拓展自身市场能力、提升制造领域及企业运营能力；隆力奇结合战略目标，经过企业内部需求梳理，构建智能工厂的总体框架规划，以克劳丽工厂为试点，逐步推广到香皂等其他生产工厂，并进行人员组织配置，确保已规划的工厂有效落地和复制推广。

1. 总体规划

隆力奇以"消费需求"为核心，结合现代生物高科技的研发成果，围绕消费市场、产品、柔性制造能力、质量、交付及服务满意度，建立传统渠道 OEM/ODM/OBM 及新零售等立体化渠道模式，培育柔性制造能力，提升市场服务能力及客户满意度。系统构架如图 1 所示。

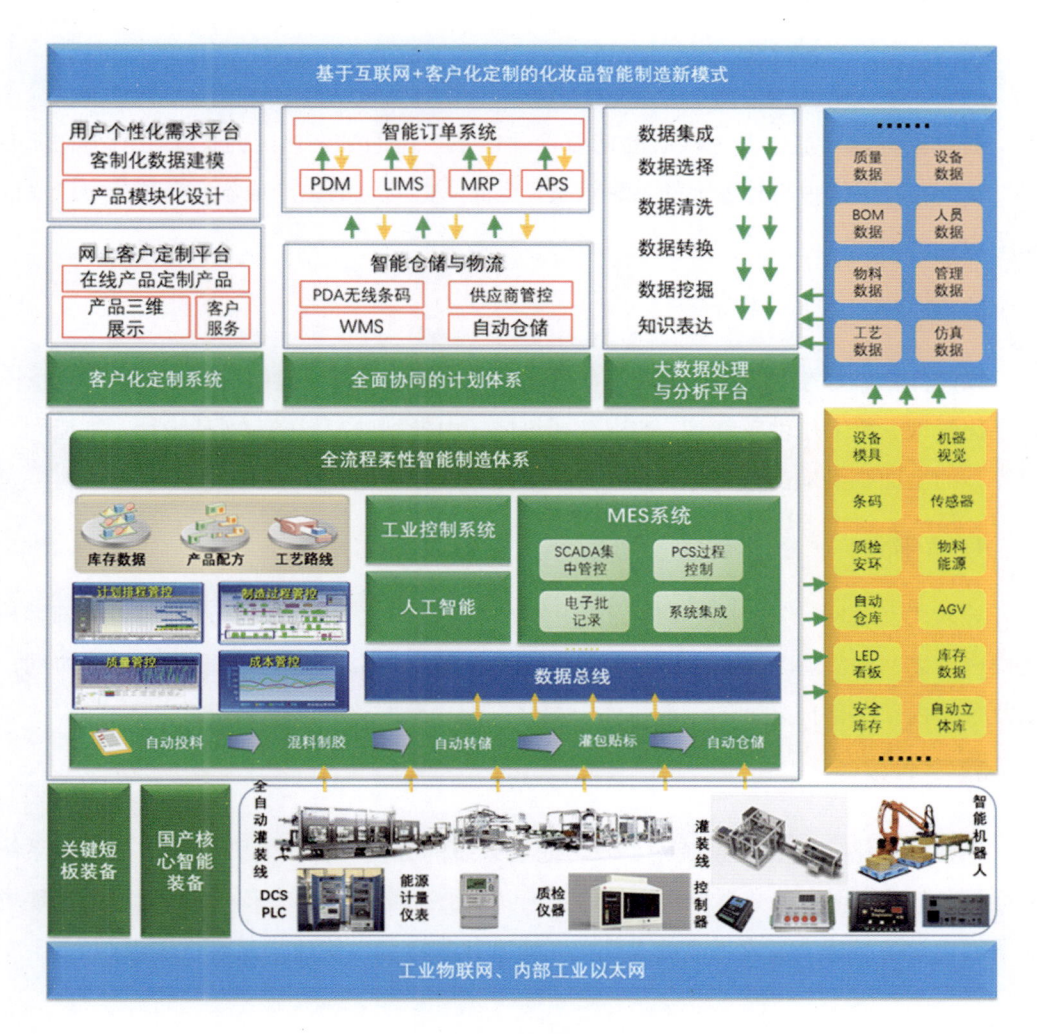

图 1　系统构架

隆力奇智能工厂建设的总体目标是借助自动化技术、信息技术、智能化技术实现"集成化、精益化、数字化、互联化、智能化"，满足企业未来的规模化定制服务需求，同时搭建平台为日化行业数字化转型提供实践样本。隆力奇依托智能制造建设需要达成的总体规划目标如下。

1）集成化

构建从底层自动化设备及智能设备到控制层、执行层、管理层、决策层的五层架构体系，实现数据自底向上的无缝对接和实时反馈，实现决策层、管理层、执行层间的双向无缝集成。

2) 精益化

通过推进以精益生产为核心的精益管理体系，借助数字化能力优化生产与物流布局，减少生产过程中与管理上的各种浪费，全面降低公司的生产成本，提升公司产品的竞争力。

3) 数字化

以产品三维数字化模型为基础，构建全新的数字化运营管理体系，包括数字化设计、数字化管理、数字化供应链等，实现公司纵向（由外到内）与横向（从设计、制造到交付等）的全面端到端的数字化集成。

4) 互联化

导入"互联网+"技术，实现公司内外的"互联网化"改造，打通公司、外部客户及供应商之间的"互联网通道"，实现公司与外部客户、供应商基于互联网的紧密协同，以及公司内部各部门之间的无缝协作，最终打造"互联化"的隆力奇。

5) 智能化

以建设网络实体物理系统为手段，通过系统的分析优化技术智能化指导物理系统的运营，如通过现有的数据分析市场趋势，以便于决策与研判未来，同时通过生产现场的智能化设备，建立高度灵活的柔性化、个性化生产线，快速满足客户需求。

2. 实施内容

本项目通过开展"集成化、精益化、数字化、互联化、智能化"的智能工厂建设，确保隆力奇研发技术领先、制造技术领先、质量检测技术及体系领先，成为日化行业智能制造的示范和智能工厂的建设标杆，带动区域内日化行业的整体智能化应用水平的提高。通过深化现有的"爱研系统"，建成集团公司统一设计平台，并在此基础上实现多个公司之间的异地协同设计，共享设计知识与设计成果。

隆力奇为满足渠道立体化服务的规模化定制服务需求，规划智能工厂项目，有效协同研发与制造；进行工艺自动化与智能化改造，通过设备互联互通、程序自动调用、现场自动化控制、AI 视觉能力等手段，打造柔性化制造能力，实现规模化定制的基础能力；借助柔性化能力，实现生产过程可视化、物流体系可视化等。

1）构建产品配方库，实现产品的全流程管理

为了实现产品的全流程管理，进行了全要素仿真分析、三维流体学仿真测试、包装承压仿真测试，并集成了知识库，覆盖产品研发流程、化妆品配方及产品注册等方面。可以自动生成含量降序排列的全成分表，满足法规要求的 1%以上的成分的降序排列，≤1%的成分可以按任意顺序排列。在符合法规的情况下，按原料特性对其赋能，令系统自动生成"活性成分在前，负面原料在后"的中英文全成分表。在上述基础上增加定稿模式，可手动微调，以满足市场宣传的特别需求。同时满足工艺设计与制造协同。爱研系统中的配方信息经过系统审核后将自动转入生产 ERP 系统。生产部门可以在化妆品配方模块查看生产批记录，对车间信息进行实时、有效地监控。仿真测试示意如图 2 所示。

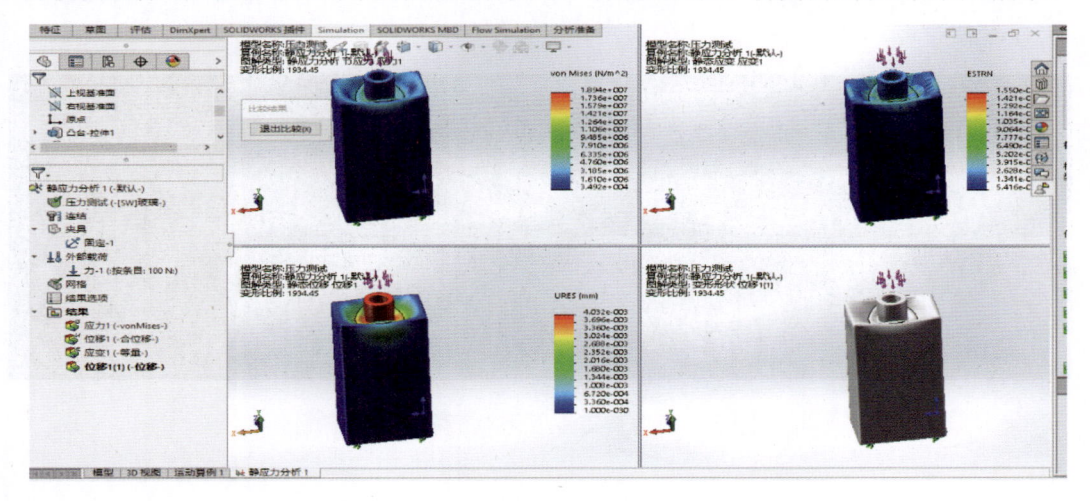

图 2　仿真测试示意

通过 PDM 系统、营销系统、制造过程系统的有效集成，构建产品配方库，为客户个性化定制提供试样能力，同时能有效将数据传递到生产过程，实现过程自动化，为规模化定制提供有力保障。

2）实现柔性化制造能力，实现现场智能化

在现有已应用机器人、影像检测仪等设备的基础上，加大关键工序的自动化、智能化改造，包括包边机器人、装配机器人、装配自动化线、自动化检测仪器等，构建能够适应客户个性化需求的柔性生产线。各工序生产线单元中应用了大量的过程称重计量检测系统、控制组件与剔除装置,主要应用内容为半成品过程称重计量控制和成品检验。在满足国家 CNAS 认证的实验室内新增多种国际先进的测量仪器,从原料到成品,历经多重检测分析。

在生产现场,实现对原有人机协同的配料系统的改造,通过对原有配置加装传感器、流量计等智能硬件,实现对料仓材料的智能化配料控制,以及对搅拌速度的控制,实现智能化配料;在生产造粒、研磨、出条、切块、丝印等各个环节实施相应传感器的安装,实现对设备与装置的参数和状态的实时获取,并实现集中控制;在装箱、封箱和码拖环节实施自动化改造工作,结合自动化物流线、机器人等手段实现自动装箱、封箱和码拖,每条产线工位人员降至 6 人,同时结合客户的产品包装要求、封箱要求及码拖要求,实现智能化的装箱、封箱和码拖工作,相比原有模式,有效提升全流程的生产效率 4%以上。隆力奇工业互联网驾驶舱示意如图 3 所示。

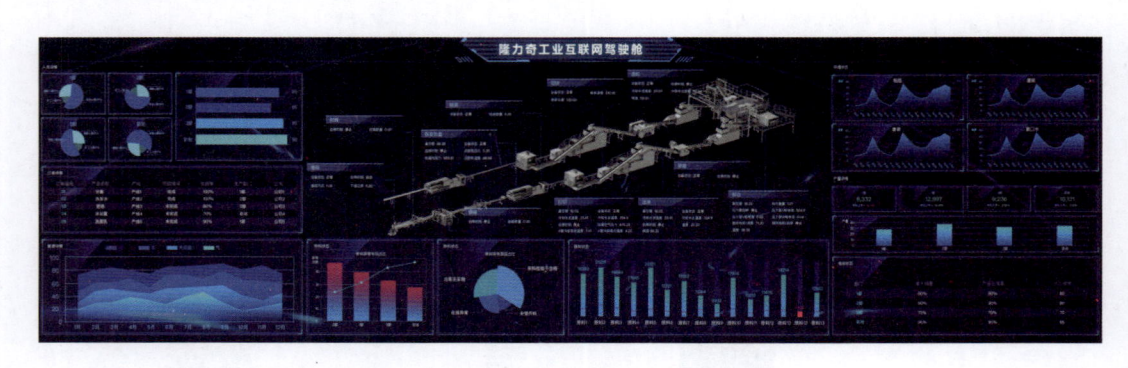

图 3 隆力奇工业互联网驾驶舱示意

在产品外观检验方面,原有模式主要依赖作业人员和质检人员通过目视的方式进行检验,现场作业效率不高,且会因为节拍因素导致人员漏检情况;结合质量检验环境的要求,进行视觉检测及处置系统的建设工作,隆力奇视觉检测及处置系统如图 4 所示,主要由视觉识别及检测部分、控制执行部分组成。视觉识别及检测部分由计算机、相机、镜头、光源等组成,采用 CCD 照相机将被检测的目标转换成图像信号,传送给专用的图像处理计算机,实现自动识别功能。根据识别结果发出指令到控制执行部分。通过机器视觉与自动化装置的配合,将良品流转至下一工序,按照要求对不良品进行分拣处理。一方面,有效减少对质检人员的需求,避免人为因素的漏检问题;另一方面,实现过程环节产品的全部检验,在提升检验效率的同时又能保障产品质量可靠。

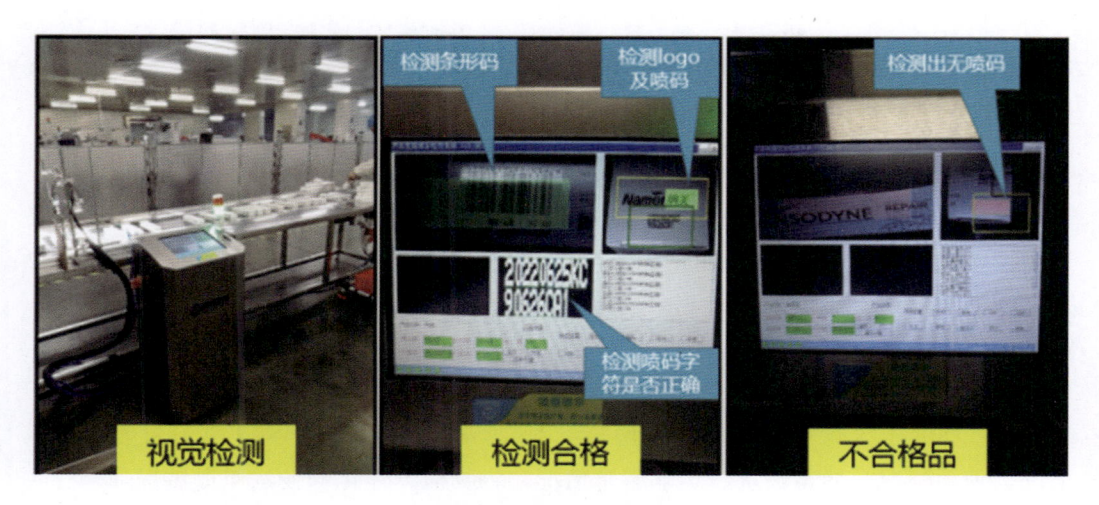

图 4　隆力奇视觉检测及处置系统

3）计划协同与生产过程调度可视化建设

原有计划协同方式，主要通过人工编制同步到各个生产车间，生产车间通过现场记录再反馈到计划部门，需要大量的人力、物力才能够满足反馈需要，且在多次传递过程中存在数据失真、沟通不畅等多方面因素。隆力奇有效融合营销系统、ERP 系统，通过 MES、自动化车间改造等项目的推进，优化现有的生产计划体系，由现有的三级生产计划模式升级为一级生产计划模式，实现计划协同与生产过程调度信息的协同，从而提升生产效率。

原有生产过程主要依赖人工记录进行现场生产实际绩效的反馈，信息相对比较滞后；在生产现场对升级后的柔性制胶生产线罐体、搅拌器、输送泵、控制阀、智能传感器、清洗系统、控制系统进行组网。实现了对生产设备运行状态的监控。若遇到故障，传感器可自动识别，将 PLC 分析信号传送至故障报警灯或报警器以发出信号。通过与设备 PLC 采集通信，实时了解设备、流水线的运作情况，如监测到生产设备发生异常，通过声、图等形式提醒相关人员。在生产信息反馈方面，接到订单业务，整理后发送到供应链计划部，梳理分析后排入 NC 系统，通过车间模型及 MES 生产数据，实时地展示产品从生产到入库的整个动态过程，可及时了解生产情况及原料出入库、成品入库等情况，实现计划与生产实际绩效的实时反馈。

4）融合过程/存储一体化物流，建设物流一体化能力

采用了配置自动识别技术设施、自动物流设备，建成智能化车间物流体系。该体系

主要分为输送大宗原料的智能投送料系统、输送中间半成品的转储系统和灌装线送料系统。以智能投送料系统为例，主要进行大宗原料的生产线投送，整个系统主要由原料储罐、原料输送管道、输送控制系统等组成。在系统的统一指令下，指挥仓库智能堆垛机自动化取放料。通过电动叉车将原料搬运到待转平台，原料直接被放置在立体库内暂存，通过堆垛机、输送机和提升机出货到原料仓出库口。系统同时接收各生产线完成产品的指令反馈，将加工好的产品通过小车送至出货端或立体库。

通过一体化的物流建设，有效减少过程环节因人员因素造成的配送不及时、周转不及时，入库不及时等因素；同时通过数字化手段，能及时反馈各个环节材料的存储情况、使用情况、异常情况、运输装置情况，为物流一体化顺畅运作提供保障。

5）构建场务安全控制能力，实现风险预防与节能责任

通过信息技术实现过程的安全管理、监测预警、事故应急等管控。建立典型风险、隐患管理结构化知识库，自动给出安全管理建议，以风险管控为核心，逐步改善风险识别、评审和治理的各项过程管理模式；重要安全生产作业环节和部位实现实时监控、智能分析，主动发现违规行为、异常状态，及时报警并关联相关控制系统，实现智能预警、联动处置。隆力奇全自动立体库可视化仓位系统界面如图5所示。

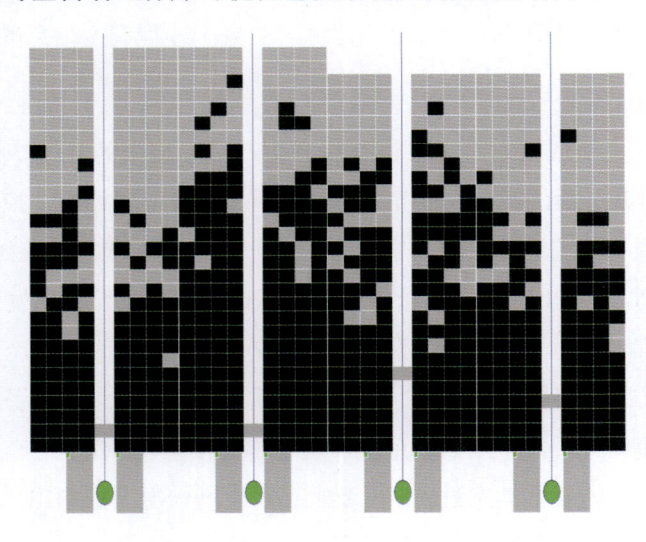

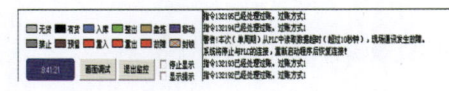

图5 隆力奇全自动立体库可视化仓位系统界面

建立能源综合管理监测系统，实现实时监测与控制。①自动数据采集，保证数据的真实性，如原料和能源消耗、生产负荷、过程检验、设备停机等。②建成实时运行工艺监控。显示报警显示盘、趋势图、控制图等，以便及时发现、及时处理；实时监控生产过程，包括能源、材料、产品、工艺、设备等，把控现场，监控异常并及时处理。③实时监控生产进度，合理调度，均衡生产。实现批次成本、日周成本、成本趋势可视化。细化到物料、生产线、班次、班组、批次、操作员，有效降低能源和物料成本。细化到每次质检数据，通过 SPC 分析及时发现质量异常。细化到事件和调度管理过程。与 ERP、SCADA 集成，协调管理。集中技术、集中计划、集中监控、集中绩效、集中对标。实现工厂管理、工厂监控、工厂检验、工厂调度等一系列功能。

19.2.3　实施成效

通过整个智能工厂的建设工作，隆力奇实现了在各个环节的人员优化与岗位调整。在生产环节，由原有的每条产线 10 名员工，优化到 2 名员工。在过程质量检验环节，实现全面检验模式，同时优化过程质量检验工位 2 人/产线；通过对企业业务流程的数字化打通，实现规模定制化能力后，原有的接单分析能力从原有的 3 天，提升到 1 天。通过过程智能化改造技术手段，产品节拍效率提升 10%。结合工业视觉与自动化的整合能力，过程质量检验良品率提升 2%。原有生产模式异常的处理流程需要人工上报，通过设备互联互通与数据共享模式，协同效率提升 30%。

1. 经济效益

从整体上来看，在公司运营成本层面，效率提升 20%，费用降低 5%；在人员优化方面，优化人员需求 10%，费用降低 3%；在协同方面，有效实现协作；在产品质量管控方面，产量良品率提升至 98.5%；在物流与库存方面，周转效率提升，周期由 29 天缩短到 25 天。

2. 组织转型价值

通过专项的试验，论证专项组织对项目实施成功提供了决定性的帮助，"一把手"工程，不仅仅是项目负责人的事。通过层层"一把手"工程，有效保障建设价值的达成。

同时，通过项目企业由传统的靠流程、靠制度、"沟通靠吼"的管理模式向数字化运营模式转变。

3. 技术应用的融合价值

原有的 IT 组织架构更多的是负责企业对信息化运维与日常硬件运维，通过专项项目的执行落地，信息管理部能有效与操作技术进行融合，并且在原有能力基础之上构建了操作技术的应用能力，为企业未来的融合发展提供了有力保障。

19.3　经验复制推广

19.3.1　经验内部推广

隆力奇在智能制造建设上的经验，已成功复制并推广到隆力奇独资的子公司——卡莱丽有限公司。通过隆力奇的扶持和支持，卡莱丽有限公司成功推行了组织变革、管理创新和系统升级，并且实现与集团的有效协调，匹配集团的战略发展需求。

1. 智能制造组织变革推广

优化企业管理，建立以企业一把手为组长的智能制造推进组织，培养和增强全员的智能制造意识，营造良好的推进氛围，主导推进智能制造机制的建立和完善，保障资源的供给。

2. 基础能力普及及创新应用推广

智能工厂建设不是一蹴而就的，需要夯实基础能力，包括管理能力方面、精益能力方面等，同时需要对自动化能力进行升级，以及借助信息化能力辅助业务的固化与优化，在基础能力的条件下，积极结合企业、业务的需求进行创新应用探索，并将创新应用打磨、复制到其他工厂内，进一步推进企业整体能力的提升与企业的良性发展。

3. 管理创新升级推广

财务运营情况与成本管理是企业发展的重要支撑，结合企业的战略发展，需要进行精益化管理；在智能工厂实施过程中，结合政策要求、行业发展趋势和企业本身管理特性等，在成本管理模式上进行总结，借助数字化助力管理模式创新，用数据辅助企业发展。

（1）智能化成本管理，实现要素驱动向创新驱动转变，提升制造核心竞争力。

（2）环境成本管理，实现由资源消耗大、污染物排放多的粗放制造向绿色制造转变。

（3）精益成本管理，实现由生产型制造向服务型制造转化。

19.3.2　经验外部推广

隆力奇在项目建设过程中和在集团内部推广过程中形成了日化行业智能工厂建设的方法论，目前已经接待同行业考察多次，并进行创新模式的讲解。同时联合赛迪研究院将隆力奇的模式部署在展厅内，为更多的行业和企业提供转型参考。

同时，在建设过程中的一些共性需求和共性能力，如产品配方库理念、共性工艺等可以应用于其他类似的行业。规模个性化定制理念和集团化、数字化管理理念可以在不同行业进行推广与应用。

19.4　体会与建议

19.4.1　体会

日化行业除了要构建规模个性化定制模式以满足立体化的多渠道需求，同时要积极探索区域、群体的更深层的需求，对细分领域的技术成果进行研究和转化，要深入技术创新，持续进行与生物工程、植物萃取等高端科技的融合，引领行业的发展。

我国日化行业目前相对比较传统，主要以代工为主，随着人们生活水平、社会发展的加速，整个行业的变化和迭代速度已经明显加快，三年一迭代已成为这个行业的"常态"，日化行业需要加强对国产品牌、核心制造能力、与其他生物技术融合研发能力等的建设工作，提升产品竞争力，同时，积极拥抱数字化、网络化、智能化，为转型升级打下坚实的基础。

对日化行业来说，应加强协同能力，对市场、制造模式、管理模式、融合创新等方面进行长期合作；同时积极探索与借鉴先进制造模式，加快行业共性能力的普及。

19.4.2 建议

国内日化行业市场发展迅猛，消费水平上升，个性化定制需求日益增长，在产能、效率、成本、个性化服务等方面给日化企业带来巨大的挑战，企业不仅要在产品制造与服务上进行调整和适应，抢占市场先机，同时，也要应用物联网、大数据、云计算、虚拟现实、增强现实、大规模、个性化制造等信息化新兴技术不断增强自身实力，为日化行业智能制造的发展提供更广阔的空间和前景。在此背景下，隆力奇智能工厂的建设实践，能够更好地解决未来日化行业在互联网快速发展的背景下的小批量产品定制，并满足大规模集群生产需求，引领和推动未来制造的新模式，实现企业经营生产过程中的综合控制和管理，包括智能经营决策、生产调度优化、计划滚动管理等，使企业生产经营更具柔性化。

（1）加大与高端科技融合，提高国内品牌的影响力。

（2）细化领域深耕，构建区域、群体画像，更好地服务客户。

（3）加强安全监管，促进行业健康良性发展。

案例 20　杭州西奥电梯有限公司

面向大规模个性化定制与全生命周期管理的电梯智能制造新模式

　　杭州西奥电梯有限公司（以下简称"杭州西奥"）树立了建设"管理智能、产品智能、制造智能、服务智能"的智能制造发展战略。自主研发产品参数配置系统，实现电梯全生命周期透明化管控。根据电梯行业特性，建立数据分析模型库，对电梯全流程生产进行监控、分析和决策。以个性化订单模式为主线，实现从订单到图纸的生产程序的自动转换，产品交付周期由 15 个工作日降低到 6 个工作日，产能提升 50% 以上。

20.1 企业简介

20.1.1 企业基本情况

杭州西奥电梯有限公司成立于 2004 年，坐落于杭州市余杭经济技术开发区，注册资本 5.05 亿元，是集设计、制造、销售、安装、维保于一体的现代化综合电梯制造服务商。公司现有员工 4000 余人，其中技术人员 1060 人。

杭州西奥凭借自主知识产权、自主品牌，在全国战略性布局 6 个营销大区、60 家直属分公司、600 余个销售服务网点，为全球 70 余个国家和地区提供服务。经营业绩保持着年复合 50%的高速增长，行业销售自主品牌领先，市场占有率同比增长行业领先，公建项目同比增长行业领先，成为自主品牌中的领军企业。

以打造"智慧工厂、智能制造"为目标，电梯制造执行系统与世界级制造流水线无缝对接，实现电梯多品种、小批量柔性生产，满足市场客户多样化需求。

以世界级标准为驱动，创国际品质。近三年获得百余项专利，开发了几十种新产品。刷新中国电梯自主品牌"速度"，获得 10m/s 高速电梯生产许可资质。

杭州西奥先后获得国家智能制造示范企业、高新技术企业、浙江省技术创新能力百强、浙江省高新技术企业百强、浙江省两化融合示范企业、浙江省高端装备制造骨干企业等一系列荣誉称号。杭州西奥是通过"浙江制造认证"的电梯企业，是在浙江省获得"杭州市政府质量奖"殊荣的电梯企业，并成为入选浙江省政府质量奖候选名单的电梯企业。

20.1.2 所属行业及特点

按照我国国民经济行业分类（GB/T 4754—2017）标准，西奥电梯属于通用设备制造业大类（代码 34），物料搬运设备制造中类（代码 343），电梯、自动扶梯及升降机制造小类（代码 3435）。

电梯属于特种载人设备，交付周期较长，生产效率低。究其原因，主要由电梯高度个性化定制的特征所导致。由于每个建筑的设计各不相同，所以电梯井道尺寸也存在较大差异。另外，由于建筑物高度、用途的不同，也会导致电梯的运行速度、载重等配置的差异。因此，几乎每台电梯的总体尺寸、梯内装潢、运行速度、载重都是不同的，这就使每台电梯都要经历设计、生产计划、制造、组装等环节才能交付到现场进行安装调试和服务。而传统的电梯生产制造环节并未实现设计、生产计划、制造等环节的端到端集成，从设计到制造的周期难以缩短，严重制约了电梯交付周期，难以满足我国电梯市场的需求。

20.1.3　智能制造亮点及模式总结

杭州西奥电梯以"四大智能"为战略方针，采用"管理智能、产品智能、制造智能、服务智能"的闭环管理模式，加速在产品技术、质量、服务等领域的升级，实现了民族品牌国际竞争力日益强大，市场占有份额不断提升，迅速崛起并成为民族电梯品牌中的行业标杆。

1. 数据互联互通

针对电梯产品面向市场个性化定制的产品需求，自主开发 PCS 系统，打通从产品研发、生产和服务各个环节的数字化运行平台，实现从控制层、车间管理层到业务运营层的纵向集成，以客户个性化订单为主线，针对客户个性化产品需求，实现从研发到交付全过程柔性化设计、管控和生产模式，构建了虚拟个性化产品设计、制造与物理生产融合的新方法。

2. 物联网预测性维护

基于北斗星智能物联网系统，研发电梯大数据质量分析优化系统和预测性维护系统，基于电梯设计、制造、安装到服务的全流程数据采集、分析，优化电梯设计和控制参数，提高产品质量；通过对电梯的实时监测，及时发现故障，缩短维护时间，对关键部件进行预测性维护。

3. 个性化客户画像

为了满足用户多样化和个性化需求，提高市场竞争力，杭州西奥电梯有限公司利用相应的信息技术及互联网技术协调企业与顾客间在销售、营销和服务上的交互，从而改善其管理方式，向客户提供创新式、个性化的客户交互和服务，即从传统销售模式向智能销售、智能用户交互与分析方向发展，公司自主研发 SPM 管理系统，集成了大量的客户信息，对客户进行画像，系统根据已有的数据进行分析，从而提炼并挖掘有代表性的客户需求，并将客户需求导出给销售端，提高项目的成功率，同时导出给研发端，推进产品的改进。

20.2　智能制造项目建设

20.2.1　项目背景

近年来，电梯的需求量增长迅猛，由于电梯具有高度个性化定制的特点，传统的批量制造模式没有打通设计、生产计划和制造的模型与数据接口，难以缩短交付周期，因此无法满足我国电梯市场的需求。针对上述问题，本项目为建设"面向大规模个性化定制与全生命周期管理的电梯智能制造新模式"。

针对当前特点，杭州西奥计划实现设计、制造一体化，使系统根据用户需求自动生成产品设计图纸、快速转换设备程序，并根据生产单元和生产线的能力，自动调度生产任务，从而将产品交付周期缩短 60%；通过对电梯从设计、制造、安装到服务的全流程数据采集与分析、对电梯的实时监测，以及对关键部件的预测性维护，逐步减少电梯故障次数，提高电梯的安全性和可靠性。

20.2.2 实施路径

1. 智能制造建设总体技术路线

(1) 基于公司服务转型与大规模个性化定制的需求,从国家战略、行业现状和企业特点三个维度出发,提炼面向大规模个性化定制与全生命周期管理的智能制造新模式。

(2) 制定杭州西奥智能制造的总体目标和总体技术路线,构建基础构架—数字化研发—数字化运营—数字化制造—核心智能装备—面向产品个性化定制—基于大数据质量全生命周期管理—全生命周期制造与运维管理体系。

(3) 加强项目建设过程的跟踪和管理,分析项目的综合目标,在实施过程中不断优化、完善方案,推进整个智能制造新模式。

2. 工厂设计

本项目将数字化设计、仿真与管理理念融入产品生命周期的各个部分,通过建立如图1所示的智能工厂数字化模型,采用三维动态模拟对厂房进行设计规划。

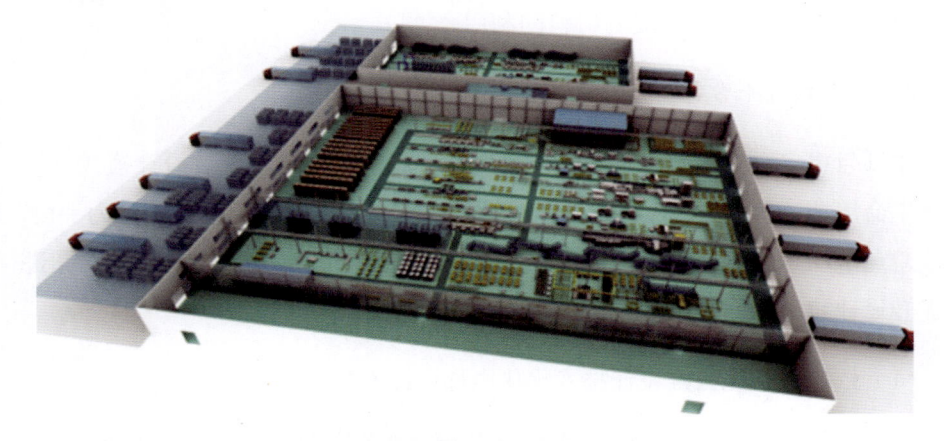

图 1　智能工厂数字化模型

优化工厂布局,形成高度柔性化的制造、有序高效的数字化物流、可靠的数字化质保等。

3. 平台建设

1) 工艺建模平台

通过工艺和加工仿真系统，动态模拟、仿真电梯生产制造系统的工艺流程，并对生产系统的工艺流程进行优化。钣金加工中心仿真模拟如图 2 所示。

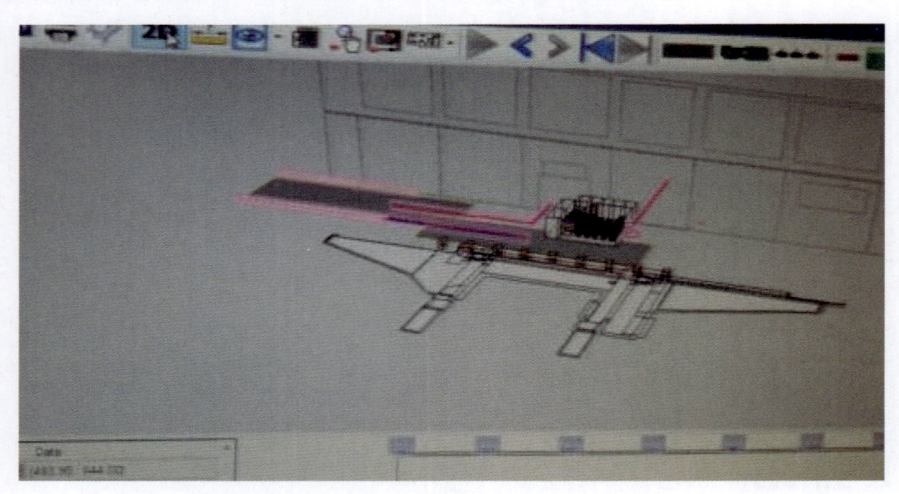

图 2　钣金加工中心仿真模拟

通过对电梯厅门的加工排版与优化，实现套料和模拟加工与优化，实现不同规格的 12 块轿壁按单台套生产，提高材料的利用率。

2) 产品设计平台

本项目提出全过程数字化设计，采用国际领先的三维数字化设计模式，使用 PLM 产品生命周期管理平台，应用参数化配置设计系统，以数字化三维设计为手段，最大限度地避免电梯系统布置中的冲突，快速形成实例规格模型，并对初始设计意图进行验证。在提升设计效率的同时降低设计成本。

（1）依托数字化三维设计技术优化电梯产品布局设计

数字化三维设计结构紧凑、布局合理、模块化分区，在优化空间、材料用量的同时，达到产品布局紧凑、合理的目的。

（2）先进的设计管理理念的提出与实践

在本项目的数字化三维设计管理理念中详细规划了产品模块化结构，通过工作分解、线上校审、线上归档和发布等管理手段实现了对产品模型命名提交、模型层次结构划分、模型权限控制、模型干涉管理、成品质量控制、签署出版归档等环节的有效控制，实现设计管理信息化、一体化的目标，从而降低由人为因素造成的差错，减少统计和归档的工作量，提升设计效率，通过专业设计流程带来质的提升。

（3）数据标准化和精细化

数据标准化和精细化是有效利用信息技术提升数字化设计的重要支撑。模块化设计的产品库的标准化，是三维数字化软件应用提升的有效手段：通过完善常规乘客电梯轿厢系统，形成企业级标准化库，保证设计数据的一致性和准确性；大量应用参数化零部件标准模板建模，大大缩短了建模的工作量。

特点一：在三维数字化设计过程中，运用仿真优化设计来优化、改进产品，并在试验中最终得以验证。避免了在传统设计中由于设计、试验反复进行导致的效率低下问题，在保证质量的同时，缩短了设计周期。

特点二：在三维数字化设计过程中，运用三维设计合理进行空间布局，使产品设计更紧凑、合理，大大提升了产品竞争力。

特点三：在三维数字化设计中对复杂结构进行装配验证，进行干涉检查。将问题控制在设计端，大大缩短产品成熟的周期，避免在产品定型过程中反复投入时间和成本。

特点四：产品源头数据的三维数字化设计，将产品数字化信息和销售端 CRM 营销管理系统融合；并和制造中心参数化配置系统及生产制造执行系统数据融合，真正做到从销售到产品设计，再到生产的横向数据融合。使生产经营模式从传统的标准化大批量生产向个性化、小批量、定制化设计经营模式的转变成为可能。

3）数字化运营管理平台

面向个性化定制电梯智能工厂的运营管理信息系统架构如图 3 所示。

实现基于模型的产品设计数字化、企业管理信息化和制造执行灵活化，形成企业统一的数据中心。从而实现以精细化生产、精准化作业、灵活化管理为目标的精益生产管制系统，推行拉动式准时化生产（JIT），在最大程度上合理利用资金、设备、人员等资源，使产能最大化、资金利用最大化、成本最优化、质量损失最低化；实现各车间之间的数据共享、产品的柔性智能生产模式，形成统一的生产协同管理平台。数据统一平台模型如图 4 所示。

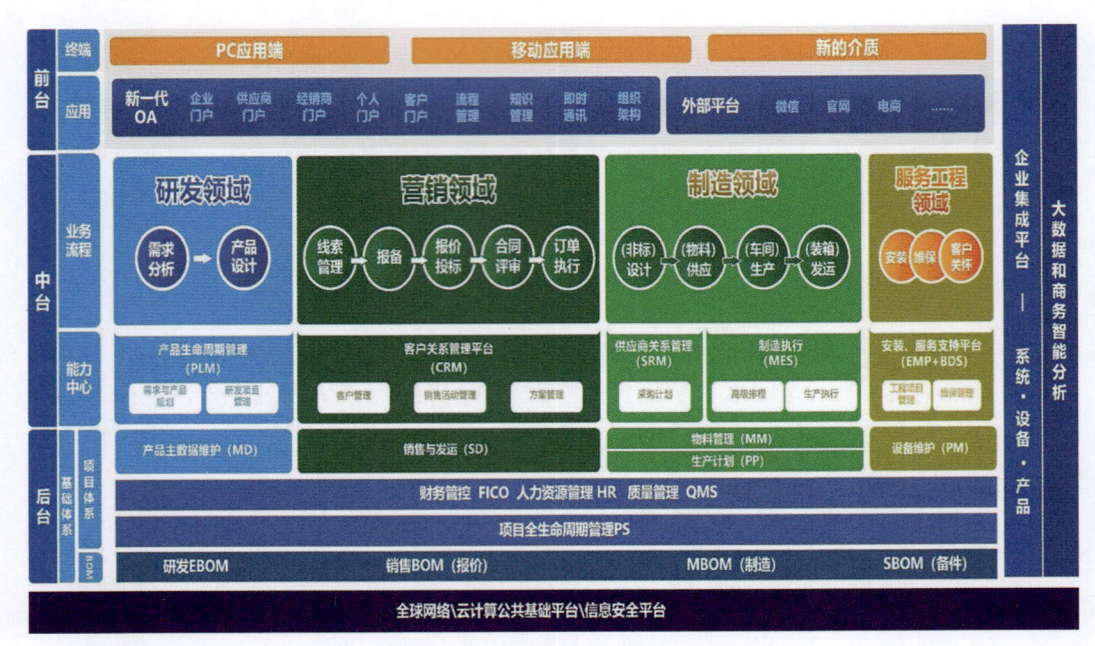

图 3　运营管理信息系统架构

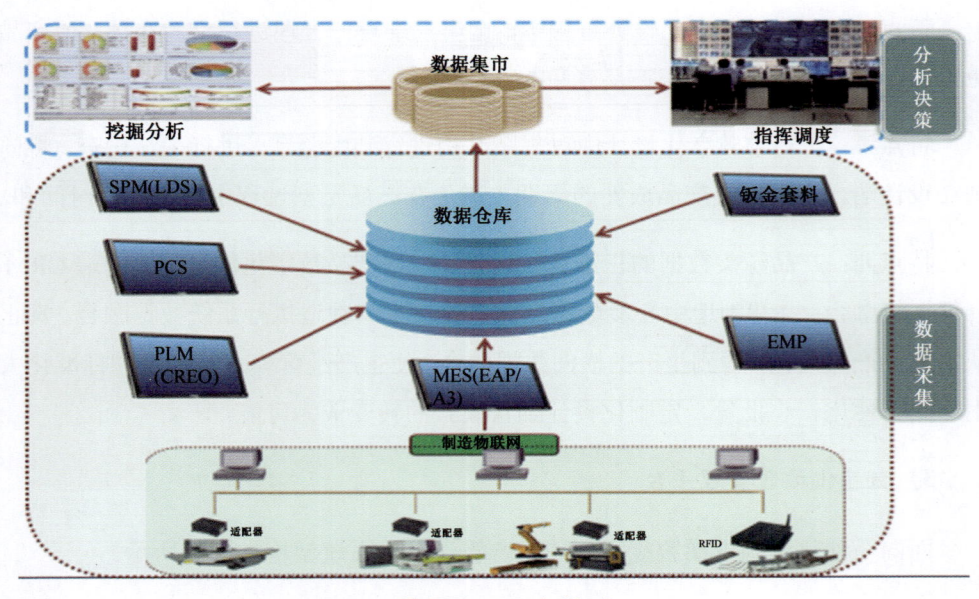

图 4　数据统一平台模型

运营管理系统的主要软件功能描述如下：

（1）面向客户个性化定制的 CRM 系统

为了满足客户多样化和个性化需求，提高市场竞争力，杭州西奥电梯有限公司利用相应的信息技术及互联网技术来协调企业与顾客间在销售、营销和服务上的交互，从而提升其管理方式，向客户提供创新式、个性化的客户交互和服务，从传统销售模式向智能销售、智能用户交互与分析方向发展。

（2）BI 系统

商业智能（Business Intelligence，BI），又称商业智慧或商务智能，指用现代数据仓库技术、线上分析处理技术、数据挖掘和数据展现技术进行数据分析以实现商业价值。

4）数字化车间精益制造平台

（1）MES 系统

杭州西奥电梯有限公司拥有一系列智能信息管理系统，打通了从客户根据个性化定制需求下发订单到个性化产品生产出来的全过程。用户填写配置参数后，由系统自动转换为 MES 能够识别的 BOM 表，由 MES 下发给外部供应商并采购相应的零件，或生成工单下发至现场。MES 功能明细如图 5 所示。

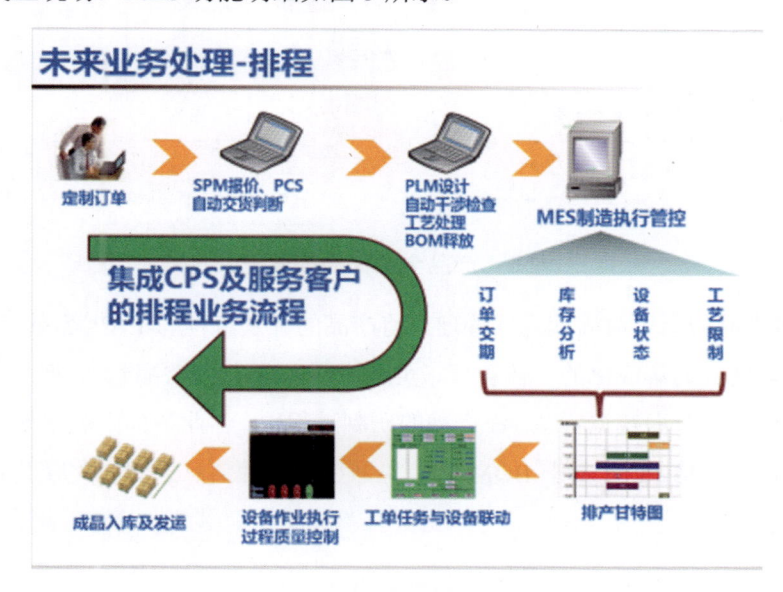

图 5　MES 功能明细

（2）PCS 系统

排产日期的各 CA 实施的技术、工艺、采购的最新有效时间段的基础数据将自动生成 BOM 表，以供下游 EAP 系统进行 BOM 数据读取，并进行订单、自制任务等制造过程的相关操作。

(3) PLM 系统

西奥电梯通过 Windchill 平台进行管理,分析及整合整个过程中涉及的数据、信息、人员、资源、实物和计划等。整个过程包含产品平台规划、产品需求获取、产品规格定义、概念设计、详细设计、原型分析、工艺规划、库存管理、采购、生产、校验、包装、运输、安装、服务和报废。

产品全生命周期管理如图 6 所示。

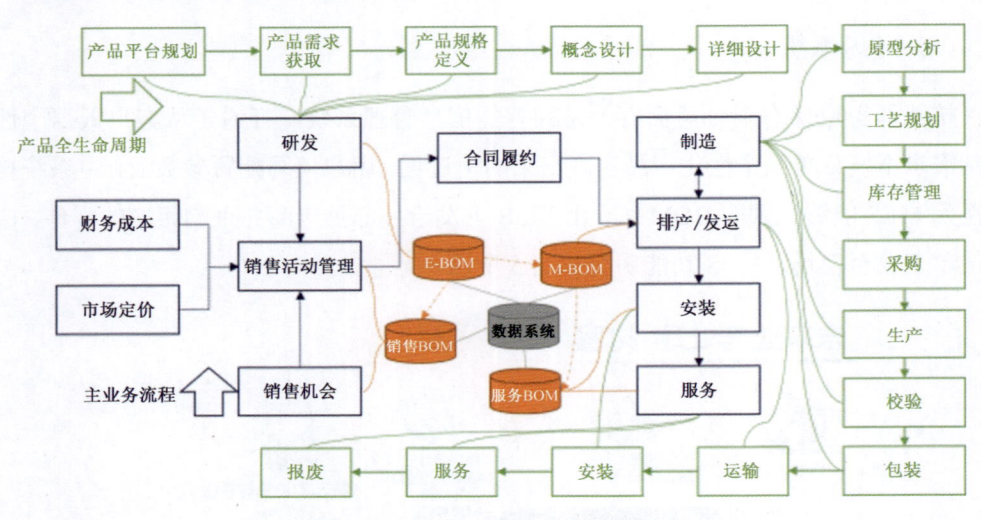

图 6 产品全生命周期管理

PLM 对产品的全生命周期进行管理,将产品的开发流程与 EAP 等系统进行集成,将孤岛式管理转变为集成化的一体管理,实现从概念设计、产品设计、产品生产、产品维护到管理信息的全面数据管理。在产品的研制过程中,各业务部门需要使用各种统计汇总报表,可以利用 PLM 基于 BOM 的信息,以及各种信息之间的关联关系生成各种统计汇总报表。

4. 系统集成

1) 核心业务系统信息流集成

电梯智能工厂的核心业务系统信息流如图 7 所示。

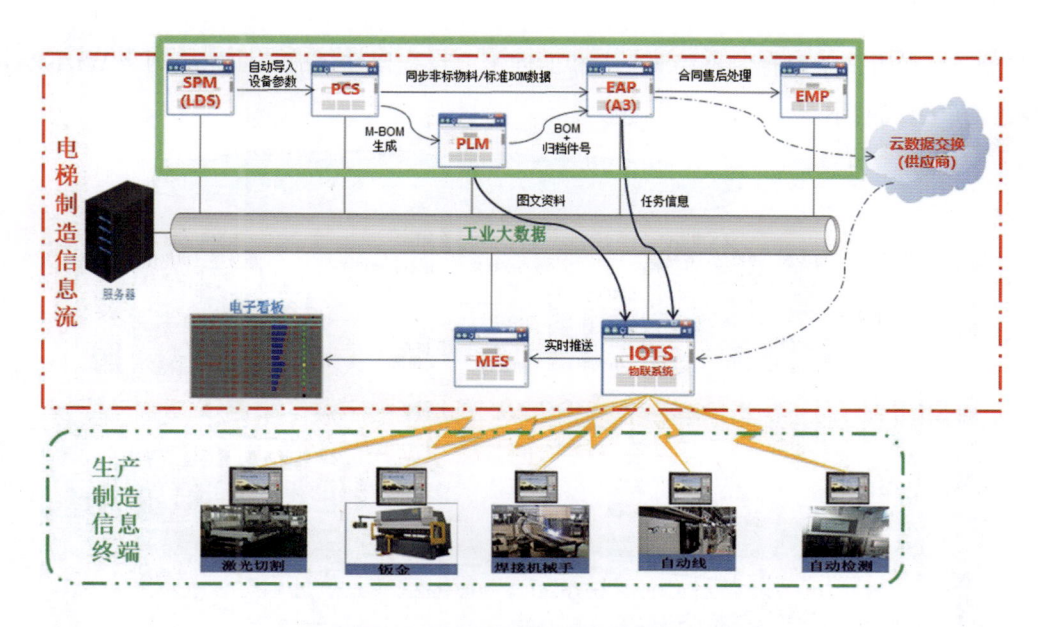

图 7　电梯智能工厂的核心业务系统信息流

具体建设内容为基于智能化工厂的布局规划和业务模型，进行工业网络的研究和设计，建设一个安全、灵活可扩展、可升级、成本可控的工业网络。核心业务主要包括设备状态网络监控、智能设备联网、智能生产线联网、智能物流系统、生产管理系统等。通过构建一个智能化的工业网络，实现设备之间的集成、设备与生产线之间的集成，以及设备与管理系统之间的集成。设备集成主要指工业网络和现场 PLC、加工设备、工控机/服务器、IoT/网关间的接口集成；信息集成主要指工业网络和 IT 网络间的数据集成。通过工业网络安全技术，包括安全隔离、访问控制、入侵检测、加密认证等关键技术，保障信息安全。

2）工业网络架构

将电梯智能工厂规划设计中的能够实现集中监控、控制、管理和运维的基础网络设施应用于整个工厂的业务系统。电梯智能工厂网络架构如图 8 所示。

（1）网络连接技术形式

有线网络建设：采用以太网物理接口主导工厂的有线连接，同时采用标准化的实时以太网进行工业现场总线的控制数据和信息数据的同口传输。

无线网络建设：无线网络主要用于移动类设备及产品信息的采集，包括移动终端的网络连接。结合非实时控制网络 Wi-Fi 和面向工业过程自动化的工业无线网络 WIA-PA，构建工厂无线网络。

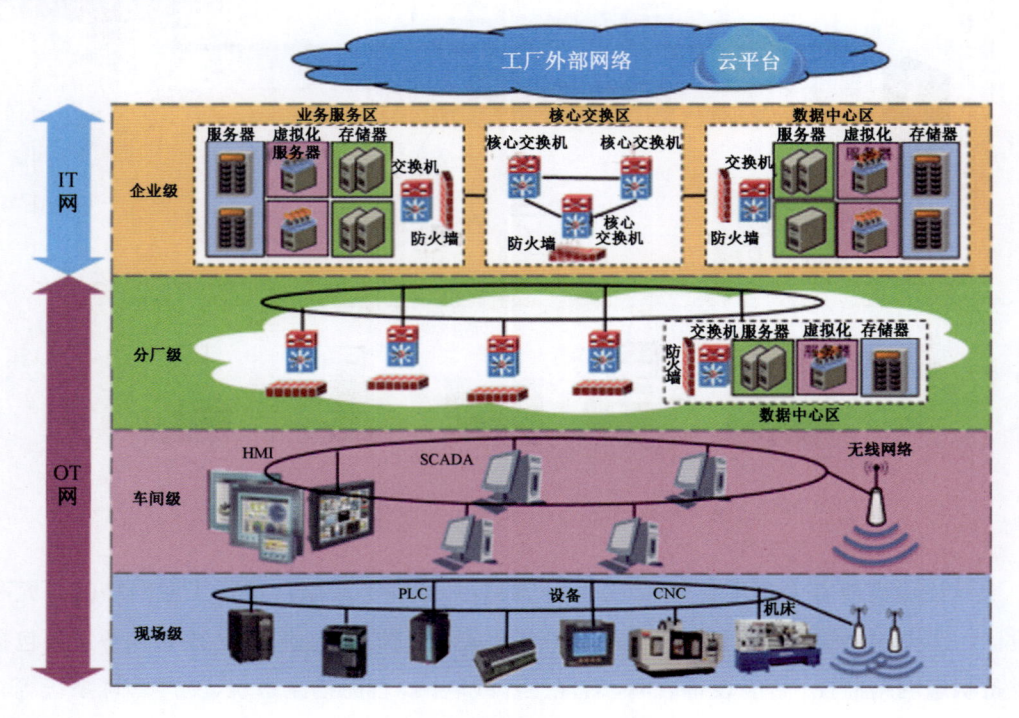

图 8　电梯智能工厂网络架构

（2）网络安全体系结构

在智能化工厂建设中，主要考虑以下 5 个方面的安全问题：一是智能化使海量生产装备和产品直接暴露在网络攻击之下；二是工厂网络灵活组网需求使网络拓扑的变化更加复杂，传统静态防护策略和安全域划分方法面临动态化、灵活化挑战；三是 IT 和 OT 的融合打破了传统安全可信的控制环境；四是网络化协同等新模式、新业态的出现对传统公共互联网的安全能力提出了更高要求；五是工业领域业务复杂，数据种类和保护需求多样，数据流动方向和路径复杂，数据保护难度增大。网络安全系统架构如图 9 所示。

本项目主要从以下几个方面建设安全体系。

- 设备安全：针对车间智能装备和智能产品的安全，包括芯片安全、嵌入式操作系统安全、相关应用软件安全及功能安全等。
- 网络安全：针对车间级网络、现场级网络的安全，以及分厂级对外网络的安全。

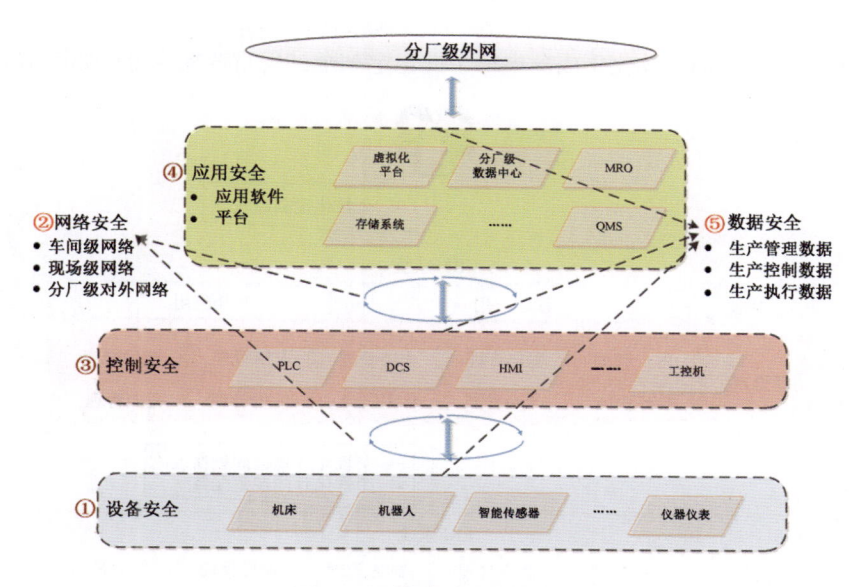

图 9 网络安全系统架构

- 控制安全：针对生产控制安全，包括控制协议安全、控制平台安全、控制软件安全。

- 应用安全：针对支撑业务运行的应用软件及平台的安全。

- 数据安全：针对生产管理数据、生产控制数据、生产执行数据等各类数据的安全。

各系统之间，通过以下三种方式，实现有效可靠的安全隔离和控制。

- 工业控制系统与工业信息系统之间，部署防火墙。

- 工厂外部通过防火墙对企业云平台进行访问，并利用 DDOS 的防御功能。

- 访问工厂云平台、信息系统或者设备，都必须进行接入认证，在工厂内部应部署接入控制设备，对工业终端等设备的接入进行认证和访问授权。

3) 电梯个性化定制的用户选配、产品设计、计划排产、制造、交付全流程系统集成

本项目依托现有的 CRM、ERP、MES 等软件系统，打通从客户个性化订单到计划、排产的信息流，基于现有的 PLM 软件和自主研制的 PCS 软件，实现从个性化订单参数到产品设计图纸、设备程序的自动转换。并通过建设全互联制造网络，依托 IoT 网关打通异构设备的信息接口，实现现场异构设备的快速集成与互联互通，从而实现个性化订单设计、

生成计划排产、制造的一体化集成。电梯个性化定制全过程系统集成流程如图10所示。

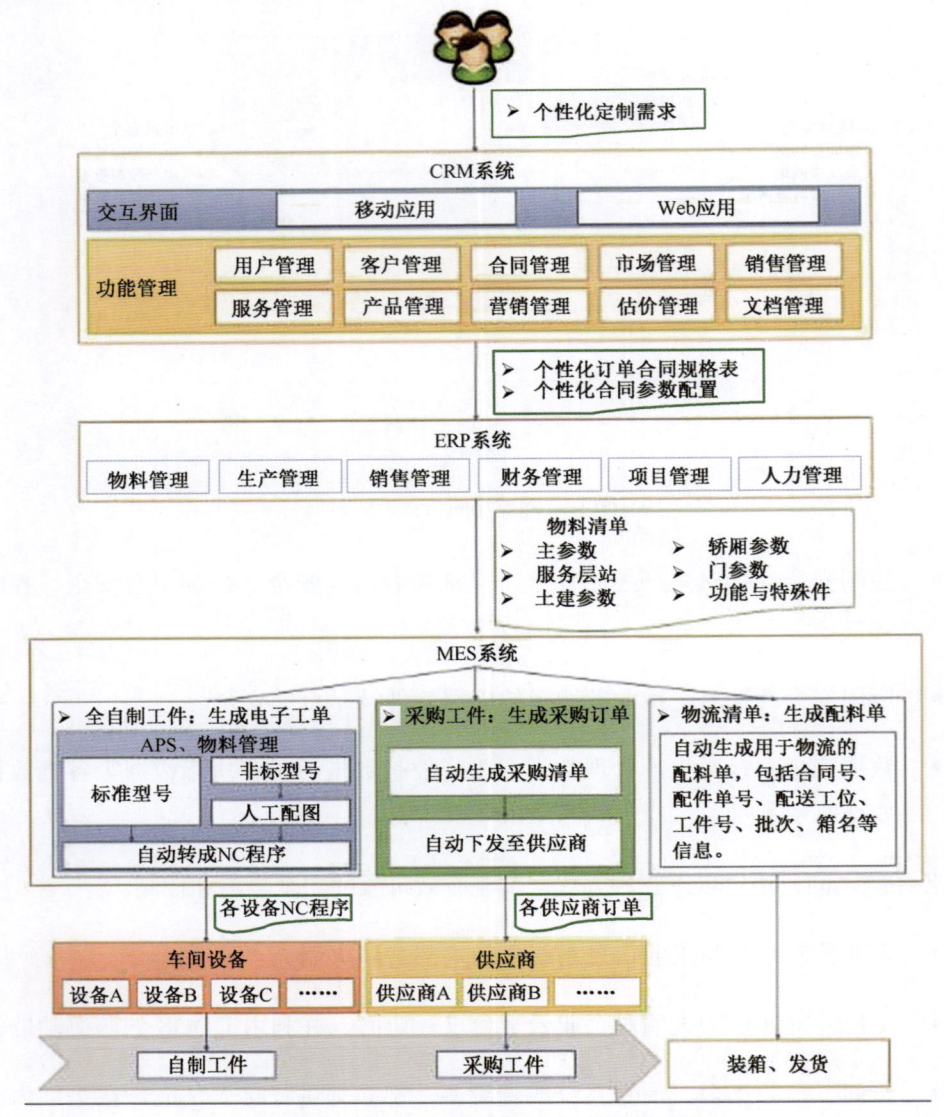

图 10　电梯个性化定制全过程系统集成流程

5. 智慧服务

1) 基于大数据产品质量全生命周期管理与服务

(1) 面向个性化定制电梯智能制造大数据

利用相关数据和分析可以降低成本、提高效率和质量、开发新产品、做出更明智的业务决策,进而对大量消费者提供产品的精准营销和自身的服务转型。

大数据技术包括了大数据基础服务、数据分析及展现、数据应用、人工智能等产品与服务。大数据基础服务是大数据服务的基石,解决数据的存、通问题,用相同的数据标准将数据进行正确的关联,进而可以进行上层数据分析及应用。大数据整体框架如图 11 所示。

图 11 大数据整体框架

(2) 面向个性化定制电梯质量检测大数据

基于电梯行业涉及公共安全,项目建设应优先实现现场检测设备、检测工具、外协复检、外场试验安装等几个环节的数据采集和数据挖掘,依据国标《数字化检测集成系统数据传输架构》,采集覆盖设计、工艺、设备、检测、管理数据、辅助数据等的全流程数据,建立智能检测系统数据库,为设计和工艺改进、质量控制提供数据支撑。

(3) 基于北斗星系统的电梯智能服务数据平台

西奥电梯为提高客户满意度,为客户提供安全可靠的设备,决定通过强大的服务管理平台对服务合同、配件订单、维保线路等进行管理。北斗星系统定位是对工程维保服务业务进行管理，同时提供对电梯监控的大屏幕展示功能，因此北斗星系统会与西奥现有的软件系统、硬件系统、视频交互系统进行数据交换与服务调用。

根据西奥电梯的业务需要，系统架构分为四层，北斗星系统架构如图12所示。

① 展现层，包含本项目所有对外的终端设备，是与本系统的交互方式。

② 应用层，表示了系统所涉及的各业务对使用者提供的各种服务。

③ 服务支持层，是系统的技术层面内容，采用了 MVC 的三层架构方式组织，与各外围系统的接口也在此层。

④ 数据支持层，为系统所有数据提供存储服务。

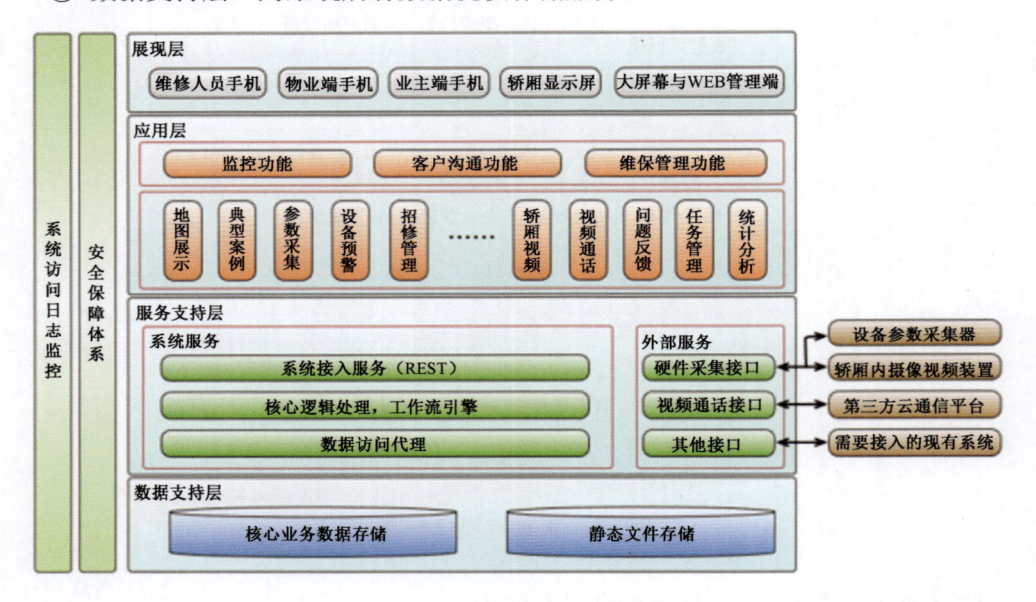

图 12　北斗星系统架构

20.3　经验复制推广

通过本项目的技术应用与示范，形成了一批面向电梯制造、安装、运维等的电梯制造行业的具有自主知识产权的国产化共性技术与装备/软件，包括以电梯个性化设计、制造为核心的研发管理体系与系统工具集软件，以 MES 为核心的数字化电梯柔性制造管理系统，以智能料库、筛码贴标、牵引式 AGV 等为核心的智能物料管控系统，以 RFID、光、电、磁传感器和 PLC 为代表的传感与控制系统，以云检测仪表、激光、工业视觉技术为代表的数字化检测装备，支持企业全面业务集成的工业网络和 M2M 信息交互集成等。通过打通电梯模型和数据，实现从设计、生产计划、制造到运维的端到端集成，实现设计、制造一体化。通过对关键部件的预测性维护，逐步减少电梯故障次数，提高电梯的安全性和可靠性。

20.4　体会和建议

杭州西奥以大规模的个性化定制模式为方向，构建全互联制造网络，基于 IoT 网关实现生产设备的互联互通，基于工业 SDN 技术实现通信资源的自动分配，提高生产系统灵活性；利用语义化建模技术，构建生产设备功能、性能等参数模型库，并基于动态服务组合技术，实现生产任务的智能调度；实现电梯设计、制造、安装到服务的全流程数据采集、分析、监测与诊断，从而优化产品设计、工艺流程和工艺参数，提高产品质量和生产效率；并及时预测电梯关键部件的故障和剩余寿命，减少故障次数，提升装备的安全性。

在后续的建设过程中，杭州西奥将通过人工智能+装备的模式，使加工装备能够针对不同的产品设计，自适应调整工艺参数，减少人员对产品质量的影响，进一步提高加工装备的智能化水平；在部组件装配环节，以提高自动化水平为基础，通过实现管理、控制一体化，提升部组件装配系统的灵活性，快速应对产品设计的变更；通过打通产品设计、工艺规划、生产制造、运行维护的软件壁垒，建立以产品设计模型为基础的，包含生产全流程信息的跨系统、跨层次的模型库，实现设计、制造一体化集成，缩短定制化电梯的交付周期。

案例 21 湖南科霸汽车动力电池有限责任公司

基于体系工程的智能制造系统创新

湖南科力远高技术集团有限公司(以下简称"科力远")自主研发智能制造体系工程系统平台,并落地应用于动力电池行业,提出覆盖需求、设计、制造、运行、维护全生命周期,以及覆盖产品、用户、生产线、任务场景和关联系统等全体系、全场景的智能制造解决方案,深度实践动力电池行业的"智造"之路,通过研发、规划、排程、现场管理、仓储物流管理、产品服务等的全流程智能化、体系化赋能,有效缩短动力电池产品研制周期、降低运营成本、提高生产效率、提升产品质量、降低资源消耗。

21.1 企业简介

21.1.1 企业基本情况

科力远长期致力于节能与新能源汽车动力电池研发制造，并衍生出先进的智能制造能力与经验，历经23年沉淀，现已发展为行业领先的创新型高新技术企业。通过积极参与国际高端产业分工，科力远成功进入丰田和本田供应链体系，成为丰田卡罗拉、雷凌、凯美瑞、亚洲龙、荣放、威兰达和本田思域等油电混动车型的唯一动力电池供应商，年供应量超30万台（套）。该公司先后建立先进储能材料国家工程研究中心、国家电池检测中心，打造科力远产业数字技术创新平台、智能制造体系工程系统创新平台。拥有专利技术716项，先后两次荣获国家科技进步二等奖。湖南科霸汽车动力电池有限责任公司（以下简称"湖南科霸"）成立于2008年，是科力远（股票代码：600478）全资子公司。湖南科霸现有员工400余人，其中高级职称技术、管理人员187人。

湖南科霸[①]致力于汽车动力电池极板、电池及能量包的研发、生产和销售，汽车动力电池及能量包关键技术具备完全自主知识产权，是我国产业化水平最高、技术水平最先进、产品应用程度最成熟、配套供货能力最厚实的国际专业汽车动力电池及能量包制造商之一。

湖南科霸通过全面推行精益制造向智能制造的升级，融合"工业4.0"技术理念，着力打造动力电池领域的新一代智能化制造工厂。自2016年项目规划实施以来，湖南科霸承担了工业和信息化部"智能制造综合标准化与新模式应用项目"，并于2020年成功通过验收，其间先后获批湖南省、工业和信息化部"智能制造示范企业"。湖南科霸主要产品如图1所示。

---

① 湖南科霸汽车动力电池有限责任公司虽不是智能制造标杆企业，但其智能化改造具有行业代表性，因此也作为案例纳入本书中。

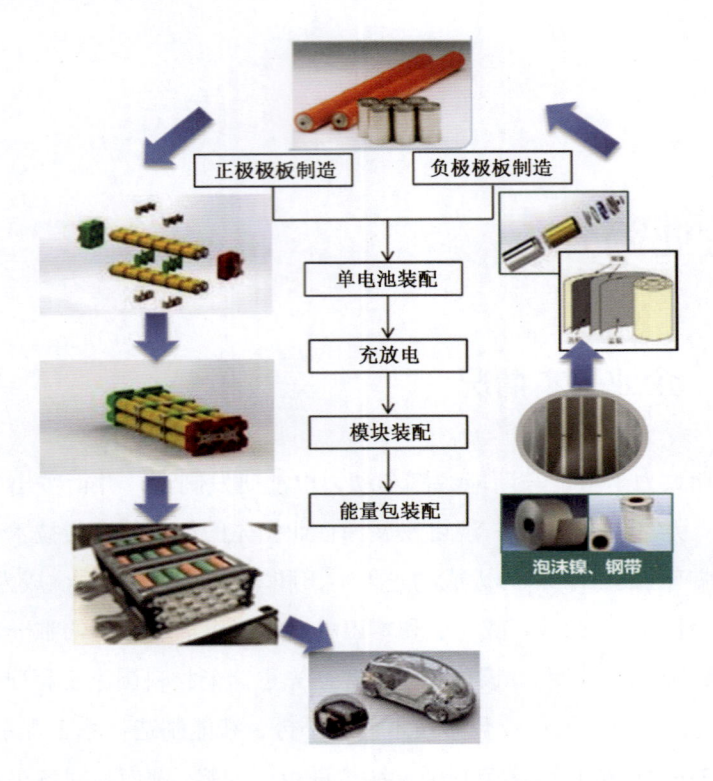

图 1　湖南科霸主要产品

湖南科霸始终以"精益制造、品质第一"为核心管理理念，坚持高标准的品质管理要求，为丰田汽车、吉利汽车、长安汽车等车企提供动力电池产品与服务，累计销售收入突破 10 亿元。

21.1.2　所属行业及特点

按照我国国民经济行业分类（GB/T4754—2017）标准，湖南科霸属于电气机械和器材制造业大类（代码38），电池制造中类（代码384），镍氢电池制造小类（代码3842）。汽车动力电池是由数百甚至数千只单体电池组成的能量系统，为保障车辆安全行驶，对动力电池的品质一致性、稳定性有极高的要求。电池相关企业在竞争发展过程中主要面临以下挑战。

（1）成本与竞争方面，面临硬件设备多、能耗成本高、人工成本高、业务环节信息不对称、审核数据不准确、管理成本高等问题。

（2）技术研发方面，面临客户新车型升级换代加快、新品研发能力存在瓶颈等问题。由于电池产品设计变更频繁，产品模型调整、模拟、量产依赖手工，效率不高，研发成果向生产应用和市场投放的周期过长。

（3）工艺方面，需要解决工艺难题（如电池工艺均一性），以满足精益化、低损耗的要求，设计成套装备并实现工艺协同。同时面临装备数控化水平不足、通信网络过程不稳定、网络安全风险高、维护能力不足等问题。

（4）设备方面，以往的核心设备过于依赖进口，购置及维护成本高，且设备间的"孤岛化"严重，产生多个生产节拍瓶颈，设备利用率不足。

（5）品质管控方面，需要有效降低恶劣环境下的汽车安全风险，满足国外、国内汽车厂商提出的严苛的"电池高一致性"标准，但传统的制造模式难以对其进行有效保障。同时，近年国家对动力电池提出物料和产品全程追溯的强制要求，但传统的人工模式管理效率低、易出错。

（6）产品售后服务方面，依赖人工上门服务，响应速度慢。服务的解决效率过于依赖人工技术水平和素质经验，一旦出现人才流失，企业损失较大。

综上所述，动力电池制造企业一般处于产业链低端，利润低，大多采用传统的加工装配制造模式，缺少竞争优势。企业乃至整个行业需要进行战略转型，向设计、服务等高价值供应链获取效益，衍生更多核心竞争力。

21.1.3　基于体系工程的智能制造亮点及模式总结

智能制造是涉及产品全生命周期、全产业链、全要素、全场景的体系工程，需要面对复杂体系的分布性、涌现性、演化性、生态性和耦合脆性，只有将各相关技术融合应用，才能实现真正的智能化，这是智能制造领域当前跨越式发展的重大契机。

动力电池产品从设计到量产，要经过多轮的设计、制造、测试、改进、验证等环节，周期长，成本居高不下。尤其面对不断涌现的新需求，传统的设计、生产模式对新客户、新需求、新市场的响应速度和响应程度存在短板，经过测试、验证和量产一系列环节，产品上市时间相对落后，敏捷生产、敏捷制造难以实现。针对上述问题，湖南科霸基于科力远智能制造体系工程系统平台，提出了覆盖需求、设计、制造、运行、维护全生命周期和覆盖产品、用户、生产线、任务场景和关联系统等全体系、全场景的智能制造解决方案，深度实践智能制造，探索出一条适合动力电池行业的"智造"之路。科力远智能制造体系工程系统平台实施框架如图2所示。

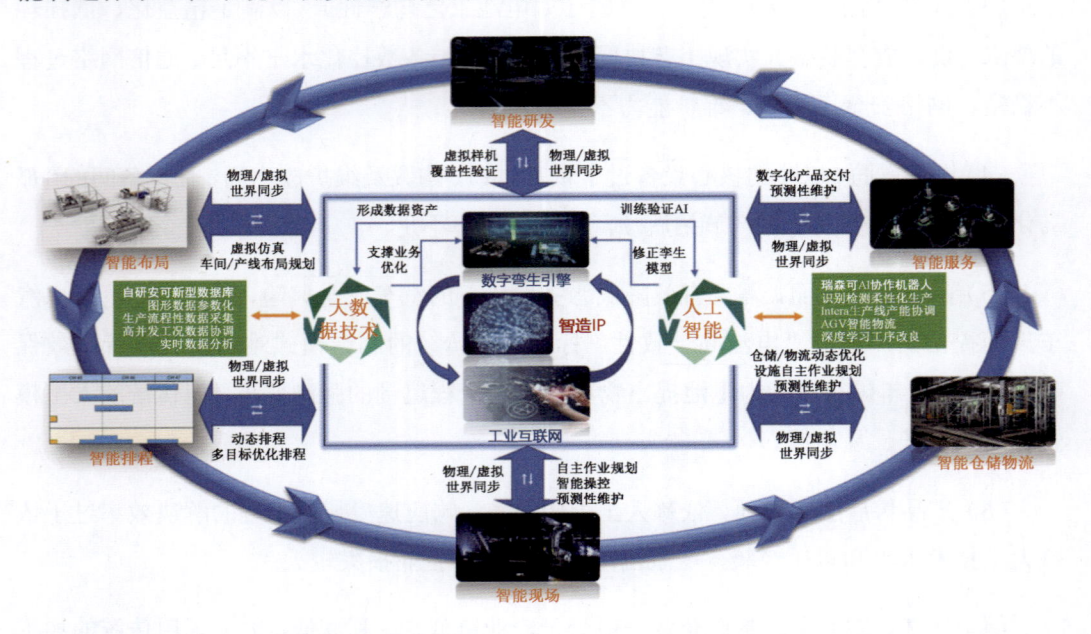

图2 科力远智能制造体系工程系统平台实施框架

1. 智能研发提升产品设计效率

基于智能制造体系工程系统平台与三维设计软件、三维仿真软件的衔接配合，实现了动力电池产品设计、仿真和覆盖性虚拟验证，在虚拟环境中完成产品的设计参数制定和应用环境仿真，缩短研发周期并降低投产成本，提升产品设计效率。

2. 智能规划提升生产规划能力

智能规划是指利用相关技术为工厂提供布局规划和生产仿真验证，降低业务过程的成本，提高场地空间、设备的利用效率，灵活适应市场需求的变化。其中，布局规划解决了工厂总体布置适应生产过程的预先验证问题，以及车间、生产线和物流动线布局优化问题；生产仿真验证解决了生产工艺的规划和仿真优化问题。

3. 智能排程提升生产安排的灵活性和交付能力

智能排程与生产计划软件（如 ERP、APS）衔接配合，在遵循有限产能计划的框架下，综合考虑企业资源的目标、排产的策略，以及产品、工艺、生产纲领、制造资源等约束情况。结合设备状态反馈和生产实况反馈，利用数字孪生的推演预测和动态优化技术，为工厂生产提供多目标优化排程和动态排程。智能排程可缩短制造提前期、消减库存，提高交货期的遵守率，更好地适应支持多品种、小批量、短交期、个性化定制的生产模式。

4. 智能现场管理提升对生产过程的监控、辨识和预测能力

智能现场管理是指与生产控制中心的大屏幕/监控看板系统衔接配合，利用相关技术对生产现场进行管理，包括生产过程监控、自主作业规划、智能操控和生产设备预测性维护。其中，生产过程监控实现对生产过程的透明化监控，以及精确辨识和预测；自主作业规划是对智能设备状态、作业状况进行推理预测和控制预演，实现智能设备自主作业管控及未来的群智能协同作业；智能操控是指根据设备状态反馈和生产实况反馈，基于作业规划或作业规则要求，实现对设备的智能操控；生产设备预测性维护是指利用各种传感器数据和数据处理方法，对生产设备健康状况进行评估，并预测故障及剩余寿命。

5. 智能仓储物流管理提升作业设施自主作业规划能力

智能仓储物流管理是指利用相关技术对仓储物流现场进行管理，包括自主作业规划、动态优化和物流设施预测性维护等。其中，自主作业规划是对 AGV、各种作业机器人等智能设施状态、作业状况进行推理预测和控制预演，实现智能设施自主作业管控，以及未来的群智能协同作业；动态优化是根据物流设施状态反馈和仓储物流生产实况反馈，基于作业规划或作业规则要求，利用相关技术实现物流设施的动线优化；物流设施预测性维护是指利用各种传感器数据和数据处理方法对物流设备健康状况进行评估，并预测故障及剩余寿命。

6. 智能服务提升对客户的售后服务能力

智能服务是指利用相关技术对产品的交付以及售后运维进行管理，包括数字化产品交付、产品远程实时工况监控和产品预测性维护等。其中，数字化产品交付是在交付物理产品给客户过程中，同时提供该物理产品对应的数字孪生体给售后运维部门，用于远程监控物理产品的实时工况；产品远程实时工况监控基于数字孪生体同步对应物理产品的各种传感器采集数据，实现对物理产品运行工况的透明化监控，以及精确辨识和预测；产品预测性维护是基于物理产品对应的数字孪生体，采用各种数据处理方法对产品健康状况进行评估，并预测故障及剩余寿命。基于体系工程的智能制造平台系统架构如图 3 所示。

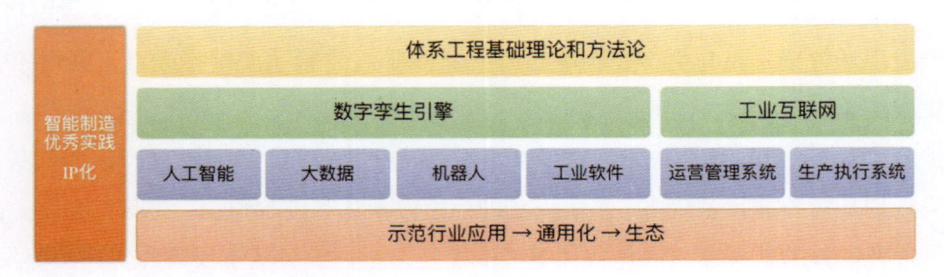

图 3 基于体系工程的智能制造平台系统架构

21.2 智能制造项目建设

21.2.1 项目背景

在智能化项目实施前，虽然工厂所有工序的单机自动化水平较高，但只能基本实现对设备数据的自动采集分析，整体智能化水平有待提升。制造模式以极板制造流程型为主，与电池、模组 PACK 离散型生产相结合，设备能力匹配精度不高，物流过程依赖大量人工转运，上下料作业、停滞等待时间长。工厂数字化应用不足，没有实现设计-生产一体化，设计、生产、物流、管理相互之间存在孤岛问题，整体效率不高。

在实施智能制造以后，工厂信息化、数字化水平大幅提升，订单管理、研发管理、生产过程管理实现信息化，强化了研发与制造信息一体化建设。同时，在信息系统横向集成，以及经营、生产、设备控制的纵向集成方面，实现系统的适应融合、系统集成与工业网络构建，打破了各个工序、车间、生产业务与管理部门之间的数据信息壁垒，有效提升了动力电池产品的柔性化、数字化制造能力。

智能工厂项目基于企业工业网络集成应用技术，实现人、机、料、环等之间的"互联"和"感知"，减少人工干预，提高工厂设施的整体协作效率和产品质量一致性，解决动力电池行业中生产效率低、生产成本高、不良品率高等行业共性问题。

21.2.2 实施路径

1. 总体规划

2016 年 3 月，湖南科霸启动了"年产 5.18 亿安·时车用动力电池产业化项目—节能与新能源汽车动力电池智能工厂项目"（以下简称"智能工厂项目"）建设。该项目主要涵盖智能设计、智能经营、智能生产（包含 MES、控制系统、智能检测与装配装备、智能物流和仓储）和智能服务四大主体，并在智能保障体系的基础上通过数据集成、系统集成，在保障系统安全的基础上构建智能工厂。

智能工厂项目总投资超过 3 亿元，主要建设完成正负极生产线、电池装配生产线、化成生产线，工厂总面积达 4 万平方米，建成年产能达 5.18 亿安·时的车用动力电池智能制造工厂。湖南科霸智能工厂项目技术路线如图 4 所示。

智能工厂项目建设的核心——智能制造装备主要包括智能化的电池极板制造、电池装配、电池化成及仓储物流设备。电池生产线、电池化成生产线、电池分选系统，以及物流配送、仓储系统分别如图 5～图 8 所示。

通过开展总体设计，进行产品设计与工艺管理，建设智能生产的生产线/加工中心，发展智能检测装备和智能仓储、物流，建立能源管理系统和 ERP、MES 系统；开展工业软件和网络集成应用；搭建企业大数据平台，自主完成电池制造成套装备开发和系统集成等，智能工厂项目已于 2019 年年底竣工，并于 2020 年通过正式验收。

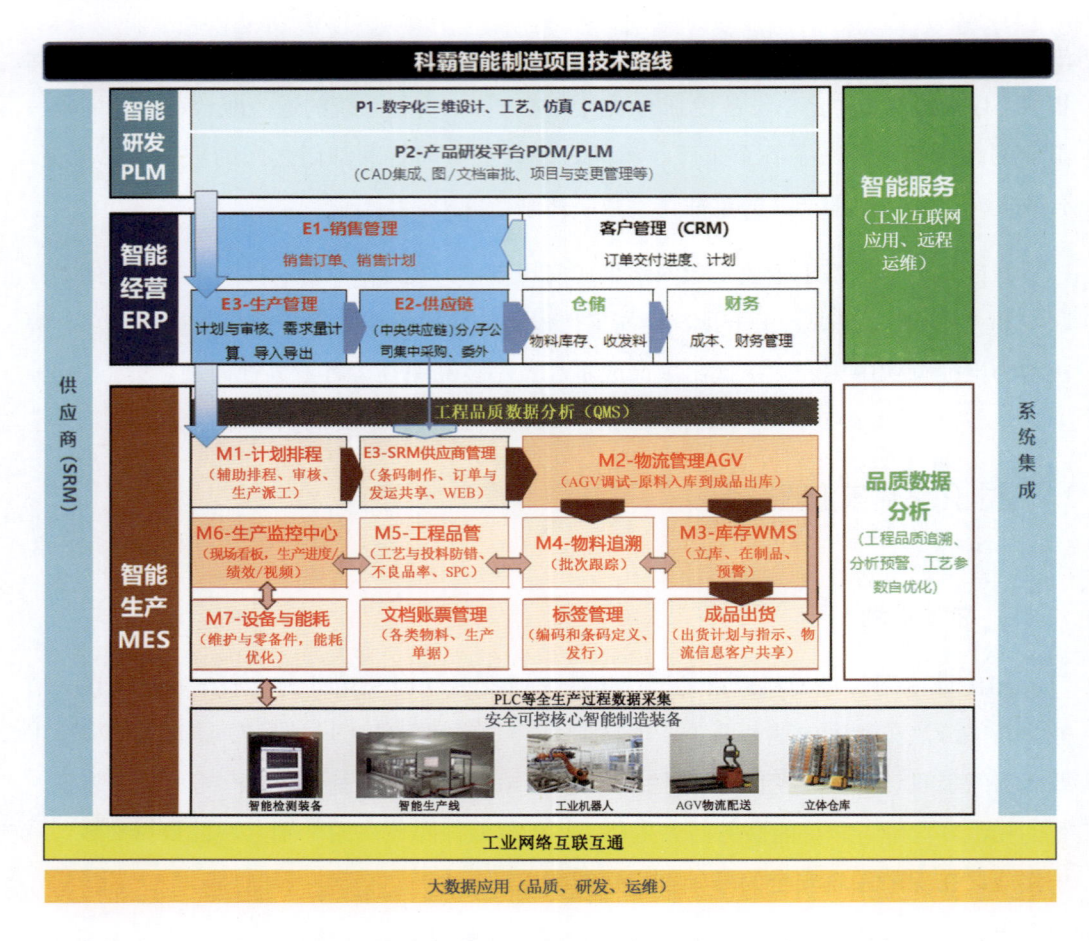

智能制造探索与实践——智能制造标杆企业案例汇编（一）

图 4　湖南科霸智能工厂项目技术路线图

图 5　电池生产线

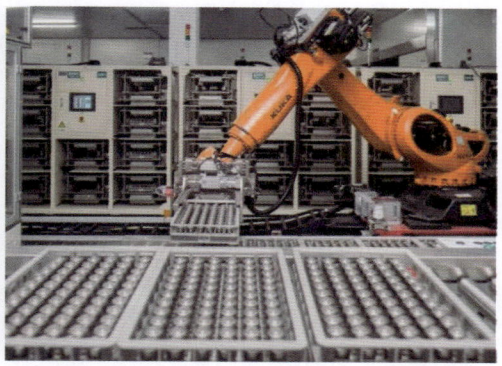

图 6　电池化成生产线

图 7　电池分选系统

图 8　物流配送、仓储系统

2. 实施目标与策略

实施目标与策略包括以下 6 个方面。

1) 装备智能化

关键环节用设备替代人工，开展装备与工艺课题攻关，开发具有自主知识产权的成套装备。

2) 物流无人化、柔性化

建立智能化的立体仓库、AGV 自动物流系统，提高整体生产节拍，消除瓶颈工序。减少仓储物流过程中的搬运、转运占用的大量人工成本，并提升物料供应效率，解决"物流孤岛"问题。

3) 品质智能管控

加大投入，开展科研攻关，解决品质均一性问题。建立生产监控指挥中心，强化预警与事前管理。

4) 信息化集成

补齐信息化短板应用（如 ERP、MES 等软件系统）并强化软件集成，提升数据的及时性、准确性，减少人工干预风险；强化基础网络设施，工厂网络与通信能力，安全性达到工业标准。

5) 开发智能运维

开发智能化电池包产品，升级远程监控与自诊断自维护能力，建立远程服务平台。

6) 建立大数据平台

通过制造与服务端的大数据分析，建立起全生命周期的管理分析机制，实现服务性创收转型升级。

湖南科霸智能工厂项目充分贯彻以上思路，通过应用工业机器人、智能传感与控制装备、智能检测与装配装备、智能物流与仓储装备，实现产品生命周期中的设计、制造、装配、物流等各个方面的数据互通，缩短从产品设计到生产转化的时间，对产品整个生命周期进行系统、高效的管理。

3. 实施内容

在湖南科霸基于体系工程的智能制造建设中,涉及基础设施改造、产品设计效率提升、生产规划能力提升、生产制造管控、信息系统融合、生产监控与指挥、产品售后服务提升 7 个方面的内容,具体体现在以下方面。

1)通过工业网络互联互通,改造提升基础设施

基础设施改造主要是通过工业以太网、工业无线网通信及构建信息安全来实现的。主要体现在:工业以太网主干采用企业级环形以太网搭建,大大降低了网络风险;现场采用智能设备接入和管理系统接入;经营、管理、车间三段防火墙分隔,实现"全面保护"和"纵深防御"。湖南科霸工业网络互联互通示意如图 9 所示。

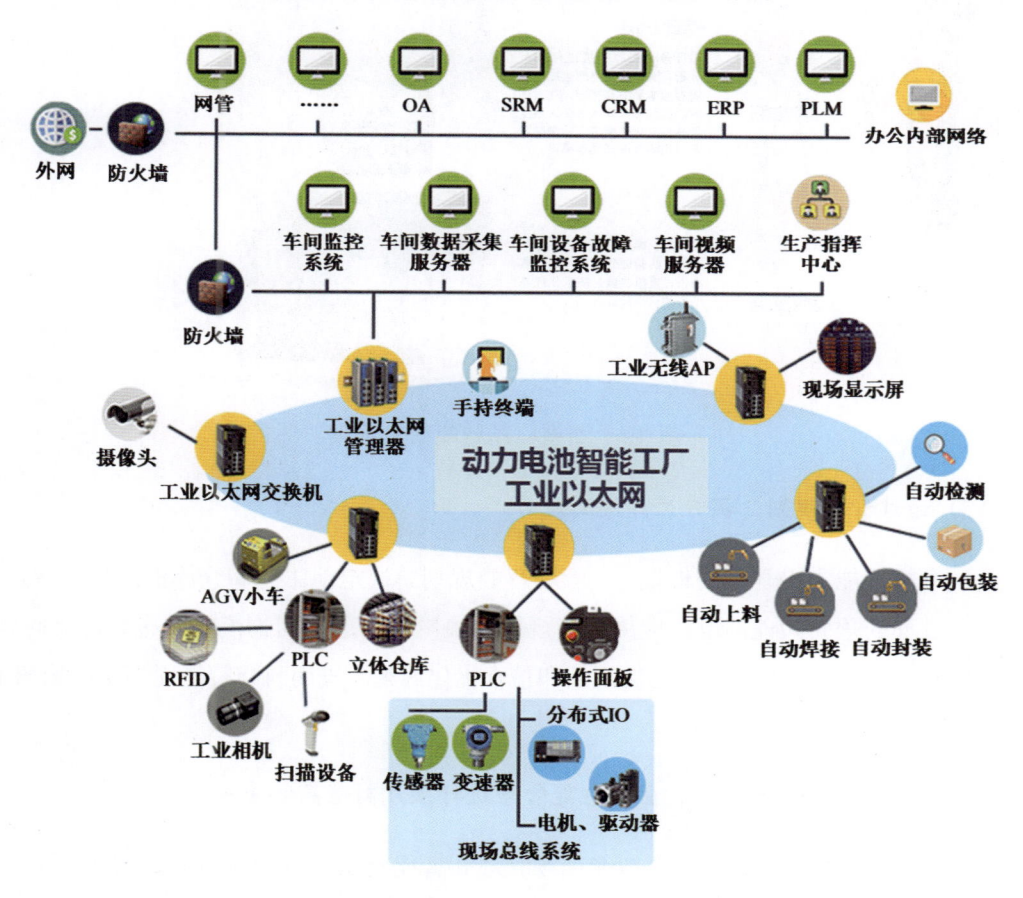

图 9 湖南科霸工业网络互联互通示意

2）通过智能研发，提升产品设计效率

产品设计效率提升主要是通过融合三维设计软件、三维仿真软件和覆盖性虚拟验证来实现的。主要体现在：应用三维设计软件（CATIA）对电池产品进行三维数字化建模；应用三维仿真软件（ANSYS）对电池产品进行仿真；应用覆盖性虚拟验证模拟多种应用环境对电池产品进行测试。湖南科霸智能研发示意如图10所示。

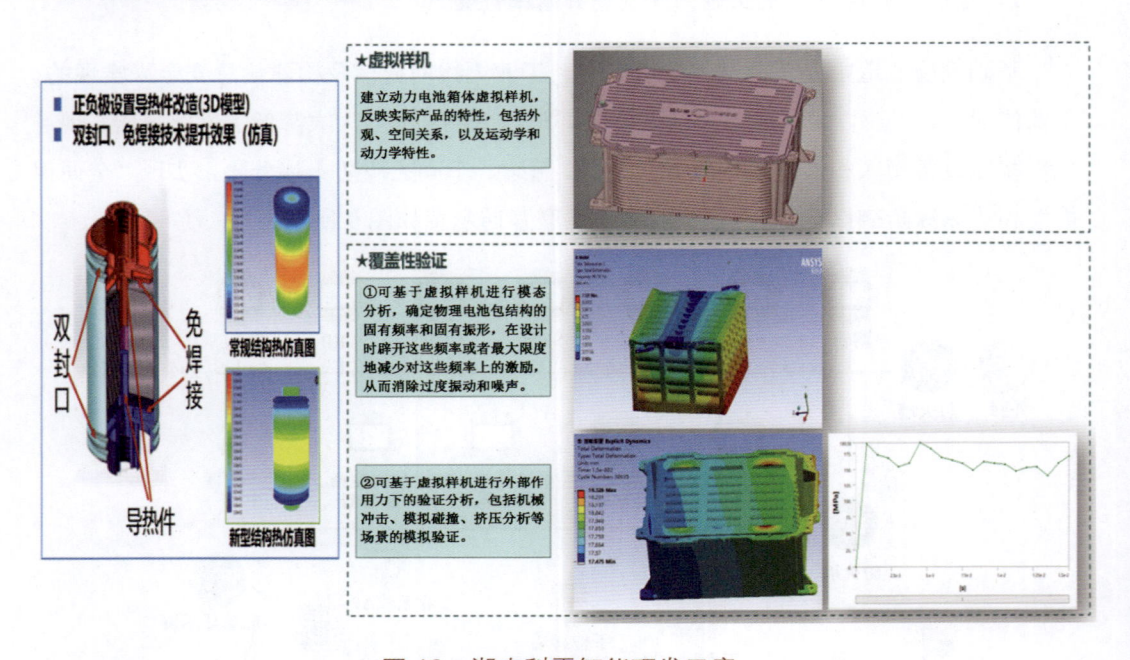

图 10　湖南科霸智能研发示意

3）通过智能规划，提升生产规划能力

生产规划能力提升主要体现在：应用智能规划解决电池工厂和仓库的总体布置，适应生产过程的预先验证问题；应用智能规划解决电池制造车间物流动线布局优化问题；应用生产仿真验证解决生产工艺的规划和仿真优化问题。湖南科霸智能规划示意如图11所示。

4）通过建设 MES 系统，融合智能管理进行生产制造高效管控

湖南科霸 MES 系统、融合智能现场管理和智能仓储物流管理示意如图 12 所示。融合智能管理实现高效管控主要体现在以下 6 个方面。

（1）建设 MES 系统，覆盖对人、机、料、法、环、产品等重要生产要素的管理，通过对制程管控、设备维修保养、质量控制、过程数据采集的管理，实现制造车间生产设备控制层和车间管理信息流的集成，从而达到生产过程的可视、可控的智能化管理。

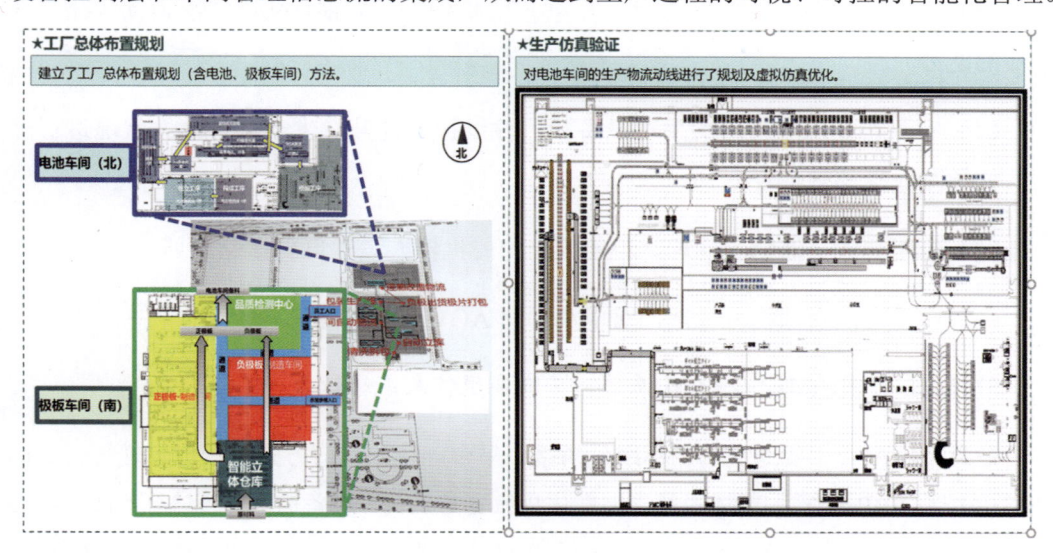

图 11　湖南科霸智能规划示意

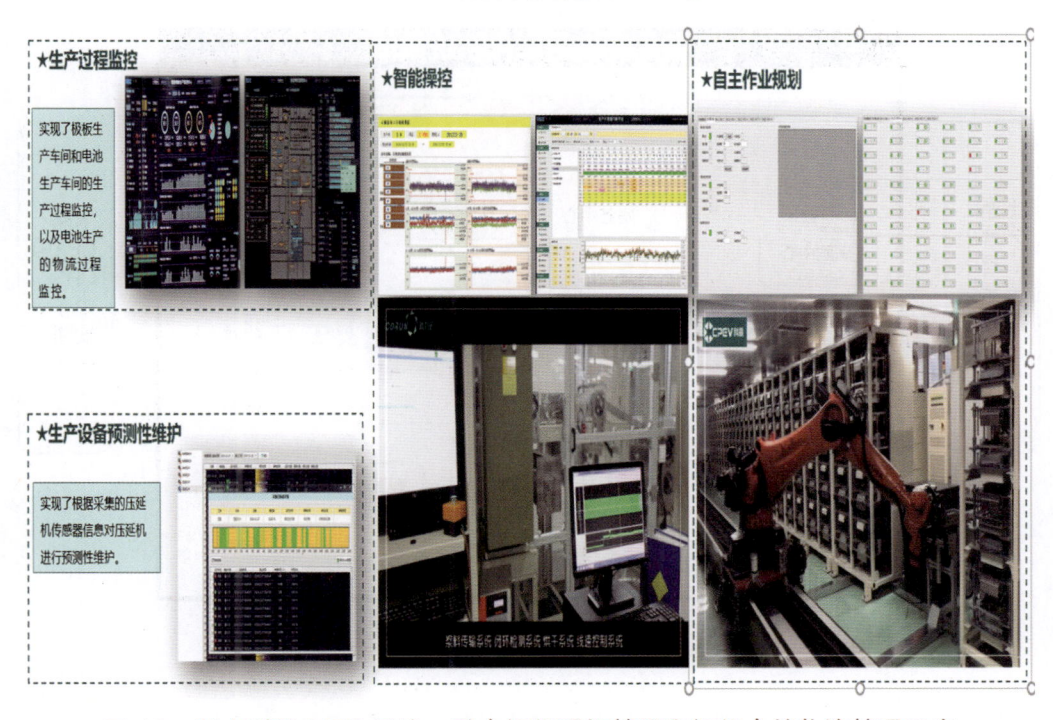

图 12　湖南科霸 MES 系统、融合智能现场管理和智能仓储物流管理示意

(2)应用智能现场管理的生产过程监控,提升对电池生产过程的透明化监控,以及精确辨识和预测。

(3)应用智能现场管理的智能操控,实现极板生产车间根据实际工况自动优化工艺参数的能力。

(4)应用智能现场管理的生产设备预测性维护来提升对生产设备健康状况进行评估,并预测故障及剩余寿命。

(5)应用智能仓储物流管理,对前置仓中的机器人进行自主作业规划。

(6)应用智能仓储物流管理,对电池车间 AGV 进行行进路径优化。

5)通过 ERP、MES、PLM 系统,集成实现信息系统融合

信息系统融合主要通过建立标准化的接口平台,统一接口方式和接口管理平台。由 MES 系统将 ERP 系统、PLM 系统、自动化物流仓储系统、设备控制系统进行集成,实现数据的完全共享,实现信息流和资金流的全面贯通。湖南科霸系统集成示意如图 13 所示。

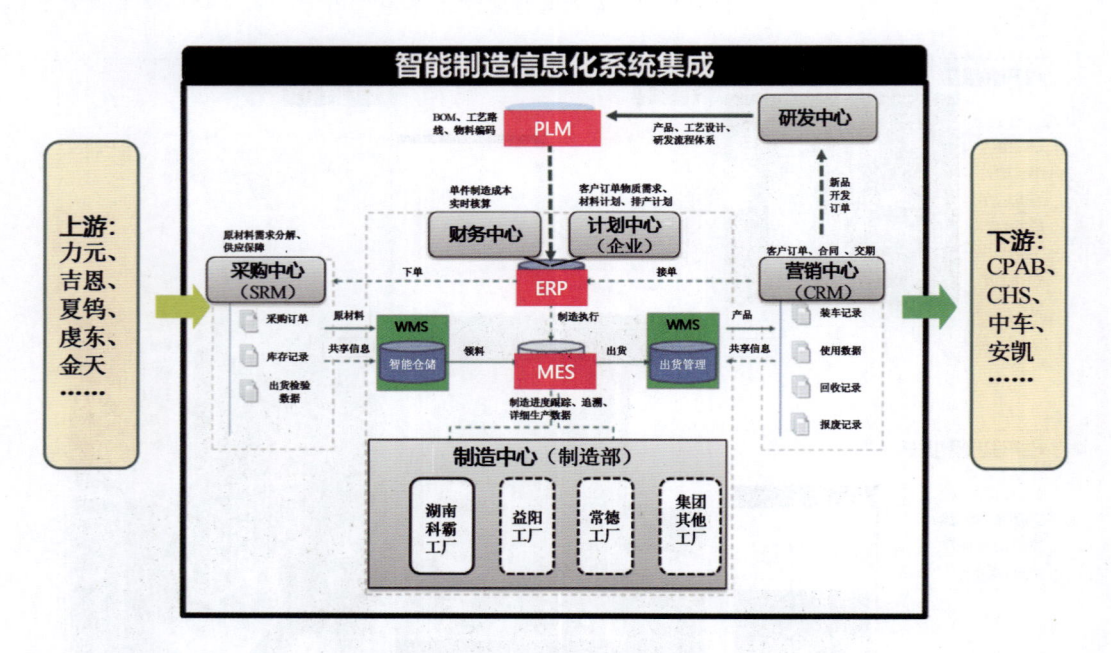

图 13 湖南科霸系统集成示意

6）建立生产监控与指挥中心，安装于制造中心办公区

所有制造、设备系的一线管理人员均可随时掌握工厂全局状况，有效提升了生产效率、品质水平，降低了单位产值能耗。智能工厂项目实施后，湖南科霸的制造部门成为"生产监控中心""生产指挥中心"。由以往发生事件后"紧急寻人式"管理，转变为"透明制造"的智能制造工厂。湖南科霸生产监控与指挥中心示意如图 14 所示。

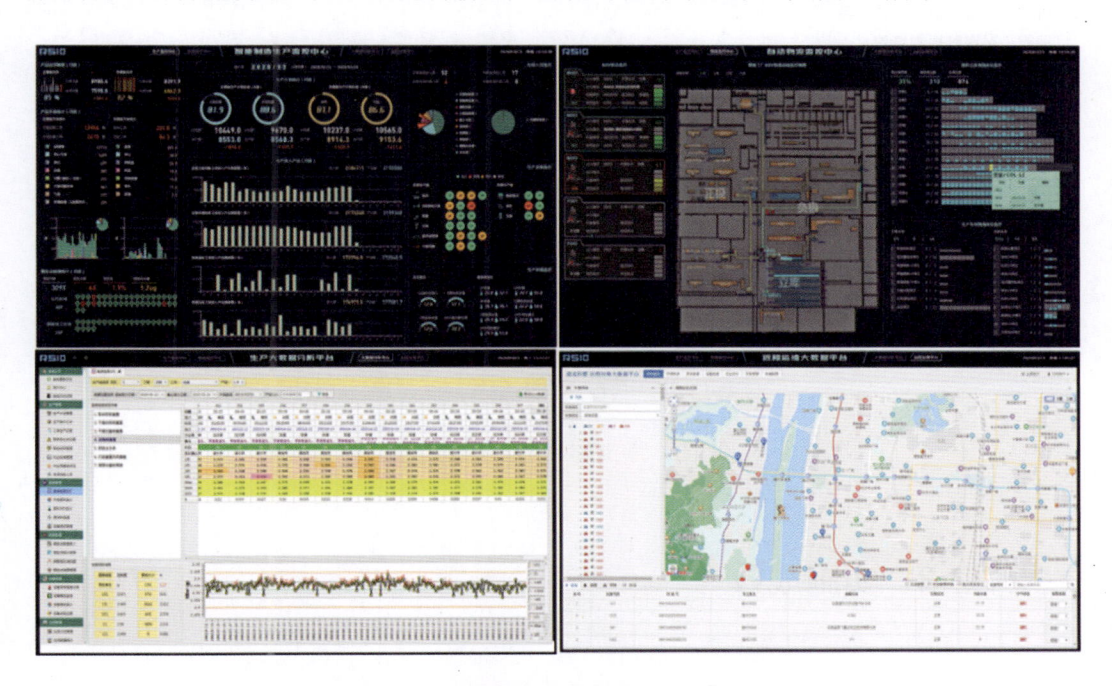

图 14　湖南科霸生产监控与指挥中心示意

7）通过智能服务提升产品售后服务能力

在交付物理产品给客户时，同时提供该物理产品对应的数字孪生体至售后运维部门，用于远程监控物理产品的实时工况。主要体现在：应用产品远程实时工况监控，基于数字孪生体同步对应物理产品的各种传感器采集数据，实现对物理产品运行工况的透明化监控，以及精确辨识和预测；应用产品预测性维护，采用各种数据处理方法对产品健康状况进行评估，并预测故障及剩余寿命。湖南科霸智能服务示意如图 15 所示。

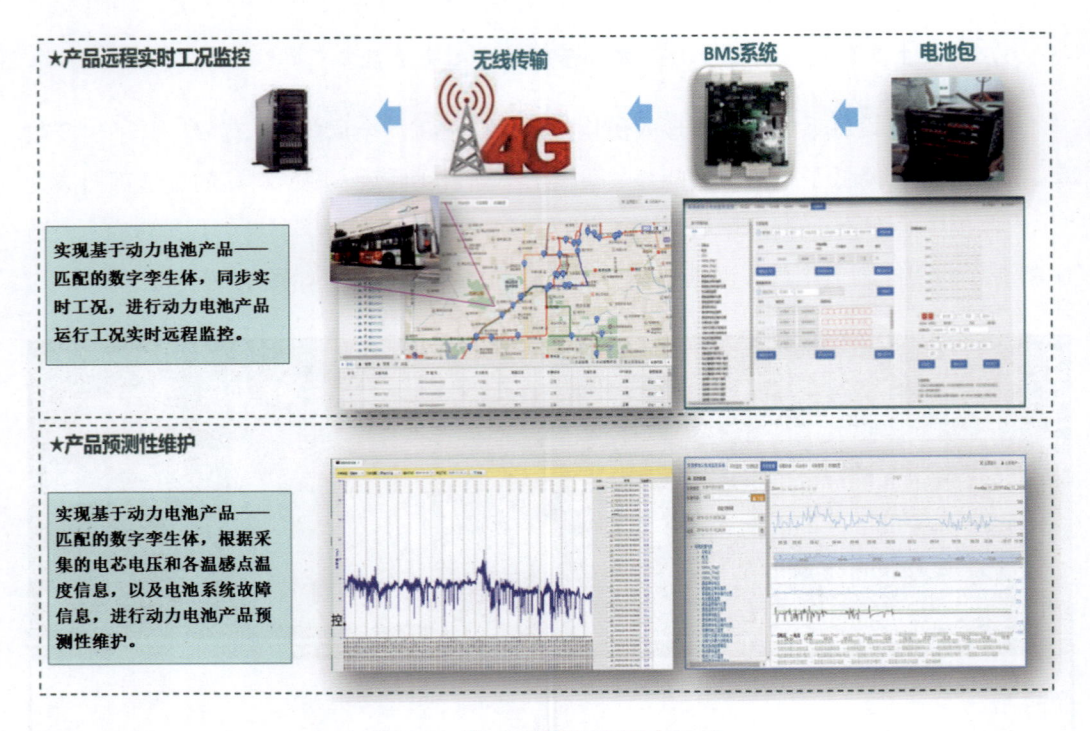

图 15　湖南科霸智能服务示意

21.2.3　实施成效

1. 经济效益方面

通过智能工厂项目，湖南科霸建设了电池极片、车载电池的智能化工厂，助力公司快速发展。智能化建设 3 年来，销售收入增加近 1 倍，达到 3.6 亿元，产品累计销售额为 12.39 亿元，呈快速增长态势，累计净利润约为 1 亿元。

2019 年智能化改造完成后，工厂产能可有效满足 12 万台（套）的订单需求。而根据客户最新提供订单要求，2021 年该项目电池产品产能需要提升 4 倍。智能工厂项目建设，为公司进一步扩大产能，推动新的经济增长提供了坚实的基础保障，实现了经济效益的显著提升。

智能工厂项目实施后，湖南科霸智能制造水平大幅提升，通过 ERP、MES、PLM 等信息技术与设计、生产、经营、服务的无缝融合，将信息化、智能装备贯穿于工厂设计、工艺、物流、生产线、质量控制等各个环节,以及基于企业工业网络技术实现互联互通并完成智能工厂建设。实现生产效率提高33.2%,运营成本降低24.1%,不良品率降低82.1%,产品研制周期缩短37.2%,单位产值能耗降低24.0%;客户满意度由以前的91.0%提升到98.0%,产品的交付期缩短了16天,有效提升了企业的竞争实力和快速应变能力。

2. 解决以下关键问题

1) 打破动力电池关键核心装备高度依赖进口的局面

整体来看,目前国内动力电池制造装备自动化水平低、生产效率低、购置维护成本高,高端关键核心装备极度依赖进口。项目实施过程中,湖南科霸与项目联合体单位及行业专家共同合作,共同开发了国际领先水平的镍氢电池制造成套装备,突破了多个动力电池核心装备瓶颈,尤其是打破了国际(日本)领先企业垄断,大幅提升生产线的运行稳定性和设备可靠性,提高设备利用率。

动力电池生产设备绝大多数是新能源汽车用电池专用设备,属于非标设备,且没有成熟方案可借鉴,需结合湖南科霸动力电池生产工艺的特点进行自主研发。上述设备具有自主知识产权,安全可控性高,国产化率达到92%。由于是紧贴工艺的研发,设备非常符合动力电池生产需求,实现电池性能的高度一致性,达到成本、质量、效率的高度均衡,使电池制造装备的自动化、数控化、智能化水平大大提升。主要制造装备在设计之初都要求具备数字控制能力和数据采集通信接口,设备数控化率接近100%。湖南科霸电池生产装备、物流配送系统、立体化仓库均是自主研发或与国内有实力的设备厂家共同开发,装备国产化率达到92%。目前实现了工业机器人、自动化流水生产线、智能检测与装配装备、智能物流与仓储装备等技术装备之间的信息互联互通与集成。

智能工厂项目首次开发出正负极极板闭环反馈定量喷涂系统,构建了多孔金属材料面密度在线计测的数学模型,研发出无损连续检测带状材料面密度及极板充填重量的装置和管理系统,实现正负极板充填重量的精确测量和管理,极板的填充重量变差相比日本丰田,从±6%降至±2.5%。同时开发出双镍带精确连续超声波焊接、正负极精确涂布关键设备,并进行信息系统集成、工业网络构建,实现了电池制造的全流程数字化生产。

上述技术开发成果于 2018 年通过中国轻工业联合会组织的技术鉴定会鉴定，整体技术创新性强，在电池温度适应性、安全可靠性、低温倍率性、使用寿命和电极材料等方面达到国际领先水平。

2）大幅提升动力电池成品性能指标一致性偏差的问题

性能一致性是动力电池品质的核心指标，一致性不高将降低动力电池使用寿命，从而直接影响节能与新能源汽车管理系统的稳定性，存在较大安全隐患。受国内装备制造水平、生产设备自动化程度、生产过程与产品检测检验能力、生产过程品质管理等诸多因素影响，我国动力电池产品性能一致性偏低。智能工厂项目基于目前混合动力汽车用动力电池对高安全性、宽温域、长寿命的要求远高于传统电池相关参数指标的现状，通过以智能生产线替换一线工人，排除人力在劳动过程中对产品质量的干扰；通过智能检测系统对每道工序进行实时检测和应急处理，确保动力电池产品生产过程的稳定性；通过建设品质大数据管理系统，保障产品性能一致。解决了动力电池生产一致性偏差的国际难题，显著提升了行业制造品质水平。

3）解决动力电池产品使用过程中缺乏"安全预警"的重大问题

动力电池是涉及人的生命安全的关键零部件，目前传统零散型、断层式采集和管理无法实现产品使用中对安全隐患的"事前预警"。同时，电池的安全隐患在出厂时几乎无法用质检手段排查，而是装车使用一段时期后才会显现，目前的动力电池都普遍存在此类安全风险。智能工厂项目实施后，通过电池远程监控智能系统与内部信息的集成，结合使用多年的数据采集追溯系统，对运行中电池产品进行实时监控管理，对核心指标数据进行采集与分析，售后部门收到系统异常预警后第一时间与客户取得联络，启动相关预案，实现电池产品"防患于未然"的目标。

21.3 经验复制推广

动力电池是节能与新能源汽车的重要核心零部件，占整车成本的 40%～60%，是制约节能与新能源汽车产业发展的最关键因素，位于节能与新能源汽车产业链的最关键一环。智能工厂项目的建设，将带动全产业链的智能制造升级。

1. 打造精益化智能制造新模式

湖南科霸成立以来，始终坚持实施精益制造，并通过近年来智能制造技术的运用，实现了传统精益思想与新一代智能制造技术的融合。

通过实施精益管理，湖南科霸形成了精益营销、精益研发、精益采购、精益物流、精益能耗等管理体系，并在智能制造建设中，将精益生产的思想和管理体系融入信息系统、嵌入式软件、智能设备中，使过程更透明化、智能化，满足了客户的个性化需求，实现了产品的"适时适量适品""高质量短交期"。湖南科霸精益"智"造示意如图 16 所示。

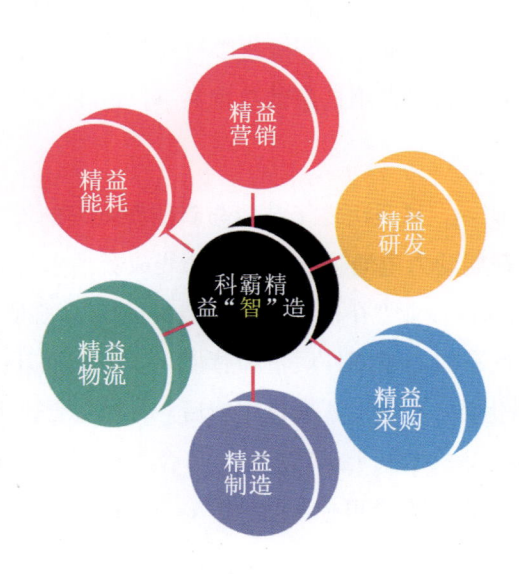

图 16 湖南科霸精益"智"造示意

2. 促进离散型电池制造产业的智能制造升级

动力电池装配是典型的离散型制造模式，在传统的人工作业或单元级自动化生产中，生产组织、物流库存、质量检验、成本控制较为复杂，生产组织效率低、生产成本高、质量可控性不高。

在湖南科霸智能工厂的制造过程中，以信息技术（IT）和自动化数字工具作为支撑，现场生产拉动仓储物流、人机配合捡料、扫码 RFID、自动定位货位；机械手自动配料，多层穿梭车自动补货；广泛使用安全灯、设备生命牌，设备启停执行指差呼称，实现设备自动对生产过程中的异常、不良进行判定，当设备检测到不良时，会立即停机报警，并通知相关人员处理，做到"不生产不良、不流出不良"。

新一代的制造模式与经验，可为众多离散型电池制造产业智能制造升级提供参照。

3. 从关键供应环节带动产业链上下游企业制造升级

动力电池是节能与新能源汽车的重要核心零部件。湖南科霸在智能制造工厂的建设过程中，也带动了上下游企业进一步加快智能制造建设，帮助合作企业实现了其降本、提速、增资、提升营利的经营目标。例如，通过与电池极板基材、主材供应商——力元新材、厦门钨业、金驰能源等企业合作，构建原材料数据供应管理系统，实现供方原材料检验、出货信息与客户原材料使用信息的数据共享，促进供需双方品质水平持续改善的良性循环。

汽车动力电池直接影响，甚至决定了节能与新能源汽车的安全性、操作性、使用寿命等重要性能。因此，开展动力电池智能制造生产线成套技术与装备国产化攻关，有助于节能与新能源汽车零部件行业"补核心零部件装备短板""强质量管控基础"，并形成示范作用；有利于我国汽车核心零部件质量和智能化水平的提升；有利于巩固我国节能与新能源汽车全球竞争优势。智能工厂项目实施后，动力电池智能制造生产线成本远低于进口设备，动力电池产品成本低于进口产品，符合行业发展的实际需求，有利于实现节能与新能源汽车产业的自主安全可控。

21.4 智能制造建设体会与建议

21.4.1 体会

1. 智能制造的核心思想是精益生产

精益是一种系统的识别和剔除浪费的理念和方法，通过消除非增值活动来加快流程速度。传统的精益生产基本上靠人的经验来发现浪费，却难以分析浪费产生的原因。

如今，通过智能化设备生产数据采集、信息系统与集成，管理者可掌握实时的生产信息，以准确分析瓶颈问题，及时消除浪费。可见，智能制造的核心思想是精益生产，深化在智能制造环境下的精益生产研究与应用有重要意义。

2. 智能制造落地应是基于体系优化、多学科交叉、多专业协同的系统工程

智能制造是涉及产品全生命周期、全产业链、全要素、全场景的复杂工程，需要面对复杂体系的分布性、涌现性、演化性、生态性和耦合脆性。只有将相关技术的融合应用，才能实现真正的智能化，这是智能制造领域当前跨越发展的重大契机。

智能制造的核心在于人、机、料等资源协同，无人化不是目的，应以标准化方法规范人员操作，甚至作为生产机器的关键部分，将自动化系统和工业软件系统进行集成与协同，并体现先进工艺技术、先进管理理念，才能实现生产过程快速有效的运行管理。

21.4.2 建议

智能制造项目实施可考虑分以下 4 个步骤推进。

1. 基于精益思想进行产能平衡规划

在工厂布局、规划产能、生产线节拍、导入设备的规划阶段，要进行整体设计，消除产能瓶颈。根据订单生成最优生产排程、紧急插单，在保证订单交期的同时，保证设备效率最大、库存最低。根据生产中人流、物流动线与线边库设计要求，将不同工序进行连接，实现效率和柔性的最佳平衡。

2. 生产数字化

设备选型采购阶段统一物流接口和通信接口标准，确保不同厂商的设备能互联互通。建立生产大数据，不断提升工艺水平，实现生产品质全程数字化管控。

3. 整体智能化

面向智能制造的体系工程基础理论和方法论，是在控制论和信息论已经取得较好发展的基础上，立足智能制造领域的实践问题，促进系统论、协同论、耗散结构理论、博弈论的融合发展，形成智能制造体系持续发展的坚实基础。

4. 系统平台化

建立自主创新的现代智能制造基础理论和技术框架，以数字孪生引擎为基础，链接人工智能、大数据、机器人等前沿技术，形成赋能平台，加载智能制造优秀实践 IP，推动国产工业软件与工业互联网技术快速发展应用，引领智能制造领域协同创新进程，对制造业跨越式发展具有重要意义。

21.4.3 展望

科力远经过 10 余年产业数字化融合基础与创新积累历程，包括湖南科霸基于体系工程的智能制造"数据源+数据技术+数据应用"实践等，科力远决心牵头打造两个创新平台。一是具有公信力的产业数字技术创新融合平台（大数据、数字孪生、工业互联网、人工智能等技术融合），使之成为传统经济向数字经济转型发展的重要驱动力。二是打造中国"后工业4.0"的智能制造产业示范应用（制造工业基础+大数据、数字孪生、工业互联网、人工智能和工业机器人等技术有机融合），输出基于体系工程的智能制造产业生态平台——科力远智能制造体系工程系统平台，赋能产业转型升级。

科力远通过上述两个平台的打造，结合已有的"先进储能材料国家工程研究中心"及智能制造实践经验，以此循环贯通数字经济上下游的技术研发、工程转化与产业应用。创新平台技术研发的重点应用方向目前落实在"智慧工业体系工程系统"与"智慧城市体系工程系统"上，符合国家对产业数字化的战略定位，有助于务实推进创新平台的落地成果转化，拉动国家数字经济发展。两个平台、一个中心联动关系如图 17 所示。

1. 科力远智能制造体系工程系统平台执行路径

0 到 1：在控制论和信息论基础上，促进系统论、协同论、耗散结构理论、博弈论的融合发展；研发平台内核、探索前沿技术。以数字孪生为基础，整合人工智能、大数据、机器人等前沿技术，联合工业软件、工业互联网与物联网，形成智能制造赋能平台。

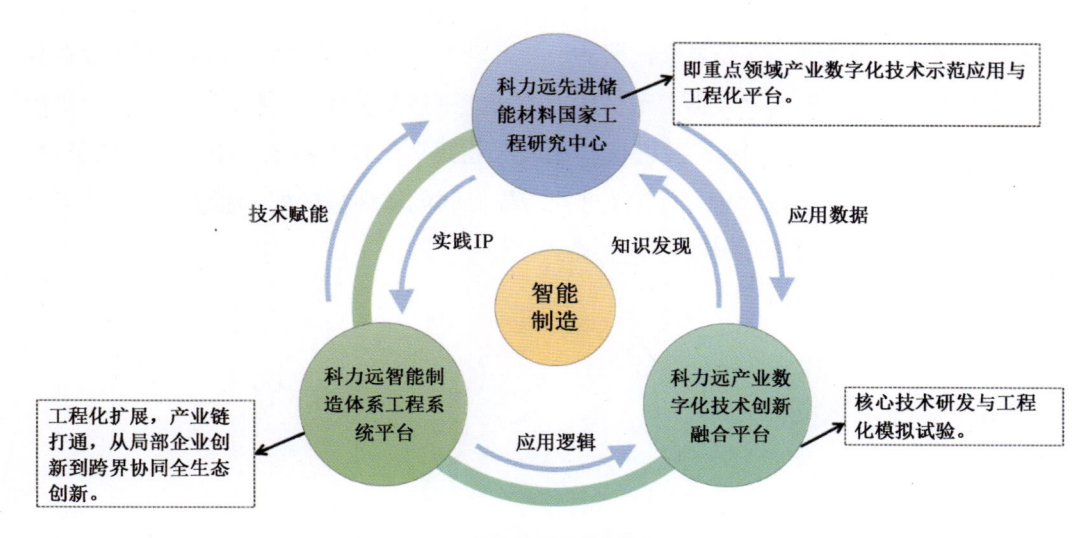

图 17　两个平台、一个中心联动关系

1×10：以电池智造和航天智造作为示范工程，打造超越"工业 4.0"的示范应用；基于智能制造赋能平台，为解决方案提供商或制造商提供服务。

10 的 n 次方：以示范工程为抓手，延展上下游产业链数字化智能化生态；以整体解决方案为驱动，形成持续完善升级的客户生态。整体计划用 2～3 年的时间建立完整生态，使智能制造赋能平台成为智能制造行业的引领者和推动者。

2. 科力远智能制造体系工程系统平台建设路径

基于科力远的体系化、平台化、生态化，形成以电池制造、汽车部件制造、航天装备制造为蓝本，推动行业生态和制造系统提升，赋能智能制造产业链升级，打造成熟的重点领域产业数字化技术示范应用与工程化平台。从单项技术产品攻关向全要素汇聚的产业链转变，打造创新生态系统；再到单一企业局部创新环境改善向重视营造产业跨界协同创新环境转变，形成一批具有较强国际竞争力的跨国公司和产业集群，在全球产业分工和价值链中的地位明显提升。

3. 展望

科力远智能制造体系工程系统平台将从先进储能材料国家工程研究中心的单项技

术产品数字化与智能化，向全要素汇聚的产业链转变，打造创新生态系统，积累行业数据，通过体系融合，形成"数据矿藏（庞大的智能制造知识库）+数据链+技术链+供应链+金融"完整智能生态，实现关键核心领域产业数字化技术示范应用与工程化平台，从单一企业局部创新环境改善，向营造产业跨界协同创新环境转变。通过加载智能制造优秀实践IP，完成多技术的跨界应用融合。